사회복지법제에 대한 새로운 접근

- 사회복지법제론 -

김 귀 환 지음

청목출판사

‘나의 형에게’

머리말

- 법에 앞서서 -

많은 사람들이 법을 이야기하고 있습니다. 인류의 역사와 함께 존재해 왔던 법은 오늘날 우리들에게 많은 생각을 하게 합니다. 한편으로 사람들은 법에 의한 정의를 이야기합니다. 왜냐하면 법의 존재가 오히려 사회 구성원들의 삶의 질서를 혼란하게 하고 있다고 느끼는 사람들이 증가하고 있기 때문입니다. 정치인들은 항상 법과 원칙이 서는 나라를 만들겠다고 합니다. 너무나 당연한 것을 아직도 만든다고 합니다. 아무래도 법보다는 주먹이 있기에 법과 원칙을 세우기 위해 가까이에 있는 주먹 사용을 억제하기 위하여 그런 모양입니다. 여하튼 나라가 바르게 되려면 법이 만인 앞에 평등하여야 합니다. 또 다른 측면에서 본다면 모든 사람들에게 똑같이 적용되어야 할 법이 잘못된 것이 아니라 법을 사용하고 적용하는 인간이 잘못되어 있음을 우리들은 인식하기도 합니다. 그러므로 모든 문제의 근원에는 항상 인간이 개입, 존재해 있음을 봅니다. 인간이 필요해서 만든 법을 잘 사용하는 것은 매우 중요합니다.

다른 한편으로 많은 사람들이 법에 의한 만인의 평등을 이야기합니다. 그런 측면에서 사회복지는 가장 인간적인 분야로서 그것의 실천적 토대인 법은 사회적으로 매우 중요한 역할을 수행합니다. 그러므로 사람들은 이와 같은 법에 대한 인식으로부터 평등을 법이 지켜주는 것이 아닌 우리 인간이 지켜야 할 대상임을 잊어서는 안될 것입니다. 왜냐하면 인간이 법을 만들었고 그것을 실천하는 주체이기 때문입니다.

그런 측면에서 인간의 삶과 가장 가까운 법을 이야기한다면 사회복지와 연관된 법들이 아닐까 생각합니다. 그러므로 사회복지법제론은 우리들에게 더욱 중요한 분야로 느껴집니다. 왜냐하면 너무나도 인간에게 관계된 인간의 삶의 질을 증진시키는 역할을 하기 때문입니다. 물론 다른 법들도 인간의 삶의 질에 관계하고 있지만 그보다는 오히려 사회의 질서에 더욱 관심이 있습니다. 그런데 일반적으로 사회복지법제론은 내용적으로 어렵다고 하며 강의의 어려움과 대부분의 학생들에게 지루함 안겨주는 과목입니다. 그 이유는 한편으로는 사회복지법제론이란 이름의 책을 저술한 많은 분들이 사회복지를 전공한 학자보다는 법학을 전공한 학자들이며, 다른 한편으로는 사회복지적 접근보다는 법적 접근을 시도하고 있어서 내용적으로 사회복지적인 측면에서는 많은 췌언들을 포함하고 있기 때문이라 할 수 있습니다. 그것은 사회복지에 연관된 법적 해석이나 분석보다는 오히려 다른 사회복지에 연관된 과목에서 논의된 일반론적인 사항을 정리하고 있음을 의미합니다.

그러므로 이 책에서는 이러한 인식 하에서 법조문이라든지 법리해석과 같은 법에 관한 전문적인 지식보다는 사회복지에 관련하여 사회복지법의 태동과정, 종류, 적용 우리나라의 사회복지의 역사 등을 법적인 측면에서 다루게 됩니다. 왜냐하면 그 동안 사회복지법제에 논의된 것들은 대부분 법에 연관된 것으로 사회복지 전공자에게보다는 법중에도 사회복지 전공자들에 연관된 사회복지관련법에 대한 나열로서 법에 대한 분석도 해석도 아닌 모호한 입장을 취하고 있었기 때문입니다. 특별히 추가적으로 강조하여 다루려는 분야는 새로운 사회문제들의 등장과 더불어 요구되고 있는 법적 제도적 장치입니다. 이것을 위하여 독자들의 사회복지법에 대한 주관적 접근을 통한 객관적 담보가 요구됩니다.

그래서 이 책의 제목도 "사회복지법제에 대한 새로운 접근"이라 하였습니다. 전체 3부로 구성된 이 책은 제1부인 제1장에서 제3장까지 총론의 측면에서 법에 대한 역사적 접근을 통한 이론적 설명과 함께 사회복지와 연관성을 정리하였습니다. 실질적으로 사회복지법이라는 이름의 법은 없습니다. 사회복지에 연관된 다양한 법들이 존재할 뿐입니다. 그것을 모을 제(諸)라는 한자를 사용하여 사회복지법제라고 하고 사회복지의 한 과목으로 사회복지법제론이라 부르고 있습니다. 그러므로 이 책에서는 사회복지에 연관된 법들을 사회복지법이라 부르기도 할 것입니다. 제2부 각론은 제4장에서 제12장까지로서 사회복지법제에 대한 새로운 접근에 의미를 부여하기 위하여 아직은 미미하지만 우리나라와 선진국의 사회복지법제들과 - 독일의 사회법전과 일본의 복지 6법을 토대로 - 부분적인 소개와 비교를 하였으며, 각 장의 말미에는 보론이라 하여 추가적인 논점을 제시하였습니다. 마지막으로 결론의 부분으로 제13장부터 제15장까지의 제3부에서는 사회복지와 법의 연관성에 대한 분석을 시도하였습니다. 왜냐하면 자연법과 실정법간의 한계 속에서 사회복지 관련법의 사회적 역할을 논하는 것은 매우 중요하기 때문이며, 또한 사회복지기관과 사회복지법 간의 관계에 대하여 분석을 시도하였데, 왜냐하면 그것을 통하여 사회복지체제에 대한 분석이 가능할 수 있기 때문입니다. 그것을 효율적으로 하기 위하여 사회복지에 연관된 법들을 분석 시 조항을 살펴볼 수 있도록 차례와 같은 순서로 정리하여 연관된 부록으로 첨부하였습니다(사회보험법과 몇 가지 법 그리고 부칙 제외).

이 책은 2002년에 작성하였던 나의 강의노트를 정리한 것으로서, 그 동안 최선을 다하며 어려운 상황을 극복하여 똘똘한 제자로 성장하기 바라는 나의 마음을 잘 받아 준 순천제일대학교 사회복지과 제자들에 대해 감사의 마음을 전합니다. 또한 이 책을 읽고 조언과 꼼꼼히 교정을 봐주신 박성호 교수님과 나직균 선생님과 광양지역 장애인복지와 자신의 학문적 발전을 위해 최선을 다하는 나의 제자 박문섭 군에게도 감사의 말을 전하며 이 책의 출판을 허락하여 주신 청목출판사 사장님에게도 감사함을 전합니다. 원래 나는 이 책을 2007년에 9월 어느 토요일 오후 나의 형 김귀영의 집에서 형과 담소하던 중 쓰기로 결심하였습니다. 그런데 즉시 그것을 그렇게 이행하지를 못하였습니다. 그 다음해 초에 어머니의 갑작스런 대수술과 같은 해 형의 갑작스러운 직장암 선고로 그것을 진행할 수 없었습니다. 나의 형은 그

것으로 그 다음해 유명을 달리했습니다. 지금도 형의 죽음을 가장 애통해 하고 있는 나의 어머니에게 하나님의 위로가 그리고 가장 큰 힘이 되어 주었던 큰 누님과 작은 누님, 나의 아내와 나의 딸 김노은에게 감사함을 전합니다.

세상에서 함께 할 때 나의 마음이 다하지 못했음을 형에게 용서를 빌며 늦었지만 이 책을 바칩니다.

2012. 8. 26.
김귀환

차 례

✳ 부록

〈표, 그림 목차〉

제1부

사회복지법의 이해

여기서는 총론으로서 법에 대한 보편적 사실들을 다루게 될 것이다. 이것을 위한 이론적 접근은 매우 중요하며 법이론적인 측면에서 법의 역사와 사회복지의 제도화를 위한 법적 토대의 근거로서 이데올로기와 사회복지의 관계 등에 대하여 논의할 것이다.

제1장 법과 사회

프랑스 인권선언[1] 제6조에는 법은 보편적 의지의 표현이라 적혀 있다. 법(法)은 한자인 물을 의미하는 수(水)와 이동을 의미하는 거(去)를 합하여 만들어진 글자이다. 그것의 실현 과정에 의하면 법은 역사적인 측면에서 두 가지 흐름을 보이고 있다. 한편으로 이것의 의미는 자연법적 접근에서 법이란 사회나 사회의 구성원을 규제하거나 강제하는 것이 아닌 물이 흐르는 것과 같은 행위인 것이다. 다른 한편으로 실정법적 접근에서 법은 국가권력에 의하여 강제되는 사회규범을 의미한다는 것이다. 실질적으로 법의 기능의 측면에서 인류의 역사와 법의 역사는 일치할 것이다. 독일의 사회학자 니클라스 루만(Niklas Luhmann)은 자신의 저서 『법과 사회(*Gesellschaft des Rechts*)』에서 "법은 사회 속에서 작용하며, 사회를 완성시키고, 고유한 자동적 재생산을 위한 사회적 기능을 실현"시키고 있다고 하였다. 즉 법은 사회적 반영의 결과물로서 고정된 것이 아닌 사회의 변화에 능동적으로

1) 전문17조로 구성된 인권선언의 정식 명칭은 인간 및 시민의 권리 선언으로 정치가이며 혁명가인 라파예트Lafayette가 기초하였다. 내용적으로 제2조 저항권, 제3조 주권재민, 제11조 언론 사상의 자유, 제17조 소유권의 신성불가침 등 인간의 기본권을 규정하고 있으며, 이후에 프랑스 헌법과 세계 여러 나라의 헌법 및 정치에 영향을 미쳤다.

적응해야 것으로, 사회의 변화로 인도하는 차원에서 사회의 한 부분이라고 할 수 있을 것이다. 그러므로 이 장에서는 법에 연관된 일반적인 것을 총체적으로 다룬다.

1. 법의 형성

법은 인간의 군집생활이 시작되는 그 때부터 존재하였을 것이다. 왜냐하면 초기사회에서 질서의 요구는 정의를 의미할 수 있기 때문이다. 즉 인간이 있는 곳에는 항상 규칙이 존재하였다는 것이다. 그러므로 인간이 모여 사는 곳, 사회가 있는 곳에는 법이라는 것이 존재한다는 것이다. 역사적인 측면에서 최초의 법이 어느 것인가를 논하는 것은 무의미하다. 오히려 그 과정 속에서 아래와 같은 법의 형성과정의 다양화가 이루어졌다고 정리할 수 있을 것이다. 물론 순서에 준해서 진행되기도 하였지만, 이 과정은 법의 형성을 위하여 절대적인 순서가 아닌 상호작용으로 진행될 것이다.

(1) 다수의 사람들에 의해서 지지되고 최소한의 심리적 강제력을 갖는 규범
(2) 국가에 의해 지지되고 유지되는 규범
(3) 국회가 입법의 형식으로 만들어낸 규범

위의 세 가지 법의 형성과정에서 사회복지법은 그 순서가 인간 내면에서 발생하는 원규 차원의 동정이나 자비로부터 국가의 선별된 지지로 그리고 제도화되는 1 → 2 → 3의 과정으로 진행되었다고 볼 수 있다. 사회복지법의 맹아로 알려진 1601년에 제정된 구빈법(Poor Law)은 인간이 삶에 대한 보호보다는 계급적인 관점을 강조하기 위해 그리고 그 당시의 사회적 상황에 대한 변화보다는 규제를 강조하

고 있다. 그 이후에 이 법은 내용적인 측면에서 인권을 보장하고 확장하는 방향으로 국가에 의해 수정 유지되었다.

2. 법의 목적

사회 질서는 인간관계를 인간적인 것으로 만들기 위한 하나의 조건으로, 이것을 위해 초기에는 시대와 사상을 초월한 보편타당한 법으로 자연법이 존재하였다. 그러므로 프랑스 인권선언 제6조에서 법은 보편의지의 표현이다라고 규정하고 있다. 이것은 현대사회의 강제성이 강조된 법이란 개념과는 다른 도덕이나 윤리로서, 인간관계를 인간적인 것으로 만듦으로써, 우회적으로 사회 질서를 유지시킨다. 이런 과정에서 체계화된 제도가 법으로서 실정법이라 부르고 있다. 실정법은 특정한 시대와 장소에서 효력을 지니는 법으로 헌법, 형법과 같은 공법 그리고 민법, 상법과 같은 사법으로 분류되며 보편적인 자연법과 다르게 구체적으로 최소한의 사회적 질서 유지를 위해 존재한다고 볼 수 있다. 즉 이런 측면에서 법은 사회생활에 있어서 행위의 준칙으로 국가에 의해 강제된 규범으로 사회규범이며, 문화규범이고 강제규범이라 할 수 있다. 사회적 규범은 매우 다양한데, 내용적으로 풍속과 법률 그리고 원규로 구분된다. 그 밖에 도덕, 전통, 예의, 유행 등이 포함된다.

- 풍속(folkways) : 대부분의 국가들에서 고유한 상황과 여건에 따라 법제정을 위하여 많은 영향을 미치고 있는 토대이다. 그러나 사회적 관습(customs)이나 관례(manners)로서 법적 제재력은 없다.
- 법(laws) : 대부분의 국가에서 공식적인 규범이다. 법은 시대에 따라 그리고 국가에 따라서 다양하게 나타나며, 법의 또 하나의

특징으로는 사회의 형식적 내용적 권위로서 위반 시 법적 처벌을 받는다는 것이다.

- 원규(mores) : 모든 도덕의 기초로서 풍속이나 법이 형성되는 기본 원리로 작용한다. 그러므로 원규는 인간이라면 근본적으로 범해서는 안되는 것으로, 예를 들어 근친상간, 아동 성학대 등이다.

법의 목적은 사회, 정치 문화 사상에 의해 결정된다고 볼 수 있다. 임마누엘 칸트Immanuel Kant에 의하면 법의 목적은 정의 실현이다. 그래서 그는 "정의가 소멸하면 이미 인간이 지상에 존재하여야 어떠한 목적도 존재하지 않는다"고 하였다. 그렇다면 정의란 무엇인가? 그것은 현재까지도 논란과 논쟁의 대상이 되고 있다. 왜냐하면 정의는 시대와 상황에 많은 영향을 받고 있기 때문이다. 그러므로 고대로부터 지금까지 많은 학자들에 의하여 정의Justice가 정의Definition되어 왔다.

지금으로부터 2300여년 전 고대 그리스의 철학자 아리스토텔레스Aristoteles는 정의를 광의의 정의와 협의의 정의로 구분하면서, 전자를 덕의 총체인 완전한 덕으로 인식하였다. 그것은 인간 개개인의 생활이 공동체나 단체의 일반원칙에 복종하는 것과 같은 것이다. 반면에 후자는 정의를 산술적 비례에 의한 평등을 의미하는 평균적 정의와 상대적 평등을 실천하는 배분적 정의로 설명하였다. 이것은 능력에 따른 분배로, 예를 빈부 정도에 따라 차등과세 또는 책임부여나 급여 지급과 같은 것이 있다. 이와 같이 법에 의해 정의에 대한 정의는 현실의 삶 속에서 사회복지의 실천, 그것이 사회정의라 할 수도 있을 것이다.

결론적으로 정의는 정의로운 사회를 의미한다. 또한 사회의 정의, 사회가 정의로운지 묻는 것은 우리가 소중히 여기는 것들, 이를테면 소득과 부, 의무와 권리, 권력과 기회, 공직과 영광 등을 어떻게 분배하는지 묻는 것이다(마이클 샌델, 2010: 33). 그 법들은 아마도 정의로운 사회가 어떠한 것인지에 대한 답을 제공한다. 즉, 그것들은 소득과 부, 의무와 권리 등을 어떻게 분배하는지에 관한 토대이기도 하며 통제하기도 하는 것이다.

3. 법원의 의미

법원(Source of law, Rechtsquelle)이란 법의 원천이나 인식근거 그리고 법이 어떤 방식으로 존재하는가에 관한 것을 의미한다. 그것은 일반적으로 두 가지 방식으로 설명되고 있다. 하나는 성문법(written law, geschriebenes Recht)[2]이며, 다른 하나는 불문법(unwritten law, ungeschriebenes Recht)이다.

첫째, 성문법이란 문서화된 법이다. 이런 측면에서 한 때 함무라비 Hammurabi 법전[3]은 역사적으로 가장 오래된 법전 중 하나로 잘 알려져 있었다. 여기에 속하는 성문법은 헌법, 법률, 명령, 규칙, 자치법규, 국제조약, 국제법규 등으로 국가적인 입법기관에서 일정한 절차를 거쳐 제정되는 법들을 의미한다. 특별히 헌법과 법률은 국회의결을 통하여 만들어지며, 대통령과 행정기관에 의해서도 명령(대통령령, 총리령, 부령), 개별법규의 시행령과 규칙 등이 만들어진다. 이러한 법률들의 순서는 상호간에 계급의 존재를 의미하며, 하위법의 규정은 상위법을 위반해서는 안되는 상위법 우선의 원칙이 적용된다. 이러한 제도는 전통적으로 유럽 대륙 대부분의 나라들에서 시행되며 우리나라도 여기에 속하고 있고, 이를 성문법주의라 부르고 있다.

2) 세계 최초의 성문법에 대한 주장은 많은 이견이 존재하고 있다. 한 때 함무라비 법전이라고 하였지만, 오늘날에는 BC 2100년-2050년에 수메르어로 점토판에 기록된 우르남무의 법전(Code of Ur-Nammu)으로 알려져 있다.

3) 눈에는 눈, 이에는 이로 유명한 함무라비 법전은 메소포타미아 지역에서 번성하였던 고대 바빌론 제국의 법전으로 전문 282개 조항으로 구성되어 있다. 함무라비의 정치이념인 법치주의가 반영된 이 법전은 범죄에 대해 엄격한 처벌을 내리는 것이 특징으로 12개의 석판에 새겨져 있다.

둘째, 불문법이란 문서화되지 않은 법들로서 성문법에 대응하는 의미로서 법이다. 여기에는 관습법, 판례법, 조리가 속하고 있다. 관습법은 사회생활상의 무의식적으로 반복되어 나타나는 행동양식인 관습을 바탕으로 형성되는 법을 말한다. 판례법은 역사적으로 재판한 결과물, 그리고 조리란 많은 사람들이 승인하고 있는 공동생활의 원리인 도리, 사회통념, 선량한 풍속 기타 사회질서로서 신의성실의 원칙이라는 말로 표현할 수 있다. 이것은 재판에 있어서 성문법이나 관습법의 결함을 보충하기 위하여 채용하고 있는데, 우리나라 민법에서도 법률에 규정이 없으면 관습법에 의하고 관습법이 없으면 조리에 의한다고 규정하고 있다. 이러한 법적 형태를 주장하는 것을 불문법주의라고 부르고 있는데, 대부분 영미법계에서는 판례법이 법 중에서 중요한 부분을 차지하고 있으며, 특별히 영국에서는 헌법의 대부분도 관습법이다. 그러나 현실적으로 대륙법계에서는 법이라 하면 성문법, 영미법계에서는 불문법을 토대로 하고 있지만, 완전한 성문법주의 또는 불문법주의가 아닌 정도의 차이에 따른 상호보충적인 입장을 취하고 있다. 왜냐하면 역사적으로 형성된 인간, 사회적 모든 관계들에 대한 규정을 법률화할 수 없을 뿐만 아니라 법률화된 모든 것만으로 인간의 사회적 관계를 재단할 수 없기 때문이다. 이런 요인들을 토대로 예를 들자면 미국은 국가의 법적 토대가 헌법이기에 성문법 국가라고 할 수 있지만, 역사적으로 영국처럼 배심원제도 등을 도입하여 불문법의 판례법을 토대로 재판을 실천하고 있는 측면에서 불문법 국가이기도 하다.

사회복지법에 연관하여 대부분의 국가들은 성문법으로 존재하고 있다. 근본적으로 본다면 역사적으로 인간의 생존투쟁이 삶의 질적 상승을 의미하기에 불문법적인 측면에서 사회복지법이라 할 수도 있을 것이다.

4. 법의 유형

법을 유형별로 일목요연하게 일률적으로 정리하기는 매우 어렵다. 왜냐하면 법의 분류는 법에 대한 정의와 마찬가지로 법들 간에 중층적으로 관계를 맺고 있기 때문이다. 일반적으로 법을 분류 구분하는 방법으로는 그 기준에 따라 다양하게 있다. 첫째, 지역을 중심으로 구분할 수 있다. 그것은 프랑스나 독일을 중심으로 하는 대륙법과 영국과 미국을 중심으로 한 영미법으로 나눌 수 있으며, 다른 하나는 그 존재형식에 따른 분류, 법의 형성 과정에 따른 분류, 생활관계의 실체에 따라 분류하는 방법 등이 있다. 여기서는 후자를 중심으로 논한다.

첫째, 법의 존재형식에 따라 분류하는 성문법(국가의 입법기관을 통해 문서로 제정된 법)과 불문법(문서로 제정되지 아니하고 오랜 기간 동안 국가의 관습이나 관행에 의하여 형성된 법)은 법원의 의미에서 이미 자세하게 논의하였다.

둘째, 법의 형성 과정에 따른 분류로서 여기에는 자연법(Natur Law, Natuerecht)과 실정법Positives Recht)이 속한다. 전자는 민족, 사회, 시대를 초월해 영구불변의 보편타당성을 지니는 초경험적 법으로서 정의와 평등 그리고 자유, 보편적 이성의 법칙과 같은 것이 속한다. 후자는 자연법에 대비되는 법으로 인위적으로 형성된 법규범으로, 입법절차에 따라 제정된 법이며 성문법, 판례법, 관습법 등이 속한다.

셋째, 법이 어떤 생활관계의 실체를 규율하는가에 따라 국가 기관의 조직과 기능을 규율하는 법인 공법(Offentliches Recht)과 개인 간의 생활관계 또는 권리 및 의무 관계를 규율하는 사법(Privatrecht)으로 분류하고 있다. 주로 오늘날의 대부분의 법들은 자연법보다는 실정법에 속하고 있는데, 전자는 법의 내용적인 측면에서 국가적, 공익적, 윤리적, 타율적, 권력적 비대등적 관계를 규율하며, 헌법, 형법, 소송법, 국제법 등이 속한다. 후자는 전자의 대비되는 개념으로 개인적, 사익적, 자율적, 비권력적, 대등적 관계를 특징으로 하는 법으로 민법, 상법, 특별법 등이 속한다.

위의 세 가지 형태로서 법에 대한 분류는 서로 상반된 것이 아닌 상호 교차적 의미를 지니고 있다. 현존하고 있는 법들은 대부분은 성문법이면서도 실정법이지만 사법일 수 있고 공법일 수도 있을 것이다. 이것은 역사 속에서 그 유형과 형태는 변할 수 있다는 것이며, 국가나 지역별로도 다르게 나타날 수 있다. 이런 관계 속에서 사회복지법은 성문법으로서 실정법이기에 공법이면서도 사법일 수 있다. 그러나 또 다른 측면에서의 접근인 공법과 사법의 중간 형태로서 사회법은 공적인 측면도 있지만 사적인 측면이 강하기에, 사회복지법은 사회법(social law)[4]으로 분류될 수 있을 것이다.

5. 법과 사회복지

법의 제정은 공평하고 정의로움을 실현하기 위해 체계화된 사회의 건설 과정이다. 그런 측면에서 사회복지법의 제정은 사회의 구성원들의 삶의 질서와 질적 수준을 담보한다고 할 수 있다. 그러므로 법의 제정은 복지국가의 추구를 의미한다. 다양한 법들을 통하여 사회복지 분야는 자연스럽게 규정되고 있다는 것이다. 그러므로 사회복지는 법의 정의실현을 위한 최종적 도구이기도 하며 마지막 단계라고도 할

4) 사회법은 사회의 공공복지의 제도화와 정책을 통하여 산업화와 자본주의 모순의 심화로 인한 사회 구성원 개개인들의 사회적 불평등 문제를 해결하기 위한 법이다. 주로 독일과 프랑스의 대륙법 계통의 학자들에 의해 주창된 법 이론으로서 우리나라에서는 공법과 사법의 중간인 제3의 법 영역으로 간주되고 있다. 오늘날에는 국가의 공공복리 추구가 강화되어가는 경향이 커지면서 사회법의 역할과 영향력이 강화되고 있다.

수 있을 것이다. 그것이 사회복지를 실현시킬 수 있는 법인 것이다. 사람들은 이 법들을 사회복지법제라 부르고 있다.

법과 사회복지의 의미는 목적과 수단의 관계 속에서 이해될 수 있다. 한편으로 그 관계성을 사회질서의 확립의 의미에서 본다면, 결국은 모든 법의 제정은 사회복지의 실현과정으로 접근해야 한다는 것이다. 또한 삶의 질적 상승은 법적인 측면에서 사회질서라 할 수 있다. 왜냐하면 사회질서가 법의 목적으로서 사회의 정의 실현이라면, 사회복지의 목적은 법을 통한 사회복지 분야에서 정의 실현이라 할 수 있기 때문이다. 다른 한편으로 사회복지적인 측면에서 법은 사회복지라는 목적을 실현시킬 수 있는 수단인 것이다. 사회복지 분야에서 정의란 법을 통하여 그리고 법에 의하여 모든 사회구성원들의 인간다움 삶과 생존권이 보장되는 것이라 할 수 있다. 현대사회에서 이것이 한편으로는 사회복지를 추구하는 국가들에게 연대의 새로운 표현으로서 상호호혜(Reciprocity)라는 정치적 슬로건으로, 다른 한편으로는 실용적인 법원칙으로 되었다. 그러므로 모든 법은 이 목적의 실현을 위해 노력하여야 한다.

여기서는 법을 통하여 사회복지의 실현에 대하여 논하였다. 이것은 법의 정의가 사회복지의 정의인 분배를 어떻게 실현시킬 수 있으며 정책화 제도화시킬 수 있는가이다. 결론적으로 본다면 법의 최종 목적은 정의 실현이지만, 그것의 구체적 실현형태는 사회복지라 할 수 있을 것이다. 왜냐하면 법은 인간의 모든 사회적 삶에 관계하고 있기 때문이다. 다음 장에서는 사회복지와 법에 대하여 논하게 될 것이다. 이 관계는 사회복지의 실천을 위해 법의 역할과 기능을 의미한다.

제2장 사회복지와 법

"모든 법의 문제점은 법이 현실을 반영하고 있지 못한다는 것이다"

그 동안 우리들은 법이란 변화해서는 안되는 것 그리고 변화하면 세상이 혼란스러워지는 것으로 이해하고 있었다. 그러나 법은 무엇을 금지하는 것이 아닌 유연하게 무엇인가를 기르는 것 또는 증진시키는 것으로 이해되어야 한다. 예를 들어 장애인복지에 연관시켜 법을 논의한다면, 위로부터의 변화, 즉 사회의 변화에 부합하기 위한 제도화와 법제화로서 법의 개정과 수정은 논의된 사안들에 대한 실천적 토대인 동시에 사회적 잠재력의 확대를 의미하는 것이다. 왜냐하면 아직 사회복지에 미흡한 우리나라와 선진국들 사이에는 시기적으로나 내용적으로 경제력의 차이가 존재하고 있지만, 그것보다도 더욱 중요한 사실은 복지건설을 위한 토대인 장애인 관련법들은 고정된 것이 아닌 생명체가 변하여 자라나듯이 장애인을 위한 관심과 배려를 위하여 상황과 시대의 변화에 적절한 대응이 필요하기 때문이다.

1. 사회복지와 법

사회복지와 법의 관계는 역사적이라 할 수 있다. 사회복지는 산업혁명이 진행되는 18세기 이후 근대사회의 독특한 사회적 현상 그리고 구조적 특성과 밀접한 관계를 지니고 있다(김귀환, 2008: 15). 그 관계는 기능과 역할의 측면에서 법을 사회복지의 실천적 토대로 간주함을 의미한다. 그러므로 사람들은 산업화 과정에서 발생하였던 문제들을 해결하기 위해 총괄적으로 그리고 정책적으로 제도화한 결과물들을 사회복지법이라 부르고 있다. 이것은 또 다른 측면에서 사회복지에 관련된 법들의 집합체의 의미로서 사회복지실천을 규정하는 법적 규범의 총체를 의미하기도 하여 사회복지법제라 한다.

사회복지법제의 내용적인 측면에서 사회복지를 규정하고 있는 법들은 사회복지를 구체적으로 실천하기 위한 제도·기구·기관·시설·권리·의무 등을 규정하고 있으며, 법의 존재형식에 따라 형식적 의미의 사회복지에 대한 규정, 실질적 의미의 사회복지에 대한 규정으로 구분하고 있다. 전자의 형식적 의미에서 사회복지에 연관된 법들은 단순히 외적형식을 갖춘 제반 법규들로 제한된다. 즉 규범내용, 규범목적, 기능 등을 고려하지 않고 사회복지라는 명칭을 가진 법규를 사회복지법제 속에 포함시키고 있다.

우리나라에서 있어서 사회복지법은 짧은 역사성으로 사회복지법의 범위와 고유성이나 개념 등이 정리되지 않아 독일의 『사회법전(Sozialgesetzbuch: SGB)』이나 일본의 『복지6법』 또는 『복지8법』처럼 통일된 법전형식보다는 상황에 적절한 사회복지에 연관된 법들로 제정되고 있다. 아래의 〈표 2-1〉은 독일과 일본 그리고 우리나라의 사회복지법제의 분류 토대를 비교 분석한 것이다.

〈표 2-1〉 독일 · 일본 · 한국 사회복지법 비교

독일	일본			한국
사회법전	복지3법	복지6법	복지8법	가. 사회보장기본법제2조제2호 나. 사회복지사업법 제2조
Ⅰ. 사회법 총칙(1976)	생활보호법(1946)	o	×	가. 사회보장기본법 1. 사회보험 2. 공적부조 3. 사회복지서비스 나. 사회복지사업법 1. 국민기초생활보장법 2. 아동복지법 3. 노인복지법 4. 장애인복지법 5. 한부모가족지원법 6. 영유아보육법 7. 성매매방지 및 피해자보호 등에 관한 법률 8. 정신보건법 9. 성폭력방지 및 피해자보호 등에 관한 법률 10. 입양특례법 11. 일제하 일본군위안부 피해자에 대한 생활안정지원 및 기념사업 등에 관한 법률 12. 사회복지공동모금회법 13. 장애인·노인·임산부 등의 편의증진 보장에 관한 법률 14. 가정폭력방지 및 피해자보호 등에 관한 법률 15. 농어촌주민의 보건복지증진을 위한 특별법 16. 식품기부 활성화에 관한 법률 17. 의료급여법 18. 기초노령연금법 19. 긴급복지지원법 20. 다문화가족지원법 21. 장애인연금법 22. 장애인활동 지원에 관한 법률 시행일 2011.10.5 23. 노숙인 등의 복지 및 자립지원에 관한 법률 〈시행일 2012.6.8〉 24. 보호관찰 등에 관한 법률 시행일 2011.11.5 25. 장애아동 복지지원법
Ⅱ. 교육촉진법(2005)	아동복지법(1947)	o	o	
Ⅲ. 고용증진법(1998)				
Ⅳ. 사회보장법(1974)	신체장애자복지법(1948)	o	o	
Ⅴ. 질병보험법(1988)		정신박약자복지법(1960)	o	
Ⅵ. 연금보험법((1989)		노인복지법(1963)	o	
Ⅶ. 산재보험법(1996)				
Ⅷ. 아동 · 청소년법(1990)			노인보건법(1963)	
Ⅸ. 장애인의 재활과 참여에 관한 법(2001)		모자복지법(1964)	모자 및 과부복지법	
Ⅹ. 행정처리와 자료보호에 관한 법(1980)			사회복지사업법(1951)	
XⅠ. 수발보험법(1994)				
XⅡ. 사회부조법(2005)			사회복지의료사업단법	

독일은 1871년 산재보험법이 제정된 이래로 사회보험법들이 연이어 제정되었으며, 1911년 완전한 단일화를 이루지는 못하였지만 공통되는 부분을 추출하여 질병보험법, 재해보험법, 노령 및 폐질보험법을 통합하여 제국보험법을 제정하였다. 그것을 토대로 하여 1970년에는 제국보험법 등에 산재되어 있는 각종 사회보장법률들을 정리하였다. 그러므로 사회법전은 역사 속에서 사회복지에 연관된 법들에 대한 체계화의 결과물이라고 할 수 있다. 위의 〈표 2-1〉에서 보여주는 것처럼 사회보장법이나 사회보험법 등과 같이 사회복지에 연관된 법들의 제정 그리고 개정된 법들의 등장은 독일이 사회보장을 토대로 작용하는 사회법전으로부터 발전된 것이라 할 수 있으며,[5] 이와 연관된 추가적인 법들도 다양하게 정비되어 있다. 즉 독일의 사회법전은 사회복지와 사회보장에 연관된 구체적이고 미시적인 법들의 법원(Rechtsquelle)의 역할을 하고 있는 것이다.

일본의 사회복지체제는 독일의 영향을 받았으며, 세 번의 거대한 전환기를 통하여 발전하였다. 첫째로 1951년 복지6법의 기본법이라 할 수 있는 사회복지사업의 제정과 함께 복지3법시대로부터, 둘째 1960년대 복지6법시대 그리고 셋째 1986년 노인보건법의 개정 등 1980년대 재정적인 측면에서 수혜자 부담을 강조하는 정책 그리고 복지8법으로 접어들기 위해 1989년에 노인복지법의 일부를 개정하는 등의 법률이라 명하면서 위의 8개의 이 법들을 동시에 개정하였다.[6] 그러므

5) 사회법전 II, III은 독일사회에서 2000년대 초 사민당 정권기간 동안 가장 논란이 되고 있는 실업문제에 대해 해결을 위한 사회복지의 핵심 정책적 토대로서 하르츠I, II, III, IV와 관계가 있다. 하르츠Harz 법안의 내용적인 측면에서 하르츠 I은 고용확대와 일자리 창출을 위한 개혁이며, 하르츠 II는 저임금 노동자에 대한 세제혜택과 개인자영업자 지원 등을, 하르츠 III는 연방고용청의 직업소개업무에 충실할 수 있는 기본 틀의 변화에 대한 법적 토대를 제공하는 것이다.

6) 이 시기 일본사회의 노령화의 진행은 사회복지분야에서 많은 재정적 부담을 주고 있었다. 그것을 극복하기 위해 새로운 패러다임이 1986년에 전국사회복지협의회에 의해 사회복지개혁의 기본구상이 제언되었다. 이것을 법률개혁으로 진행시키기 위해 1989년 복지관계3심의회에서 - 중앙사회복지심의회, 아동복지심의회, 신체장애자복지심의회 - 복지8법을 개정하여 1990년에 공포하

로 위와 같이 독일, 일본 그리고 우리나라의 사회복지법들의 분류에 있어서 체계화는 순서에 따른 법제정에 영향을 주었으며, 그 분류는 단독적인 측면이 아닌 사회복지 연관법들이 중층적으로 겹치면서 아래와 같은 것들을 토대로 정리될 수 있을 것이다.

1) 이념적 의미

사회복지적인 측면에서 법의 이념적 추구는 사회복지실천의 본질적인 의미라 할 수 있다. 그 의미의 실현이 사회복지의 목적인 것이며, 따라서 모든 국민들이 인간다운 생활을 누려야 한다는 것 그리고 행복을 추구할 권리가 있다는 것, 생존권을 구현해야 한다는 것이다. 모든 사회복지에 연관된 법들이 여기에 속한다고 볼 수 있다. 구체적으로 이 법들이 사회복지를 실현하려고 하는 이념인 것이며, 그것의 실현을 위한 방법론적인 토대가 된다. 같은 목적으로 실천하려는 사회복지국가들도 이념적 근거에 의해 사회복지실현 방식에 차이가 발생하는 것이다.

2) 형식적 의미

사회복지법에 대한 접근에 있어서 외형, 명칭을 강조하는 관점이다. 즉 사회복지적인 측면에서 형식을 갖춘 법규범으로 대부분의 법명에 사회복지 또는 특정 이름의 복지라는 단어가 사용되고 있다. 그러므로 형식적 의미의 사회복지법은 예를 들어 사회복지사업법에 규정되어 있는 노인복지법, 장애인복지법, 아동복지법 등처럼 성문화된 사회복지관련법들로 체계화된 것이다.

3) 실질적 의미

이것은 법규범에 내재된 규범내용이나 규범목적 또는 기능에 따라 공통된 특징들을 도출하여 정립된 개념을 의미한다. 그 규정범위 따라

였다.

광의의 사회복지법과 협의의 사회복지법으로 구분할 수 있는데, 전자에는 제도적인 측면에서 모든 국민의 물질적·정신적·사회적 기본욕구를 해결함으로써 인간다운 생활을 영위하게 하는 공공기관과 민간기관 등에 의한 제반 사회적 서비스와 관련된 사회복지정책, 사회정책의 실현과 제반 법률들이 속한다. 후자에는 개인적인 측면에서 발생된 문제들, 즉 개인 스스로 생활을 영위하지 못하는 사회적 약자들에 대해 제한적인 유형·무형의 원조와 노력에 연관된 노인복지법, 장애인복지법, 아동복지법과 같은 법률들이 속한다.

이러한 사회복지법의 유형화로부터 독일이나 유럽에서 사용되고 있는 사회정책이나 사회보장법과 관계정립은 매우 의미가 있다고 볼 수 있다.

4) 사회복지법과 사회보장법

사회복지의 등장은 유럽의 산업화로 인한 사회문제의 해결로부터 시작되었다고 볼 수 있다. 이 시기 사회문제의 해결을 위한 사회정책의 중심에는 항상 빈곤이 위치해 있었다. 빈곤한 삶에 대한 보장, 생존의 보장이 사회보장의 의미인 것이다. 그것은 경제적 보장으로부터 건강과 산업화에 따른 사회적 위험으로부터 보호를 의미한다고 볼 수 있다. 대륙으로 건너온 이 의미는 독일에서 사회정책이란 용어로 사용되었으며,[7] 그 결과물로서 1881년 사회보험에 대한 황제의 교서가 발표되면서 질병보험법 등 4대 사회보험법들이 제정되었다. 그러나 세계 최초로 사회보장이란 명칭을 공적으로 사용하기 시작한 것은 1935년에 제정된 미국의 사회보장법(Social Security Act)에서 시작되었다.

---

7) 사회정책(Sozial Politik)이란 개념은 독일에서 산업화 과정에서 발생하는 여러 사회문제의 현황과 원인 및 대처방안 등을 연구하기 위하여 구스타프 슈몰러(Gustav Schmoler)를 중심으로 1873년에 설립된 사회정책협회(Verein fuer Sozialpolitik)가 활동하면서 일반화된 개념이다. 이러한 사회정책은 근본적으로 자본주의체제 유지를 위한 체제보완이라는 측면에서 노사간의 갈등문제의 해결과 노동자 보호정책으로부터 출발되었다. 그러나 현대사회에서 그 개념이 확장되어 사회적 취약계층에 속한 개인의 삶의 질을 향상시키기 위해 국가개입에 의해 실행되는 정치적 행위를 의미한다.

이 법은 내용적으로 생존권 보장을 위해 소득보장에 대한 규정을 하고 있다. 예를 들자면 사회보험, 공공부조, 특정 직장관련법으로 구성되어 있다. 1942년 비버리지에 의해 의회에 제출되어 세계 2차 대전 전후 영국의 사회복지의 토대가 된 비버리지 보고서(Beveridge Report)는 5대 사회악의 - 결핍, 무지, 질병, 나태, 불결 - 제거를 위해 가족수당법, 국민보험법, 국민보험 서비스법 등을 제정하였고, 대륙에서 발달되었던 사회보험법들은 사회복지의 탄생으로 인도하였으며, 사회보험과 사회보장의 다양한 접근이 사회복지법의 제정으로 인도하였다고 볼 수 있다. 그 과정은 아래의 그림으로 정리할 수 있다.

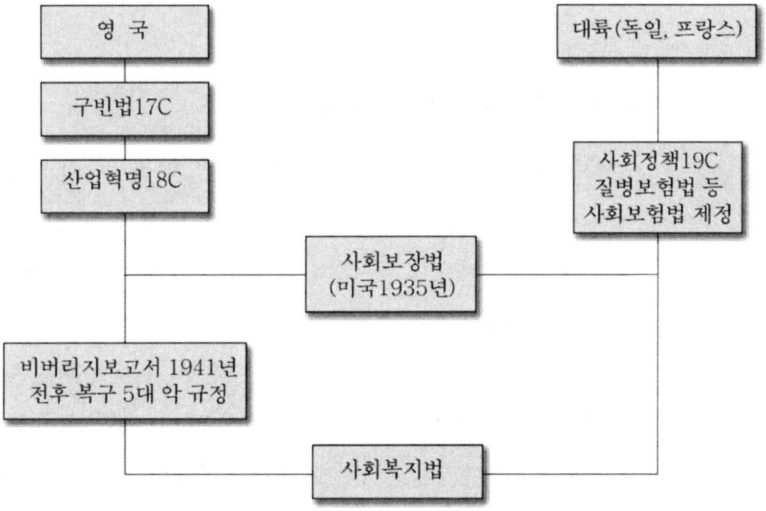

〈그림 2-1〉 사회복지법의 체계화 과정

위의 〈그림 2-1〉이 보여주는 것처럼 사회복지법과 사회보장법의 구분은 역사적 흐름을 통하여 살펴볼 수는 있지만, 법적으로 의미적 구분은 매우 모호하다. 왜냐하면 사회복지에 연관된 법들은 사회복지와 사회보장을 명확히 구분하면서 사용하지 않고 있기 때문이다.

2. 사회복지법의 개념

사전적 의미에서 복지란 사람들이 건강하고 편안하며 행복하게 살 수 있게 갖추어진 환경으로 정의할 수 있을 것이다. 그것은 어느 시대에서도 그 상황에 걸맞는 복지는 존재하였다고 볼 수 있다. 그것은 보편적으로 그리고 개인적 차원에서 인간에게 요구되는 필수적 삶의 요건을 위해 노력의 정도가 복지의 수준을 가늠한다는 것을 의미한다. 사회복지는 개인적 차원에서 복지의 증진을 통해 발생하였던 부작용과 같은 사회문제의 - 빈부의 격차, 노동력 착취 등 - 해결사로 등장하였다. 그러므로 사회복지는 사회적, 제도적 정치 · 경제적으로 접근하여야 하며, 사회복지의 발전이란 사회 · 경제적 수준에 상응하는 복지의 질적 변화를 통한 사회환경의 건설을 의미하며, 사회복지법은 그것의 제도화된 결과물이라 할 수 있다.

이러한 사회복지법은 시민법 한계에 대한 비판적 입장에서 형성되었다. 즉 정치경제적 여건이 자본주의 발전과 함께 모순적 현상을 발생시키면서 자본가만을 옹호하는 시민법의 한계는 자본주의에 의해 발생된 제반 사회문제들로 질병 · 노령 · 장애 · 실업 · 출산 · 사망과 사회적 약자의 생활문제의 해결의지가 없다는 것을 확인시켜 주었다. 그러므로 그러한 사회적 문제들을 소득 · 의료 · 교육 · 주택 · 심리적 측면에서 제도적 장치로 해결하려는 사회복지법은 자본주의 사회의 발전과 더불어 형성되었다고 볼 수 있는 것이다. 즉 국민의 인간다운 생활보장을 위한 구체적 정책적 표현으로서 사회복지법은 탄생되었던 것이다.

그것을 위하여 사회복지법의 발전과 변화는 인간다운 생활의 보장을 위하여 개념적으로 구체화되었다. 그것은 각종 사회복지와 연관된 법에서 규정하고 있는 사회복지법의 주체, 사회복지의 대상 그리고 사회적 사고로 일반적으로 경제적 불안상태를 의미하는 사회적 위험과 보장과 보호의 개념뿐만 아니라 사회적 위험에 포함되지 않은 기타 건강생활이나 최저수준의 경제생활을 유지 못하여 국가나 타인의 조력에 의해 욕구충족이 가능한 상태로서의 요보호상태 등도 의미하고 있다.

이러한 개념들의 실천은 역사적으로 17세기 영국에서 구빈법의 등장으로 출발하였다고 볼 수 있으며, 그 이후 산업혁명 이전까지 빈민에게 구제 및 일자리 제공을 규정하는 동시에 그들의 이동의 자유를 제한하는 법으로 1662년에 정주법이 제정되었으며, 작업장법은 당시의 교회의 교구들에 의한 빈민에게 작업장 제공과 관리를 규정한 법률로서 구빈법을 보완하기 위해 1722년에 제정된 법이다. 또한 1789년에 제정된 길버트법(Gilbert Act)은 기존의 법들과는 달리 내용적으로 사회복지에 근접하였다. 즉 노동의 강제가 아닌 빈민들의 원외구제를 허용하여 보다 인간다운 생활을 가능하게 하였다. 1795년에 제정된 스핀햄랜드법(Speenhamland Act)은 최저생계비에 대해 관심을 가지고 국가가 조세를 통하여 최저임금을 - 부족분을 국가가 보존해 주는 - 보장해 주도록 한 법이다. 물론 이러한 법들을 사회복지와 직접적으로 연관된 법이라 보기는 어려움이 있지만, 그 당시의 상황에서 사회적 약자들의 삶에 관심을 가졌다는 것에 의미를 부여할 수 있을 것이다. 실질적 의미에서 사회복지법의 등장은 한편으로는 시민법의 모순으로부터 발생하였지만은, 다른 한편으로 18세기 산업혁명의 발생과 함께 하였다고 볼 수 있다. 왜냐하면 자본주의 생산양식의 발전으로 도시노동자의 생활문제들이 발생하였기 때문이다. 그러나 그런 짧은 역사성으로 사회복지법의 내용적인 측면에서의 발전이 완벽하다고 할 수는 없다. 그러나 19세기 이후 사회경제적 발전과 변화가 매우 급속하게 진행되었으며, 세계2차 대전 이후 풍요로움의 추구와 빈곤으로부터 자유의 획득을 위한 노력은 생존권 보장이라는 사상으로 발전하면서, 그에 따른 사회 구성원들의 다양한 욕구의 등장과 질적 수준의 상승에 따른 사회복지법들의 제정과 개정이 빈번하게 발생하였다.

사회복지법들의 이러한 변화로부터 제정과 개정은 다섯 가지의 원리를 토대로 이루어지고 있었다. 하나는 보험의 원리이다. 이것은 이익추구를 목적으로 하는 선택적인 사보험과는 다른 분배의 효과를 극대화하고 사회구성원의 인권을 보호하고 보장하기 위한 보편적 개념의 사회보험을 의미한다. 둘은 보상의 원리이다. 사회복지법에 있어서 보상이란 국가에 기여하거나 희생한 사회 구성원들이 생계의 어려움을 당할 때에 공익을 헌신한 사람에게 국가의 재정으로 지급하는 것을 말한다. 셋은 부조의 원리이다. 소득이 없거나 매우 적은 자는 사회보험이 아닌 공공부조의 혜택이 주어진다. 그 부조는 경제적으로 어려움을 겪는 사회 구성원들에게 국가가 최저생활의 보장과 자활의 측면에서 국가 재정으로 도움을 주는 것이다. 넷은 원조의 원리이다. 이것은 사회적으로 삶에 곤란함이 있는 사회 구성원에게 그 생활상의 장애를 제거 경감시켜 생활 능력을 증진시키기 위해 제공되는 사회복지서비스이다. 마지막으로 사회통합의 원리이다. 사회복지에 연관된 법들은 어느 특정부류나 계층, 계급을 위해 제정되어서는 안되며, 그 대상은 모든 계층 그리고 전 국민이어야 한다는 것이다. 그러므로 사회복지, 사회복지법은 사회 구성원들을 잘 살게 하는 것도 중요하지만 최종 목적은 사회통합인 것이다. 이런 측면에서 사회통합을 위한 사회복지법들은 사회구성원들의 욕구들을 시대와 상황에 따라 변화에 적절하게 적응하여야하며, 그 방법적 토대는 법개정에 대한 인식의 변화이다.

사회복지법들의 이러한 빈번한 개정 목적은 두 가지 측면에서 바라볼 수 있다. 하나는 본질적인 측면에서 인간을 사회적 위험으로부터 보호하여 인간다운 생활을 보장하는 것이다. 그것은 인간의 생존권 보장인 것이며, 그런 이유로 인간의 생존권은 고정적인 것이 아닌 시대에 따라 변화하는 것이다. 그것은 인간의 욕구의 무한함을 충족시키기 위해서 사회복지법들은 다른 법들보다 신속하게 사회의 변화와 인간 욕구의 변화에 반응하여야 한다. 다른 하나는 전자의 목적을 실천하기 위한 기본적 토대로서 소득의 재분배이다. 물론 소득재분배를 위하여 조세에 연관된 법들에 의하여 시행되기도 하지만 오늘날 선진국들에서는 사회복지법을 통하여 인간 삶의 균형을 더 효과적으로 유지시키고 있다. 그것을 위하여 선진국은 한편으로는 사회복지예산을 국가예산의 30% 정도까지 끌어올리고 있으며, 다른 한편으로는 소득에 의해 기여금 정도가 차이가 있는 의료보험제도와 같은 사회보험법을 제정하였으며, 최저생활을 보장하기 위해 국민기초생활보장법과 같은 공공부조법을 제정하였다. 아래의 〈표 2-2〉는 내용적인 측면에서 세 가지 법을 비교분석한 것이다.

〈표 2-2〉 사회보장에 연관된 법에 관한 비교

	공공부조법	사회보험법	사보험법
목적	빈곤으로부터 해방	빈곤의 예방	불확실 삶에 예방
이념	선택주의	보편주의	자발성
원리	생존권보장	최저생활보장	경쟁
대상	선택된 빈민계층	전 국민	보험 계약자
자격조건	법적 권리	법적 권리	계약
재원	조세	기여금	보험료
급여수준	국민최저선	국민 적정선	개인의 능력
수급권의 성격	약하다	강하다	없다

결론적으로 사회복지법은 사회복지의 실천적 내용들을 법조항으로 규정한 것으로서, 사회복지가 국가정책이나 제도로서 문서화된 가장 근본적인 것이다. 그러므로 그것은 각각의 개인으로서 사회 구성원들이 하는 이야기를 그대로 실행해 주어야 하는 것을 원칙으로 삼아야 한다. 그것은 단순히 사회복지법을 통하여 공통분모를 찾고 평등한 정책의 실현만을 의미하는 것이 아니다. 사회 구성원들이 원하는 것을 최선을 다해서 들어주는 것이 사회복지원칙이 되어야 한다. 왜냐하면 법과 정책은 최소한인 것이기 때문이다. 물론 그 토대는 이념적 차원

에서 사회복지를 국가와 국민 간의 권리나 의무 관계로 규정하면서, 그 실천적 차원에서 사회복지의 구현을 위한 사업들은 사회적으로 공익적이어야 한다.

3. 사회복지법의 역사적 의미

사회복지의 역사적 의미는 인간다운 삶을 영위하기 위한 민중들의 투쟁에서 찾을 수 있다. 그것은 국가와 권력, 자본에 의해 지배받았던 민중의 생존권 쟁취투쟁이라 할 수 있다. 생존권은 최초에 사회복지법이 아닌 국가의 최상위법인 헌법에 명시되었는데, 헌법에서 최초로 생존권 이념을 규정한 것은 1919년에 제정된 독일의 바이마르 헌법[8]이다. 국제적인 측면에서 생존권 보장운동은 세계 2차 대전 이후부터 등장하였으며, 국가적 측면에서 생존권 보장은 국제적 차원에서 인권보장의 보편화 현상인 것이다. 아래와 같은 국제기구에 의한 조약과 규약은 이 기구에 가입한 경우에는 국내법과 동일한 법적 효력을 지녔으며 각 국가들의 인권 발전에 많은 영향을 끼쳤다. 물론 대부분 이런 인권조약은 권고사안이기는 하지만, 그럼에도 불구하고 많은 나라에서 인권을 보장하고 보호할 수 있는 사회복지에 연관된 법들의 제정으로 이어졌다.

---

8) 바이마르 헌법은 1919년 8월 11일에 제정되어 공식적으로 선포된 독일 공화국 헌법이다.

바이마르란 이 헌법이 만들어진 장소로, 튀링겐주에 있는 도시이다. 1918년까지는 작센·바이마르·아이제나흐Sachsen · Weimar · Eisenach공국의 수도였으며, 1919년 8월에 이곳에서 독일 공화국의 국민의회가 열려 '바이마르 헌법'이 제정되었다. 독일은 왕 또는 황제(독일 제2제국)가 다스리는 정치를 하였으나, 제1차 세계 대전 후에 혁명이 일어나, 민주 정치로 바뀌었다. 이 시기에 국민 의회가 보통·평등·비례 투표에 의한 선거로 국민의 대표로 뽑혔고, 이 의회가 7월 31일에 헌법을 의결하고, 국민에게 인정을 받아 8월 1일에 공식으로 선포되었다.

1) 국제인권규약(International Conduct on Human Rights)

- 유엔의 1948년 제3차 총회에서 채택한 세계인권선언의 구체화
- 사회보장은 인류의 권리이며 세계 모든 정부의 의무
- 인권규약 A와 인권규약 B로 분류됨
- 전자는 경제적 · 사회적 · 문화적 권리에 관계됨
- 후자는 시민적 · 정치적 권리, 즉 자유권 보장에 관한 것과 사회복지 · 사회보장에 관련된 규정
- 인권선언은 1959년 "아동권리선언", "여성차별철폐선언"(1967), "정신지체자의 권리선언"(1971), "장애자의 권리선언"(1975) 등 사회복지 증진에 관한 선언들을 채택으로 이어졌다

2) 국제노동기구(International Labour Organization: ILO)

- 1919년 베르사유조약 제13편(노동편)을 근거로 제네바에서 창설
- 1948년부터 제29차 총회에서 채택된 국제노동헌장에 입각하여 운영
- 그러므로 UN(United Nations : 국제연합)과 밀접한 관계를 갖고 있으며, 처음으로 국제연합의 전문기구로 시작하였다
- 1933년 노령, 폐질, 유족연금보험 실시를 권고
- 1942년 사회보장 이념을 밝힌 "사회보장에의 길(Approaches to Social Security)" 발간
- 1944년 "필라델피아 선언"에서 구체적인 조치로 소득보장에 관한 권고, "의료보호에 관한 권고",
- 1952년 "사회보장의 최저기준에 관한 조약" 채택 "모성보호조약" 권고
- 1964년 산업재해 직업병 급여에 관한 조약" 권고
- 1967년 "노령장애유족연금에 관한 조약" 권고
- 1969년 "의료급여에 관한 조약" 권고

- 1999년 현재 349개국이 가입하였으며, 한국은 1991년 12월 152번째 회원국으로 가입하였으며, 1996년부터 3년 임기의 이사국으로 활동

사회복지법은 이런 인간다운 삶을 위한 민중들의 역사적 투쟁의 결과물인 것이다. 그 예로서 우리나라는 국제노동기구에 가입하기 위해 노동법을 개정하여 헌법에 보장된 권리인 노동3권의 보장 등을 국제적 수준으로 만들었으며, 1993년에는 고용보험법의 제정으로 복지국가의 틀도 갖추게 되었다. 그것은 인권보장을 지향하며, 그 속에는 아래의 세 가지의 의미가 내포되어 있다.

① 생존권적 기본권으로서 의미
② 헌법상 기본권으로서 의미
③ 사회적 기본권으로 의미

우리나라 헌법에도 인권의 중요성을 규정하고 있다. 그러나 위의 세 가지 실천적 측면에서 인권을 보장하고 보호하는 방식은 헌법에 아래와 같은 논리적 토대로 규정되고 있다. 하나는 프로그램 규정설이다. 이 설에 의하면 생존권의 규정은 국가의 사회정책적 목표와 강령을 선언적으로 표현한 것에 불과하기에 구체적인 입법이나 청구권을 불인정하고 있다. 그 논거의 하나는 생존권은 국가의 경제력에 의존함으로 그것은 미래의 사회정책적 기본원리로서 정치적 공약에 불과하다는 것이다. 다른 하나는 헌법에 규정된 생존권의 내용이 추상적이기에 프로그램 규정에 지나지 않다는 것이다. 둘은 법적 권리설이다. 이 설은 우리나라에서 대부분의 헌법학자가 주장하는 다수설로서 추상적 권리설이라고도 한다. 이 설에 의하면 생존권이 국가의 의무 이행을 재판에 의하여 강제할 수 있는 사법상의 권리와 동일한 구속적 권리는 아니지만, 국가의 생존권 보장의 의무는 헌법에 의한 법적 의무로 부과하는 생존권을 부정하지는 않는다. 셋은 구체적 권리설이다. 이 설에

의하면 생존권의 헌법규정은 그 규정을 구체화한 입법이 존재하지 않아도 현실적 효력을 갖는다는 것을 의미한다.

이와 같은 법적 효력과 연관하여 법은 사회적 현실과 상황 그리고 관심의 표현에 대한 결과물이라 할 수 있을 것이다. 왜냐하면 결과물이 없다면 그것은 선동이나 구호에 불과하기 때문이다. 특히 사회복지는 매우 현실적이면서 정치적 영향을 가장 많이 받고 있기에, 복지국가를 추구하기 위한 노력은 결국 그것의 극복을 위한 구체적이고 세련되게 그리고 사회구성원들의 삶의 질적 상승을 지향하는 사회복지에 연관된 법들의 제정일 것이다.

제3장 사회복지법제의 역사

사회복지법의 역사는 사회복지의 발전 과정이다. 오늘날 사회복지적 의미에서 현대산업사회의 복지는 국가적 위기 또는 사회복지의 위기에 처해 있다고 한다. 특히 우리나라의 사회적 현상으로 사회적 약자의 방기, 이혼율 세계 최고 그리고 출산율 세계 최저, 이것이 현재 우리나라의 사회적 지표이다. 진정한 의미에서 우리나라는 경제성장과 물질적 토대로 인한 편의와 편리한 측면이 보이고 있으나, 편안한 사회가 아님을 높은 해외입양율과 위의 지표로부터 인식할 수 있다.

여기서는 우리나라의 사회복지법의 발생과 발전, 변화에 대하여 기술할 것이다. 세계사적인 의미에서 사회복지법의 발생과 발달에 대하여 이야기할 때 사회복지법의 태동과 맹아의 의미로 16세기 영국에서의 구빈법(Poor Law)이 주장되고 있다. 독일은 산업화로 인한 사회문제를 해결하기 위하여 사회복지가 아닌 사회정책적 차원에서 접근하였으며, 300여년 뒤 사회보험으로 질병보험법이나 연금보험법이 제정되었다. 우리나라의 사회복지입법은 다른 많은 분야들과 마찬가지로 이중적 감정을 토대로 많은 일본의 사회복지발달과정과 함께한다고 볼 수 있으며, 내용적인 측면에서 유사하다 하겠다. 예를 들어 장애인 등급제도는 전세계적으로 일본과 우리나라에만 존재하는 제도이다.[1)]

역사적인 측면에서 복지의 개념은 변화를 거듭하였다. 그것은 그 시대의 정치적 변화와 맥락을 같이하고 있다고 볼 수 있다. 정치적인 측면에서 복지는 권력획득과 유지에 깊은 연관이 있는 것이다. 그러므로 사회복지법의 역사에 대한 연구는 사회복지입법사를 의미하며, 그것을 통하여 현재 사회복지법의 연관성을 인식할 수 있고 현 사회복지제도의 한계 극복을 가능케 할 수 있을 것이다. 이 장에서는 사회복지법의 역사적 서술은 **연대기적인**(chronological) 서술로 분석될 것이며, 단순히 사회복지법이 아닌 사회복지에 연관된 법들의 제정과 그 시기에 대하여 논할 것이다. 그것을 위한 시대구분은 일제 강점기와 미군정기를 하나로 묶고 1960년대부터 구체적으로 접근될 것이다. 아래의 〈표 3-1〉은 사회복지에 관장 부서를 정리한 것이다.

1) 장애인복지법 제32조 제2항과 제3항과 시행규칙에 규정하고 있는 장애인등급제는 의료적 기준으로 장애인에게 등급을 부여하는 제도이다. 이 제도는 실질적으로 장애인의 사회적 관계, 즉 직업이나 활동보조가 필요한 장애인에게 등급이 나오지 않으면 서비스 대상에서 제외시키고 있다. 실질적으로 현대산업사회에서 의료적 기준뿐만 아니라 사회적 관계의 어려움은 삶에 매우 큰 장애로 작용하고 있음을 인식하여야 한다.

〈표 3-1〉 사회복지관장부서의 변화

<table>
<tr><th colspan="2">시기</th><th>주관부서</th><th>내 용</th></tr>
<tr><td rowspan="4">일제
강점기</td><td>1912</td><td>내무부 지방국
지방2과</td><td>-</td></tr>
<tr><td>1917</td><td>지방국-->내무국</td><td>-</td></tr>
<tr><td>1921</td><td>내무국2과</td><td>-</td></tr>
<tr><td>1936</td><td>내무국 사회과</td><td>-</td></tr>
<tr><td rowspan="4">미군
정기</td><td>1945</td><td>보건후생부</td><td>-</td></tr>
<tr><td>1946. 9. 14</td><td>보건후생부</td><td>부녀국 신설</td></tr>
<tr><td>1946. 9. 18</td><td>보건후생부</td><td>아동보호법규</td></tr>
<tr><td>1947. 5. 16</td><td>보건후생부</td><td>미성년자노동보호법</td></tr>
<tr><td rowspan="2">대한민국
정부수립</td><td>1949. 7. 25</td><td>보건부</td><td>비서실, 의정국, 방역국, 약정국</td></tr>
<tr><td>1955. 2. 7</td><td>보건사회부</td><td>6국 22과</td></tr>
<tr><td colspan="2">1960년대</td><td>보건사회부</td><td>사회복지행정의 출발</td></tr>
<tr><td colspan="2">1970년대</td><td>보건사회부</td><td>공공부조보다 사회보험행정을 중심으로 전개</td></tr>
<tr><td colspan="2">1980년대</td><td>보건사회부</td><td>특수계층에 대한 사회복지서비스 강화</td></tr>
<tr><td colspan="2">1990년대</td><td>보건복지부</td><td>1994. 12. 23. 국민의 정부 생산적 복지, 사회복지의 체계화</td></tr>
<tr><td colspan="2">2000년대</td><td>보건복지부</td><td>참여정부의 참여복지</td></tr>
</table>

1. 일제강점기의 사회복지법

대한제국이 일제에 의해 강점당한 후에 1945년까지 실질적인 의미에서 이 시대에 대한 사회복지를 논한다는 것은 무의미하다. 왜냐하면 그 시기에 제도화된 삶의 증진은 역사적 경험으로부터 의미가 없기 때문이다. 그 당시 일본의 사회복지정책은 선진적인 측면을 가지고 있었으며, 내선 일체라는 구호와는 다르게 일본인만을 위한 것이며, 한국인에게는 단지 식민지 정책의 일부 시혜적인 측면을 부각시키기만 하였다. 그 선전용 결과물로서 제정된 것으로 "조선구호령"이 유일하다. 그것은 일본에서 1929년에서 폐지되었던 구호법으로 일제 말기

1944년에 한국인에 대한 착취를 강화하기 위해 당근(회유)의 측면으로 시행되었다. 조선구호령은 우리나라에서 20여년 지난 1961년 생활보호법으로 그리고 다시 40여년 지나 1999년에 와서야 일제 잔재를 벗은 국민기초생활보장법으로 새롭게 완전히 탈바꿈하였다.

2. 미군정하의 사회복지법

일본으로부터 불완전한 해방은 대한민국 독자적인 정부 수립이 아닌 새로운 지배세력의 등장을 의미하였다. 그것은 또한 일본 제국주의로부터 미군정으로 통치집단의 전환을 의미한다. 왜냐하면 미군정도 일본 제국주의와 마찬가지로 우리나라의 정치적 안정과 경제적 발전보다는 통치의 목적을 - 공산주의 확대 방지 - 사회 안정에 두고 있었기 때문이다.

그러므로 그것을 위하여 그들은 우리사회에 대하여 정확한 정보부재를 독립투사들과 광복군이 아닌 일재강점기 협력자들의 재등용을 통하여 해결하였다. 이 시기의 사회복지법은 빈곤과 사회적 혼란에 대처하기 위한 구호적·응급적인 성격이 강하였지만, 전술한 것처럼 우리사회에 대해 어두운 미군정은 현실과 괴리된 사회복지법들을 제정하였다. 예를 들어 미군정은 어린이 보호를 목적으로 1946년 9월 18일 아동노동법규와 1947년 5월 16일 "미성년자노동보호법"을 과도정부 법령 4호의 공포로 1953년 근로기준법이 실행되기 전까지 아동복지에 영향을 끼쳤지만, 그 법들은 그 당시 우리의 빈곤한 현실과는 적절하지 않았다. 왜냐하면 미군정기의 사회복지입법은 일제시대의 시혜적 성격과 같은 구호법규, 아동노동법규, 미성년자노동보호법 등 시대적 환경에 임시변통적으로 대응하는 정책적 제도화가 대부분이었으며, 우리사회의 복지증진과 연관된 창의적인 정책이나 입법을 발견할 수 없었기 때문이다.

미군정이 종식되고 1948년 대한민국 정부 수립 이후 제헌의회에서 제정한 헌법은 우리 국민의 생존권을 규정하였다. 그러나 그것은 모든 국민이 아닌 노령, 폐질, 근로능력 상실자 등 생활 능력이 없는 자는 국가적 보호를 받는다라는 제한적 의미를 지니고 있었다.

3. 1950년대 사회복지입법

해방 후 정치적 안정을 이루지 못한 채 대한민국은 1948년에 남한만의 단독정부를 수립하였다. 그 후 얼마 되지 않아 한국전쟁의 발발은 정비되지 않은 국가체제 하에서 극도의 혼란을 발생시켰다. 그것은 전쟁 이후에도 지속되었는데, 식량난과 경제적 고통, 수많은 전쟁이재민과 과부, 고아, 부상으로 인한 장애인 발생은 막대한 사회적 비용을 절실하게 요구하였으며, 그것의 대부분이 미국을 중심으로 해외 원조에 의해 해결되고 있었다. 실질적으로 이러한 외국원조는 당시 한국경제의 토대가 되었다.

그런 측면에서 한국전쟁은 우리나라 사회복지분야에 전기를 마련해주었다고 할 수 있다. 왜냐하면 전후 사회적 상황에 대한 복구가 사회사업으로 전개되었기 때문이다. 그러나 실질적으로 전후 시기에는 유공자들에 대한 사회복지에 연관된 아래와 같은 법들이 우선적으로 제정되었다. 그것은 1980년대 이후 사회복지라는 용어 사용의 맹아로 작용하였다고 볼 수 있을 것이다.

- 1950년 4월 군사원호법 제정
- 1951년 경찰원호법 제정
- 1952년 10월 4일 전란으로 인한 각종 구호시설의 지도 감독 필요에 의해 사회부장관 훈령으로 “후생시설운영요령” 제정
- 1953년 5월 1일 “근로기준법” 제정

- 1956년 "어린이 헌장" 제정

이 시기는 전후 사회적 혼란의 종결을 위해 노력하고 원조물자에 의해 자립 경제 의 확립을 통한 빈곤 해결이 최우선의 과제였다. 그럼에도 불구하고 정치적 혼란은 우리사회를 그것으로 이끌어내지 못하였으며, 사회복지에 연관된 법은 전쟁에 연관된 자들만을 위한 법을 우선적으로 제정함으로써 권력유지 차원의 시혜임을 보이고 있다.

4. 1960년대 사회복지입법

1960년대는 정치적인 측면에서 이승만 독재를 4·19의거에 의해 무너트리고 민주주의를 태동시켰지만, 다른 한편으로는 1961년에 발생하였던 5·16 군사 쿠데타는 정치적으로 사회를 다시 후퇴시켰다. 그것으로 1963년에 제3공화국이 등장하였으며, 정당성 확보를 위한 외국자본 도입은 경제개발과 사회복지와 같은 시혜적 법들의 제정으로 인도되었다. 그 과정에서 한편으로는 도시화로 인한 아래와 같은 새로운 사회문제들이 발생되었지만, 다른 한편으로 1960년대를 우리나라 사회복지의 태동기라 할 수 있으며, 실질적으로 사회복지에 연관된 입법이 가장 많이 진행되었다.

- 서울을 위시한 대도시 인구집중
- 가족형태 붕괴: 대가족 ⇒ 핵가족
- 도시빈민발생
- 급속한 사회적 변화로 인한 가치갈등

이러한 사회문제의 등장과 더불어 그 해결에 대한 의지표현이 사회복지법의 제정이었다. 헌법에도 적극적 의미에서 국가의 사회보장에 대한 노력과 책임을 명시하는 생존권을 규정하였다. 형식적 의미에서 1960년대는 우리나라 사회복지의 르네상스 시기라 할 수 있다. 왜냐하면 이 시기에 아래와 같은 사회복지법의 대부분이 제정되었기 때문이다.

- 공무원연금법(1960), 갱생보호법(1961), 군사원호보상법(1961, 1950년에 제정된 군사원호법과 경찰원호법의 통합, 원호처 발족), 윤락행위방지법(1961), 생활보호법(1961), 아동복리법(1961), 선원보험법(1962, 사문화됨), 재해구호법(1962), 국가유공자특별원호법(1962), 군인연금법(1963), 산업재해보상법(1963), 의료보험법(1963)

그러나 이러한 제정에도 불구하고 실질적인 정치 · 경제 · 사회문제의 해결을 위한 준비가 되어 있지 않았다. 왜냐하면 그것은 사회복지법을 토대로 사회복지정책을 집행할 수 있는 경제적 능력이 부족했기 때문이다. 또한 복지국가의 이념 또는 사회보장이라는 권리에 대한 일반국민의 이해부족으로 이 분야에 대한 재정적인 투입이 이루어지지도 않았다.

5. 1970년대 사회복지입법

경제적 부흥을 위한 국민적 단결은 세계질서의 변화로 인하여 위기를 겪게 되었다. 우리 사회는 1970년대 들어서 또 다시 정치적 혼란에 빠지게 되었다. 국제적으로 1970년대는 1960년대의 자본주의와 공산주의 이데올로기 대립과 미소 양극화체제의 긴장이 완화된 데탕뜨 시대로 국제관계가 변화되었다. 그러나 오히려 국내적으로는 새로운 국제상황에 대처하기 위한 명목으로 새로운 정치체제가 모색되었다. 그 결과가 유신체제로서, 그것은 일인 장기집권화의 과정을 의미하였다. 이러한 외적 상황은 형식적이지만 오히려 사회복지의 입법사적인 측면에서는 제2의 르네상스 시대라 할 수 있다. 제3공화국의 정통성 상실에 대한 정치·사회적 자구책으로 아래와 같은 사회복지입법이 추구되었기 때문이다.

- 사회복지사업법(1970), 사립학교교원연금법(1973), 개정의료보험법(1963년에 제정된 법의 구체화, 1977년 500인 이상 사업장 가입 의무화), 국민복지연금법(1973), 의료보호법(1977), 공무원 및 사립학교교직원 의료보험법(1977)
- 5·16쿠테타 이후 입법된 사회복지 관련법의 시행령이 제정됨
- 사회보장제도와 경제개발계획의 병행추진으로 선택적 복지, 즉 사회보험에 가입이 용이한 계층 위주로 실행
- 제3공화국은 공공부조와 연관된 법들이 제정되었으며, 제4공화국은 사회보험법 위주로 제정됨

결론적으로 1960, 70년대 사회복지법들의 제정은 또 다시 정치적 희생물로서 현실과는 괴리된 양상을 보였다. 많은 사회복지법의 제정으로 집행되어야 할 제도들은 정책적으로 뒷받침이 되지 않으면서 사문화된 법들로 전락하거나 부분적으로 집행되는 모습이 나타났다. 예를 들자면 그것의 우선순위는 사회의 모든 구성원들을 위한 의료보험과 같은 법들은 시행을 연기시키면서, 공무원, 경찰, 원호대상자들의 사회복지에 연관된 법들이었다.

6. 1980년대 사회복지입법

정치적 격변기는 1980년에도 발생하였다. 그 격변은 1979년 12. 12 군부쿠데타를 의미하며, 그 결과 제5공화국이 등장하였다. 제5공화국

도 제3공화국처럼 정치적 정통성 시비로 사회적 갈등 심화로부터 자유로울 수 없었다. 그러므로 제5공화국 정부는 그 동안 수면 아래 잠겨 있던 산업화와 도시화의 폐단, 장애인문제, 핵가족 문제, 노인인구의 증가 등의 사회문제들에 대한 문제제기를 통하여 사회발전의 가능성을 또 다시 각종 사회복지적 접근을 시도하면서, 그 해결 방법을 복지사회 구현에서 찾았다. 그 결과 헌법에 사회구성원들의 생존권 보장을 위한 사회보장, 사회복지의 증진에 대해 국가의 의무를 강조하였으며, 소득보장, 의료보장뿐만이 아니라 사회복지서비스 급여의 필요성도 강조되면서 사회복지법에 대한 제정과 개정이 진행되었다. 예를 들자면 사회복지사업기금법(1980), 아동복지법(1981, 1961년 제정된 아동복리법 전면개정), 심신장애자복지법(1981), 노인복지법(1981), 개정사회복지사업법(1970년에 제정된 법을 전면개정, 1983년 복지증진의 책임을 국가와 지방자치단체에 있음을 규정. 사회복지종사자를 사회복지사로 하고 자격을 1, 2, 3급으로 분류), 개정갱생보호법(1986, 1961년에 제정된 법을 강화), 국민연금법(1973년에 제정된 국민복지연금법의 시행의 유보를 1986년에 전면 개정하여 1988년 1월 1일 시행), 최저임금법(1986), 의료보험확대실시(농어촌지역, 1976년 개정된 의료보험에서 농어촌지역 주민의 보험가입이 유보된 것을 1988년 1월 1일부터 급여혜택), 보호관찰법(1988), 모자복지법(1989)이 제정되었다. 그러나 정치적인 측면에서 출발한 복지국가 구현은 관계자들이 아직 사회복지에 대한 인식부족으로 그 구호에 비해 성과는 미미하였다. 그러나 국민연금 전면실시, 의료보험확대 등 사회복지서비스법의 입법화는 미미하지만 복지국가 추구에 대한 초석이라 할 수 있다.

7. 1990년대 이후의 사회복지입법

1990년대는 정치 · 사회적으로 민주화와 함께 정권교체가 이루어졌다. 1993년 문민정부의 등장은 사회 전반에 민주화가 뒤따르고 있었다. 그러나 국민이 선택한 민주주의 정부라는 사실이 정치에 대한 신뢰를 정책적 신뢰로 간주하는 오류를 범하게 되면서 아직 경제적으로 준비가 안된 상태에서 우리나라는 신자유주의[2]라는 세계시장으로 편입되었다.

그것은 한편으로 사회복지에 대한 오해를 불러일으켰으며, 다른 한편으로 경제위기로 인한 IMF 관리체제로 이어졌다. 그 결과는 정치·경제·사회적인 측면에서 강도 높은 구조조정이 이루어졌고, 그것에 의해 수많은 실업자, 노숙자들이 양산되었으며, 가정이 해체되고 붕괴되면서 각종 사회적 혼란을 가중시켰다. 그럼에도 불구하고 여성의 권익 신장과 가정의 평화를 지키기 위해 성폭력범죄의 처벌 및 피해자보호 등에 관한 법률(1994)과 가정폭력방지 및 피해자 보호 등에 관한 법률(1997)이 제정되었다. 1998년 국민의 정부의 생산적 복지는 사회복지에 대한 관심을 증가를 시키면서 그 동안 제정되었던 사회복지에 연관된 법들을 정비하였다. 예를 들어 논란이 되었고 구시대의 유물이었던 통합의료보험법으로 국민건강보험법(1999)과 공공부조법으로 국민기초생활보장법(1999)의 제정은 사회복지 발전의 전기를 마련하였다. 전체적으로 1990년대는 여권신장의 산물인 영유아보육법(1991), 청소년기본법(1991), 사내근로복지기금법(1991), 사회복지사업법개정(사회복지행정의 전문성을 높이기 위해 사회복지전담공무원, 사회복지전담기구 설치할 수 있도록 하는 규정), 고용보험법(1993년 제정 1995년 시행), 국민연금보험 확대실시(1995, 농어민, 농어촌 자영업자), 사회보장기본법(1995) 등으로 한국 사회복지법의 내실화를

2) 신자유주의(Neo-liberalism)의는 다른 이데올로기와 마찬가지로 그 의미는 매우 광범위하다. 신자유주의는 자본주의이나 사회주의 공산주의와 마찬가지로 자유주의의 한 부류이다. 그러므로 사회복지적인 측면에서 자본주의가 공익에 기여할 수 있다는 사실, 공산주의와 사회주의의 국민의 삶의 증진을 위하여 국가의 개입하는 것을 인정하는 반면에 신자유주의는 국가와 사회복지 간의 관계에 있어서 국가의 책임을 축소시키면서 개인의 삶의 증진을 스스로 책임으로 강조하는 방향으로 법이나 제도, 정책을 지향한다.

위한 추구한 시대였다.

8. 2000년대 이후의 사회복지입법

아마도 우리나라에서 사회복지를 연대적 구분이 아닌 의미적 구분을 시도한다면, 이 시대는 사회복지의 핵심을 건설한 시기로서 사회복지의 조성기라 부를 수 있을 것이다. 왜냐하면 과거의 정권에서 사회복지가 정치적인 측면에서 정권의 부조리를 희석시키기 위한 도구로만 사용되었지만, 2000년대 이 시기에는 진정한 의미에서 사회복지에 대한 관심이 정책적으로 표출되었기 때문이다.

이 시기의 사회복지는 거시적인 측면보다는 국민들에게 직접적으로 다가가는 미시적인 측면에서 사회복지법들의 제정을 통한 사회복지의 구체화와 제도화로 이어졌다고 볼 수 있다. 그것에 도달하기 위하여 당시의 우리나라의 최고의 목표는 IMF 관리체제로부터 벗어나는 것이다. 그것을 위하여 한편으로는 경제발전이 매우 중요하게 여겨졌지만, 다른 한편으로는 신자유주의가 지배적인 상황 하에서 경제위기로 인하여 발생하였던 사회문제들의 해결도 매우 중요한 부분으로 간주되었다. 후자의 측면에서 국민의 정부는 이것을 사회복지적으로 접근하였으며, 생산적 복지를 정책적 지향점으로 삼았다. 경제위기로 인한 사회문제의 해결 의지는 차기 정권인 참여정부의 과제이기도 하였다. 참여정부는 참여복지의 차원에서 접근하였는데, 국민의 정부가 성장과 분배 모두를 지향하는 선택적 복지였다면 참여정부의 참여복지는 분배를 더 추구하는 보편적 복지를 지향하였다고 볼 수 있다. 부자 감세와 같은 정책으로 빈부의 격차가 커지고 사회적 약자계층에 대한 예산 축소 등 논란으로 중심에 있는 MB 정부에 대한 사회복지의 지향점인 능동적 복지가 아직 진행 중이기에 그 평가에는 이른 감이 있다. 물론 사회복지에 대한 정책적 결과가 법의 제정이라 규정할 수 없지만 그 관심의 수준이라는 것에서 아래의 〈표 3-2〉는 각 정부에 의해 제정된 사회복지법들에 대한 비교이다.

〈표 3-2〉 2000년대 이후 사회복지법의 제정과정

	사회복지 관련법	특징	제정연도
국민의 정부	국민기초생활보장법	국민의 권리이자 국가의 의무	1999
	의료급여법	의료보호법에서 개명, 보호개념에서 권리의 개념으로	2001
참여정부	기초노령연금법	노인에 대한 사회적 예우와 소득보장	2007
	노인장기요양보험법	제5의 사회보험, 고령화 사회에서 노인성질환 증가에 대한 사회적 대비	2007
MB 정부	·	·	·

9. 한국사회복지법의 체계

사회복지법의 체계에 관한 분류는 학자에 따라 다양하게 나타나 있다. 학자가 어느 나라에서 공부했다거나 또는 그 성향이 어느 나라이냐에 따라서 그 분류체계가 달라지고 있다. 그러나 종합해 보면 사회복지의 고전으로 간주할 수 있는 대륙 중심의 사회보장법 유형과 일본의 영향 하에 사회복지개념과 관련된 사회복지 관련법으로 나누어 살펴볼 수 있다. 독일은 사회복지에 연관된 12개의 법들을 모아 사회법전이라 부르고 있으며, 일본은 독일의 분류에 영향을 받아 복지3법, 복지6법, 복지8법으로 사회복지법들을 발전시켰다. 2011년 현재 우리나라 사회복지법은 사회복지사업법에 규정된 법들과 연관된 법들을 정리하면 아래와 같은 체계로 구분할 수 있을 것이다.

① 사회복지법

- 사회보장 일반에 관한 법: 사회보장기본법

- 사회보험법: 국민연금법, 공무원연금법, 사립학교교원연금법, 군인연금법, 선원보험법(미실시), 국민건강보험법, 산업재해보상보험법, 고용보험법
- 공공부조법: 국민기초생활보장법, 의료급여법 등
- 사회복지서비스법: 사회복지사업법 제2조에 의하면 국민기초생활보장법, 아동복지법, 장애인복지법, 노인복지법, 한부모가족지원법 등 25개의 법률

② 사회복지 관련법

- 공중위생과 연관된 법: 공해대책 관련법, 전염병 결핵 등의 예방대책법, 청소 상하수도 사업법 등
- 주택관련법: 영구임대주택 및 장기임대주택 등 공공주택 건설과 연관된 법
- 노동 및 고용에 관련된 법: 최저임금법, 장애인 여성고용촉진법 등
- 교육관련법: 특수교육, 의무교육, 사회교육에 관한 법
- 재활과 연관된 법: 보호관찰법

10. 결론

사회복지법의 역사는 사회복지에 연관된 것들의 제도화이며, 그 결과물들에 대한 입법사라고 앞서 이야기하였다. 결론적으로 우리나라의 사회복지 발전을 위한 분석틀은 두 가지 측면에서 접근할 수 있다. 하나는 양적인 측면에서 사회복지 관련법들의 수가 증가하는 과정이다. 다른 하나는 사회복지 연관법들의 내용의 질적인 측면에서 변화이다.

사회복지법의 역사적인 변화와 변천은 전자의 측면에서 우리나라 사회복지와 연관법의 종류와 그 수는 좁은 의미에서 이 책에서 논해진 사회복지사업법에 규정된 25개의 법 이외에 넓은 의미에서 간접적

으로 연관된 법들을 포함한다면 - 장애인에 연관된 5개 이상 그리고 노인에 연관된 3개 이상, 아동에 연된 법 5개 이상 등 - 논자에 따라 다르겠지만 최소한 50여개 이상이 될 것이다. 후자는 사회복지 연관법들의 입법사의 측면에서 접근한 것으로 아직은 우리나라가 복지국가로 볼 수는 없지만 시대적으로 구분하여 본다면, 1960년대와 1970년대에는 사회복지에 연관된 기본적 법들이 많이 제정된 사회복지에 대한 과시기로, 1980년대와 1990년대는 법의 제정이 사회복지를 정치적인 측면에서 권리로서 간주하려는 시기로 그리고 2000년대는 복지제도가 시행되고 복지행정구조를 갖추어가고 있는 국가로서 사회복지법제들이 체계화되고 있는 시기라 할 수 있다.

결론적으로 역사적인 측면에서 사회복지법의 제정은 양적인 측면에서 매우 정치적이었다고 볼 수 있다. 그것은 바로 법제정의 진정성의 결여라는 사실이다. 그것은 전체적으로 다음 장에서 논의될 우리나라의 사회복지법들에 대하여 구체적으로 짧게 두 가지 점을 언급한다면 하나는 국가책임에 대한 회피와 민간에 대한 의존 강조, 다른 하나는 공적 사회복지서비스의 전달체계의 부족이라고 할 수 있을 것이다. 그러므로 복지국가를 추구하고 있는 현재 우리나라의 사회복지법들의 제정과 개정의 질적인 측면에서 신중한 고려와 발전이 요구된다.

제2부

사회복지법제의 분석

여기서는 각론의 측면에서 5대 사회보험과 사회보장기본법, 사회복지사업법을 포함하여 사회복지사업법 제2조에 규정된 현재 시행되거나 시행예정인 25개의 사회복지법들이 분석될 것이다. 그 접근 방식은 우리나라의 법에 대한 분석뿐만 아니라 아주 작은 부분이지만 우리 사회복지 관련법의 명칭과 연관하여 각 나라들의 - 독일의 사회법전, 경우에 따라서 일본의 복지6법 - 유사한 법들 간의 내용적인 비교가 시도될 것이다. 우리나라의 사회복지법제 체계는 사회보장에 관한 법과 사회복지서비스에 연관된 법 그리고 사회복지에 연관된 법으로 구분하여 볼 수 있다.

제4장 사회보장법

– 사회복지사업법, 사회보장기본법, 사회복지공동모금회법 –

이 장에서는 사회복지의 지향을 위한 토대로서 그것을 위한 법들에 대하여 논의한다. 즉 그것을 위하여 복지국가들은 사회복지에 연관된 법들의 토대가 되는 법들을 제정하였다. 근본적으로 복지국가가 제도적 정책적으로 지향하고 있는 것들에 대한 법적인 구성을 규정하고 있는 법들을 아래와 같이 정리할 수 있을 것이다.

1. 사회복지사업법

1) 사회복지사업법의 의의

사회복지사업법[1]은 각종 사회복지서비스법의 기본법으로 기능하는

1) 사회복지사업법은 광주 인화학교 사건을 주제로 한 작가 공지영의 2009년 소설인 도가니가 영화화되면서, 사회복지법인에 의한 장애인에 대한 억압이나 성폭력이 세상에 알려지게 되었다. 그 사회적 영향이 정치적으로 파장으로 이어져 사회복지 전반에 대한 재평가 이루어진 결과물이 도가니법으로 나타났다. 특히 이 사건의 원인이 사회복지법인문제로 간주되면서 가장 많이 개정되었으며 장애인복지법, 사회보장기본법 등 관련법으로서 보건복지부 소관 9개 법들도 개정되었다.

법으로서 일본에서는 같은 이름으로 1951년에 공포되었으며,[2] 아마도 독일에서는 사회법전[3] 제1권인 사회법 총칙(SGB I Allgemeiner Teil)이 해당될 것이다. 이 법의 제1조에 의하면 그 목적을 사회복지사업에 관한 기본적 사항을 규정하여 사회복지를 필요로 하는 사람의 인간다운 생활을 위한 권리를 보장하고 사회복지의 전문성을 높이며, 사회복지사업의 공정 · 투명 · 적정을 기함으로써 사회복지의 증진에 이바지함이라 규정하고 있다. 여기에 사회복지사업의 기본이념으로 복지서비스의 보편성의 원칙, 법인시설의 공공성의 원칙, 복지제공자의 인권보장 의무 등을 규정하고 있다. 아래의 〈표 4-1〉은 독일과 일본 그리고 우리나라의 사회복지사업법을 비교분석한 것이다.

〈표 4-1〉 독일 · 일본 · 한국의 사회복지사업에 연관된 법들의 비교

	독일	일본	한국
법명	사회법 총론 (Algemeiner Teil)	사회복지법	사회복지사업법
제정연도	1973	1951	1970
법조항수	전문4장 71조	전문12장 134조	전문5장 58조 부칙
특징	사회적 교육적 도움을 통하여 사회정의 사회보장의 실현	민간사회복지사업의 자주성, 독립성 유지의 준칙	사회복지 전문 강조, 사회복지분야의 공공성의 강조

2) 사회복지사업법의 입법배경과 연역

이 법은 당시 대부분의 사회복지서비스를 제공하였던 민간단체에

2) 일본의 **사회복지사업법**은 사회사업가들의 요청에 의해 1938년에 제정된 **사회사업법**으로서 복지6법의 기본법이라 할 수 있다. 이런 이유로 일본에서 사회복지사업은 대부분은 민간에 의해 실천되고 있는데, 실질적으로 일본 사회복지관련 기관의 70% 이상이 민간에 의해 설립되거나 운영되고 있다. 이 법은 2000년에 **사회복지법**으로 개정되었다.

3) 2차 산업혁명국가인 독일은 산업화 과정에서 나타나는 많은 사회문제들의 - 노동자들의 임금, 건강 등 - 해결을 위한 입법 과정은 다음과 같은 현대적인 사회보장의 원칙을 형성시켰다. 첫째로 사회 안전의 원칙(Das Prinzip der sozialen Sicherheit), 둘째로 사회 정의의 원칙(Das Prinzip der sozialen Gerechtigkeit), 셋째 사회 평등의 원칙(Das Prinzip des sozialen Gleichgewichts), 넷째 사회 공동체의 원칙(Das Prinzip der sozialen Solidaritaet)이 그것이다.

대한 관리감독의 필요성과 기존의 사회복지서비스법들이 임시방편적으로 제정되어 전문적인 지식과 기술에 의한 인간관계의 치료와 사회복귀를 돕고 기능의 한계를 해결하기 위해 1966년 이후 통합적인 사회복지서비스 기본법의 필요로 1970년에 제정 공포되었다. 이는 1969년 이전에 제정되었던 사회복지서비스법의 한계를 극복하기 위해 제정되었으며, 3차 개정에 의한 6법으로부터 14법으로 확대(입양촉지 및 절차 등에 관한 특례법, 사회복지공동모금법, 장애인 노인 임산부 등의 편의 증진보장에 관한 법률) 그 후 2011년 현재 25개 법을 규정하고 있으며, 그 과정은 아래의 〈표 4-2〉와 같다.

〈표 4-2〉 사회복지사업법 연역

연도	내 용
1970. 1. 1	사회복지사업법 공포 시행
1983. 5. 21	제1차 개정, 사회복지사자격 규정 신설
1992. 12. 8	제2차 개정, 모자복지법, 영육아보육법 추가, 사회복지전담 공무원제 신설 규정
1997. 8. 22	사회복지사업범위 확대(자원봉사활동 및 정신보건법에 의한 사업), 사회복지사자격증변경(사회복지사 1급 국가시험제 도입)
1999. 4. 30	사회복지사1급 자격 국가고시 2003년 1월1일 시행
2011. 12.	일명 도가니법, 사회복지사업의 기본이념과 인권증진 및 책임 강화

3) 사회복지사업법의 내용분석

사회복지사업법은 우리나라의 사회복지에 대한 성격을 규정하고 있다. 즉 사회복지의 공공성의 보장은 이데올로기적으로 보편적 복지의 추구한다고 볼 수 있으며 이에 대한 사업적 내용들을 규정을 하고 있다.

- 이 법은 사회복지사업의 정의와 범위, 사회복지의 책임과 주체, 사회복지서비스의 전달체계, 사회복지사업의 재정, 사회복지사제도, 사회복지서비스수급권의 보호와 제한, 수급권의 권리구제 등을 규정하는 전문5장 58조와 부칙으로 다른 사회복지 연관법들보다 자

세하고 많은 조항으로 구성되어 있다.

- 제2조에는 사회복지사업에 연관된 법들과 지역사회복지, 사회복지시설, 사회복지서비스와 같은 사회복지사업에 연관된 용어들에 정의를 규정하고 있다.
- 이 법 제7조에 의하면 사회복지사업에 연관된 사항과 지역사회의 복지사업에 대한 것들을 심의 또는 건의하기 위해 특별시, 시 · 도에 사회복지위원회를 둔다고 규정하고 있다.
- 이어서 제7조 제1항에는 지역사회복지협의체에 대하여 규정하고 있는데, 이는 특별자치도, 시군에 설치되는 사회복지위원회보다 규모적으로 작으면서도, 규모나 업무 등이 중복되는 경향을 보이고 있다.
- 사회복지사에 연관하여 이 법 제10조부터 15조에 이르기까지 사회복지의 주체라고 할 수 있는 사회복지사에 관한 사항들을 규정하고 있다. 예를 들어 사회복지사의 자격조건, 급수, 국가시험, 그리고 특히 제14조는 사회복지사업을 전담할 수 있는 사회복지전담공무원을 시 · 군 · 읍 · 면 · 동사무소에 둘 수 있다고 규정하고 있으며 제15조의2는 매년 9월 7일을 사회복지의 날로 규정하고 있다.
- 제46조는 사회복지사의 전문성을 기리고 그들의 복지를 도모하기 위한 단체로 한국사회복지사협회의 설립을 규정하고 있다.
- 참여정부의 등장은 사회복지사업법을 강화하여 지역복지의 중요성을 강조하면서 2003년에 제1장의2에 지역복지에 대하여 규정하였다.
- 제2장에는 사회복지사업의 주체로서 사회복지법인에 대하여 규정하고 있다. 일명 영화 도가니의 영향으로 개정된 제18조에 의하면 법인의 이사의 수를 5인에서 7인으로 증진시키고 그 중 1/3이상은 사회복지위원회 또는 지역사회복지협의체의 추천에 의해 선임토록 규정하고 있다.

- 사회복지법인의 설립 취소 여건에 대한 규정으로 법인 운영 시 성폭력문제를 제26조에 그리고 성폭력문제의 발생 시 시설폐쇄, 사업정지 등 행정조치를 제40조에 규정하였다.
- 제5장은 벌칙규정으로 특히 제57조는 제12조 제1항 또는 제52조 제2항에 따라 위탁받은 업무를 수행하는 제6조의3제1항에 따른 전담기구, 사회복지관련기관 또는 단체 임직원은 형법 제129조부터 제132조[4])까지의 규정이 적용된다.

☞ 사회복지사업법의 내용은 이 법의 제정 당시 입법배경과 연관성이 깊다. 우리나라의 사회사복지의 출발은 사회사업으로 그것의 대부분은 민간단체에 대한 외국원조 물자로부터 시작하였다. 그러므로 1970년대 원조물자와 원조단체의 철수 그리고 중단은 사회사업의 중단과 각 시설과 단체에 위기를 의미하였다. 이러한 측면에서 사회복지사업법의 많은 부분이 사회복지법인과 사회복지시설에 대한 조항으로 구성되어 있는 것이다.

2. 사회보장기본법

선진사회복지국가들은 사회보장기본법에 의해 새로운 복지제도의 도입, 발전, 각 제도들 간의 균형, 조정 통합을 도모하고 있다. 최초의 사회보장법(Social Security Act)은 1935년 세계경제대공황을 극복하기 위하여 미국에서 제정되었다. 독일에는 이런 맥락의 법이 사회법전 제4권에 해당된다. 사회법전 네 번째 법이 사회보장법(SGB IV, Gemeinsame Vorschriften fuer die Sozialversischerung)이다. 우리나라에는 그와 유사한 법으로 사회보장기본법이 있지만, 역사적으로 사회보장기본정책은 일본의 것을 답습해 왔다. 이 법은 사회복지에 대

4) 제129조는 공무원이나 중재인이 그 직무에 연관된 수뢰, 사전수뢰에 관한 것이며, 제130조는 제3자에 뇌물을 공여하게 하거나 요구 또는 약속한 경우에 대하여, 제131조는 부정행위를 한 후 뇌물을 요구하는 경우에 대하여, 제132조는 공무원이 그 지위를 이용하여 다른 공무원의 직무에 속한 사항의 알선에 관한 뇌물로서 알선수뢰에 관한 것이다.

한 기본적인 내용들의 제도화를 위한 토대를 규정하고 있으며 아래의 〈표 4-3〉은 사회보장에 연관된 법들의 비교를 보여주고 있다.

〈표 4-3〉 독일과 한국의 사회보장법의 비교

	독 일	한 국
법명칭	사회보장법(SGB IV) (Gemeinsame Vorschriften fuer die Sozialversicherung	사회보장기본법
제정연도	1974	1963
구성	전문8장 120조	전문7장 41조 부칙
특징	사회보장에 있어서 사회보험, 사회보상, 사회부조, 사회촉진에 대한 기본적인 규정	국민복지증진을 위한 사회보험, 공적부조와 사회복지서비스에 대한 기본적인 규정

1) 사회보장기본법의 의미

이 법 제3조에 의하면 사회보장이라 함은 질병, 장애, 노령, 실업, 사망 등의 사회적 위험으로부터 모든 국민을 보호하고 빈곤을 해소하며 국민생활의 질을 향상시키기 위하여 제공되는 사회보험, 공공부조, 사회복지서비스 및 관련 복지제도를 말한다. 그러므로 사회보장[5]이란 국민이 자신의 생활을 영위해 나감에 있어 봉착하는 경제적 어려움 또는 신체적 질병이나 부상 등과 같은 생활상의 곤란에 대하여 국가가 국민의 생존권의 실현을 위해 도모하는 총체적인 행위라 할 수 있다. 그러므로 사회보장법은 아래와 같은 보편적 특징을 보이고 있다.

---

5) 사회보장의 의미는 영어의 Social Security에서 Security의 Se(=Without 해방) + Cura(=Care 걱정 근심), 즉 "불안을 없게 한다"는 의미를 갖고 있다. 사회보장이란 용어는 1940년경에 그 개념이 정립되었지만, 그 용어가 처음으로 사용된 것은 세계 제1차 대전을 전후한 1929년의 세계공황을 극복하기 위해 1934년 프랭클린 루즈벨트F. Roosebelt대통령의 뉴딜정책의 일환으로 경제보장위원회라는 내각위원회에 소득보장계획을 지시하였고, 1935년에는 미국에서 사회보장법(Social Security Act)이 제정된 이 후이며, 세계2차대전 후 비버리지 보고서에 의한 영국의 사회보장제도와 국제노동기구(ILO)의 "사회보장의 길(Approaches to Social Security)을 통하여 보편적으로 사용되기 시작하였다. 사회보장의 발달은 서구 자본주의국가를 중심으로 급속히 발전되어 현대 복지국가를 형성하는데 결정적인 기여를 하였다.

- 생존권보장을 위한 구체적인 노력
- 시대적 변화(위험의 발생과 욕구의 변화)에 따라 역동적으로 변화하는 법
- 시행의 강제성과 독점적 성향

우리나라에서 개별 사회복지법의 기본법으로 **사회보장에 관한 법률**은 1963년 11월 5일에 제정되었다. 이 법은 헌법에 규정된 생존권의 구체적인 실현을 위한 개별복지법의 존립 근거로 제정되었지만, 실질적으로 기본원칙 또는 기준근거를 전문7조로 제정된 매우 형식적이며 미약한 법이라 할 수 있다. 30여년이 지난 후 1995년에 새로운 법형식으로 사회보장에 관한 법률은 폐지되고 사회보장기본법이 제정되었으며, 이 법은 경제적 사회적 발전에 적절한 사회보장제도의 운영에 합리성을 도모하고 제도간의 연계를 원활히 하여 국민복지에 기여하는 것을 목적으로 하고 있다.

2) 입법배경과 법의 발전

우리나라의 사회보장제도의 출발은 1960년대 이후부터이다. 그 당시의 우리나라의 재정상 복지정책이 자리잡는 데는 어려움이 있었다. 이 법의 제정 당시 1960년대 정치적 사회적인 불안과 빈곤의 시기로 5·16쿠데타의 발발과 군사정부는 그에 따른 정치적 정당성 확립을 위한 아래와 같은 모순적인 공약을 제시하였다.

- 절대빈곤 타파를 위한 경제건설 ⇒ 적극적
- 국민의 지지를 위한 적극적인 행동 표현이 생활안정과 복지의 증진, 사회복지시설 확충과 사회보장제도의 도입 ⇒ 소극적

실질적으로 경제건설제일주의 추구로 노동력 착취와 같은 모순적인 정책 시도는 아래로부터의 사회복지가 아닌 집권자의 당근에 불과하였

지만, 다양한 사회보장에 관한 법률의 제정은 미래의 사회복지 발전에 중요한 계기가 되었다. 이 후 임시방편적으로 제정된 사회보장에 관한 법률은 그 미비성과 모순점으로 인하여 사회복지법률들이 선진국에서처럼 사회보장기본법에 입각하여 제정된 것이 아니기 때문에 1994년 10월 정부는 우리나라의 경제사회발전 수준과 국민의 복지수요에 부합하는 사회보장제도를 확립하고 사회보장을 증진하려는 목적으로 사회보장기본법안을 국회 제출하여 1995년 12월 사회보장기본법이 제정되었다. 이 법은 다시 2011년 영화 도가니의 영향으로 개정되었는데, 소극적·사후적 접근에서 능동적 예방적 사회보장이념을 도입하였으며, 평생사회안전망 구축·운영 등의 사회보장정책의 기본방향이 제시되었다.

3) 법의 내용 분석

사회보장기본법은 우리나라 국민들의 경제적 측면에서 삶에 대한 보장을 규정하고 있다. 앞에서 보여준 독일 사회보장법의 내용의 규모의 중요성을 단순비교의 측면에서 본다면 사회보장기본법의 세밀함이 요구된다.

- 1995년에 제정되고 현재까지 4번의 개정을 한 전문4장 35조와 부칙으로 구성된 사회보장기본법에서는 사회보장의 목적, 사회보장법의 정의, 체계와 주체, 사회보장수급권, 사회보장심의위원회에 관하여 규정하고 있다.
- 제3조는 사회보장에 연관된 개념인 사회보장, 공공부조 그리고 사회복지서비스의 정의에 대하여 명확히 규정하고 있으며, 이 법이 사회복지의 기본적인 사항을 규정하고 있기에 제4조에서는 사회보장에 연관된 법의 제정이나 개정 시 사회보장기본법에 부합되어야 함을 규정하고 있다.
- 사회복지에 폭넓은 규정은 외국인에 대한 적용 문제에 관한 원칙

으로 상호주의를 규정하고 있다.

- 사회보장수급권은 이 법의 제2장 사회보장을 받을 권리에서 규정하고 있는데, 이 권리를 이 법 제9조에 의하면 모든 국민은 사회보장급여를 받을 수 있는 것이라 규정하고 있다. 그 기준은 최저임금법에 따른 최저임금을 고려하여 사회보장급여가 결정된다고 제10조 제2항에서 규정하고 있다.
- 사회보장심의위원회는 사회보장에 관한 정책들을 심의하는 국무총리 소속의 위원회다. 이 법 제18조에 의하면 심의 내용은 아래와 같다.

1. 사회보장 증진을 위한 사회보장 장기발전방향
2. 사회보장 관련 주요 계획
3. 사회보장제도의 개선
4. 사회보장제도의 도입 또는 확대에 따른 우선순위의 조정
5. 둘 이상의 부처에 관련되는 주요 사회보장정책
6. 사회보장급여 및 비용 부담의 조정
7. 국가와 지방자치단체의 역할 및 비용 분담
8. 그 밖에 위원장이 심의에 부치는 사항

- 이 위원회에 대해서는 이 법의 제3장 사회보장심의 위원회 등의 제16조부터 제23조까지 규정하고 있다. 특히 제17조에는 위원회 구성에 대하여 규정하고 있는데 위원장은 국무총리이며 부위원장은 기획재정부장관 및 보건복지부장관이 맡으며 30명 이내의 위원으로 구성되며 그 임기는 2년이다.
- 제21조에서는 다른 사회복지 연관법에서 볼 수 없는 공청회의 규정이 있는데, 사회보장을 위한 장기계획 수립 시 보건복지부장관은 국민과 전문가들과 논의해야 함을 말한다.
- 제4장에서 사회보장의 실천에 대한 것으로 운영의 기본에 대하여

규정하고 있다. 그 주체는 국가와 지방자치단체로서 민주주의적 운영과 형평성을 강조하며, 제26조는 사회보장의 효율적 실천을 위하여 민간의 참여의 중요성을 강조하며, 그것을 위한 정책적 토대와 그 여건을 조성해야 함을 규정하고 있다.

- 사회보장에 대한 부당한 처분이나 필요한 처분을 받지 못했을 시 권리구제에 대한 규정이 이 법의 마지막 조항으로 제35조에 규정되어 있다.

☞ 사회보장에 관한 법률이 폐지되면서 1995년에 제정된 사회보장기본법이 새롭게 제정되었음에도 불구하고 사회보장에 관한 구체적인 방법을 규정하지 않고 있었다. 그것을 해결하기 위하여 국회의원 박근혜는 저출산 고령화 문제 해결을 개정안을 제출하였으며, 그런 이유로 박근혜법으로 불리기도 하였다. 2012년 현재 이 법은 영화 도가니의 영향으로 국민의 보편적 생애주기의 특성에 적절하게 소득과 사회서비스의 보장을 지향하는 방향으로 개정되었다.

3. 사회복지공동모금회법

이 법은 과거 국가 재난 시 실천하였던 방식을 국가가 민간에 허용 · 위임할 수 있는 토대들에 대하여 규정하고 있다. 이 법의 핵심인 사회복지공동모금회라는 조직은 국민의 세금 이외의 모금활동에 대해 위임받았다는 것이다. 이러한 활동은 사회복지에 대한 국민의 이해와 참여를 제고시키고, 국민의 자발적인 성금으로 조성된 재원을 효율적이고 공정하게 관리 · 운용함으로써 사회복지증진에 이바지함을 목적으로 한다고 제1조에 규정하고 있다.

1) 사회복지공동모금회법의 의의

이 법이 제정되기 이전 우리사회는 홍수, 산불 등 재난에 의한 피해로부터 구제를 위해 시기 또는 사건 별로 이미 많은 모금이 행해져

왔다. 현재에도 각종 모금이 방송국이나 신문 등 각종 매체를 통하여 진행되고 있다. 이것의 법제도화의 의미는 사회 구성원들의 기부문화의 확산과 더불어 사는 방식을 사회적으로 조성한다는 것이다.

2) 입법배경과 연역

사회복지공동모금법 제정 이전 외국원조단체의 철수에 대한 국가의 위기의식은 사회복지사업법의 제정을 통해 민간단체의 공동모금을 가능하게 함으로써 사회복지 재정을 충당하게 하였다. 실질적으로 모금법의 제정 이전에는 정부 주도로 재원모금이 이루어졌는데, 그것은 민간으로의 전환에 대한 회의와 그 운영에 대한 불신에서 비롯되었다고 볼 수 있다. 그런 이유로 폐지에까지 거론되었다가 개명으로 결론이 난 것이다.

- 이 법은 1997년에 제정된 사회복지공동모금법을 전면 개정한 것이다.
- 1999년에 이 법은 전면 개정되어 사회복지공동모금회법으로 개명되었다

3) 법의 내용분석

이 법은 사회복지를 국가적 책무로 규정하고 있음에도 불구하고, 사업적인 측면에서 사회복지공동모금회에 의한 사회복지의 선택적 실천으로 잔여적 복지라 할 수 있으며, 내용적으로 그것의 제도화를 통한 효율성 제고의 결과물이라 할 수 있다.

- 이 법은 9번의 개정을 통하여 현재에 이르기까지 전문37조와 부칙으로 구성되어 있다.
- 사회복지공동모금회는 사회복지사업법 제2조 제3호에 의해 사회복지법인으로 설립을 규정하고 있으며, 모금회법 제4조에서는 공동

모금사업을 관장하기 위한 사회복지법인으로 사회복지공동모금회를 설립하여 보건복지부장관의 인가를 받도록 규정되어 있다.

- 이것을 수행하는 사회복지공동모금회는 기본원칙으로 기부자의 의사에 반한 모금의 금지, 공동모금한 재원의 공정한 관리 · 운용, 객관적 기준에 의한 배분과 그 결과의 공시 등을 제3조 제2항 제3항에 규정하고 있다.
- 모금회의 사업에 필요한 경비는 사회복지공동모금에 의한 기부금품과 기타 수입금으로 조성한다. 보건복지부장관은 모금회의 업무에 관하여 지도 · 감독을 하며, 필요하다고 인정할 경우에는 관계서류의 제출을 명하거나 소속공무원으로 하여금 그 운영상황을 조사하게 하거나 장부 기타 서류를 검사하게 할 수 있다. 모금회의 운영이 이 법 또는 정관에 위반된다고 인정되는 경우에는 필요한 조치를 할 수 있다.
- 모금회의 사업은 이 법의 제5조에 아래와 같이 규정하고 있다.

1. 사회복지공동모금사업
2. 공동모금재원의 배분
3. 공동모금재원의 운용 및 관리
4. 사회복지공동모금에 관한 조사·연구·홍보 및 교육훈련
5. 지회의 운영
6. 사회복지공동모금과 관련된 국제교류 및 협력증진사업
7. 다른 기부금품모집자와의 협력사업
8. 기타 모금회의 목적성에 필요한 사업

- 모금회의 구성은 제7조와 제8조에 임기 2년의 임원으로 회장 1인, 부회장 3인, 회장 및 부회장을 포함한 15인 이상 20인 이하의 이사와 감사 2인을 둔다.
- 모금회에는 정관에서 정하는 중요사항을 의결하기 위하여 이사회를 두고, 업무를 처리하기 위하여 사무총장 1인과 필요한 직원 및

기구를 둔다.

- 제13조는 모금회의 업무에 대하여 규정하고 있는데, 기획, 홍보, 모금, 배분업무에 관한 사항을 심의하기 위하여 해당분야의 전문가와 시민대표 등으로 구성되는 기획·홍보분과실행위원회와 모금분과실행위원회 및 배분분과실행위원회를 둔다.
- 제14조는 지역 단위의 사회복지 공동모금사업을 관장하기 위하여 특별시, 광역시와 도에 사회복지공동모금지회를 둔다. 모금회의 조직과 운영 등에 관하여 이 법에서 규정하고 있는 사항 외에 필요한 사항은 정관으로 정한다는 사실과 지회에서 모금된 공동모금재원은 그 해 그 지역에 배분되어야 함이 원칙임을 제15조 제3항에 규정되어 있다.
- 제17조부터 제19조까지 재원모금과 그 방식에 대하여 규정하고 있는데, 특히 제18조의 2에서는 사행행위등규제및처벌특례법에도 불구하고 복권의 발행에 대하여, 제19조에 언론기관을 모금창구 지정할 수 있으며, 그 방식은 언론기관의 명의로 계좌개설을 규정하고 있다.
- 모금된 재원의 배분을 위하여 제20조부터 제27조까지 배분원칙과 기부금품의 지정사용에 이르기까지 규정하고 있다.
- 그 동안 원조대상국으로부터 벗어났다는 사실은 제20조의2에서 확인할 수 있는데, 이 조항에 의하면 한국국제보건의료재단법 제7조 제1호[6]에 따라 행하는 개발도상국가를 비롯한 군사분계선 이북지역의 보건의료지원사업에 재원을 배분할 수 있음을 규정하고 있다.
- 제30조에 의하면 모금회의 임직원은 형법 제129조 내지 제132조(주12 참조)의 적용에 있어서 공무원으로 본다고 규정하고 있다.

6) 이 법은 2005년에 제정되었으며, 이 조항은 개발도상국에서 행하는 사업에 대한 규정으로 보건시설의 현대화, 의료물품 지원, 보건의료 인력 초정 연수와 파견, 보건의료분야의 원조단체 기관에 대한 지원과 재해나 재난 발생 시 긴급지원과 같은 것이 속하여 있다.

이와 연관하여 제35조와 제37조는 벌칙에 관한 것으로 제3조 제1항, 제25조 제1항, 제26조 제1항과 제3항, 제29조, 제3조 제3항, 제18조 제2항, 제20조의3을 위반한 자는 징역 또는 벌금을 그리고 제31조 제1항을 위반한 자는 과태료를 부과한다고 규정하고 있다.

4. 보론

위의 논의된 세 종류의 법들은 1960년대 이래 우리나라의 사회복지법제의 방향과 특징을 정하는 토대라 할 수 있다. 그 법들은 외국원조단체의 철수에 따른 대응의 측면에서 국가와 정부가 외국원조에 의존된 민간단체의 사회복지실천에 대한 위기의식으로부터 비롯되었다고 볼 수 있다. 왜냐하면 그 동안 사회복지서비스의 규율체계나 공적서비스 전달체계와 같은 사회복지에 대하여 국가와 정부의 책임이 부재한 상황이었기 때문이다.

첫째, 사회복지사업법은 사회복지의 기본적인 사항들을 정리한 법으로 국가적인 측면에서 헌법과 같은 역할을 한다. 그러므로 이 법은 다양한 사회복지의 실천에 있어서 가장 기본적이며 구체적인 토대를 제도화한 것이다. 그 토대가 사업임에도 불구하고 사회복지사의 위상에 대하여 명시적으로 규정하지 않아 우리사회에서는 사회복지사의 권리나 복지보다는 희생이나 봉사로서 인정하려는 사회적 분위기가 조성되어 있다고 볼 수 있다. 그러므로 한편으로는 사업의 실행의 주체인 사회복지사들의 행위를 직업적 활동으로 확실히 규정하면서, 다른 한편으로는 자원봉사자와 구별을 위한 명시적 규정이 필요하다.

둘째, 사회보장기본법은 인간의 가장 기본적인 생존권을 규정한 법이라 할 수 있다. 즉 이 법은 사회복지를 인간의 기본적 권리로서 인정하는 법으로서, 또한 경제적인 측면에서 소득보장에 연관된 인간의 삶의 질적 보장을 위해 제정된 사회복지의 근간이 되는 법이다. 특히 모든 사회복지법들이 그렇겠지만 사회보장기본법이 담고 있는 법안의 내용이 우리 생활의 매우 구체적이고 직접적인 영향을 미치는 사회복지법안이라는 사실이다. 이것이 다른 사회복지 연관법 제정 시 토대가 되는 이유이며, 이 법의 규정을 위반하면서 사회복지실천을 위한 규정은 논리적이고 합리적이지 않다.

셋째, 기부문화가 취약한 우리사회에서 사회복지공동모금회법의 역할은 매우 중요하다. 좀 더 적극적인 측면에서 사회복지공동모금의 진정성을 회복하기 위해서는 모금회 조직 구성원들의 인건비는 국가에서 지불하고 모금된 재원은 모두 사회복지자금으로 사용되도록 하는 것이 필요하다. 오늘날 현대사회에서 많은 사람들은 사회복지분야가 일자리 창출의 가장 중요한 분야로 간주하고 있기도 하다. 그러나 이러한 현실은 사회복지를 직원들에게 봉사와 강요된 희생 그리고 열악한 급여로 이어지면서 부정과 연결될 수 있는 것이다. 실질적으로 모금회 직원들은 법적으로 공무원에 준하는 처벌을 받지만 경제적인 부분에서는 구별되고 있다. 사회복지공동모금회법은 모금회가 모금의 주체가 아닌 객체이며 모금의 주체는 국민임을 인식할 수 있는 그리고 그 운영의 주체로서 모금회 직원들에 대한 복지의 중요성이 고려되어야 한다.[7]

---

7) 이런 측면에서 사회복지공동모금회법과 일자리 창출과의 관계는 옥상옥이라 하겠다. 모금을 위한 기관의 설립은 일자리 창출로 이어지겠지만, 사회복지를 위해 모금된 돈의 많은 부분이 사회복지보다는 모금회 직원들의 급여로 지출되고 있기 때문이다. 이 법에 의하면 국민에 의해 모금된 모든 재원이 사회복지에 사용되어야 함이 원칙이나 사회복지공동모금회도 하나의 조직이기에 모금된 재원이 조직의 인건비로 사용됨은 기부자들의 측면에서 보면 전용이라 할 수 있다. 그러므로 세금을 내는 국민에게는 또 다른 세금으로 이중과세라 할 수도 있을 것이다.

제5장 사회보험법

－산재보험법, 국민건강보험법, 국민연금법, 고용보험법, 노인장기요양보험법－

위의 사회보험법은 사회보장을 위한 방법의 하나로서 사회보험은 국가를 주체로 하고 국민을 대상으로 하여, 질병, 노령, 실업, 사망, 기타 신체장애 등으로 인한 활동능력의 상실과 소득의 감소가 발생하였을 때, 보험방식에 의하여 그것을 보장하는 제도이다. 아래의 〈표 5-1〉은 복지선진국의 사회보험법의 제정연도를 비교한 것이다.

이 장에서는 특히 사회보험의 종주국이라 할 수 있는 독일과 우리나라의 사회보험법들이 내용적인 측면에서 표를 통하여 소개, 비교분석 될 것이다. 전체적인 측면에서 본다면 독일의 사회보험법은 자본주의의 발전과 같은 역사적인 전통 속에서 아주 세밀한 부분까지 정리되어 있는데, 특히 연금보험법은 재정적인 측면에서 매우 중대한 영향을 미치기에 조항 수뿐만 아니라 지속적으로 과도 또는 전이 법(Uebergangsrecht)이라는 항목을 통하여 새로운 변화에 대응하고 있다.

〈표 5-1〉 국가별 사회보험법 제정연도

	산재보험법	의료보험법	국민연금법	고용보험법
벨기에	1903	1894	1900	1920
네덜란드	1901	1929	1913	1916
프랑스	1898	1898	1895	1905
이탈리아	1898	1886	1898	1919
독일	1884	1883	1889	1927
아일랜드	1897	1911	1908	1911
영국	1897	1911	1908	1911
덴마크	1898	1892	1891	1907
노르웨이	1894	1909	1936	1906
스웨덴	1901	1891	1913	1934
핀란드	1895	1963	1937	1917
오스트리아	1887	1888	1927	1920
스위스	1881	1911	1946	1924
호주	1902	1945	1909	1945
뉴질랜드	1900	1938	1898	1938
캐나다	1930	1971	1927	1940
미국	1930	-	1935	1935

1. 사회보험법의 개요와 특성

사회보험법이란 이름을 지닌 법은 없다. 단지 기본적으로 사회보험 형태의 제도화를 위한 법들만이 존재할 뿐이다. 사회보장기본법 제3조 제2호에 따르면 사회보험이란 “국민에게 발생하는 사회적 위험을 보험방식에 의하여 대처함으로써 국민건강과 소득을 보장하는 제도”라고 규정하고 있다. 여기에 속하는 법들이 복지국가를 가름하는 기준이 되기도 한다. 이러한 사회보험법은 자본주의체제의 모순에 의해 발생하는 저소득자의 증가로 인한 사회적 갈등의 해소와 사회적 위험을 분산시켜 국민에게 발생할 사회적 위험을 보험방식에 의하여 대처하기 위해 제도화한 결과물이다. 그러므로 사회보험법은 사회보험의 공익성, 보편성, 강제성에 기초하고 있기에 사보험과는 성격이 다르며, 네 가지의 기본원리에 의해 제정되었다.

사회보험법의 기본원리의 하나는 최저생활의 원리이다. 인간으로서 가장 기본적인 삶을 누릴 수 있는 경제적 보장을 위한 제도인 것이다. 둘은 기여금을 통한 소득재분배의 원리로서, 기여금은 소득비례이지만 급여는 균등급여이므로 소득재분배의 효과가 발생한다는 것이다. 즉 이것은 고소득자에게는 많은 기여금을 그리고 급여는 적절하게, 저소득자에게는 기여금은 낮게 그리고 급여는 적절하게 하는 것을 의미한다. 셋은 이러한 사회보험은 국민 구성원 모두에게 해당된다는 보편주의의 원리가 적용된다는 것이며, 넷은 이러한 기여금과 보험료는 노동자와 사용자 모두에게 나누어 지불해야 한다는 것이 비용분담의 원리이다.

일반적으로 사회보험법들은 아래와 같은 구성체계로 이루어져 있다.

- 사회보험의 주체: 사회보험은 국가가 모든 국민의 최저생활을 보장하는 제도이므로 보험자로서, 관리운영의 주체로서 국가이다.
- 사회보험의 대상: 피보험자로서 그 적용범위는 전 국민이다.
- 급여의 종류와 수준: 급여는 피보험자가 일정한 수급자격을 갖추었을 경우 현금, 현물 혜택을 의미하며 그 수준은 그 욕구의 충족에 있어서 전부가 아닌 일부이다.
- 재원조달: 비용의 조달이나 보험재정은 우리나라에서 사용자와 노동자 양자부담을 원칙으로 관리운영비는 국가가 부담한다.
- 세계적으로 공적연금의 관리운영형태는 크게 정부조직기관, 정부감독하의 위탁기관, 민간조직인 금고 등으로 대별된다. 우리나라는 각각의 공단이 국민건강보험법과 국민연금법에 의해 보건복지부장관과 산재보험법과 고용보험법에 의해 고용노동부장관의 위탁을 받아 기금 사업을 효율적으로 수행하기 위하여 설립된 집행기관으로서 가입자에 대한 기록의 관리 및 유지, 각출료의 징수, 급여의

결정 및 지급, 가입자와 수급자를 위한 복지시설의 위치. 운영 기타 복지증진사업 등을 수행한다.

결론적으로 사회보험법은 위험의 이전과 분산, 기여금(보험료)에 의한 재원마련 등의 보험방식을 채택한다는 점에서 민간보험과 동일한 목적으로 추구한다. 그러나 몇 가지 점에서 차이가 있는데, 이 법들의 규정에 의하면 첫째, 가입방식이 강제적이라는 것과, 둘째 특정 개인의 욕구충족을 위한 것이 아닌 사회안정과 같은 사회적 욕구충족을 위한 것이라는 점, 셋째 기여금은 소득비례이지만 급여는 균등급여이므로 소득재분배가 발생한다는 점 등에서 민간보험의 성격과는 근본적으로 다르다 할 수 있다.

2. 산재보험법

18세기 시민사회에서 사용자의 과실책임주의 원칙으로부터 오늘날 복지사회에서 무과실책임주의 원칙 적용을 토대로 산재보험은 산업재해보상보험의 줄인 말로서 생활보호제도의 일환으로 사업장에서 일하는 노동자들이 업무수행 중 또는 업무수행과 관련하여 부상·질병 또는 사망한 경우에 노동자 본인의 치료나 본인 부양가족의 생계를 보장하기 위한 제도이다. 그러므로 노동자가 주체적으로 권리를 주장할 수 있는 노동복지의 일환인 이 보험은 피해노동자에게 재해보상을 보장하기 위하여 고용노동부가 주체가 되어 운영하는 국가책임의 의무보험이라 할 수 있으며, 그 제도화된 결과물이 산재보험법이다.

1) 산재보험법의 의미

노동은 인간의 삶의 본질이며 속성이다. 그러므로 현대산업사회에서 노동을 통한 산재는 불가피하며, 따라서 산재의 역사는 인류의 생활과 그 기원을 거의 같이한다고 볼 수 있다. 산재란 사업장에서 노동자의 작업행위에 의하여 부상당하거나 질병에 걸리어 사망하는 경우를 의미한다. 그러므로 산재보험법의 목적은 이러한 산재가 발생하면 산재노동자나 그 유족들이 사업주를 상대로 안전관리소홀 등을 사업주의 고의·과실을 이유로 하여 민사소송을 제기하여 손해배상을 받을 수 있게 하는 것이다. 그러나 민사소송을 제기할 경우 사업주와 노동자의 과실여부를 가려야 하기에 엄청난 소송비용과 많은 시간을 필요로 하게 된다. 또한 사업주의 재정상태에 따라서는 노동자가 소송에서 이기고도 적절한 배상금을 받지 못하는 경우도 있다. 이와 같이 산재보험법은 노동자의 업무상의 재해를 신속하고 공정하게 보상하고, 이에 필요한 보험시설을 설치운영 규정과 재해예방 기타 노동자의 복지증진사업 규정 등을 통하여 노동자는 생활안정, 사업주는 기업안정, 국가는 경제발전을 가져오기 위하기 위해 제정된 것이다.

이러한 산재보험법은 국가에 의한 강제적 사회보험제도의 하나로서 보험가입자들로부터 보험료를 징수하여 재해노동자가 발생하였을 때 국가 행정기구를 통하여 소정의 급여를 제공한다는 사회보험의 일반적 특성을 공유하고 있으며, 그것을 위하여 아래와 같은 토대 위에서 규정되고 있다.

(1) 노동자의 업무상 재해에 대하여 사용자에게는 고의·과실의 유무를 불문하는 무과실 책임주의이다.
(2) 보험사업소에 소요되는 재원인 보험료는 원칙적으로 사업주가 전액 부담한다.
(3) 산재보험급여는 재해발생에 따른 손해전체를 보상하는 것이 아니라 평균임금을 기초로 하는 정률 보상방식으로 행한다.
(4) 자진신고 및 자진납부를 원칙으로 하고 있다.
(5) 재해보상과 관련되는 이의 신청을 신속히 하기 위하여 심사 및 재심사청구제도를 운영한다.

(6) 타 보험회사와는 달리 산재보험은 사업장 중심의 관리가 이루어진다.

2) 산재보험법의 입법배경 및 연역

산재보험법은 의료보험법과 함께 대부분의 복지국가에서 사회보험 중에서 제일 먼저 제정되었다. 왜냐하면 산업혁명 이후 산업현장에서 대부분의 사건·사고들은 노동자들과 연관된 것으로, 이로 인한 노동자들의 노동력 상실과 사용자들의 보상문제의 해결이 선행적으로 요구되었기 때문이다. 그러나 산업화 초기에는 그 당시의 일반 시민법에 의해 산재 당한 노동자들의 과실에 대한 입증의 어려움과 책임 소재에 의해 손해배상 가능성이 거의 없었다. 이러한 결함에 대한 사회적 인식과 피해자의 생활 보존을 위해 이 법이 제정되었으며, 19세기 말부터 영국, 프랑스, 독일 등 대부분의 선진공업국들은 사회법으로 등장하게 되었다. 우리나라에서도 사회보험 중 제일 먼저 제정되었으며, 그 연역은 아래와 같다.

◆ 산업재해보상보험법 변천 연혁

1953. 5 근로기준법의 제정으로 사업주의 개별보상책임제 시행
1963. 11 산업재해보상보험법 제정·공포
1964. 6 산업재해보상보험법 시행령 제정·공포
1964. 7 산재보험제도 실시, 500인 이상의 광업 및 제조업에 적용하여 시행
1994. 12 13차에 걸쳐 개정되면서 5인 이상의 노동자를 고용하는 사업장으로 적용범위 확대, 보상수준의 향상 등 제도와 정책
1995. 5 근로복지공단을 설립하여 산재보험 사업의 집행업무를 사업의 관장자인 노동부장관으로부터 근로복지공단에 위탁, 이관
1997. 12 현재 전국 227,564개의 사업장의 노동자 8,236,641명이 산재보험에 적용

2000. 7 1인 이상의 노동자를 고용하는 사업장 모두로 적용 범위 가 확대

아래의 〈표 5-2〉는 우리나라 산재보험법에 대한 전반적 내용과 독일 산재보험법을 비교한 것이다. 독일의 산재보험법은 산업화 과정에서 노동운동의 격화를 해결하기 위해 시도된 것으로 비스마르크 정부의 당근 정책의 하나이다. 이러한 과정으로 인하여 독일의 산재보험법을 우리나라 산재보험법과 비교한다면 매우 구체적으로 기술되었다는 것을 추측할 수 있을 것이다. 이는 산업화 과정에서 발생할 수 있는 상해에 대처하기 위하여 사회보험 중 제일 먼저 제정되었기에, 그 역사성이 제일 깊다. 또한 시대의 변화에 따라 각 새로운 상황에 대처하기 위한 과도법이 규정되어 있다.

〈표 5-2〉 독일 한국 산재보험법 비교

독일		한국	
산재보험법(SGB VII) Gesetzliche Unfallversicherung		산업재해보상보험법	
전문11장 225조 부칙		전문8장 129조 부칙	
제1장	총칙	제1장	총칙
제2장	예방	제2장	근로복지공단
제3장	보험사고에 대한 급여	제3장	보험급여
제4장	고용자, 피고용인 그 외 사람들의 책임	제4장	근로복지사업
제5장	조직	제5장	산업재해보상보험및예방기금
제6장	자금지원	제6장	심사 및 재심사 청구
제7장	타 서비스기관과 산재보험 전달자와의 협력과 제3자의 그들과 관계	제7장	보칙
제8장	개인정보보호	제8장	벌칙
제9장	벌금	제9장	
제10장	중간법 (Uebergangsrecht)	제10장	
제11장	산재보험법의 새로운 조직을 위한 전환조항	제11장	

3) 산재보험법 내용분석

산재보험법은 전문8장 129조와 부칙으로 구성되어 있으며 34번의 개정을 거쳐 현재에 이르고 있다. 내용적인 면에서 이 법은 일반적으로 아래와 같은 것들을 규정하고 있다.

- 보험관계 : 보험가입자(당연적용사업과 적용제외사업)와 보험자, 보험관계의 소멸
- 제3장 제36조부터 보험급여를 아래와 같이 규정하고 있다.
  *요양급여 : 질병이 치료될 때까지 국민건강보험 진료비 수가 및 요양급여 산정 기준에 의거 요양비 전액 지급
  *휴업급여 : 요양으로 취업하지 못한 기간에 대하여 평균임금의 70% 지급
  *장해급여 : 치료 종결 후 잔존 장해상태에 따라 1~14등급으로 세분하여 연금 또는 일시금 지급
  *유족급여 : 노동자 사망 시 유족에게 평균임금의 47~67%를 연금으로 지급
  *장 의 비 : 노동자 사망 시 평균임금의 120일분 지급
  *상병보상연금 : 요양급여 받는 자가 2년이 경과해도 치료되지 않을 때 지급
  *간병급여 : 치료종결 후에도 장해로 인하여 간병이 필요한 1·2급 중장해자에게 수시·상시 간병 대상으로 나누어 노동부장관이 고시하는 금액을 지급

- 이 법 제91조에는 진폐[1]에 대한 급여규정을 2010년에 신설하여 그 동안 논란이 되었던 진폐증을 앓고 있는 노동자에 대한 보상이 이루어지기 시작하였다.

---

1) 산재보험법 제5조 용어에 대한 정의에서 제7항은 진폐란 분진을 흡입하여 폐에 생기는 섬유증식성 변화를 주된 증상으로 하는 질병이라고 정의하고 있다.

- 산재보험의 재원이 되는 보험료는 이 법의 제4조에 규정되어 있는데, 사업주가 전액 부담하고, 국가는 보험사업의 사무집행에 소요되는 비용을 부담한다. 이것에 대해서는 보험료징수법에 규정되어 있다.
- 위와 같은 사항들에 대하여 결정할 수 있는 다양한 위원회들이 규정되어 있다. 이 법의 제8조에는 산업재해보상보험및예방심의위원회(대통령령에 의해 상세한 내용 규정), 제38조에는 업무상질병판정위원회(고용노동부령에 의해 상세한 내용 규정)이 규정되어 있으며, 노동자들의 권리구제를 위하여 제6장 제103조에서 제111조에는 심사청구 및 재심사청구를 위한 산재보험심사제도로 1차는 근로복지공단 관계 전문가들로 구성되는 산업재해보상보험심사위원회, 2차 고용노동부에 설치된 산업재해보상보험재심사위원회가 규정되어 있다. 특히 후자는 위원장을 포함하여 노동자 단체 및 사용자 단체에서 추천하는 60명 이내의 위원으로 구성된다.

☞ 산업사회 초기에는 많은 노동자들이 산재로부터 자유로울 수 없었다. 왜냐하면 작업장의 비위생과 안전결여는 많은 노동자들에게 산재를 발생시켜 노동력의 손상을 가져왔다. 독일의 산재보험법에서 제2절에서 규정하고 있는 산재보험의 대상은 노동자뿐만 아니라 실업자, 안마사, 학생에게는 당연히 적용되며, 공무원, 치료사 의사 약사 등은 희망하는 경우에 적용되어 우리나라 산재보험법에서 규정하는 대상인 노동자보다 매우 포괄적으로 규정되어 있다. 학생인 경우에는 지방정부에서 부담하고 자영업자들은 본인이 부담한다. 관리의 주체에서도 우리나라는 근로복지공단이지만 독일은 산재보험법 제114조에 규정된 산재금고Unfallkasse[2]에서 담당하고 있다.

2) 이 조항에 의하면 산재금고는 직능조합처럼 연방산재금고, 철도산재금고, 우편·전신 산재금고, 지역산재금고(Laenderunfallkasse), 소방관산재금고, 공동산재보험연합과 공동체산재금고, 지방과 지역을 위한 공동산재금고로 구성되어 있다.

3. 국민건강보험법

우리나라의 국민건강보험은 질병, 부상이라는 불확실한 위험의 발생과 분만, 사망 등으로 인해 개별가계가 일시에 과다한 의료비를 지출함에 따라 겪게 되는 부담을 덜어주기 위해 국가가 법으로 정하여 실시하는 사회보장제도이다. 이 제도는 노인장기요양보험과 함께 단기보험에 속하며, 이 법은 보험가입자 전원에게 소득과 재산에 따라 보험료를 각출하여 보험급여를 줌으로써 국민의 경제적 부담을 덜어 주고 보건을 유지, 향상시켜 주는 제도를 규정한 것이다.

1) 국민건강보험법의 의의

건강은 인간의 기본적 욕구로서 생존권의 중요한 요소이다. 그러므로 국민건강보험법의 제정은 기존의 질병의 방지라는 소극적 방식으로부터 예방과 건강이라는 적극적인 정책 목표를 설정하여 국민들의 복지를 증진시키기 위함을 의미한다. 이것을 위하여 이 법은 몇 가지 특성을 가지고 있는데, 하나는 가입의 **강제성**으로 모든 국민에게 건강유지의 의지를 표명하며, 둘은 **단기보험**으로 대부분의 보험이 기간을 채워야하는 것에 비해 진료시마다 보험회사에서 급여를 지급한다. 셋은 소득에 관계없이 필요시마다 같은 질병에는 같은 급여를 지급한다는 것이고 마지막으로 모든 국민들에게 열려 있는 **국민개보험**이다. 이것은 가입의 강제성과 함께 모든 국민에게 가입의 가능성이 열려있다는 것을 의미한다. 이러한 특성으로부터 모든 국민들이 의료서비스의 과중한 부담으로부터 생활안정의 도모 차원에서 건강을 유지할 수 있다는 것이 사회복지적인 것이다. 따라서 국민건강보험법의 제정은 사회보장의 목적인 소득보장 뿐만이 아닌 의료보장까지의 확대가 진정한 의미에서 사회복지제도의 완성이라 할 수 있을 것이다.

2) 입법배경 및 연역

최초로 의료보험법[3]을 제정한 국가는 독일이다. 산업의 고도화는 각종 질병의 발생을 야기시키면서 건강문제를 새로운 사회문제로 등장시켰으며, 그 누구도 그것으로부터 자유로울 수는 없을 것이다. 이러한 이유로 산업혁명과 더불어 제국주의 시대에 이미 독립된 남미의 국가들도 이미 의료보험에 연관된 법들을 가지고 있었다. 이러한 역사적 과정 속에서 우리나라의 1963년 제정된 의료보험법은 그 당시의 사회경제적 여건의 미성숙으로 실시가 보류되었지만, 경제성장제일주의 정책의 부작용으로 국민적 통합에 대한 위기의식이 발생하면서, 그에 대한 해결책으로 의료보험법의 개정과 생활보호대상자 등에 우선적으로 적용 실시되었다. 그 후 1980년대 경제의 호전과 복지분야에 대한 관심 고조는 전 국민을 대상으로 하는 의료보험으로 확대시켰으며, 현재의 우리나라 국민건강보험법은 1963년 의료보험법의 제정을 시작으로 가장 오랜 기간의 과정 속에서 아래와 같이 전개되었다.

◆ 건강보험법 변천 연혁

1963. 12. 16 의료보험법 제정

1970. 8. 7 의료보험법 1차 개정(조합 강제설립-피용자, 군인, 공무원, 일반자영자 대상)

1976. 12. 22 의료보험법 2차 개정(500인 이상 사업장 당연적용, 공무원, 교직원, 군인 제외)

1977. 12. 31 공무원 및 사립학교교직원의료보험법 제정

1979. 4. 7 의료보험법 3차 개정(요양기관 강제지정)

1981. 4. 4 의료보험법 4차 개정(직종·지역조합 설립근거 마련)

---

3) 의료보험은 독일 사회법전 5권에 해당되지만, 우리의 국민건강보험법처럼 모든 것을 규정하면서 연관된 법들로 보충적으로 있지는 않다. 예를 들어 임신이나 출산, 피임에 연관된 것들은 제국보험법에서 규정하고 있으며, 자영농업 종사자의 경우에는 농민의료법이, 예술가의료보험법이 제정되어 있다.

1981. 12. 31 의료보험법 5차 개정(연합회, 심사위원회 설치, 조합 간 공동사업 실시 근거)

1984. 12. 31 의료보험법 6차 개정(피부양자 인정범위 확대-장인, 장모, 동일상병 180일 급여기간을 연간 180일로 변경)

1987. 12. 4 의료보험법 7차 개정(피부양자 인정범위 확대 - 형제, 자매, 직계비속의 배우자, 임의계속피보험자제도 도입, 의료보험조합연합회를 의료보험연합회로 명칭변경, 재정안정기금 설치 의무화, 요양급여기간 제한에 대한 보완)

1994. 1. 7 의료보험법 8차 개정(직장의료보험 보험료율 변경 - 3~8% →2~8%, 65세 이상 요양급여기간 연장 - 연간 180일 →210일, 분만급여대상 모든 피부양자까지 확대)

1994. 12. 31 의료보험법 9차 개정(국가유공자관련법령 명칭 변경)

1995. 8. 4 의료보험법 10차 개정('95년부터 요양급여기간 연장 - 연간 180일→210일, 65세 이상, 등록장애인, 국가유공자 등 요양기간 제한폐지)

1997. 12. 31 의료보험법 11차 개정(청문에 관한 사항 삭제)

1997. 12. 31 의료보험법 12차 개정(국민의료보험법 개정에 따른 조문정리, 요양급여기간 연장(연간 270일→300일)

1998. 6. 3 의료보험법 13차 개정(임의계속피보험자 적용기간 확대)

1999. 2. 8 국민건강보험법 제정[4)]

2000. 7. 1 국민건강보험관리공단 출범, 관리운영조직 통합 이후 자구책 정리 등의 개정작업

4) 이 법의 제정으로 이 전의 조합주의 원칙에 의해 구성된 체제인 지역조합, 공무원, 사립학교교원조합과 직장조합이 통합관리체제로 재편되었으며, 2002년에는 420여개의 의료보험조합이 국민건강관리공단으로 일원화되었다.

아래의 〈표 5-3〉은 독일과 우리나라의 의료보험법에 대한 내용을 비교 분석한 것이다

〈표 5-3〉 독일과 한국의 의료보험에 연관된 법의 비교

독일		한국	
질볍보험법(SGB V) Gesetzliche Krankenversicherung		국민건강보험법	
전문13장 137조 부칙		전문9장 100조 부칙	
제1장	총칙	제1장	총칙
제2장	피험자함자의 범위	제2장	가입자
제3장	질병보험 급여	제3장	국민건강보험공단
제4장	급여에 있어서 질병금고와 관계	제4장	보험급여
제5장	건강의 개발의 평가를 위한 전문가	제5장	건강보험심사평가원
제6장	질병금고의 조직	제6장	보험료
제7장	질병금고 단체	제7장	이의신청 및 심판청구 등
제8장	재정	제8장	보칙
제9장	질병보험의 의학적 검토	제9장	벌칙
제10장	보험자료, 급여자료, 자료보호 자료의 투명성		
제11장	처벌과 벌칙조항		
제12장	독일통일 행사에서 전이조항		
제13장	기타전환조항		

의료보험에 연관된 법으로 사회보험 성격을 가진 것은 독일이 세계 최초로 1883년 제정하였으며 그 명칭은 질병보험법Gesetzliche Krankenversicherung이다. 현재의 사회법전 제5권에 있는 법은 시대적 흐름으로 편찬되어 변화된 내용들과 함께 제11장, 제13장에 규정되어 있다.

3) 법의 내용분석

국민건강보험법은 1963년 의료보험법으로 제정되어 2012년 현재까지 27번의 개정으로 전문9장 100조와 부칙으로 구성되어 있다. 이 법의 제2조에는 모든 국민건강에 연관된 사업은 보건복지부장관이 관장

한다고 규정하고 있으며, 내용적인 측면에서 아래와 같은 것들이 규정되어 있다.

- 적용대상: 가입자로서 피보험자는 직장가입자와 지역가입자로 구분되어 있으며 구체적인 사항은 이 법 제2장 제5조부터 제11조에 규정되어 있다.
- 보험자: 의료보험의 경영주체로서 보험료 징수 및 보험급여를 행하는 자(관리운영기구)인 보건복지부에 속하는 국민건강관리공단은 이 법의 제3장 제12조부터 제38조까지 자세하게 규정되어 있다.
- 급여종류와 수준: 이 법의 제4장 제39조부터 제54조까지 규정된 급여의 형태는 현금급여와 현물급여가 있는데, 국민건강보험은 현물급여[5)]가 원칙이다.
- 보험재정: 의료보험사업의 운영에 필요한 경비 조달과 지출을 위하여 제5장에서는 제62조부터 제75조에 이르기까지 보험료에 대한 합리적으로 부과하고 효율적으로 징수에 대하여 규정하고 있다.

위의 사항들에 대한 심의 또는 의결하기 위한 이 법에는 몇 가지 위원회들에 대한 규정이 있다. 하나는 위원장인 보건복지부차관을 포함하여 25인 이내로 구성되어 건강보험정책에 관한 사항들을 심의하는 건강보험정책심의위원회, 심판청구에 대한 분쟁을 심의하는 건강보험분쟁조정위원회로 이는 위원장을 포함하여 35인 이내로 구성되어 있다. 마지막으로 건강보험심사평가원은 요양급여와 치료급여비용을 심사하고 그 급여의 적정성을 평가하는 기관으로 제5장에 규정되어 있으며, 그 속에는 위원장을 포함하여 50인 이내의 상근심사위원과 1천명 이내의 비상근심사위원으로 구성되어 있는 진료심사평가위원회가 제59조에 규정되어 있다.

5) 개인건강보험에서는 경우에 따라서 현금급여, 즉 진료 후 보험회사에 청구하면 현금으로 지급되지만, 국민건강보험에서 급여란 현물급여로서 대부분 가입자들에게 행해지는 병원진료를 의미한다.

☞ 역사적으로 의료보험에 연관된 의료보험법이 1963년에 제정되었으나, 실질적으로 우리나라의 국민건강보험법은 1980년대 후반부터 시행되었다고 볼 수 있다. 이 법이 본격적으로 시행되어 20여년 이상이 경과되었지만 현재에도 재정안정, 소득분배의 효과에 관한 사항 등 아직 많은 문제점들이 노출되고 있다. 이러한 문제점들의 개선을 위한 법 개정 노력을 통하여 건강보험심사평가원에 대한 규정들의 정확성이 요구되는데, 즉 건강보험제도의 효율성을 저해하는 정부, 공단 그리고 심평원 간의 역할 중복에 대한 조정이 요구되며, 국민건강을 위한 사회복지사들의 역할에 대한 법적 규정도 중요하다. 예를 들자면 지방자치단체들이 사회복지의 전방적인 역할을 담당하고 있는 사회복지사들과 연계하여 건강보험 취약계층의 발굴, 사례관리 등을 지원할 수 있는 방안, 즉 사회복지사 활용 방안 등의 규정이 요구된다.

4. 국민연금법

연금에 역사는 지금부터 120여년 전인 독일에서 시작되었다. 국민연금법은 사회보험법으로서 세 번째로 제정되었으며, 폐질[6]자(또는 장기질병자)와 노령퇴직자의 장기적 소득보장을 목적으로 하는 점에서 의료보험과 구별되고, 급여조건에 속하는 위험대상이 다른 점에서 산재보험과 구별되는 성격을 가지고 있다.

1) 국민연금법 성격

국민연금법은 국민을 대상으로 한 연금보험에 대하여 규정한 법이다. 이 법의 제1조에 의하면 연금보험은 사회적 위험, 즉 노령, 폐질, 사망에 봉착할 경우 개인과 가족의 소득단절로부터 보호하여 인간다운 생활을 유지하게 하는 것이 목적이라고 규정하고 있다. 즉 국민연금법은 모든 국민의 빈곤으로부터 해방을 위해 갹출과 급여가 획일적이며, 사회적 부양성, 적합성이 강조되어 있으며, 가입에 있어서 원칙적으로 강제성을 규정하고 있는 사회보험인 것이다. 이 법은 사회보험 중에서

6) 산재보험법 제5조 6항에 의하면 폐질을 업무상의 부상이나 질병에 따른 정신적·육체적 훼손으로 인하여 노동력의 상실이나 감소된 상태로 그러한 것이 치유되지 않은 상태라고 규정하고 있다.

도 국민건강보험법과 산재보험법이 단기보험인데 비하여, 국민연금은 가입기간이 20년 이상으로 60세 도달하였을 때, 노령연금 수령할 수 있는 장기보험의 성격을 가지고 있다.

아래의 〈표 5-4〉는 독일과 우리나라의 연금에 연관 법의 비교한 것으로 독일의 연금보험법의 제정은 비스마르크의 사회보험 3부작의 완성을 의미한다. 독일의 사회보험들이 우리나라의 사회보험에 비해 역사성과 전통이 있기에 국민연금법에 비해 연금보험법은 조항 수에서 매우 많음을 보여주고 있으며, 그것은 내용적으로 매우 구체적임을 의미한다. 또한 연금보험에 중요한 부분인 급여와 재정에 있어서 독일의 연금보험법은 상대적으로 많은 조항들로 규정하고 있음을 보여주고 있다.

〈표 5-4〉 독일과 한국의 연금에 연관 법의 비교

독일		한국	
연금보험법(SGB SGB VI) Gesetzliche Rentenversicherung		국민연금법	
전문6장 321조 부칙		전문9장 132조 부칙	
제1장	피보험자의 범위(1-8조)	제1장	총칙
제2장	급여(9-124)	제2장	국민연금가입자
제3장	조직, 정보보호 및 보안(125-152)	제3장	국민연금공단
제4장	재정(153-227)	제4장	급여(49-100)
제5장	특별규정(228-319)	제5장	비용 부담 및 연금보험료의 징수 등
제6장	벌칙조항(320-321)	제6장	국민연금기금(101-107)
	부칙	제7장	심사청구와 재심사청구
		제8장	보칙
		제9장	벌칙

2) 입법배경 및 연역

국민연금제도는 정치적인 측면에서 1960년대 위로부터 권위주의의 산물로서 우리나라 최초의 사회보험제도였던 공무원연금과 군인연금제도로부터 시작되었다. 1970년대 들어와 국민연금법이 제정되었으며,

이 제도의 사회적 필요성은 1980년대에 접어들면서 사회경제적 여건의 변화와 사회통합의 요구에서 출발하였다.[7] 즉 노령인구의 증가와 노후부양의식의 약화, 사회적 위험의 증대, 노후생계보장을 위한 현행 제도의 미비, 실시여건의 성숙, 연금재정의 안정성 확보와 사회적 통합이라는 차원에서 연금제도 도입의 필요성이 인정되어 국민연금법이 제정, 시행되었다. 그 수립과정은 아래의 〈표 5-5〉와 같다

〈표 5-5〉 국민연금제도 연혁

시행시기	내용	비고
1973. 12.24	국민복지연금법 제정	1974. 1. 1. 실시예정
1974. 01.	대통령 긴급조치 제 3호	1년간 실시 보류
1974. 12.	국민복지연금법 1차 개정	재차 1년간 실시 보류
1975. 12.	국민복지연금법 2차 개정	실시무기연기
1986. 12. 31.	국민연금법 공포	법률 제3902호 국민복지연금법 폐지
1988. 01. 01.	국민연금제도 실시	상시근로자 10인 이상 사업장
1992. 01. 01.	당연적용대상 사업장 확대	상시근로자 5인 이상 사업장
1995. 07. 01.	농어촌지역 적용 확대	군지역 주민 및 시지역 농어업인
1999. 04. 01.	도시지역 주민 확대	전국민연금시대 진입
2001. 07. 01.	5인 미만 사업장 확대	
2003. 07. 01.	1인 이상 당연적용사업장 확대	
2007. 07. 23.	"국민연금공단"으로 명칭 변경	

3) 법의 내용 분석

국민연금법은 사회복지관련법들 중에서 가장 많은 조항을 가진 법으로 2012년 현재까지 40번 개정된 후 전문 9장 132조와 부칙으로 구성되어 있다. 이 법은 내용적인 측면에서 아래와 같은 것들을 규정하고 있다.

7) 1970년대의 이 법의 제정은 그 목적에 있어서 순수하지 않았다. 그 당시 유신체제 하에서 중화학 공업 위주의 산업정책 시행을 위하여 자금동원의 필요성이 법의 제정으로 이어졌다. 1980년대는 정권의 정당성 유지를 위해 국정지표로서 복지국가 건설을 내걸었으나 실질적인 정책은 시행되지 않았다.

– 적용범위

국민연금의 가입대상은 국내에 거주하는 18세 이상 60세 미만의 국민으로서 공무원연금법, 국민연금법, 및 사립학교 교직원연금법의 적용을 받지 않는 자이면 가입이 가능하며, 가입자는 사업장가입자, 지역가입자, 임의가입자 및 임의계속가입자[8])로 구분된다. 2009년 3월말 현재 국민연금 총가입자수는 18,292,152명(최초 443만명)이며, 그중 사업장가입자는 9,536,363명, 지역가입자는 8,692,267명, 임의가입자는 28,564명, 임의계속가입자는 34,978명이다(국민연금통계연보, 2009년 3월).

– 급여의 종류와 수준 그리고 수급자격요건

연금급여란 가입자가 노령, 장애 또는 사망으로 인하여 소득이 중단, 상실 또는 감소되었을 때 기본적인 생활을 보장하기 위한 금전급부를 의미한다. 또한 내용적으로는 급여 수급요건에 해당하는 자의 청구에 의하여 수급요건을 심사 결정하고 급여하는 등 수급권자 내역을 지속적으로 관리하는 것을 말한다. 국민연금법의 제49부터 제86조에 이르기까지 급여에 대한 사항들을 규정하고 있는데, 국민연금은 나이가 들거나 장애 또는 사망으로 인해 소득이 감소할 경우 일정한 급여를 지급하여 소득을 보장하는 사회보험으로서 지급받게 되는 급여의 종류는 아래와 같다.

노령연금은 60세에 도달한 자에게 지급되며, 가입 중 질병, 부상 발생 시 그 장해정도에 따라 지급되는(질병: 초진일 현재, 1년 이상 가입자가 가입 중에 부상 시: 가입기간 1년 이상 경과) 장애연금 그리

8) 국민연금법 제3조에 의하면 대통령령으로 정한 사업장에 고용된 18세이상 60세 미만인 노동자 및 사용자로서 가입된 자를 사업장가입자로, 사업장 가입자가 아닌 자로 국민연금에 가입된 자를 지역가입자로, 사업장가입자 및 지역가입자 외의 보건복지부령으로 정하는 18세 이상 60세 미만의 자가 국민연금관리공단에 가입을 신청하면 임의가입자로, 국민연금 가입자 또는 가입자였던 자가 보건복지부령에 따라 국민연금관리공단에 신청하면 65세까지 임의계속가입자이다.

고 1년 이상 가입 중인 자 사망하거나 또는 15년 이상 가입했던 자의 사망 또는 노령연금수급권자의 사망, 장해2급 이상 장해연금 수급권자의 사망 시 지급되는 유족연금, 중도에 가입자격을 상실했을 경우 반환받는 일괄환급으로, 예를 들자면 노령연금수급요건을 갖지 못한 자가 60세에 도달하였지만 국외이주로 가입자격 상실 후 1년이 경과된 후 지급되는 반환일시금, 가입자·가입자이었던 자의 사망 시 유족연금 또는 반환을 지급 받을 유족이 없는 경우에 지급되는 사망일시금이 있다.

국민연금법에는 위와 같은 사항들에 대하여 결정할 수 있는 다양한 위원회들이 규정되어 있다. 제5조에는 국민연금에 대한 일반적인 사항들을 심의하는 국민연금심의위원회는 위원장인 보건복지부차관을 포함하여 20인 이내로 구성되며, 제102조에는 위원장인 보건복지부장관과 20명으로 구성되는 국민연금기금운용위원회 그리고 제104조의 국민연금기금운용실무평가위원회, 제109조 국민연금심사위원회 및 징수위원회, 제111조의 국민연금재심사위원회가 규정되어 있다.

☞ 우리나라에서 운영하고 있는 국민연금의 모델은 독일이나 일본의 것들을 모방한 것이라 할 수 있다. 독일의 경우 국민의 소득보장의 대부분은 공적연금제도인 연금보험에 의존하고 있다. 실질적으로 이 연금보험에 경제활동인구의 82%가 가입되어 있다. 원래 독일의 연금보험법은 1889년에 제정된 노동자연금제도로 도입되었으며, 그 이후 일본은 그것을 모방하여 1941년에 노동자연금보험법을 제정하였고 1944년에 후생연금법으로 개정하였다. 현재는 1959년의 국민연금법, 1985년의 기초연금제의 도입으로 다층구조의 연금제로 실행되고 있다.

5. 고용보험법

산업혁명 이후 급속한 산업발전은 노동력을 대치하는 기계화와 자동화로 진행되면서 실업이란 사회문제가 발생하였다. 고용보험법이란 노동자가 실직하였을 경우 실직 노동자 및 그 가족의 생활안정과 재취업을 촉진하기 위하여 제정된 것이다.

1) 고용보험법의 의의

현대사회에서 실업과 고용은 개인적 책임이 아닌 사회적 책임으로 접근되어야 한다. 왜냐하면 실업률은 개인의 능력이 아닌 경기변동이나 기타 국제적 변수에 의존함으로 보험사고의 예측이 매우 어렵기 때문이다. 산업사회에서 실업에 직면하면 농업사회와는 다르게 경제적 붕괴로 인하여 개인적 좌절뿐만이 아니라 가정이 붕괴되는 등 2차, 3차적인 사회적 문제 발생 가능성이 증가하는데, 이런 맥락에서 실업을 사회보험원리에 의하여 국가적으로 해결하려는 결과물이 고용보험법의 제정으로 나타난 것이다. 그러므로 이 법은 제정 목적을 제1조에 실업 예방, 고용촉진, 직업능력 개발과 노동자의 복지증진 등으로 규정하고 있다.

2) 입법배경과 연역

노동집약적 산업을 위주로 시작된 1960년대의 고도성장이 1980년대 이르러 기술집약적 산업으로 변화하면서, 실업이란 사회적 위기가 발생하게 되었다. 1990년대의 세계화와 개방화(UR협상, 국내 산업구조 조정 등) 등의 국내외적인 환경변화는 우리나라 경제적인 구조조정으로 이어져 실업문제가 발생하였다. 그에 따른 고용안정의 필요성이 요구되면서 국가적 대응물로서 이래와 같은 과정 속에서 1993년에 고용보험법이 제정되었다.

◆ 고용보험법 연혁

1991. 8 80년대 초, 높은 실업률로 인하여 실업보험제도의 필요성이 제기되자 제7차 사회발전계획(1992-1996) 후반기 중 고용보험제도 도입하기로 결정

1993. 7 신경제 5개년 계획의 대국민 발표를 통해 1995년 시행

고지

1993. 12 고용보험법 제정

1995. 7 고용보험 시행(상시 근로자 30인 이상 사업장에 적용)

1998. 10 1인 이상 전 사업장으로 고용보험 적용 확대

2001. 11 고용보험을 통해 모성보호급여(육아 휴직 산전 후 휴가 급여)지급

2002. 12 일용근로자 고용 보험 적용 등 고용보험법 개정

아래의 〈표 5-6〉은 고용보험에 대하여 독일과 우리나라의 법을 비교분석한 것이다.

〈표 5-6〉 독일과 한국의 고용에 연관 법의 비교

독일		한국	
노동촉진법(SGB III) Arbeitsfoederung		고용보험법	
전문13장 426조		전문9장 118조 부칙	
제1장	총칙	제1장	총칙
제2장	보험가입의무	제2장	피보험자의 관리
제3장	상담 및 알선	제3장	고용안정 · 직업능력개발사업
제4장	노동자에게 주는 혜택	제4장	실업급여(37-69)
제5장	사용자에게 주는 혜택	제5장	육아휴직 급여 등
제6장	노동촉진사업 시행자에게 주는 혜택	제6장	고용보험기금(78-86)
제7장	연방노동청의 지속적인 과제	제7장	심시 및 재심사청구
제8장	지급절차상의 의무	제8장	보칙
제9장	보험 혜택에 대한 공통의 규정	제9장	벌칙
제10장	재정		
제11장	조직과 자료보호		
제12장	벌칙 및 벌금규정		
제13장	특별규정		

독일의 고용보험에 연관된 사회법전 제3권으로 1969년에 제정되었

다.[9] 이 법은 1990년대 대량실업과 고용보험의 적자에 직면해서 1997년 노동촉진개혁에 관한 법으로 개정되면서 폐지되었으며, 고용보험의 혜택을 축소하고 그 요건을 강화하는 방향으로 개정된 법이 현재 사회법전 제3권으로 대체되었다.

3) 법의 내용분석

고용보험법은 2012년 현재까지 31번 개정된 후 전문9장 118조 부칙으로 구성되어 있다. 이 법은 내용적인 측면에서 아래와 같은 것들을 규정하고 있다.

– 적용범위: 적용대상 사업장과 적용제외

이 법 제8조, 제10조에 의하면 노동자 적용대상은 원칙적으로 노동자를 고용하는 모든 사업 또는 사업장에 적용되지만, 사업규모를 고려하여 대통령령으로 정하는 사업 또는 사업장에 대해서는 그 예외가 인정된다. 적용관계는 산재보험과 같이 사업이 개시되어 적용조건을 충족하게 되었을 때, 사업주의 가입의사와 관계없이 자동적으로 보험관계가 성립하는 당연적용사업과 사업주의 가입의사에 따라 가입할 수 있는 임의적용사업으로 분류된다.

– 보험관계의 성립과 소멸

제9조에 의하면 보험관계의 성립과 소멸은 보험료징수법으로 정하는 바에 따른다고 규정되어 있다.

– 실업급여

제4장 제37조부터 제69조에 이르기까지 실업급여는 노동자로 실직

9) 독일어로 이 법명은 Arbeitsfoederung로 직역하면 노동증진 노동촉진법이나 통상 우리나라에서는 고용증진 또는 고용촉진법으로 번역하여 사용하였다. 문화적으로 노동의 중요성을 강조하는 독일과는 달리 우리나라는 주체적 측면보다는 객체적인 측면에서 고용을 선호하지 않았나 생각이 든다.

한 경우에 일정기간 동안 보험급여를 지급하는 것으로 구직급여와 취업촉진수당이 있다. 구직급여에는 기본적인 생활보장을 위한 급여로 상병급여, 훈련연장급여, 개별연장급여, 특별연장 급여가 있다. 취업촉진수당은 재취업을 위해 필요한 실제비용에 대한 지원금의 성격으로 조기재취직수당, 직업능력개발수당, 광역구직활동비, 이주비가 있다.

고용보험법에는 위와 같은 사항들에 대하여 결정할 수 있는 2개의 위원회가 규정되어 있다. 하나는 제7조에 규정되어 있는 고용보험위원회이다. 이 위원회는 고용노동부차관을 위원장으로 20명 이내로 구성된다. 다른 하나는 고용보험심사위원회로 2명의 비정치적 성향의 상임위원을 포함하여 15명 이내로 구성하여야 한다고 제99조에 규정되어 있다.

☞ 산업사회 초에는 산재가 매우 중요한 사안이었다. 그러나 산업의 고도화는 새로운 사회적 위험으로 실업의 위험을 가중시키면서 사회보험의 마지막이라 할 수 있는 고용보험법이 제정되기 시작하였다. 우리나라의 고용보험법에 해당하는 독일의 고용촉진법, 직역하면 노동촉진법은 사회보험 중에서 제일 많은 조항으로 구성되어 있다. 이 사실은 독일 사회에서 노동과 빵(Arbeit und Brot)이라는 철학을 토대로 노동의 중요성과 함께 노동자의 노동을 주체적으로 대변하고 있는 것이다. 또한 이것은 노동의 중요성을 강조하기 위해 제정된 하르츠 법안과도 - 각주5 참고 - 연관되어 있다.

6. 노인장기요양보험법

사회보험은 이른바 4대 사회보험이라 하여 연금보험, 건강보험, 산재보험, 실업보험을 포함한다. 그런데 최근 들어 독일과 일본이 사회의 고령화를 대비하여 요양보험이라는 제5의 사회보험을 신설함으로써 사회보험의 전통적 형태에 변화가 일고 있다. 장기요양비용의 조달방법으로는 사회보험 이외에도 조세와 민간보험이 있다. 조세방식은 주로 지방정부가 노인복지 차원에서 재정조달과 시설의 설치 및 관리운영을 책임지고 중앙정부가 재정의 일부를 지원하는 방식을 말하는데, 우리나라는 물론 대다수 국가들이 - 요양보험 도입 이전의 독일과 일본 포함 - 이런 형태로 노인요양문제를 해결하고 있다.

1) 노인장기요양보험의 개념

노인장기요양보험이란 고령이나 노인성 질병 등으로 일상생활을 혼자 수행하기 어려운 수급자에게 신체활동 또는 가사지원 등의 장기요양급여를 사회적 연대원리에 의해 제공하고 요양시설에 입소하도록 하여 전문서비스를 제공함으로써 노후생활의 안정과 가족의 부담을 덜어주기 위한 제도이다. 이것을 법제화한 것이 노인장기요양보험법이다.

다른 측면에서 노인장기요양보험의 법제화는 노령화로 인한 정부와 건강보험의 재정부담과 깊은 관련이 있다. 다시 말해서, 장기요양보호가 필요한 노령인구가 크게 늘어나면서 여기에 소요되는 의료 및 시설보호비용이 급증하자 정부로서는 합리적 비용조달방안이 필요했고, 동시에 요보호 노인인구의 증가로 재정에 상당한 압박을 받은 건강보험의 입장에서도 실효성 있는 대책이 필요했는데, 이때 대안으로 노인요양의 사회보험화였다.[10] 이미 오래 전부터 급속한 고령화로 인해 사회문제를 겪은 선진국은 다양한 방식으로 장기요양급여를 제공하고 있으며, 그런 이유로 이미 독일에서는 수발보험법이, 일본에서는 개호보험법이 제정되어 전 국민적으로 실시되고 있다. 아래의 〈표 5-7〉은 위의 두 나라와 우리나라의 노인장기요양보험법을 비교분석한 것이다.

10) 의료서비스의 발달로 인한 수명연장 → 의료비증가 → 수명연장과 같은 순환 현상을 시지프스 신드롬Sysipus Syndrom이라 부르고 있는데, 이것은 의료혜택이 증가할수록 오히려 환자의 수가 늘어나거나 또는 병원을 찾는 빈도가 높아지는 현상이다.

〈표 5-7〉 개호보험법, 수발보험법과 노인장기요양보험법의 비교

구 분	개호보험법	수발보험법	노인장기 요양보험법
시행국가	일본	독일	한국
법제정일	1997년 12월 (시행 2000년 4월)	1994년 4월(시행 1995년 4월 재가, 1996년 7월 시설)	2007년 4월(2008년 7월 1일 시행)
도입원인	1. 노인인구의 증가 2. 가족기능의 약화 3. 노인보건복지제도의 한계	1. 가족기능의 약화 2. 노인인구 증가 3. 가족부담의 증가	1. 고령화에 따른 유병노인의 증가 2. 가족 붕괴와 경제적 부담
보험자	시정촌	질병금고	국민건강보험 관리공단
피보험자	40세이상	건강보험 전 가입자(전국민)	65세 이상 노인 또는 65세 미만의 노인성질환을 가진 자
요개호도	요지원·요개호 1~5의 6단계	개호도 1~3의 3단계	3단계: 최중증, 중증, 중등증
서비스내용	재택·시설 서비스	재택·시설 서비스	재택·시설 서비스
이용자	시설입소 시 식비본인부담 본인부담 10%	시설입소 시 식비·숙박비 전액 본인부담	시설입소시 월 한도액 초과분 본인부담
재 원	공비, 보험료 각50% 본인부담 10%	보험료 100%(노사반분)	보험료50%, 정부지원35%,본인부담 10%
보험료 수준	1호:약 2,900엔 → 3,300엔 2호: 수입의 0.9%	수입의 1.7%(노사 각50% 부담)	보험료수준
법조항수	전문14장 215조 부칙 5조	전11장 112조	전문12장 70조 부칙

2) 법의 입법배경과 연역

현재 우리나라 고령화의 급속한 진전과 사회·경제적 변동은 신체적, 정신적으로 독립된 생활을 영위할 수 없는 노인들에 대한 보호를 더 이상 가정에만 부담시킬 수 없는 상황을 만들어 내고 있다. 실질적으로 우리나라는 2011년 현재 65세 이상 노인인구가 483만 명으로서 전 인구의 10% 넘어서면서 세계에서 가장 빠른 고령화를 보이고 있

다. 인구 고령화에 따라 치매, 중풍 등 노인성 질환의 증가로 일상생활이 어려운 요양보호대상 노인인구도 지속적으로 증가추세에 있음을 보여주고 있다. 반면에 핵가족, 여성의 사회활동 증가, 간병기간의 장기화 등으로 가족에 의한 노인요양보호는 이미 한계에 도달해 있는 상태이다.

이와 같은 급속한 고령화가 진전됨에 따라 우리나라에서도 고령화에 대한 대비, 공적노인요양보험체계를 확립하여 국민의 노후불안 해소 및 노인가정의 경제적 부담 등 요양보호 부담을 도모할 필요가 있어 아래와 같은 과정으로 노인장기요양보험법이 2007년에 제정되었으며, 이에 따른 노인장기요양보험제도가 2008년부터 시행되었다.

◆ **노인장기요양보험법 연혁**

2001년 5월 보건복지부장관 건강보험 재정안정 종합대책 발표: 장기요양보장제도 도입 발표
2001년 8월 대통령 8.15 경축사에서 노인요양보장제도 도입 발표
2002년 대통령 선거에서 노무현 후보 노인요양보장제도 도입 발표
2003년 3월 - 2004년 4월 보건복지부 내에 공적노인요양보장추진기획단 및 공적노인요양보장제도 실행위원회 운영
2004년 사회보험방식의 노인요양보험제도 최종안 확정
2007년 4월 노인장기요양보험법 제정
2007년 8월 실행위원회에서 인프라부족과 준비부족으로 실시 연기
2008년 7월 1일 시행

3) 법의 내용분석

노인장기요양보험법은 2007년 제정된 이후 현재까지 6번 개정된 후 전문12장 70조와 부칙으로 구성되어 있다. 이 법은 내용적인 측면에서 아래와 같은 것들을 규정하고 있다.

– 적용대상

장기요양보험의 가입자는 보편주의 원칙에 따라 국민건강보험제도와 동일하게 전 국민을 적용대상으로 하고 있다. 수급자는 65세 이상 노인 또는 65세 미만자로서 치매, 뇌혈관질환, 노인성 질병을 가진 자로 6개월 이상 혼자서 일상생활을 수행하기 어렵다고 인정하는 자이다. 이러한 규정들은 이 법의 제3장 장기요양인정의 제12조부터 제22조에서 실려 있다.

– 급여형태

급여형태에 대하여 이 법의 제4장과 제5장의 제23조와 제30조에 이르기까지 규정하고 있다. 그 규정에 따르면 수급자는 장기요양인정서에 기재된 장기요양등급, 유효기간과 급여종류 내에서 장기요양급여이용이 가능하며, 수급자와 그 가족의 선택에 따라 장기요양기관을 선택하고 급여이용에 관한 계약을 체결한 후 아래와 같은 (급여이용 시 월 한도액내에서 이용해야 하며, 월 한도액을 초과한 부분은 전액 본인 부담) 장기요양급여는 병원비, 간병비, 약값, 재활도구 등을 각 병원, 간병인, 약국, 보조기기 판매업체 등에게 지불되는 금액을 의미하며, 재가급여, 시설급여, 특별현금급여가 있다.

이 법에서는 두 개의 위원회 설치에 대하여 규정하고 있다. 하나는 장기요양위원회 설치와 운영에 관한 것으로 제45조부터 제47조에 규정하고 있다. 이 위원회는 위원장 부위원장을 포함하여 16인 이상 22인 이하의 위원으로 구성되며 보험료율이나 간병비, 급여비용 등을 정한다. 다른 하나는 장기요양등급판정위원회에 관한 것으로 제53조와 제54조에 규정하고 있다. 이 위원회는 장기요양인정 및 장기요양등급판정을 위한 심의기구로서 지역단위(시 · 군 · 구) 설치되며, 의료법에 따른 의료인, 사회복지사, 시 · 군 · 구 소속 공무원, 시장, 군수, 구청장 추천자 7인과 의사, 한의사 1인 이상으로 구성되며 등급판정은 노인의 건강상태, 활동상태 등 장기요양이 필요한 정도를 판정한다.

☞ 장기요양보험에 있어서 이 법의 제52조에 근거하여 설립된 우리나라의 등급판정위원회는 구성에 있어서 7인 이상의 위원들로 그 중에서 의사 또는 한의사 1인 이상 포함되어야 한다고 규정되어 있다. 이와 똑같은 기능을 담당하고 있는 독일의 MDK(Medizinischer Dienst der Krankenversicherung)는 질병보험법 제278조 노동조합 항목에 수발금고에 설립된 기관으로 국가의 감독 하에 있으며, 여기에 속한 의사들은 질병보험과 수발보험에 있어서 의학적 양식으로 의학적 과제에 대하여 사회적 의학적 감정 또는 사회적 의학적 조언을 한다.

제6장 공공부조법

– 국민기초생활보장법, 의료급여법, 긴급복지지원법, 장애인연금법 –

자본주의 사회의 구조적 모순이 심화됨에 따라 빈곤문제가 사회적 문제로 등장하게 되었다. 이런 문제 해결의 최종적인 방법으로서 국가의 책임 하에 실행되는 정책이 공공부조라 할 수 있으며, 이것을 정책적으로 추진하기 위하여 제정된 관련법들이 공공부조법이라 할 수 있다. 여기서는 조세에 의해 정책이 집행되는 공공부조에 연관된 아래와 같은 법들이 논의될 것이다.

1. 공공부조법의 원리와 원칙

공공부조에는 각국의 사회경제적 특성에 따라 제도의 형성과 준수되어야 할 원리나 원칙이 있다. 이는 공공비용으로 경제적 보호를 요구하는 자들에게 개인별 보호와 필요에 따라 제공하는 최저한도의 사회보장(national minimum)을 의미한다. 좀 더 간단히 말하자면, 공공부조는 사회보험과는 달리 빈곤계층의 기본적 생활욕구 해결을 돕기 위해 소득보장, 의료보호, 교육, 주택 등 기타 서비스를 위한 최후의 국가적 대응이라 할 수 있다.

현실적으로 공공부조법이란 이름의 법은 없다. 우리나라에는 공공부조에 속하는 법에는 국민기초생활보장법과 의료급여법, 긴급복지지원법, 장애인연금법 등이 있다. 이와 같은 공공부조법들은 빈곤정책의 대표적인 제도이다. 이 법은 우리나라의 헌법 제34조에 근거한 빈곤정책으로서, 빈곤한 국민은 헌법에 보장된 인간다운 생활을 할 정당한 법적 권리를 가지며 국가는 이를 법적으로, 제도적으로 보장할 의무가 있는 것이다. 즉, 공공부조법은 국민의 정당한 권리의 실현을 위한 제도적인 장치가 되어야 한다는 것이다. 이것을 위하여 이 법은 최저생활보장의 원리, 생존권보장의 원리, 국가책임의 원리, 무차별평등의 원리, 급여대상자의 개인적 능력이나 자원, 여타 사회보장제도에 의한 보호 등을 동원하여도 보호가 되지 않는 경우에 한하여 제공한다는 보충성의 원리[1], 태만, 비행, 범죄, 능력부족 등 빈곤의 원인과 관계없이 빈곤한 상태라는 객관적 요건만 있으면 차별없이 평등하게 기초생활을 보장받는다는 평등보장의 원리, 공공부조는 단순히 기초생활을 도와주는데 목적이 있는 것이 아니라 대상자의 자립을 궁극적 목적으로 한다는 자립자활조장의 원리 등에 입각해 있다. 이러한 원리에 해당하는 대상자라 할지라도 신청을 해야 혜택을 받을 수 있는 필요즉응, 신청보호의 원칙 그리고 생계보호는 피보호자의 주거에서 행해져야하고, 특히 아동의 부조에 있어서 긴급한 일이 없는 한 가정으로부터(시설보다는 가정이 우선) 분리되어서는 안되고 개인이 아닌 세대단위의 보호의 원칙이 적용되는 공공부조는 아래의 〈표 6-1〉에서 보여주는 것처럼 사회보험 그리고 사보험과 비교 분석될 수 있을 것이다.

---

1) 이 원리는 타법 우선의 원칙이 적용된다. 즉 그 의미는 이 법에 의한 보호가 그 대상자의 기본적인 능력 활용을 전제로 하며, 법의 집행은 보충적이라는 것이다.

〈표 6-1〉 공공부조법, 사회보험법, 사보험 간의 차이 비교

	공공부조법	사회보험법	사보험
목적	빈곤으로부터 해방	빈곤의 예방	불확실 삶에 예방
이념	선택주의	보편주의	자발성
원리	생존권보장	최저생활보장	경쟁
대상	선택된 빈민계층	전 국민	보험 계약자
자격조건	법적 권리	법적 권리	계약
재원	조세	기여금	보험료
급여수준	국민최저선	국민 적정선	개인의 능력
수급권의 성격	약하다	강하다	없다

2. 국민기초생활보장법

공공부조법의 가장 중요한 법으로 국민기초생활보장법은 제1조에 그 목적을 어려운 자에게 필요한 급여를 행함으로써 최저생활의 보장과 자활의 조성을 지향한다고 규정하고 있다.

1) 국민기초생활보장법의 의미

이 법의 출발점은 일제강점기의 조선구호령에서 5·16군사쿠데타 이후 생활보호법으로 그리고 IMF 경제관리체제 이후 국민기초생활보장법으로 변화되었다. 이 법의 변화는 인간의 생존권 보장을 형식적인 측면에서뿐만 아니라 실질적인 측면에서도 과거와는 다른 개인문제가 아닌 사회문제로 인식한다는 것이다. 그런 측면에서 이 법은 빈곤 대책의 가장 중요한 법이며, 빈곤자들의 최후의 보루라 할 수 있다. 이 법은 국민최저선(national minimum)의 설정을 규정하여 아래의 〈표 6-2〉와 같은 최저생계비라는 금액 산출을 통한 구체적인 생활보장정책과 단순한 생계지원만이 아닌 자립자활을 위한 종합적 빈곤대책을

지향한다.

〈표 6-2〉 2001, 2006, 2011년 최저생계비, 현금급여 비교

		1인가구	2인가구	3인가구	4인가구	5인가구	6인가구
2001	최저생계비	333,731	552,712	760,218	956,210	1,087,256	1,226,868
	현금급여	286,207	481,662	666,874	841,845	958,776	1,083,389
2006	최저생계비	418,309	700,849	939,849	1,170,442	1,353,242	1,542,382
	현금급여	357,909	599,653	804,143	1,001,424	1,157,846	1,19,677
2011	최저생계비	532,583	906,830	1,173,121	1,439,413	1,705,704	1,971,995
	현금급여	436,044	742,453	960,475	1,178,496	1,396,518	1,614,540

2) 법의 입법배경과 연역

이 법의 시작은 일제강점기까지 거슬러 올라간다. 그러나 해방 후 일제 잔재들의 청산이 이루어지지 않아 사회복지분야에서도 관련법들을 그대로 사용하고 있었다. 물론 내용적으로 완전히 청산되었지만 이 법의 전신은 일제강점기에 일본에 의해 시행된 1944년 조선구호령이라 할 수 있다. 이것은 일제강점기 후반기의 조선통치 수단으로서 형식적인 시혜 수준의 생활부조였으며, 그 잔재는 미군정하에서도 긴급구호 차원의 구빈행정, 즉 1945년 해방과 정부수립 후에는 전쟁피해자에 대한 긴급구호에 중점을 두는 구빈행정을 수행하였다. 생활보호법은 1961년 12월 30일에 이름만 개정하여 도입 제정되었지만 노동능력이 있는 빈곤층은 수혜 대상에 제외하였기에 사회안전망으로서 기능을 할 수가 없었다. 이후 사회 · 경제적 변화에 1997년 IMF의 경제관리로 인한 실직자와 명예퇴직자, 빈곤자 등에 대해 대처하기 위한 사회안전망 구축의 하나로 1999년 국민기초생활보장법의 제정으로 폐지되었다. 그 과정은 아래의 〈표 6-3〉과 같다.

〈표 6-3〉 국민기초생활보장법의 제정

연도	내용
1961. 12. 30	생활보호법 제정
1998. 7	45개 시민단체 "국민기초생활보장법 제정추진연대회의" 구성하여 제정 청원
1998. 10	국민기초생활보장법 발의(국민회의 이성재 의원 외 102명)
1999. 6. 21	대통령이 국민기초생활보장법의 제정방침 밝힘
1999. 9. 7	국민기초생활보장법 제정
2000. 10. 1	국민기초생활보장법 실시

3) 법의 내용분석

조선구호령에서 국민기초생활보장법에 이르는 과정은 60여년이 소요되었으며 13번의 개정으로 현재에 이르고 있다. 이 법은 전문9장 51조와 부칙으로 구성되어 있다. 빈곤선 이하의 저소득층에게 국가가 기본적 삶에 필요한 경비를 제도적으로 보장하는 이 법의 내용적으로 중요한 것은 제2조에 정의된 수급자, 최저생계비, 급여의 종류, 위원회에 대한 규정이 있다. 아래의 〈표 6-4〉는 국민기초생활보장법과 이전의 법들 간 비교분석한 것이다.

〈표 6-4〉 조선구호령, 생활보호법, 국민기초생활보장법 비교

	조선구호령	생활보호법	국민기초생활보장법
제정연도	1944	1961	1999
조항수	-	전문43조 부칙	전문9장 51조 부칙
특이사항	생활보호법의 모태	보호의 성격 시혜적	권리적 노동자가능자 체계적 자활서비스

- 수급권자는 기초생활보호대상자를 의미한다. 이 법의 제5조에는 수급권의 범위를 규정하고 있는데, 중요한 사항은 소득인정액이 최저생계비 이하이어야 한다는 것과 제5조의2에 있는 대한민국

국민과 결혼한 외국인 등에 대한 외국인 특례를 규정하고 있다.

- 제2조 제11항의 차상위계층에 대한 정의와 그에 대한 규정인 제24조와 제25조는 이 계층에 대한 조사를 규정하고 있다.
- 최저생계비에 대한 규정은 제6조에 있다. 이는 동법 제20조 제2항에 중앙생활보장위원회의 심의의결을 거쳐 차기연도의 최저생계비를 공표하여야 한다는 것이다.
- 기초생활수급자의 지원을 위하여 이 법은 세 가지 측면에서 중대한 지원을 규정하고 있는데, 지원을 위한 조사와 자활 그리고 주거부분이다.
- 기초생활수급자들의 자활을 위하여 주거는 매우 중요하며 이를 위해 제11조에 주거급여에 대하여 규정하고 있다.
- 기초생활수급자에 대한 급여를 정확히 하기 위하여 부양의무자들의 소득, 재산, 부양능력 등에 대하여 이 법의 제22조에는 신청조사를 제23조는 확인조사를 규정하고 있다.
- 급여는 흔히 현금과 현물로 구분하지만, 현금, 물품, 신용, 서비스, 힘, 기회 등으로 대별할 수 있다. 이 법의 제2장 제7조에 의하면 급여는 내용에 따라 생계급여, 주거급여, 의료급여, 교육급여, 해산급여, 장제급여, 자활급여, 긴급급여 등 8가지로 구분하여 규정하고 있다.
- 기초생활수급자들의 자립을 위한 자활지원을 위한 중앙자활센터, 자활기관협의체, 자활공동체에 대한 규정이 제15조의2, 제17조 그리고 제18조에 있다.
- 제28조에는 자활지원계획의 수립을 규정하고 이와 연관된 위원회로서 제20조에 규정하고 있는 생활보장위원회를 두고 있다.
- 이 법의 제20조에 규정하고 있는 생활보장위원회는 생활보장사업 등에 관한 기획이나 조사를 위한 심의·의결을 한다. 이를 위해 각 자치구에 설치되어야 하며 위원장인 보건복지부장관을 포함하여 13인 이내의 위원으로 구성된 중앙생활보장위원회는 아래와

같은 것들을 심의 · 의결한다.

1. 생활보장사업의 기본방향 및 대책 수립
2. 소득인정액 산정방식의 결정
3. 급여기준의 결정
4. 최저생계비의 결정
5. 제18조의 3의 규정에 의한 자활기금의 적립·관리 및 사용에 관한 지침의 수립
6. 기타 위원장이 부의하는 사항

- 제29조와 제30조는 수급자의 상황에 변동이 있는 경우 급여의 변경 또는 급여의 중지에 대해 규정하고 있다.
- 제6장은 수급자의 권리와 의무에 대하여 규정하고 있다. 특히 제37조는 수급자의 거주지, 세대구조와 제22조 제1항 각호의 사항에 현저한 변동이 있는 경우 관할 보장기관에 신고하여야 한다.
- 제9장은 벌칙에 대한 규정이다. 그 벌칙은 다른 사회복지법들보다는 구체적이고 무거운데, 제23조의2 제6항을 위반하여 금융정보를 사용, 제공, 누설한 자 5년 이하의 징역 또는 3천 만원 이하의 벌금에 처하며, 제22조 제6항이나 제22조 제6항을 위반하여 정보 또는 자료를 사용한자, 신용정보 또는 보험정보를 사용 또는 누설한 자는 3년 이하의 징역 또는 2천만 원 이하의 벌금에 처한다.

3. 의료급여법

생활보호법에 시행된 의료보호는 1977년에 전문16조와 부칙으로 구성된 독립적인 의료급여법으로 제정되었다. 제1조에 의하면 법의 목적을 생활능력이 없거나 생활이 어려운 자에게 의료보호를 실시함으로

국민보건의 향상과 사회복지증진에 기여함이라고 규정하고 있다. 이런 이유로 의료보호사업이 공공부조제도로 형성된 것이다.

1) 의료급여법의 의미

이 법은 1991년 3차 개정 때 전문30조로 확장되었으며, 국민건강보험과 국민기초생활보장법이 새롭게 제정되면서 2001년 의료보호법의 16번째 개정에서 전체적인 틀에 변화를 가하면서 의료급여법으로 전환되었고, 그 후 15번의 개정을 더한 후에 현재에 이르고 있다. 한편으로는 1961년에 생활보호법의 일환으로 의료보호사업이 규정되면서 생활유지 능력이 없거나 생활이 어려운 자에게 의료보호를 분리하여 1977년에 실시함으로 국민 건강의 향상과 사회복지를 증진시키게 되었다. 다른 한편으로는 이 과정은 현대산업사회에서 의료문제를 생활문제로 인식하고 있음을 의미하는 것이며, 이 법은 의료서비스를 공공부조의 원리로 이해하는 것이 세계적인 경향이라는 것을 받아들인 것이다. 아래의 〈표 6-5〉는 의료보호법과 개정된 의료급여법을 비교분석한 것이다.

〈표 6-5〉 의료보호법과 의료급여법의 비교

	의료보호법	의료급여법
제정연도	1977	2001
구성	전문16조 부칙	전문37조 부칙
특이사항	생활보호법: 시혜적	국민기초생활보장법: 권리적

2) 의료급여법의 입법배경과 연역

1961년 생활보호법에 의거하여 제5조에 의료보호 조항을 두었으나, 그 의료보호는 그 보장이 빈약하여 실효성을 거두지 못하자,[2] 이 사

2) 그 당시의 경제적 상황으로 당장 시행하기는 어려움에도 제정된 것은 이 법이 정치적 부산물로 탄생된 것이라 볼 수 있고, 결국은 1970년이 되서야 이 법은 시행이 될 수 있었다. 그러나 이 법의 내용적으로 빈약함이 실효성 문

업을 효과적으로 실천하기 위하여 1977년 1월 4일 의료보호 규칙 그리고 동년 12월에는 의료보호법을 제정하여 본격적인 의료보호사업 실시하게 되었다. 실질적으로 의료급여는 국민기초생활보장법 제7조에서 규정하는 급여의 한 형태로서, 사회복지 증진을 목적으로 30여년이 지난 2001년 새로운 의료급여법으로 개정되었으며 그 과정은 아래의 〈표 6-6〉과 같다.

〈표 6-6〉 의료급여법 연역

연 도	내 용
1961.	생활보호법 중 의료보호사업 규정 설치
1977. 1. 4	의료보호사업에 관한 규칙(보건사회부령)
1977. 12. 31	의료보호법 제정으로 생활보호법과 분리하여 실시 마련
1978. 1. 1	의료보호법 시행
1999. 9	의료보호법 개정
2001	전면개정 의료급여법으로 개정

3) 의료급여법의 내용분석

- 제3조는 이 법의 적용대상자인 수급권자에 대한 관련법으로 국민기초생활 보장법, 재해구조법, 의사상자 등 예우에 관한 법률, 입양특례법, 독립유공자예우에 관한 법률, 국가유공자 등 예우 및 지원에 관한 법률, 보훈보상대상자 지원에 관한 법률, 문화재보호법, 북한이탈주민의 보호 및 정착지원에 관한 법률, 5·18민주화운동 관련자 보상 등에 관한 법률, 노숙인 등의 복지 및 자립지원에 관한 법률 등에서 규정하고 있다.
- 제3조의2는 난민에 관한 특례로서 출입국 관리법 제76조의 2에 규정에 해당되는 자도 수급권자로 규정하고 있다.
- 이 법의 제6조에는 의료급여심의위원회의 설치를 규정하고 있다. 각 시·도·군에는 의료급여심의위원회, 보건복지부에는 위원장인

제를 제기한 것이다.

보건복지부 차관을 포함하여 10인 이내로 구성된 중앙의료급여심의위원회를 두어야 한다고 규정하고 있으며 이 위원회는 아래와 같은 사항을 심의한다.

1. 의료급여사업의 기본방향 및 대책 수립에 관한 사항
2. 의료급여기준 및 수가에 관한 사항
3. 그 밖에 보건복지부장관 또는 위원장이 부의하는 사항

- 의료급여법 제7조에 의료급여는 의료수급권자의 질병 · 부상 · 출산 등에 대한 진찰검사, 약제 · 치료재료의 지급, 처치 · 수술과 그 밖의 치료, 예방 · 재활, 입원, 간호, 이송과 그 밖의 의료목적의 달성을 위한 조치를 그 내용으로 한다고 규정하고 있다.
- 제15조, 제16조, 제17조는 급여에 대한 중지 제한에 사항을 규정하고 있으며 그 내용은 아래의 〈표 6-7〉과 같다.

〈표 6-7〉 의료급여 수급권에 대한 제한

구분	내용
의료급여의 제한	i) 고의적인 사고로 인한 의료보호 실시 ii) 제3자의 고의와 과실 iii) 의료급여기관의 지시에 불응한 경우
의료급여의 변경	i) 소득과 재산의 변동 ii) 노동능력의 변동
의료급여의 중지	i) 의료급여가 불필요하게 된 경우 ii) 의료급여를 중지한 경우

- 수급권의 보호를 위해서 양도와 압류의 불가능에 관한 제18조, 구상권[3]에 관한 제20조, 급여비용의 대불과 그 상환 그리고 독촉에 관한 제21조와 제22조, 제23조는 부당이득의 징수와 그에 대한

3) 영어로 right of indemnity로 배상 · 보상의 권리로, 타인의 채무를 대신 변제한 사람이 그 타인에 대하여 상환청구를 할 수 있다는 권리이다.

결손처분에 관한 사항을 제24조에서 규정하고 있다.

- 제31조는 수급권의 소멸을 규정하고 있는데, 의료급여에 대한 제반 권리를 행사하지 않으면 소멸되는 시효는 3년이다.
- 의료급여기금에 대한 규정은 제25조 이하에 있으며, 제35조는 벌칙으로 제9조 제3항의 위반자, 부정한 방법으로 의료급여를 받은 자, 제32조 제2항 위반자는 1년 이하의 징역 및 1천 만원 이하의 벌금에 처하며, 100만원 이하의 과태료를 제37조에 규정하고 있다.

4. 긴급복지지원법

긴급복지지원법은 긴급한 위기상황의 해결을 위해 제정되었다. 역사적으로 사회복지제도의 발달은 사회복지의 관료화로 진행되었으며, 그 결과 사회복지실천의 어려움을 발생시켰다. 복지국가를 추구하는 우리 사회도 이런 상황의 극복을 위하여 이 법의 실행은 시기적으로 매우 적절하다.

1) 의의

가구의 주요 소득자의 사망, 가출, 가구구성원의 질병, 학대, 폭력, 그리고 화재 등으로 갑자기 생계를 유지하기 곤란해졌을 때, 1개월간 정부의 도움을 받을 수 있도록 한 제도이다. 이것을 극복하기 위하여 2005년 긴급복지지원법이 존속기간 5년인 한시법으로 의결됨에 따라 갑작스럽게 경제적·사회적 어려움에 처한 사람을 조기에 발견하여 생계비, 의료·주거서비스 등을 적기에 지원함으로써 이들이 위기상황을 벗어나는데 크게 도움을 주고 있다. 이 법은 위기상황에 빠진 가구나 가족이 긴급지원담당 공무원의 확인만으로도 우선지원을 가능하게 하였다. 그러나 시행 4년이 지나 2009년 긴급복지지원의 필요성이 지속적으로 요구됨에 따라 2010년 12월 그 유효기간이 상실됨으로부터 영속법[4]으로 개정안이 발의 되어 2009년 4월 30일 국회에서 통과되었다.

2) 입법배경 및 연역

이 법의 도입목적은 사회가 복잡해지고 경제상황의 어려움으로 대상자 선정의 엄격성과 복잡성 등에 대하여 사회안전망으로서 그리고 국민기초생활보장법의 절차로 인한 빈곤의 사각지대 지원의 한계를 제거하여 예기치 못한 위기상황 발생시 신속하게 지원하는 것이다. 이러한 운영체계의 문제를 보완하기 위하여 2005년 5월 보건복지부는 가족의 사망, 질병, 가정폭력 등 어려움에 처해 있는 확인된 저소득층에 사전조사 없이 생계비, 주거비 주거 등을 우선적으로 지원하기 위해 긴급지원에 관한 특별법을 제정하였다.

3) 내용분석

- 2005년 전문19조와 부칙으로 구성된 긴급복지지원법 제정됨에 따라 갑작스럽게 경제적 · 사회적 어려움에 처한 사람을 조기에 발견해 생계비, 의료, 주거 서비스 등을 적기에 지원함으로써 이들이 위기 상황을 벗어나는 데 크게 도움을 받을 수 있게 되었다. 지원기준은 생계 지원, 의료 지원, 주거 지원, 사회복지시설 이용 지원 등으로 구분된다.
- 이 법의 제2조에는 위기상황에 대하여 아래와 같이 규정하고 있다.
  1. 주소득자가 사망, 가출, 행방불명, 구금시설에 수용되는 등의 사유로 소득을 상실하고 가구 소득이 국민기초생활보장법 제6조[5]에 따라 해마다 공표되는 최저생계비(이하 "최저생계비"라

4) 긴급복지지원법은 도입당시 말 그대로 긴급한 경우에만 지원하는 것이므로 빈곤층을 위한 근본적 대책이 아님을 명시하고 있기에 법제정부터 부칙에 시행일부터 5년간 그 효력을 가진다고 규정하고 있다. 그러나 한시적인 이 법의 운영을 지켜보면서 민주노동당 곽정숙의 의원의 발의로 한시법에서 영속법으로서 그 위상을 강화하게 되었다.

5) 이법의 제6조에는 최저생계비에 대한 결정이 규정되어 있는데, 그 내용은 제1항에 보건복지부장관은 매년 국민의 소득과 지출, 물가상승률을 고려하여

한다) 이하인 경우

2. 중한 질병 또는 부상을 당한 경우
3. 가구구성원으로부터 방임 또는 유기(유기)되거나 학대 등을 당한 경우
4. 가정폭력을 당하여 가구구성원과 함께 원만한 가정생활을 하기 곤란하거나 가구구성원으로부터 성폭력을 당한 경우
5. 화재 등으로 인하여 거주하는 주택 또는 건물에서 생활하기 곤란하게 된 경우
6. 그 밖에 보건복지부장관이 정하여 고시하는 사유가 발생한 경우

- 제3조는 이 법의 원칙은 일시적이고 신속하게 지원하는 것이라고 규정한다.
- 제5조는 위기상황에 처한 사람을 긴급지원대상자로 규정하고 있는데, 특히 제5조의2에서는 국내에 체류하고 있는 외국인도 포함하여 규정하고 있다.
- 제9조와 제10조는 생계지원, 의료지원, 주택지원, 사회복지시설이용지원과 민간기관과의 연계를 통한 긴급지원의 종류와 기간을 규정하고 있다.

- 이 법의 제12조는 위기상황 극복을 효과적으로 하기 위하여 긴급지원심의위원회에 대하여 규정하고 있다. 아래와 같은 내용을 심의한다.

1. 제10조제3항에 따른 긴급지원연장 결정
2. 제14조제1항에 따른 긴급지원의 적정성 심사
3. 제15조제1항에 따른 긴급지원의 중단 또는 지원비용의 환수

최저생계비를 결정하여야 하며, 제2항은 매년 9월 1일까지 중앙생활보장위원회의 심의를 거쳐 최저생계비를 공표하여야 한다고 규정하고 있다.

결정
4. 그 밖에 긴급지원심의위원회의 위원장이 회의에 부치는 사항

- 같은 조 제3항에 의하면 이 위원회는 시군구에 설치하며 위원장인 시장, 군수, 구청장을 포함하여 15인 이내로 구성되며, 그들이 임명하는 아래에 속하는 사람들로 구성한다.
  1. 사회보장에 관한 학식과 경험이 있는 사람
  2. 비영리단체 지원법 제2조에 따른 비영리민간단체에서 추천한 사람
  3. 해당 시, 군, 구 또는 관계 행정기관 소속의 공무원
  4. 해당 시, 군, 구 지방의회가 추천하는 사람

- 제13조는 긴급지원이 이 법의 취지에 적절한지 그리고 목적에 부합되는지에 대한 사후조사에 대하여 규정하고 있다.
- 제19조는 제13조 제7항을 위반한 사람은 3년 이하의 징역 또는 1천 만원 이하의 벌금에 처한다고는 벌칙에 대하여 규정하고 있다.

☞ 긴급복지지원법은 현대 자본주의 사회의 모순으로 인한 빈부격차의 심화와 관료제로 인한 사회적 약자들의 보호와 지원의 지연을 극복하기 위한 법이라 할 수 있다. 그러나 그 보호와 지원의 기준이 대도시, 중소도시, 농어촌으로 구분되어 있는 소득과 재산 그리고 위기사유가 부합될 경우에 해당된다. 실질적으로 2008년 이것에 부합된 경우가 우리나라 1개 읍에서 4명 정도만이 해당되었다고 하니 그 실효성을 위하여 실질적 법조항 개정이 요구된다.

5. 장애인연금법

2010년에 제정된 장애인연금법에 의한 장애인연금은 장애인복지법 제49조에 규정된 장애수당을 대체하여 지급되는 급여이다. 그러므로

이 법은 가입기간 중 장애를 입은 경우에 국민연금법에 의해 지급되는 장애연금과도 다르다. 즉 이 법은 국민연금법의 사각지대에 있는 장애인들의 소득을 보장해 주는 법이라 할 수 있다.

1) 의의

이 법의 제1조에서 규정하는 것처럼 그 목적은 중증장애인에게 연금을 지급함으로써 그들의 생활안정과 복지 증진 및 사회통합을 이루는 것이다. 그 동안 수당으로서 시혜적인 성격을 지닌 장애수당으로부터 하나의 권리로서 연금제도로의 변화는 매우 긍정적이다. 이 법에 의하면 장애인연금은 장애인복지법에 따라 등록된 중증장애인에게 본인의 기여 없이 지원받는 무기여식 연금이기에 공공부조에 속하는 법이라 할 수 있다.

2) 입법배경과 과정

장애인연금에 대한 논의는 2002년부터 30여개의 장애인단체들이 장애인연금법제정공동대책위원회를 구성하는 것으로부터 출발하였다. 그러나 성과가 나타나지 않았으며, 다시 2007년에 105개의 장애인단체들이 참여하여 장애인연금법제정공동투쟁위원회를 결성하여 노력한 결과 정부는 2009년 중증장애인기초연금법을 입법예고 하였다. 그 결과는 기존의 장애인복지법에 의해 지급되었던 장애수당을 없애고 장애인연금법에 의한 연금급여로 변화된 것이다.

3) 내용분석

전문27조와 부칙으로 구성된 이 법의 제2조에는 장애로 인하여 생활이 어려운 중증장애인에게 장애연금을 지급함으로써 중증장애인의 생활 안정 지원과 복지 증진 및 사회통합을 도모하는 데 이바지해야 한다고 그 목적을 제한적으로 규정하고 있다.

- 이 법의 수급권자인 중증장애인은 장애인복지법 제32조에 규정에 의거하며 동법 제2조 제2항에 따라 장애등급이 규정된다.

- 이 법의 제4조는 수급권자의 범위로서 장애인연금 수급권자는 18세 이상의 1, 2급 장애인 및 3급 중(대통령령[6]으로 정한 자)로 노동능력의 상실 또는 현저한 감소로 인하여 줄어드는 소득을 보전하기 위하여 기초급여와 장애로 인하여 추가로 드는 비용의 전부 또는 일부를 보전할 목적으로 부가급여 형태로 지급됨을 규정하고 있다.
- 제5조는 장애인연금의 종류로서 소득보전 의미의 기초급여와 장애로 인한 비용 보전 의미의 부가급여로 규정하고 있다.
- 장애인연금의 지급 주체로서 국가 및 지방자치단체의 책무임을 제3조에 규정하고 있기에 수급권자는 제8조에 의해 각 단체의 장에게 신청한다.
- 수급권의 소멸과 지급정지는 제15조, 장애인연금 환수는 제17조에 규정하고 있다. 또한 제25조는 제12조 수급자에 대한 금융정보의 제공 위반 시 벌칙을 규정하고 있다.

6. 보론

공공부조는 사회보험과 함께 복지국가를 지탱하는 양대 축이라 할 수 있으며, 또한 기본적 토대로서 국가의 사회적 책무이다. 우리나라에는 여기에 속하는 법으로 위에서 논의된 국민기초생활보장법과 의료급여법, 긴급복지지원법, 장애인연금법 등이 있다. 이 네 가지 법들은 사

6) 우리나라의 사회복지는 많은 사람들이 정치논리에 의해 좌우된다고 한다. 그러나 실질적으로 많은 사람들의 그 의미가 무엇인지 알지를 못한다. 사회복지에서 정치논리의 의미란 무엇인가. 법의 제정에 있어서 특히 사회복지법에 있어서 "대통령령에 의한다"라는 문구가 많이 보인다. 이것은 권력자의 의지이며 정치인의 의지를 의미한다. 문제는 그 범위가 광범위하다는 것이다. 정말 생존권에 연관된 것임에도 정치적으로 의미가 - 선거시 표로 연결될 가능성 - 없다고 생각되면, 그것은 권력으로부터의 소외 그리고 정치로부터의 소외를 의미한다. 예를 들자면 장애연금의 경우 최고결정권자는 보건복지부의 계획보다는 기획재정부의 논리에 - 노령연금의 인상 - 손을 들어주었다.

회복지실천 현장에서 가장 중요한 기능을 하는 법들이라 할 수 있다.

생활보호법과는 달리 사회복지적인 측면에서 개명된 국민기초생활보장법에 의하면 노동능력이 있는 18세 이상 60세 사이의 사람도 부양의무자가 없고 소득인정액이 최저생계비에 미치지 못하면 수혜대상자가 될 수 있다는 규정은 사회복지의 취지에 적절한 역할을 할 수 있다. 의료급여법의 명칭은 보호라는 소극적 의미에서 국가가 국민의 권리를 인정한다는 의미로 개명된 것이다. 이런 측면에서 국민기초생활보장법과 의료급여법은 수급권에 대한 제한 규정은 최소한의 원칙으로 진행되어야 한다. 긴급복지지원법에 있어서 문제는 앞에서 이야기한 저소득층 위기상황 해결에 얼마나 기여할지의 여부이다. 장애인연금은 장애로 인해 추가로 발생하는 비용과, 사회로부터 노동의 기회를 박탈당한 장애인의 소득보존을 위한 제도로 보편적이어야 하고 현실적 이어야 한다. 그러므로 공공부조법의 결론은 비용이 아닌 사회적 투자로서 인식되어야 한다는 것이다.

	선진국		한 국	후진국
	잔여적	보편적		
공공부조	↗	↓	↗	↑
사보험	↗	–	↗	–
사회보험	↗	↓	↗	↑

〈그림 6-1〉 국가경제력과 사회복지 요소들 간의 관계

그러나 결과적으로 위의 〈그림 6-1〉에서 보여주는 것처럼 사회복지실천에 있어서 공공부조의 역할이 커지면 커질수록 국가의 경제적 평등이 적절하게 도달하지 않았다는 것이며, 반면에 선진국 일수록 공공부조보다는 사회보험의 역할이 크다. 그러므로 공공부조에 연관된 법들은 역할의 증대보다는 사회의 변화에 따른 수급자들에 대한 정확하고 신속한 지원이 이루어질 수 있도록 하여야 한다.

제7장 사회복지서비스법 Ⅰ

– 장애인복지법, 아동복지법, 노인복지법, 노숙인등의복지및 자립지원에관한법률 –

사회복지사업법 제2조 사회복지사업의 정의에 있어서 아래에서 논의되는 법들이 규정되어 있다. 사회보장기본법 제3조 제4호에는 사회복지서비스를 국가 지방자치단체 및 민간부문의 도움을 필요로 하는 모든 국민에게 상담, 재활, 직업소개 및 지도 사회복지시설 이용 등을 제공하여 정상적인 생활이 가능하도록 지원하는 제도로 정의하고 있다.

1. 장애인복지법

일반적으로 복지국가의 척도에 대하여 규정할 때, 장애인의 삶의 질을 기준으로 정하고 있다. 즉 그것은 장애인의 편안하고 세심한 배려가 존재하는 사회, 장애인에 대한 사회적 배려가 존재하고 어느 정도인지에 종속한다는 의미이다. 그것을 위해 장애인에 연관된 법으로 최초인 장애인복지법과 장애아동지원법 등 다양한 법들이 제정되었다. 이 법들의 제정은 우리사회에서 장애인에 대한 관심이 증가되었다는 것을 의미한다. 문제는 법들의 제정과정에서 진정성을 내포하여야 하며, 그 결과로서 내용적인 측면에서 충실성이 담보될 수 있을 것이다. 여기서 설명되는 장애에 연관된 법들은 제정된 순서에 의해서 나열하여 분석된 것이다.

1) 장애인복지법

- 의미

장애인복지법은 장애인에 연관된 법들 중 가장 근원적인 법이다. 실질적으로 이 법은 장애인에 연관된 법들 중에서 가장 먼저 제정된 법으로서 1970년에 일본에 제정된 전문4장 30조의 심신장애자대책기본법을 토대로 하여 1981년에 제정되었던 전문8장 58조 부칙으로 구성된 심신장애자복지법을 1989년에 전면개정한 것이다. 이 법 제2조 제1항에 의하면 장애인이란 신체적 정신적 장애로 오랫동안 일상생활이나 사회생활에서 상당한 제약을 받는 자로 규정하고 있다. 장애인복지란 국가와 사회적 수준에서 장애인에 대한 인간으로서의 존엄한 권리를 보장하고 사회적으로 동등한 대우를 받도록 하는 제반 활동을 의미하며 이것을 제도적으로 보장하기 위하여 제정된 것이 장애인복지법이다. 1960년대 이후 고도산업성장은 우리사회에 많은 문제를 야기시키면서 장애인 문제도 단지 개인적 차원이 아닌 사회적 차원에서 접근하기 시작하였다. 실질적으로 장애의 발생의 원인은 통계적으로 선천적 원인에 4.9%, 출산시 원인(0.5%), 원인미상(4.6%) 그리고 후천적인 것이 거의 90% 이상을 차지하고 있으며, 산업화 과정에서 수많은 질병(55.6%), 산재와 사고(34.4%)로부터 발생하고 있다.

- 입법배경 및 연역

UN이 1981년을 세계장애인의 해로 정하고 1983년부터 1992년까지 세계 장애인 10년으로 선포하면서 우리나라도 장애인복지에 연관된 법을 제정하게 되었다. 그 결과물이 1981년 6월 5일 제정된 장애인복지법의 전신인 심신장애자복지법[1)]이다. 특히 우리나라에서 1988년 장애인 올림픽 개최를 계기로 장애인에 대한 근본적이고 종합적인 복지 정책이 요구되면서 장애인복지법으로 개정되었으며 그 과정은 아래의 〈표 7-1〉과 같다.

〈표 7-1〉 장애인복지법 연역

연도	내 용
1981. 5. 5	심신장애자복지법 제정
1989. 12. 30	제1차 개정, 명칭을 장애인복지법으로 변경하였으나 내용적으로 대부분이 한시적이고 임의적이므로 장애인의 복지권을 보장하기에는 미미한 수준
1999. 2. 8	장애인의 인간존엄의 실현과 완전한 사회참여를 위해 장애인보조견, 장애유형에 따른 재활서비스제공 등 장애인의 새로운 복지수요에 대응하기 위한 효율적 정책 수행

– 법의 내용분석

전문9장 90조 부칙으로 구성된 장애인복지법은 제3조에 장애인복지의 기본이념에 대하여 장애인의 완전한 사회 참여와 평등을 통한 사회통합으로 규정하고 있다. 그것을 위하여 장애인복지 행정조직, 장애인복지의 방향, 3년마다 실시하는 장애인 실태조사를 실시, 장애인등록, 장애인복지상담원, 재활상담 및 입소 등의 조치, 장애유형별 재활서비스 제공, 의료비 지급, 자녀교육비의 지급, 장애인사용자동차에 대한 지원, 장애인보조견의 훈련·보급지원, 자금의 대여, 생업지원, 자립훈련비의 지급, 생산품의 구매, 고용의 촉진, 공공시설의 우선이용, 장애수당, 장애아동부양수당 및 보호수당 등에 관한 장애인복지급여 사항을 규정하고 있다. 제11조는 장애인에 대한 총체적인 정책과 관련

1) 1981년 제정된 심신장애자복지법에서는 장애의 범주를 심신으로 제한하고 있다. 이러한 사실은 장애를 좁은 의미에서 신체에 연관 부분으로만 한정하여 사회나 주변 환경과의 관계에 대해서는 배려하지 않았다는 것이다. 1979년에 국제적으로 이미 장애를 사회적 불리라는 관점에서 사회와 환경과의 연관성을 규정하였음에도 불구하고 장애를 제한적으로 적용하였다는 것은 그 당시의 우리나라가 장애인에 대한 관심이 매우 형식적이었음을 반증하는 것이다.

부처간의 의견조정을 위한 장애인정책조정위원회의 구성을 규정하고 있으며, 제12조는 중앙행정기관의소속공무원 중에서 장애인정책책임관 지정에 대하여 규정하고 있다. 제14조는 매년 4월 20일을 장애인의 날로 규정하고 있으며, 장애인들의 이동권을 보장하기 위한 규정은 장애인들이 이용하는 자동차 등에 관한 지원과 장애인 보조견 훈련과 보급에 대한 지원에 관한 사항이 제39조와 제40조에 있다. 제64조와 제80조에는 각각 장애인복지단체협의회와 한국언어재활사협회와 같은 장애인복지시설 및 단체 구성, 제3장 제31조부터 제52조에 이르기까지 장애인이나 그 가족의 경제적 형편이나 사회적 필요에 따라 그 비용의 전부 또는 일부를 그리고 국가와 지방자치단체는 대통령령이 정하는 바에 의하여 장애인복지시설의 설치 또는 운영에 필요한 비용의 전부 또는 일부를 매년 예산의 범위 안에서 보조할 수 있다는 것을 복지조치로서 장애인복지의 비용에 관한 것들을 규정하고 있다. 특히 제7장 제71조부터 제78조에 장애인전문인력양성을 위한 의지보조기 기사(Certified Prosthetist & Orthotist: CPO) 등 국가시험을 규정하고 있다. 이러한 법의 내용에도 불구하고 대부분 "촉진하여야 한다"의 선언적 조항으로 많은 문제점 등을 내포하고 있다. 이러한 상황 속에서 장애인복지법은 우리나라 장애인들의 인권을 보장하는 가장 기본적인 법이기도 하지만 최고의 법이기도 하다. 그러므로 이 법은 이후에 우리나라에서 제정된 장애인에 연관된 법들의 세부 규정에 기본적인 사상적 토대를 제공하기도 하였다.

〈표 7-2〉 독일, 일본 한국의 장애인에 연관된 법에 대한 비교

독일			일본		한국	
장애인의 재활과 참여에 관한 법(SGB IX) Rehabilitation und Teilhabe behinderter Menschen			신체장애자 복지법		장애인복지법	
전문14장 160조			전문5장 48조 부칙		전문9장 90조 부칙	
제1부 장애인과 장애위험이 있는 자에 대한 규정	제1장	총칙	제1장	총칙	제1장	총칙
	제2장	참여를 위한 급부	제2장	갱생원호	제2장	기본정책의 강구
	제3장	공동서비스센터	제3장	사업 및 시설	제3장	복지조치
	제4장	의학적 재활을 위한 급부	제4장	비용	제4장	자립생활지원
	제5장	노동 참여를 위한급부	제5장	잡칙	제5장	복지시설과 단체
	제6장	생계보장과 다른 보충적 급부		부칙	제6장	장애인보조기구
	제7장	공동체 참여에 대한 급부			제7장	장애인복지 전문인력
	제8장	참여의 보장과 조정			제8장	보칙
제2부 중증장애인들의 참여에 관한 규정들(중증장애인법)	제1장	보호 범주			제9장	벌칙
	제2장	고용주의 의무				부칙
	제3장	고용주의 기타 의무들; 중증장애인의 권리				
	제4장	해고보호				
	제5장	운영, 인사, 검사, 판사, 자문위원, 사용자대표				
	제6장	중증장애인의 참여에 대한 특별 규정				
	제7장	통합전문가서비스				
	제8장	중증장애인과 그와 같은 장애인의 특별 규정에 대한 적용 종료				
	제9장	이의제기절차				
	제10장	기타규정들				
	제11장	통합프로젝트				
	제12장	장애인을 위한 작업장				
	제13장	대중교통에서 중증장애인의 무료화				
	제14장	벌칙, 벌금 및 부칙 규정들				

☞ 위의 〈표 7-2〉는 독일, 일본 그리고 우리나라에서 장애인복지에 연관된 법들 중에서 가장 중심이 되는 법을 비교 한 것이다. 독일의 사회법전 제9권인 장애인의 재활과 참여에 관한 법(Rehabilitation und Teilhabe behinderter

Menschen)은 법명에서 이해할 수 있는 것처럼 장애인에 대한 사회적 배려를 찾아볼 수 있다. 그것은 단지 수혜 대상이 아닌 주체적 입장을 강조하고 있는 것이다. 우리나라가 장애인에 연관된 법률이 주로 1990년대 이후 제정되었으나 일본은 복지3법 시대 1948년에 제정된 신체장애자복지법 이외에도 1971년에 장애자에 대한 국가적 책무와 복지를 규정한 전문4장 24조와 부칙으로 구성된 장애자기본법과 전문7장 88조 부칙의 장애인고용촉진등에관한 법률 등이 제정되었으며, 정신보건 및 정신장애자복지법은 제9장에서 논의될 것이다.

2) 장애인고용 촉진 및 직업재활법(1990)

장애인 고용촉진 등에 관한 법률은 1990년에 제정되어 2000년까지 10여년 실행되었다. 그 이후 직업재활 부분을 첨가하여 2000년 1월 12일 장애인 고용촉진 및 직업재활법으로 개정되었으며, 2011년 현재까지 27번의 개정으로 전문6장 87조와 부칙으로 구성되어 있다. 개정의 배경에는 정부의 생산적 복지의 이념 하에서 장애인들에게 능력을 최대한 활용할 수 있는 사회적 기회를 부여하고, 기존의 법에서 장애인 취업만 강조하였던 것에 대한 비판으로부터 등장하였다. 이것을 효율적이고 총체적으로 해결하기 위하여 이 법의 제4장에는 고용노동부 소속의 한국장애인고용공단의 설치를 규정하고 있으며, 이사장을 포함한 10명 이상 15인 이내의 이사로 구성되며, 상임이사 비상임이사 중 1/3이상은 장애인 중에서 임명되어야 한다. 아래의 〈표 7-3〉은 선진국의 법적 장애인 고용의무비율을 비교분석한 것이다.

〈표 7-3〉 고용의무비율과 현실 국가별 비교

	한국		독일		일본	
	할당고용 비율	2003	할당고용 비율	1999	할당고용 비율	2000
공공부문	2%	1.87%	5%	5.2%	2.1%	2.35%
민간부문	2%	1.08%	5%	3.3%	1.8%	1.48%
고용부담금	500,000		200-350마르크		50,000엔(300인 이상 사업체)	

개정된 법의 주요 내용으로는 장애인의 고용촉진과 직업재활을 위한 기본계획을 수립을 위해 노동부와 보건복지부의 협의[2]하며, 중증

장애인의 직업재활 강조하였으며 그리고 국가와 자치단체의 장애인고용에 있어서 권장사항을 의무조항(2%)으로 책임을 강조하였다.

3) 장애인 · 노인 · 임산부등의 편의증진 보장에 관한 법률(1997)

장애인 · 노인 · 임산부 등의 편의 증진법은 전문29조와 부칙으로 1997년 4월 7일에 제정되어 1998년에 실행되었다. 이 법에는 주로 이동이나 접근에 있어서 소외될 수 있는 장애인이나 노인, 임산부의 이동권을 보장하기 위한 편의 시설 설치에 대한 내용들이 규정되어 있다. 2000년에는 이 법을 근거로 편의시설 확충 5개년 계획이 수립되었으며 그것을 토대로 2004년까지 많은 장애인 편의시설이 설치되었다. 그러므로 이 법은 장애인과 함께 노인, 임산부와 같은 사회적 약자들의 삶과 가장 근접된 미시적인 측면에서 제정된 법으로서 인간의 욕구와 욕망의 변화와 사회의 발전에 가장 민감하게 반응해야 할 것이다. 그런 이유로 사회복지에 연관된 많은 법 가운데서 아마도 가장 자주 개정의 필요성과 개정의 요구가 많아야 하는 법이라 하겠다.

그런데 실질적으로 장애인들의 이동권문제와 연계된 중요한 사실이 간과되고 있다. 예를 들어 법의 제정과 더불어 각종 시설에 등장하기 시작한 각종 편의시설들이 겉으로 보기만 해도 사고의 위험성을 가지고 있다는 것이다. 그 위험성보다 더욱 중요한 사실은 편의시설을 이용하는 장애인들의 인권을 전혀 고려하지 않고 있다는 것이다. 장애인에 대한 사회적 특혜와 같이 비춰지는 열린 공간에서의 이동과 이동에 있어서 울려퍼지는 소리는 지나가는 행인보다도 장애인 자신에 대한 수치심을 자극할 수 있을 것이다. 누구나 이용할 수 있지만 장애인에게 우선권을 줄 수 있는 그러한 시설들을 위한 법제정에 심사숙고 요구된다.

2) 개정되기 이전 법에 의하면 장애인고용촉진사업을 위한 기금은 노동부처에 의해 관리 운용되었는데, 그 과정에서 그것을 노동부에 존속시키자는 주장과 보건복지부로 귀속시키자는 주장이 충돌하면서 개정된 법은 양부처가 협의라는 표현으로 대신하였는데, 이것을 합의가 아닌 비판적인 측면에서 게리맨더링Gerrymandering라는 시각으로 표현하고 있다.

4) 장애인차별금지법(2007)

우리나라에서 2001년 장애인들은 장애를 가졌다는 이유, 즉 사회적 약자라는 이유로 혹은 소수자라는 이유로 불합리하게 차별당하지 않아야 한다는 헌법상의 평등원칙을 토대로 하는 인간답게 살아가기 위한 최소한 권리가 보장되는 법의 필요성을 인식하면서 2003년 장애인과 연관된 거의 모든 단체가 참여하여 장애인차별금지법제정추진위원회가 결성되었다. 내용적으로는 장애인차별금지위원회를 국무총리 직속으로 설치하고, 차별에 대한 입증 책임전환제도의 도입을 위하여 2005년 정식 발의되었으며, 2년 후 2007년 3월 6일 국회 본회의 통과하여 전문6장 50조와 부칙으로 구성된 장애인차별 금지 및 권리구제 등에 관한 법률(장애인차별금지법: 장차법)이 제정되었다.

내용적으로 장애인차별 시정과 권리구제에 관한 사항들은 제4장에서 규정하고 있다. 제40조에 의하면 그것을 위한 최고 기관으로 국가인권위원회가 있으며, 장애인차별시정소위원회는 차별행위에 대한 조사와 구제업무를 담당하며 차별행위에 대하여 국가인권위원회법 제44조의 권고[3]를 법무부장관에게 통보해야 한다.

① 법무부장관은 정당한 사유 없이 권고를 이행하지 않는 경우 직권으로 아래처럼 시정명령을 할 수 있다.

1. 피해자가 다수인인 차별행위에 대한 권고 불이행
2. 반복적 차별행위에 대한 권고 불이행
3. 피해자에게 불이익을 주기 위한 고의적 불이행
4. 그 밖에 시정명령이 필요한 경우

3) 국가인권위원회법 제44조는 구제조치 및 권고에 관한 것으로 인권침해나 차별행위가 발생하였다고 판단되면 소속기관, 단체, 감독기관의장에게 다음과 같은 사항을 권고할 수 있다고 규정하고 있다. 하나는 동법 제42조 제4항의 1. 조사대상 인권침해나 차별행위 중지 2. 원상회복, 손해배상, 그밖에 필요한 조치, 3. 동일하거나 유사한 인권침해나 차별행위의 재발 방지와 결정의 이행이며, 둘은 법령, 제도, 정책, 관행의 시정 또는 개선하는 것이다.

② 법무부장관은 제1항에 따른 시정명령으로서 이 법에서 금지되는 차별행위를 한 자(이하 "차별행위자"라 한다)에게 다음 각 호의 조치를 명할 수 있다.

1. 차별행위의 중지
2. 피해의 원상회복
3. 차별행위의 재발방지를 위한 조치
4. 그 밖에 차별시정을 위하여 필요한 조치

③ 법무부장관은 제1항 및 제2항에 따른 시정명령을 서면으로 하되, 그 이유를 구체적으로 명시하여 차별행위자와 피해자에게 각각 교부하여야 한다.

④ 법무부장관이 차별시정에 필요한 조치를 명하는 기간, 절차, 방법 등에 필요한 사항은 대통령령으로 정한다.

장애인차별금지에 관한 법은 선진국에서도 장애인과 연관된 법들에 대해 최종적으로 제정된 법이라 할 수 있다.4) 우리나라에서도 위에서 논의된 법제정 과정과 수많은 투쟁의 결과물로 이 장차법이 2008년 4월 1일부터 시행되었다. 앞에서도 언급하였지만 장애인에 연관된 법들의 최종목표는 장애인에 대한 차별을 철폐하는 것이다. 그것을 통하여 장애인의 완전한 사회참여와 사회통합, 장애인 당사자주의로서 객체가 아닌 주체로서 장애인복지가 시혜가 아닌 인권이라는 측면에서 장애인차별금지법은 커다란 의미를 갖는다. 그러므로 이 법은 모든 사람의

---

4) 복지선진국에서도 장애인차별금지에 연관된 법제정은 다양하게 나타나고 있다. 미국의 경우 1990년에 장애인법(ADA: American with Disabilities Act)을 제정하였다. 실질적인 번역은 모든 미국인과 함께 장애를 극복한다는 의미이다. 그러므로 이 법은 장애인에게만 해당되는 것이 아닌 비장애인, 노인 등 사회적 약자에 대한 인식을 변화시키는 역할을 하고 있다. 독일의 경우 장애인 평등법(Gesetz zur Gleichstellung der behinderter Menschen und zur Aenderung anderer Gesetze)을 제정하였는데, 번역하면 장애인에 연관된 법들의 장애인의 평등을 지향하는 것뿐만 아니라 다른 많은 법들의 변화도 추구한다는 것이다. 즉 장애인평등법을 통하여 소극적 의미의 차별 금지가 아닌 모든 법들이 모든 인간에게 평등을 추구해야 한다는 것이다.

인권을 소중히 여기겠다고 하는 우리 모두의 약속이고 모든 사람에 대한 차별이 없어지는 세상을 향한 희망, 즉 장애인 인권에 대한 존중의 출발을 의미한다.

5) 장애인활동지원에관한법률(2011)

이 법은 전문9장 49조와 부칙으로 구성되어 있다. 제1조는 그 제정 목적을 기술하고 있는데, 신체적 정신적 장애 등으로 혼자서 일상생활과 사회생활이 어려운 장애인에 지원하는 활동급여를 통하여 자립생활과 그 가족의 부담을 줄이는 것이라 규정하고 있다. 다른 법과는 달리 많은 장애인이 노인임에도 불구하고 이 법의 제5조 제2항에는 노인 등이 아닌 사람으로 대통령령으로 정하는 연령 이상만을 대상으로 규정하면서 예외적 상황도 기술하고 있다. 이런 사항을 심의하기 위하여 장애인활동지원 수급자격심의위원회의 설치를 제8조에 규정하고 있다. 이 규정에 의하면 위원회는 위원장 1명을 포함하여 9명 이내의 위원으로 구성되며 위원장은 호선한다.

6) 장애아동복지지원법(2011, 2012 8 시행예정)

부모들은 장애아동을 하루에 평균 12시간 이상을 돌보아야 한다. 이제 장애인문제는 단지 장애인 본인만 문제가 아니며 또한 장애인가족만의 문제가 아니다. 이제 단순히 장애인 개인차원의 접근이 아닌 가족문제, 이웃의 문제, 사회의 문제 그리고 국가의 문제로 접근해야 한다. 이런 상황 하에서 장애아동복지지원법의 제정은 우리사회의 장애인복지에 대한 진일보하였다는 인식을 보여주었다. 이 법은 이런 문제들을 해결하기 위하여 전문7장 41조와 부칙으로 구성되었으며 그 제정의 취지를 제1조 목적에서 장애아동의 가족의 부담을 덜어주어야 한다고 명시하고 있다. 제8조와 제9조에는 중앙장애아동지원센터와 지역장애아동지원센터를 설치하여하여야 한다는 규정을 두고 있으며, 그 역할은 아래와 같다.

- 중앙장애아동지원센터

1. 장애아동의 복지지원에 관한 조사·연구
2. 제9조에 따른 지역장애아동지원센터에 대한 평가 및 운영지원
3. 장애아동의 복지지원 정책에 관한 정보 및 자료 제공
4. 장애아동의 장애유형별 지원 프로그램의 개발
5. 제23조제2항에 따른 가족지원업무 수행기관에 대한 운영지원 및 평가
6. 지역장애아동지원센터, 복지지원을 제공하는 기관(이하 "복지지원 제공기관"이라 한다) 등 복지지원 관련 기관에 대한 정보의 수집 및 제공
7. 그 밖에 보건복지부장관이 필요하다고 인정하는 업무

- 지역장애아동지원센터

1. 장애의 조기발견을 위한 홍보
2. 장애아동의 복지지원 사업에 관한 정보 및 자료 제공
3. 장애아동과 그 가족에 대한 복지지원 제공기관의 연계
4. 장애아동의 사례관리
5. 장애아동 및 그 가족을 지원하기 위한 가족상담 및 교육의 실시
6. 그 밖에 시장·군수·구청장이 위탁하거나 필요하다고 인정하는 업무

7) 장애인 복지와 법

장애인복지와 그것의 실천을 위한 법제정은 장애인들만의 삶의 증진을 위한 것이 아니며 모든 사회 구성원들의 삶의 질적 상승을 의미한다. 그러므로 그것은 장애인들의 삶을 반영하기 위하여 장애인을 위한 법적 토대로서 --하여야 한다와 같은 선언적 규정으로부터 변화가 요구된다는 것이다. 즉 입법부는 확실한 법적 보호가 반드시 요구되는

장애인에 대한 사항들을 행정부의 재량을 강조하는 임의규정이 아닌 강제 규정으로의 개정이 요구된다. 그것을 위하여 첫째, 장애인 대책에 관한 국가 지방자치단체 등의 책무를 규정하고, 둘째, 장애 발생, 훈련, 교육, 고용증진, 장애인의 기본이 되는 사업들을 규정하고, 그것을 통하여 장애인의 생활수준 향상 및 장애인의 사회참여를 촉진시키는 것이며, 마지막으로 장애인 재활의 내실화와 전문화를 도모하고 장애인의 자립 및 보호에 관한 사항 규정을 통하여 장애인의 생활안정에 기여하는 것에 대한 기준이 되어야 한다. 결론적으로 장애인에 연관된 법들의 제정 목적은 동서를 막론하고 모든 국가들에서 정도의 차이는 있지만 장애인과 비장애인간의 차이와 차별을 해소시키면서 조화로운 삶을 건설하는 것이다.

2. 아동복지법

우리나라의 아동에 대한 인식틀의 변화는 1950, 1960년대 아동구호시대와 1970, 1980년대 아동보호시대로 구분할 수 있다. 전자는 아동들이 자신들의 권리에 대한 주장보다는 국가의 시혜에 의해 보호받는 것을 의미하며, 후자는 아동들의 삶의 질을 향상시킬 수 있는 실질적인 대안으로서, 그 의미를 국가의 의무로 규정하여 아동들의 삶의 질의 증진이 권리로 인식되어야 함을 의미한다. 이 법에 의하면 아동은 18세 미만으로 규정되기에, 이 장에서는 이것을 토대로 하여 청소년에 연관된 청소년기본법, 청소년보호법, 청소년복지지원법에 대하여 아울러 분석을 시도한다.

1) 아동복지법의 의의

현대국가에서는 아동은 하나의 인격체로서 건강하고 인간답게 양육되어야 권리를 갖는다. 그 권리에는 아동 학대, 아동의 노동, 학교폭력, 이혼가정의 아동양육, 장애아동의 교육권 등이 속하며, 그에 따른 아동에 대한 인식의 전환이 필요하다. 즉, 아동에 대한 인식이 어른의 소유물이 아니며 보호의 대상으로부터 권리의 주체로 인정을 해 주어야 한다는 것이다.

그러므로 아동문제는 아동과 그 가족만의 문제가 아닌 국가 사회 전체가 책임져야 할 문제로 파악해야 하는 것이다. 이것을 해결하는 아동복지란 아동이라 규정한 연령층에 속하는 사람들에게 영양, 교육, 보호의 과정을 통하여 신체적, 정신적, 도덕적 발전을 기하는 것으로, 협의의 의미에서 빈곤, 방치, 유기, 질병, 결함 등을 지닌 아동, 환경에 적응하지 못하는 아동들뿐만 아니라, 오늘날은 모든 아동이 신체적, 지적, 정서적 발달에 있어서 안전하며 행복할 수 있도록 위험으로부터 보호하는 것을 의미한다. 이것을 실천하기 위한 법적 토대가 아동복지법이다.

2) 아동복지법의 입법배경과 연역

아동복지는 일제강점기 식민지 정책 일환으로 등장하여 아동을 치안과 사회통제 목적으로 간주되었다. 독립 후 한국전쟁을 겪으면서 전쟁고아 등이 속출하였으며, 이로 인하여 외국 자선 단체의 원조에 의하여 아동복지시설들이 설립되면서 아동복지에 대한 관심이 등장하였다. 1980년대에는 요보호아동을 대상으로 한 선별주의 단계의 시설수용보호에서 벗어나 보편주의에 입각하여 가정위탁사업, 국내입양, 아동결연사업, 영유아보육사업 등으로 아동복지형태가 다양하게 전환되었다. 1981년 아동복리법을 아동복지법으로 개정하는 것을 계기로 요보호아동에 대한 국가 책임의 원칙이 법제화되었다. 또한 OECD에 가입하면서 아동복지법 개정이 추진되어 2000년부터 새로운 아동복지법이 시행되었으며 그 과정은 아래의 〈표 7-4〉와 같다.

〈표 7-4〉 아동복지법의 연역

연도	내용
1929. 9	조선감화령
1944	조선구호령
1961. 12. 30	아동복리법 제정
1981. 4. 13	아동복리법 개정 아동복지법 제정
1991. 1. 14	영육아보육법 제정으로 탁아부분을 아동복지법에서 분리
2000. 1. 12	아동복지법 전면 개정

3) 아동복지법의 내용분석

- 전문7장 75조와 부칙으로 구성된 아동복지법[5]은 내용적인 측면에서 아동에 관한 기본개념으로 제3조 제1호에서 아동을 18세미만의 자로 정의하고, 동법 제1조에 의하면 "이 법은 아동이 건강하게 출생하여 행복하고 안전하게 자라나도록 그 복지를 보장함을 목적으로 한다"고 규정하고 있다.
- 아동에 대한 중대한 인식은 제4조 아동의 안전, 건강, 복지 등에 대하여 국가와 지방자치단체의 책무로 규정하고 있다는 것이며, 또한 제5조는 위와 같은 책무를 보호자에게도 적용하고 있다.
- 어린이에 대한 사랑과 보호의 정신을 증진시키기 위하여 매년 5월5일을 어린이날로 그리고 5월 1일부터 5월 7일까지 어린이 주간으로 규정하고 있다.
- 제2장에서는 아동복지정책에 대하여 규정하고 있는데, 이를 위하여 이 법의 제10조에는 위원장인 국무총리를 포함하여 25명 이내의 위원으로 구성되는 아동정책조정위원회의 설치를 규정하고 있으며 아래와 같은 사항을 심의한다.

---

5) 아동복지법은 ① 일제 식민지정책의 일환으로 등장, ② 아동을 치안과 사회통제의 대상으로 간주, ③ 미군정에 의해 14세 미만 아동고용 금지, ④ 6·25 전쟁 이후 전쟁고아들이 속출하면서 아동복지에 대한 전기 마련, ⑤ 1961년 아동복지법을 제정하여 1981년 아동복지법으로 개정되었다.

1. 기본계획의 수립에 관한 사항
2. 아동의 권익 및 복지 증진을 위한 기본방향에 관한 사항
3. 아동정책의 개선과 예산지원에 관한 사항
4. 아동 관련 국제조약의 이행 및 평가·조정에 관한 사항
5. 아동정책에 관한 관련 부처 간 협조에 관한 사항
6. 그 밖에 위원장이 부의하는 사항

- 제12조는 아동복지심의위원회에 대한 조직과 그 구성원 그리고 심의 내용으로 제8조, 제15조, 제16조, 제18조, 제19조 관한 사항들을 규정하고, 제13조와 제14조는 아동복지전담공무원과 아동위원에 대하여서 규정하고 있다.
- 제3장은 아동에 대한 서비스에 대한 것들을 규정하고 있는데, 제12조와 연관되어 있다. 제15조부터 제21조까지는 소극적 의미에서 아동에 대한 보호조치를, 제22조에서 제29조까지는 적극적 의미에서 아동학대에 대한 예방적 접근에 대하여 규정하고 있다. 특별히 이것을 위하여 제23조에는 아동학대의 예방의 날을 매년 11월 19일로 그리고 제25조에서는 예방을 위한 신고의무와 절차에 대하여 그 연관법을 중심으로 규정하고 있다.
- 제25조는 아동학대에 대한 신고 의무와 절차에 대하여 규정하고 있는데, 제1항은 아동학대를 인식한 경우에는 누구든지 신고할 수 있지만, 반면에 제2항의 규정에 해당된 사람은 아동학대를 인식한 경우에 신고하여야 한다.
- 제5장은 아동보호에 연관된 기관과 시설에 대하여 규정하고 있다. 전자에는 아동보호전문기관과 가정위탁지원센터가 속하며, 후자에는 아동양육시설, 보호시설, 상담소 등이 속한다.
- 아동보호전문기관과 지역 간의 연계구축을 위하여 중앙아동보호전문기관의 설치를 제45조에 규정하고 있으며, 제46조에는 아래의

아동보호전문기관의 업무에 대하여 규정하고 있다.

- 중앙아동보호전문기관
1. 지역아동보호전문기관에 대한 지원
2. 아동학대예방사업과 관련된 연구 및 자료발간
3. 효율적인 아동학대예방사업을 위한 연계체제 구축
4. 아동학대예방사업을 위한 프로그램 개발 및 평가
5. 상담원 직무교육, 아동학대예방 관련 교육 및 홍보
6. 아동보호전문기관 전산시스템 구축 및 운영
7. 그 밖에 대통령령으로 정하는 아동학대예방사업과 관련된 업무

- 지역아동보호전문기관
1. 아동학대 신고접수, 현장조사 및 응급보호
2. 피해아동, 아동학대행위자를 위한 상담 및 교육
3. 아동학대예방 교육 및 홍보
4. 피해아동 가정의 사후관리
5. 아동학대사례판정위원회 설치・운영 및 자체사례회의 운영
6. 그 밖에 대통령령으로 정하는 아동학대예방사업과 관련된 업무

- 가정위탁보호의 활성화를 위해서 제48조에는 가정위탁지원센터와 지역 간의 연계구축을 위하여 중앙가정위탁지원센터의 설치를 규정하고 있으며, 제49조의 아래와 같은 업무를 수행한다.

- 중앙가정위탁지원센터
1. 지역가정위탁지원센터에 대한 지원
2. 효과적인 가정위탁사업을 위한 연계체계 구축
3. 가정위탁사업과 관련된 연구 및 자료발간
4. 가정위탁사업을 위한 프로그램의 개발 및 평가

5. 상담원에 대한 교육 등 가정위탁에 관한 교육 및 홍보
6. 가정위탁사업을 위한 정보기반 구축 및 정보제공
7. 그 밖에 대통령령으로 정하는 가정위탁사업과 관련된 업무

– 지역가정위탁지원센터

1. 가정위탁사업의 홍보 및 가정위탁을 하고자 하는 가정의 발굴
2. 가정위탁을 하고자 하는 가정에 대한 조사 및 가정위탁 대상 아동에 대한 상담
3. 가정위탁을 하고자 하는 사람과 위탁가정 부모에 대한 교육
4. 위탁가정의 사례관리
5. 친부모 가정으로의 복귀 지원
6. 가정위탁 아동의 자립계획 및 사례 관리
7. 관할 구역 내 가정위탁 관련 정보 제공
8. 그 밖에 대통령령으로 정하는 가정위탁과 관련된 업무

- 제7장은 벌칙 규정으로 사회복지 연관법들 중에서 가장 많은 규정과 벌금, 징역으로 처하게 되어 있다.

우리나라 아동의 인구는 대략 1,000만에 이르며, 이는 노인인구의 두 배에 근접하는 수이다. 그러므로 아동복지법은 18세 이하의 국민의 삶에 직접적으로 적용되는 매우 중요한 법이다. 복지선진국의 아동에 대한 관심에 있어서, 특히 일본은 아동에 연관된 기관이 어느 다른 사회복지기관이나 시설보다 그 수가 월등이 많음은 이러한 사실을 대변해 준다고 볼 수 있다. 그러므로 아동복지법이 아동의 삶의 질이 현실의 순응이 아닌 극복할 수 있는 대안이 될 수 있는 방향으로 살아 있어야 할 것이다. 아래의 〈표 7-5〉는 독일과 일본 그리고 우리나라의 아동과 연관된 법을 거시적인 틀에서 내용적인 비교분석한 것이다.

〈표 7-5〉 독일, 일본, 한국의 아동과 연관된 법에 대한 비교

독일		일본		한국	
아동 · 청소년법(SGB VIII) Kinder- und Jygendhilfe		아동복지법		아동복지법	
전문10장 105조		전문6장 62조 부칙		전문7장 75조 부칙	
제1장	총칙	제1장	총칙	제1장	총칙
제2장	청소년지원을 위한 급부	제2장	복지의 보장	제2장	아동복지정책의 수립 및 시행 등
제3장	청소년지원을 위한 다른 과제	제3장	사업 및 시설	제3장	아동에 대한 보호서비스 및 아동학대 예방 및 방지
제4장	사회통계정보의 보호	제4장	비용	제4장	아동에 대한 지원서비스
제5장	청소년지원, 공동작업 공동책임의 Traeger	제5장	잡칙	제5장	아동복지전담기관 및 아동복지시설
제6장	중심 과제	제6장	벌칙	제6장	보칙
제7장	zustaedigkeit배상		부칙	제7장	벌칙
제8장	비용분담				부칙
제9장	아동지원과 청소년지원 통계				
제10장	벌칙과 벌금 조항				

내용적인 측면에서 독일은 우리나라와 일본과는 다르게 총론의 입장에서 각론을 규정하고 있는 사회법전 SGB에는 아동만 규정하는 법이 아닌 아동과 청소년을 함께 규정한 SGV VIII가 제정되어 있다. 이 법의 제1장 제1조 1항에는 이 법에 연관된 사람들은 젊은 사람들(junge Mendchen)로 표현하는데, 여기에는 아동(Kinder)과 청소년(Jugend)이 포함되어 있다.

4) 청소년기본법

청소년기본법은 우리나라 청소년에 대한 정책적 토대를 건설하기 위한 사항들을 규정하고 있으며, 그것은 청소년 관련법들의 기본적인 이념적 기준이 되고 있다. 그러므로 이 법은 2004년에 1991년에 제정된 청소년육성법을 대체하여 전문10장 66조와 부칙으로 제정되었다. 그 목적으로 제1조에 청소년의 권리 및 책임과 가정 사회 국가 및 지방자치단체의 청소년에 대한 책임의 규정과 청소년육성정책에 관한 기

본적 사항을 규정하고 있고, 그 내용으로는 청소년을 사회의 구성원으로 정당한 대우와 권익을 보장하고 민주시민으로 육성하는 것에 관한 것이다. 그것을 위하여 구체적으로 제5장은 청소년지도사와 청소년상담사와 같은 청소년지도자에 대한 규정을 하고 있다. 전자는 제21조에 여성가족부장관으로부터 부여받을 수 있는 지도사 조건과 취소 등을 규정하고, 후자는 제22조에 같은 맥락으로 규정하고 있다. 청소년단체에 관한 것들은 제6장에서 규정하고 있으며, 각종 단체의 연합체인 청소년단체협의는 여성가족부장관의 인가를 받아야 하며(제40조), 제42조부터 제46조까지 한국청소년상담원에 대해 규정하고 있는데, 상담원에는 여성가족부장관의 승인을 받은 이사장을 포함하여 15인 이내로 구성되며 아래와 같은 업무와 사업을 시행한다.

1. 회원단체가 행하는 사업과 활동에 대한 협조·지원
2. 청소년지도자의 연수와 권익증진
3. 청소년관련분야의 국제기구활동
4. 외국 청소년단체와의 교류 및 지원
5. 남·북 청소년 및 해외교포청소년과의 교류·지원
6. 청소년활동에 관한 조사·연구·지원
7. 청소년관련 도서출판 및 정보지원
8. 청소년육성을 위한 홍보 및 실천운동
9. 지방청소년단체협의회에 대한 협조 및 지원
10. 그 밖에 청소년육성을 위하여 필요한 사업

결론적으로 청소년기본법에 있어서 기본이란 의미는 제4조에서 다른 법률과의 관계에서 규정하고 있는 청소년육성이란 측면에서 다른 법보다 우선적으로 적용된다는 것이다. 이 법은 제3조 제1항에서 청소년을 9세 이상 24세 이하로 규정하고 있는데, 다른 법률에서 청소년에 대한 적용을 달리할 필요가 있는 경우 다르게 정할 수 있다고 규정하고 있다.

5) 청소년보호법

청소년의 건전한 보호 육성을 위해 전문8장 66조와 부칙으로 구성 제정된 이 법은 청소년을 19세 미만인 자로 규정하고 있다. 제1조 법의 목적으로 이 법은 청소년의 유해 매체물과 약물, 유해업소로부터 격리를 위한 규제를 통하여 청소년을 보호 구제함으로 건전한 인격체로 성장시키는 것으로 규정하고 있다. 이것을 위하여 제3조와 제4조는 각각 가족의 역할과 사회의 책임을 규정하고 있다. 제6장 제36조부터 앞에서 규정된 사항들에 대하여 심의 결정하는 여성가족부 소속의 청소년보호위원회 설치에 대하여 규정하고 있다. 그 구성은 여성가족부 장관의 제청으로 대통령이 임명한 위원장을 포함하여 5년 이상 경력의 판검사 그리고 3급 이상의 고위공무원, 청소년 관련전공 부교수 이상 등 11인으로 구성된다. 제8장은 벌칙 규정으로 제30조 청소년유해행위, 제29조 청소년고용금지 및 출입 제한 등, 제28조 청소년유해약물에 대한 조항들을 위반한 경우에 대한 처벌정도를 규정하고 있다. 청소년보호법은 사회복지법에 있어서 처벌 조항의 구체성과 그 형량을 구체적으로 적시한 법으로서, 그것에 의미를 부여할 수 있는 것은 청소년에 대한 국가적인 기대를 반영하고 있음을 보여준다.

6) 청소년복지지원법

청소년복지지원법은 청소년기본법 제49조 제4항의 규정에 의하여 전문6장 21조와 부칙으로 구성 제정된 법이다. 청소년복지에 대한 정의는 청소년기본법 제3조에 규정되어 있는데, 청소년이 정상적인 삶을 영위할 수 있는 기본적인 여건을 조성하고 조화롭게 성장 발달할 수 있도록 제공되는 사회·경제적 지원이라고 규정하고 있으며 청소년에 대한 범위도 기본법에 규정에 따르고 있다. 이 법에 의하면 지자체 단체장은 9세 이상 18세 이하를 청소년으로 규정하면서 그들에게 청소년증을 발급할 수 있다고 규정하고 있다. 제4장에는 특별지원을 위한 청소년을 규정하고 있다. 이 장 제13조는 특별지원청소년 선정을 위하여 청소년기본법 제42조 제46조의 규정에 따라 한국청소년상담원 등에 위탁할 수 있다. 또한 그들을 위하여 제14조는 청소년쉼터의 설치 운영을 규정하고 있다.

3. 노인복지법

2010년 현재 우리나라 노인인구비율은 11%에 도달하였다. 우리나라의 사회경제적 여건의 변화로 인하여 커다란 사회문제로 등장한 노인문제의 해결이 필수적이다.[6] 그러므로 노인문제의 중요한 분야인 보건, 질병치료, 소득보장을 통한 생활안정 등의 해결을 위한 시대적 상황에 적절한 복지대책 수립이 요청된다. 이것의 해결을 위한 법의 제정보다도 우선적으로 현실적 상황에 적절한 법의 개정이 요구된다고 본다.

1) 노인복지법의 의의

노인은 현대산업사회에서 자신들의 지위 및 역할과 적응력을 상실하게 되었다. 이런 노인에 대한 사회적 반응 속에서 노인복지법은 노인문제의 중요 분야인 보건, 질병치료, 생활안정 등의 해결을 법적 조치로서 명시한 것으로 노인문제를 사회경제적 여건의 변화로 인해 발생한 사회문제로 인식하여 복지적인 측면에서 접근한 법이다. 이 법의 제1조에 의하면 노인의 질환을 사전예방 또는 조기발견하고 질환상태에 따른 적절한 치료 · 요양으로 심신의 건강을 유지하고, 노후의 생활

6) 2010년 현재 노인인구비율의 증가는 사회경제적 변화로 인한 출산율 감소에 의해 경제활동인구(15세-65세)가 노인을 부양하는 비율인 노년부양비가 11%, 유소년과 노인인구 비율인 노령화지수는 67.7% 증가를 발생시켰다.

안정을 위하여 필요한 조치를 강구함으로써 노인의 보건복지증진에 기여함을 목적으로 한다고 규정한다.

2) 노인복지법의 입법배경과 연역

노인복지법은 한편으로는 1980년대 그 당시의 정통성 시비에 대한 타개책으로 노인에 대한 선물로서 등장하였다는 측면과, 다른 한편으로는 예측하지 못한 노인인구의 증가에 대한 대책 그리고 핵가족화에 따른 부양의식의 약화로 인한 심각한 사회문제의 해결책으로 간주되었다. 이 법은 2011년 영화 도가니의 영향으로 노인복지 증진을 위하여 적극적으로 일부 개정되었다.

- 1981년 6월 5일 노인복지법 제정
- 급격한 사회변화와 노인 욕구의 질적 양적 증가 다양화는 기존의 사회복지법의 1989년 12월 30일 1차 개정에서 시작하여 2011년에 이르기까지 27차에 걸친 개정을 가져옴
- 2011년 12월 일부개정: 국가 또는 지방자치단체가 경로당의 경비를 지원할 수 있는 근거 마련

아래의 〈표 7-6〉은 일본과 우리나라의 노인복지에 관한 법을 비교한 것이다. 내용적으로 일본은 조항의 빈약함이 있지만, 그 세세함에 있어서 큰 틀에서 본다면 일본의 노인복지는 표에서 노인보건법을 제시하고 있는 것처럼 세분화된 사회복지법들의 상호 연관되어 그 효율성을 증진시키고 있다.

〈표 7-6〉 일본과 한국의 노인복지에 연관된 법에 대한 비교

일본				한국	
노인복지법(1963)		노인보건법(1982)		노인복지법	
전문6장 37조		전문7장 87조		전문7장 62조	
제1장	총칙	제1장	총칙	제1장	총칙
제2장	복지의 조치	제2장	삭제	제2장	경로연금 2007년 삭제됨(2007년 기초노령연금법 제정)
제3장	사업 및 시설	제3장	보건사업 등	제3장	보건 · 복지조치
제4장	비용	제4장	노인보건계획 등	제4장	노인복지시설의 설치 운영
제5장	잡칙	제5장	비용	제5장	비용
제6장	벌칙	제6장	잡칙	제6장	보칙
		제7장	벌칙	제7장	벌칙
					부칙

3) 노인복지법의 내용분석

- 노인복지법은 노인인구 증가에 따라 사회적 관심의 증가 정치적 영향으로 구체적이면서 다양한 조항들을 신설 규정하고 있다.
- 이 법은 전문7장 62조 부칙으로 구성되어 있다.
- 제2조에는 노인의 업적으로 어려운 시간을 후손을 위해 노력한 노고에 대하여 감사한다는 측면에서 노인복지의 필요성을 기본이념으로 명시하고 있으며, 3차 개정에서 노인의 날 10월 2일 그리고 10월을 경로의 달로 규정하고 있다.
- 전통적 의미에서 제3조에는 노인에 대한 국가와 국민의 역할을 명시하고 있다.
- 그것의 일환으로 제4조에는 노인의 건강에 대한 책임을 국가와 지방자치단체의 의무로, 제5조는 그것을 위하여 노인실태조사를 3년마다 시행해야 함을 규정하고 있다.
- 인구의 고령화에 따른 노인인구의 사회참여의 가능성을 증진시키기 위해 이 법의 제3장 제23조에 노인의 일자리 그리고 노인의 사회봉사에 대한 규정하고 있으며, 제26조에는 경로우대, 제27조에는 건강수명 증진과 같은 노인의 건강한 삶을 위한 규정을 하

고 있다.

- 노인복지시설에 대하여 제4장 제31조에 그 종류에 대하여 아래와 같이 규정하고 있다.

1. 노인주거복지시설
2. 노인의료복지시설
3. 노인여가복지시설
4. 재가노인복지시설
5. 노인보호전문기관

- 제39조의2와 3에는 노인복지시설을 운영하는 사람은 요양보호사와 요양보호사교육기관에 대하여 규정하고 있으며, 제39조의13과 14에서는 요양보호사의 결격사유와 자격취소 조항에 대하여 규정하고 있다.
- 제39조의5에는 노인보호전문기관과 지역 간의 연계구축을 위하여 중앙노인보호전문기관의 설치를 규정하고 있으며, 아래와 같은 업무를 수행한다.

– 중앙노인보호전문기관

1. 노인인권보호 관련 정책제안
2. 노인인권보호를 위한 연구 및 프로그램의 개발
3. 노인학대 예방의 홍보, 교육자료의 제작 및 보급
4. 노인보호전문사업 관련 실적 취합, 관리 및 대외자료 제공
5. 지역노인보호전문기관의 관리 및 업무지원
6. 지역노인보호전문기관 상담원의 심화교육
7. 관련 기관 협력체계의 구축 및 교류
8. 그 밖에 노인의 보호를 위하여 대통령령으로 정하는 사항

– 지역노인보호전문기관

1. 노인학대 신고전화의 운영 및 사례접수
2. 노인학대 의심사례에 대한 현장조사
3. 피해노인 및 노인학대자에 대한 상담
4. 피해노인가족 관련자와 관련 기관에 대한 상담
5. 상담 및 서비스제공에 따른 기록과 보관
6. 일반인을 대상으로 한 노인학대 예방교육
7. 노인학대행위자를 대상으로 한 재발방지 교육
8. 그 밖에 노인의 보호를 위하여 보건복지부령으로 정하는 사항

- 제39조의6 제1항에 의하면 노인학대를 인식한 사람은 노인보호전문기관이나 수사기관에 신고할 수 있으며, 제2항에 해당하는 사람은 신고하여야 한다.
- 제6장 보칙에서는 제55조2부터 제61조의2까지 벌칙규정이며, 제62조에는 이행강제금에 대한 것으로 제33조의3의 입소자격이 없는 자에 대한 노인복지주택 처분명령을 이행하지 않을 시에 이행강제금을 부과할 수 있다고 규정하고 있다.

4) 노인복지 관련법

노인복지법 외에 노인복지에 연관된 법에는 기초노령연금법, 고령자고용촉진법과 치매관리법이 해당된다. 여기서는 이 세 종류의 법을 소개할 것이다.

– 기초노령연금법

기초노령연금법은 전문23조와 부칙으로 2007년 4월 15일에 제정되었다. 이 법의 제정 목적은 현 65세 이상 노인들의 후손에 대한 양육과 사회발전에 이바지하였다는 점을 고려하여 생활이 어려운 노인들에게 매달 일정액의 연금을 지급하는 것이다라고 제1조에 규정하고 있

다. 그러나 실질적으로 우리나라의 노인은 매우 빈곤하다고 볼 수 있다. 그 사실은 통계적으로 아래의 〈표 7-7〉처럼 노인빈곤율[7])이 증가하고 있다는 것이다.

그러나 이 법의 제정목적에서 볼 수 있듯이 노인의 빈곤에 대한 구제보다는 객관성이 담보되지 않은 과거에 대한 보상차원의 접근으로 제정되었다는 것이다. 즉 그것은 우리나라 노인에 대한 적정한 판단보다는 형평성과 효과성을 고려하지 않은 정치적 결정에 의해 제정되었음을 의미한다.

〈표 7-7〉 연도별 노인빈곤율 추이

	2006	2007	2008	2009	2010
노인빈곤율	30%	31%	32.5%	35%	45.1

내용적인 측면에서 기초노령연금의 대상자는 65세 이상으로 소득인정액이 대통령령이 정한 금액 이하인 자로서, 이 법의 가장 중요한 부분인 연금액은 제5조에 규정하고 있는데, 국민연금법 제51조 제1항 제1호[8])에 따른 금액의 100분의 5에 해당하는 액수로 한다. 다만, 소

7) 위의 〈표〉에서 보여주는 것처럼 우리나라 빈곤율은 기초노령연금법이 제정되었음에도 불구하고 해마다 증가하고 있다. 그것은 기초노령연금법이 시혜적 차원의 정치적 접근으로 노인빈곤 구제가 목적이 아니었음을 반증하고 있다. 다른 나라들과 비교하여 노인빈곤율 비교한다면 2010년 미국 23.7%, 일본 20.6%, 영국 10.4%, 독일 8.3%, 선진국이 아닌 멕시코도 22.8%로 이것은 단지 사회복지적 차원이 아닌 사회 전반적 차원에서 노인에 대한 정책적 지향점의 차이라 볼 수 있는 것이다.

8) 국민연금법에 의하면 기초노령연금액 산출률을 아래와 같이 규정하고 있나. 수급권자의 기본연금액은 다음 각 호의 금액을 합한 금액에 1천분의 1천200을 곱한 금액으로 한다. 다만, 가입기간이 20년을 초과하면 그 초과하는 1년(1년 미만이면 매 1개월을 12분의 1년으로 계산한다)마다 본문에 따라 계산한 금액에 1천분의 50을 곱한 금액을 더한다.
   1. 다음 각 목에 따라 산정한 금액을 합산하여 3으로 나눈 금액
      가. 연금 수급 3년 전 연도의 평균소득월액을 연금 수급 3년 전 연도와 대비한 연금 수급 전년도의 전국소비자물가변동률에 따라 환산한 금액
      나. 연금 수급 2년 전 연도의 평균소득월액을 연금 수급 2년 전 연도와 대비한 연금 수급 전년도의 전국소비자물가변동률에 따라 환산한 금액
      다. 연금 수급 전년도의 평균소득월액

득인정액과 연금액을 합한 금액이 제3조에 따라 대통령령으로 정하는 금액 이상인 경우에는 대통령령으로 정하는 바에 따라 연금액의 일부를 감액하여 지급할 수 있다. 제1항에도 불구하고 본인 및 그 배우자가 모두 연금을 지급받는 경우에는 각각의 연금액에 대하여 100분의 20을 감액한다. 결론적으로 이 법은 보편적 차원에서 연금의 지급대상, 연금액, 연금의 신청에 관한 사항들을 규정하고 있다.

– 고령자 연령차별금지 및 고령자고용촉진에 관한 법률

이 법은 고령자고용촉진법이란 이름으로 1991년에 제정되어 1992년에 시행되었으며, 2009년에 전면 개정되어 전문5장 24조로 구성되어 있다. 내용적인 측면에서 이 법은 55세 이상의 고령자와 50-54세의 준고령자의 재취업에 관계되는데, 제19조에는 사업주가 노동자들의 정년을 정하는 경우 60세 이상이 되도록 노력하여야 한다고 규정하고 있다. 제4조에 의하면 저출산과 고령사회에서 인력수급문제의 적극적인 해결을 위하여 고령자의 취업기회를 확보하기 위한 것으로 연령차별을 금지를 구체적으로 규정하고 있다. 그러나 사업주들이 이를 실천하지 않는다 하여 처벌할 수 없는 대신에 제14조에 의해 세제지원과 같은 인센티브의 제공에 대하여 규정하고 있다.

– 치매관리법

치매[9]는 일반적으로 노인이면 당연히 겪는 노화현상이 아니라, 뇌 기능의 장애로 인하여 지적 능력이 떨어지는 퇴행성 질환으로 알려져 있다. 그러므로 의학적으로 치매는 조기에 검진하여 예방하고 꾸준히 치료하면 질환의 진행속도나 증상을 늦출 수 있을 것이다. 그러나 현

9) 이 법의 제2조 제1항에 의하면 치매란 퇴행성 뇌질환 또는 뇌혈관계 질환 등으로 인하여 기억력, 언어능력, 지남력(指南力, orientation), 판단력 및 수행능력 등의 기능이 저하됨으로써 일상생활에서 지장을 초래하는 후천적인 다발성 장애를 말한다. 같은 조 제2항에서 치매환자란 치매로 인한 임상적 특징이 나타나는 사람으로서 의사 또는 한의사로부터 치매로 진단받은 사람을 말한다.

재 치매환자는 적절한 진단과 치료가 제공되지 못한 채 가족과 사회의 무관심 속에서 방치되고 있으므로 국가적 차원에서의 치료대책과 사회적 인프라 확보가 시급한 실정이다. 그것을 위하여 치매관리법은 국가가 노인을 대상으로 치매검진사업 등 치매의 예방과 홍보 및 관리사업을 지원할 수 있도록 필요한 정책을 마련하여 치매환자의 삶의 질을 개선하고 가족 및 사회경제적 부담을 덜어 주어 국민의 건강과 복리증진에 이바지하려는 것으로 전문5장 21조로 2011년 8월 4일에 제정되었다.

치매관리법의 주요내용으로는 첫째, 보건복지부장관은 치매의 예방과 진료기술의 발전을 위하여 치매 연구사업을 시행하고, 종합병원, 사회복지법인 등으로 하여금 치매연구사업을 실시할 수 있도록 제6조에 규정하고 있다. 또한 제7조와 제8조에 규정된 것으로 보건복지부장관은 국가치매관리위원회의 심의를 거쳐 치매관리에 관한 종합계획을 5년마다 수립하고, 관계 중앙행정기관의 장과 지방자치단체의 장은 기본계획에 따라 매년 시행계획을 수립 · 시행하도록 하고 있으며 제13조에는 치매의 발생과 관리실태에 관한 자료를 지속적이고 체계적으로 수집 · 분석하여 통계를 산출하기 위한 치매등록통계사업을 보건복지부장관은 시행하도록 해야 한다고 규정하고 있다. 제16조는 보건복지부장관이 치매관리에 관한 업무를 행하게 하기 위하여 의료법 제3조의3에 따른 종합병원 중에서 중앙치매센터를 지정할 수 있도록 하고, 시 · 군 · 구의 관할 보건소에 치매예방 및 치매환자 관리를 위한 치매상담센터의 설치를 그리고 국가와 지방자치단체는 치매관리사업을 수행하는 자에 대하여 치매연구사업, 치매검진사업 등에 드는 비용의 전부 또는 일부를 지원할 수 있다고 규정한다. 마지막으로 제18조에 의하면 국가와 지방자치단체는 치매환자의 경제적 부담능력을 고려하여 치매 치료 및 진단에 드는 비용을 예산에서 지원할 수 있다고 한다.

4. 노숙인등의복지및자립지원에관한법률

미국에서 집 없는 부랑아를 칭하는 홈리스Homeless라고 불리고 있다. 2009년 현재 우리나라에는 일정한 주거나 생업 없이 거리에서 배회 또는 생활하거나 복지시설에 입소해 있는 9천여 명의 부랑인과 집 없이 거리를 떠돌거나 쉼터에 머물고 있는 5천여 명의 노숙인 등 1만 4천명으로 조사되었다. 그들을 용어적으로 통일하여 "노숙인 등"으로 규정하였다.

1) 의의

노숙인등의복지및자립지원에관한법률은 일명 노숙인복지법이라 할 수 있다. 왜냐하면 이 법의 제1조에는 노숙인 등의 인간다운 생활, 재활 및 자립을 위한 기반조성과 복지증진을 목적으로 한다고 규정하고 있기 때문이다. 이 법의 제정 이전에는 각 지자체의 책임 하에 수행되어, 지자체 별로 편차가 크고 임시적 · 파편적인 정책에 불과하다는 비판이 계속 제기되어 왔다. 그러나 이 법의 제정으로 2005년부터 지방으로 이양되었던 노숙인 사업이 - 노숙인을 위한 시설의 설치 근거, 노숙인들에게 주거와 의료 및 급식지원 등 - 국가 책임이 부여되기 때문에 중앙정부 차원에서 일관되고 체계적인 정책집행이 가능할 것으로 보인다. 또한 기존에 부랑인과 노숙인으로 이원화되어 운영된 지원체계가 통합됨에 따라 정책집행의 효율성이 강화될 것으로 기대된다.

2) 입법내경 및 연역

우리나라에서도 부랑인은 아주 오래 전에도 존재하였지만, 그것에 대한 문제가 심각하게 대두된 것은 1970년대부터로 그들에게 숙식만 제공하였던 노숙자보호소라는 명칭의 시설이다. 그것은 부랑인에 대한 부정적 인식을 토대로 정부에 의해 격리차원에서 본격적으로 전개되었다. 그럼에도 불구하고 1998년 경제위기와 IMF 관리체제로 인하여 도시노숙자들이 급격히 증가하였다. 그 해 초기에 국민건강기초생활보장법 등의 제정을 통하여 생산적 복지의 자활을 유도하였지만 소기의 성과에는 도달하지 못하였다. 이 법은 이 문제를 일시적이거나 개인적 차원이 아닌 사회구조적 문제로 인식하면서 그들에 대한 자활이나 보호 등 갱생사업의 측면에서 정책사업으로 전개하기 위하여 제도화된 결과물이다.

3) 내용분석

- 이 법은 전문6장 28조와 부칙으로 구성되어 있으며, 다른 사회복지법들보다 내용적으로 미약하고 구속력은 작지만, 그럼에도 불구하고 우리사회의 관심으로부터 벗어난 사람들에게 대한 법적인 보장으로 함으로써 인간다운 삶을 추구할 수 있을 것이다.
- 제2장은 노숙인을 위한 종합계획에 대한 규정으로 제7조 제7호 제3항은 이 계획이 사회보장기본법 제16조의 사회보장심의위원회의 심의를 통해 확정된다고 규정하고 있다.
- 제3장은 노숙인에 대한 복지서비스에 대한 규정으로 여기에는 주거지원, 급식지원, 의료지원, 고용지원 등이 속하여 있다.
- 구체적인 내용으로 제4장에는 노숙인 시설에 대하여 규정하고 있으며, 제16조에 의하면 노숙인 시설로는 아래와 같은 종류들이 있다.

1. 노숙인일시보호시설: 노숙인 등에게 일시보호 및 복지서비스 연계 등을 제공하는 시설
2. 노숙인자활시설: 노숙인 등의 자립을 지원하기 위하여 전문적인 직업상담·훈련 등의 복지서비스를 제공하는 시설
3. 노숙인재활시설: 신체 및 정신장애 등으로 자립이 어려운 노

숙인 등에게 치료 및 재활서비스를 제공하는 시설
4. 노숙인요양시설: 건강상의 문제 등으로 단기간 내 가정 및 사회복귀가 어려운 노숙인 등에게 요양서비스를 제공하는 시설
5. 노숙인급식시설: 제11조에 따른 급식시설
6. 노숙인진료시설: 제12조에 따른 진료시설
7. 그 밖에 보건복지부령으로 정하는 시설

② 제1항에 따른 노숙인복지시설의 구체적인 사업내용 및 기준에 관하여 필요한 사항은 보건복지부령으로 정한다.

- 제18조는 제10조, 제12조, 제13조 제14조 그 외에 사항의 업무를 수행하는 노숙인종합지원센터를 규정한다.
- 제6장은 벌칙에 대한 규정으로 제15조 제2항, 제21조, 제23조를 위반한 사람은 벌금 또는 징역형에 그리고 제11조 제2항 또는 제13조 제3항 그리고 제24조를 위반한 자는 과태료를 부과한다고 규정하고 있다.

현재 노숙인 지원을 위한 법적 규정은 전반적으로 세밀하지 않으며 성차별적이다. 여성을 고려한 조항이 없다는 사실은 - 성별 분리 통계, 여성 노숙인 위한 공간에 대한 규정 등 - 성폭력에 노출을 의미한다. 실질적으로 노숙인들 사이에서 여성들에 대한 성폭력은 여러 방식으로 발생하고 있다. 그러므로 노숙인에 대한 지원에는 노숙인에 대한 보호도 포괄적으로 규정해야 할 것이다.

5. 보론

여기서는 이 장에서 논의된 네 가지 사회복지서비스법에 대하여 다시 한번 살펴보려고 한다. 이 법들의 대상들, 즉 클라이언트들은 현대

산업사회에서 전형적인 사회적으로 약자에 속한다고 볼 수 있다. 그러므로 이 법들은 그들과 더불어 함께 하면서 사회구성원으로 역할을 할 수 있도록 하는데 그 목적이 있다. 이것이 사회복지적이라 할 수 있다. 왜냐하면 사회복지는 클라이언트의 어려움을 해결해 주는 것도 중요하지만 그 해결을 통하여 사회에 기여하는 역할을 부여하는 것 또한 중요하기 때문이다.

예를 들어 노인복지법에는 노인복지주택에 대한 용어 그 규정이 나온다. 그 내용은 60세 이상의 노인들이 입소할 수 있는 생활공간이다. 하나의 시설이기에 입소라는 표현을 사용하고 있다. 이 법에 의해 실질적으로 국내에 10여 곳에 단지가 조성되어 있다. 그런데 문제의 하나는 실질적으로 거주자는 노인이 아니라는 사실이다. 입소가 아닌 분양의 형태로 진행되었다는 것이다. 또 다른 하나는 노인들만 모여 사는 공간을 법적으로 규정한다는 생각이다. 전자는 어떠한 생각으로 제정되었는지 생각해 보아야겠지만 결국 투기의 목적에 이용되었으며, 전국 10여 곳이 그런 방식으로 운영되고 있다. 후자는 전자에 의해 사회문제로 되자 노인복지주택의 의미로 개정되었다. 그런데 이것이 더 큰 문제이다. 이곳은 60세 이상의 노인만이 입소하여 생활할 수 있도록 법이 개정되었다. 그 명칭에는 적절하지만 문제는 잠시 언급한 것처럼 노인복지주택단지는 위치적으로 좋은 환경이라 할지라도 모두 외진 속에 건설되어 있으며, 특정계층인 노인들만 모여 사는 공간이라는 사실이 사회복지적이라 할 수 없다.

이것은 노인들에 대한 사회적 관심의 과도한 정치적 표현이라 할 수 있다. 노인들만이 살고 있는 집과 아파트, 그리고 장애인의 편의를 도모한다는 이유로 장애인들 전용 공간을 마련하여 거주한다면, 이곳은 나치가 행하였던 유태인 거주지역인 게토ghetto와 다를 것이 없을 것이다. 결론적으로 육체적 정신적인 쇠약함으로 인한 경우에도 집단화된 거주방식은 아무리 좋은 환경을 조성하더라도 사회복지적 접근이 아니라 결국은 투기와 같은 위험한 사고로 흐르게 된다.

제8장 사회복지서비스법 II

– 농어촌주민의보건복지증진을위한특별법, 식품기부활성화에관한법률 –

1. 농어촌주민의 보건복지증진을 위한 특별법

사회복지의 측면에서 인간의 삶의 근본적 토대는 잘 먹어야 한다는 것이다. 그래서 식량의 안정적 공급의 토대인 농업과 어업은 매우 중요하다. 지구에는 기아에 허덕이고 있는 인구가 현재 10억 명에 이른다는 사실은 식량문제가 세계적인 문제임을 증명하고 있는 것이며, 또 한편으로는 식량생산의 증가의 필요성이 아직도 유효하다는 사실이다. 그러므로 현대사회에서 이것을 위해 애쓰고 노력하는 사람들에 대해 제도적인 국가적 배려는 중요하다. 우리나라에서 그것의 정치적 결과물이 농어촌주민의 보건복지증진을 위한 특별법이다.

1) 의의

우리사회에서 현대적 의미로서 농촌문제는 산업화에 기인한다. 산업화가 젊은 노동력의 유출로 이어지면서 농촌 노동력의 고령화를 가져왔으며, 그에 따른 기계화는 초기 정책적 대응의 미흡으로 노동력 부족현상을 극복하지 못하다가 후에는 농가부채의 원인이 되기도 하였다. 또한 도시의 발달과 그 영향에 의해 농촌 고유의 질서가 파괴되기도 하였다. 그것은 농지의 감소와 함께 농업인구의 감소 현상의 발생을 포함한다. 또한 그것은 식량문제로서 농산물의 감소로 이어진다. 소득감소는 농어촌지역의 복지로부터 소외를 의미한다. 이런 측면에서 이 법의 제1조에는 농어촌주민의 보건복지증진을 위한 시책을 강화하고 이에 관한 국가 및 지방자치단체의 책임을 명확히 하며 농어촌에 보건의료 및 사회복지시설을 확충함으로써 농어촌주민의 인간다운 삶을 보장함을 목적으로 한다고 규정하고 있다.

2) 입법배경 및 연역

현재 우리나라 농어촌은 오랜 기간 동안 이촌향도 현상으로 인구적으로 피폐되면서 전 분야에 걸쳐서 어려움을 겪고 있다. 그럼에도 불구하고 대도시를 중심으로 한 불균형적인 산업발전과 각종 매체의 등장으로 인하여 농어촌의 보건복지 수요의 급격한 증가를 가져왔지만, 그 혜택이 도시중심으로 이루어지는 것에 대한 반성적 측면에서 적극적으로 대처하고 농어촌주민의 보건복지 수준 향상을 위하여 법률이 제정되었다. 농어촌은 대내적으로 산업부문 간의 발전격차로 야기된 사회 및 경제기반의 낙후로 청장년층의 이촌향도현상이 더욱 심해지고 있으며, 시장개방에 따른 값싼 외국 농산물의 급격한 유입으로 인한 농산물 가격의 하락, 원자재 가격의 상승 등으로 농가경제 악화가 급속하게 진행되고 있다. 또한 현재 도시지역에 비해 인구의 고령화, 가족구조의 변화 등 사회구조의 변화로 인한 복지욕구가 늘어나고 있다. 이러한 현실을 반영하면서 그 동안 농어업이나 농어촌의 특성을 제대로 반영하지 못하고 있는 현행 사회보장제도(사회보험 · 공공부조 · 사회복지서비스)를 농어촌 현실에 맞게 개선하여 복지 사각지대를 해소하기 위해 2004년에 전문4장 33조와 부칙으로 구성된 농어촌주민의 보건복지증진을 위한 특별법이 제정되었다.

3) 내용분석

- 이 법의 제3조 규정에 의하면 그 적용범위를 농어촌 · 농어촌주민 및 농어민으로 제한하고 있으며, 제4조는 농어촌보건복지사업에 있어서 다른 법률에 우선 적용됨을 규정하고 있다.
- 이 법에서 중요한 사항은 제5조에 규정하고 있듯이 내용적으로 농어촌 보건복지기본계획의 수립과 사회복지의 증진에 관한 것이다. 전자의 측면에서 제2장 제7조에 의해 보건복지부장관은 5년마다 농어촌 보건복지기본계획을 수립해야 하며 그 속에는 아래와 같은 사항들이 포함되어야 한다.

1. 농어촌보건복지정책의 기본목표 및 추진방향
2. 주요 추진과제 및 추진방법
3. 재원조달 방법
4. 농어촌보건복지의 전달체계
5. 그 밖에 농어촌보건복지증진을 위하여 특히 필요하다고 보건복지부장관이 인정하는 사항

- 이 법의 제3조 규정에 의하여 우선적이라는 단어는 의미가 있으며 아래의 조항들은 여기에 속한다. 제3장 제10조에서 국가 및 지방자치단체는 농어촌의 보건의료의 기반조성을 위해 공공보건의료기관에 인력시설 및 장비를 우선적으로 지원할 수 있다고 규정하고 있다.
- 앞에서 논의된 농어촌주민의 보건복지증진을 위한 특별법의 특별이라는 그 구체적인 의미에 대한 규정은 "우선"이라는 단어에서 볼 수 있듯이 아래의 각 조항에서 나타나 있다.
- 제16조는 정신보건사업을 정신보건법 제10조[1] 규정에 의하여, 제

1) 이 조항은 정신보건사업으로 정신요양시설의 설치 운영에 관한 사항으로서

17조는 구강보건사업에 대하여, 제22조는 영유아보육지원에 대하여, 제23조는 아동가정보호사업을, 제32조는 농어촌특별세에 대하여 국가와 지방자치단체는 우선적으로 지원해야 함을 규정하고 있다.

- 이 법의 특별함은 특례라는 아래와 같은 조항의 규정에서 볼 수 있다. 제19조는 국민기초생활보장법의 제2조 제8호[2] 규정에도 불구하고 국민기초생활보장법상 수급자 선정기준의 특례에 대하여, 제26조에서는 한부모가족지원법 제5조[3]에도 불구하고 한부모가족 선정기준의 특례에 대하여, 국민건강보험법 제64조 제1항[4]의 규정에도 불구하고 부과표준소득 산정에 관한 특례에 대하여, 제29조는 보험료 등의 결손처분에 관한 특례를 규정하고 있다.
- 제12조는 농어촌 응급의료체계를 구축해야함을 규정한다. 또한, 농어촌주민의 보건향상과 국민보건의료의 균형 있는 발전을 위해 농어촌민간의료기관을 육성해야 한다고 규정하고 있다.
- 농어촌의 발전을 위한 규정으로 제18조는 한방산업에 관한 규정이다. 이 규정에 의하면 한의약육성법 제2조 제4호[5] 규정에 의하여 한약재의 재배, 가공 유통에 대한 지원을 국가와 지방자치단체는 할 수 있다고 한다.
- 제31조는 농어민에 대한 국민연금보험료를 규정하고 있는데, 국

이 법에 의하면 이 시설을 운영하기 위하여 보건복지부 장관의 허가를 필요로 하며 그 운영의 핵심은 요양을 통한 사회복귀라고 규정하고 있다.

2) 이 조항의 내용은 **소득인정액**에 대한 규정으로 그 정의는 개별가구의 소득평가액과 재산의 소득환산액을 합산한 금액을 의미한다.

3) 이 조항은 한부모가족에서 보호대상자에 관한 규정으로 같은 법 제4조에 규정되어 있으며, 연령이 초과되는 아동은 보호대상자에서 제외됨을 제5조 제2항에서 규정되어 있다.

4) 이 조항은 **보험료부과점수**를 규정하고 있는데, 그 점수는 지역가입자의 소득, 재산, 생활수준 등을 참작하되, 구체적인 사항은 대통령으로 정한다고 규정하고 있다.

5) 이 법은 한의학의 육성 발전 기술개발을 통하여 국민건강을 증진시키기 위하여 2003년에 정정된 법으로서, 이 조항은 이 법에서 사용되는 용어에 대한 정의를 규정한 것으로 동물, 식물 또는 광물에서 채취된 것으로 주로 원형대로 건조 절단 또는 정제된 생약을 **한약**으로 규정하고 있다.

민연금법 제88조 제3항[6]의 규정에 의하여 지원할 수 있다

2. 식품기부활성화에관한법률

식품기부는 사회발전과 경제성장에 따른 음식문화의 변화로 인하여 등장하였다고 볼 수 있으며, 이 법은 우선적으로 푸드뱅크 사업의 활성화에 따른 제도화의 결과물이라 할 수 있다. 푸드뱅크[7]는 식품의 생산, 유통, 판매 과정에서 발생하는 잉여 농산물이나 낭비되는 음식물을 기부받아 빈곤층이나 복지시설에 무료로 배포하는 일종의 음식물 중계소를 말한다. 이것을 우리 실정에 적절한 실천적 대응으로 입법화된 용어가 식품기부이다.

1) 의의

이 법의 제1조에 의하면 식품기부를 활성화하고 기부된 식품을 생활이 어려운 자에게 지원함으로써 사회복지의 증진 및 사회공동체문화의 확산에 이바지하고자 2006년 3월 24일 법률이 제정되었다. 식품기부사업 이용대상자는 재가복지대상자(소년 · 소녀가장, 장애인, 재가노인세대, 모자가정 등), 노숙인 쉼터, 실직가정, 재난 · 재해로 인한 일시구호 대상자, 무료급식소, 사회복지시설 등이다.

6) 이 법의 제88조 제3항은 연금보험료에 대한 기여금으로 사업장가입자는 본인이 부담금은 사용자가 각각 부담하며, 그 액수는 월기준소득의 일천 분의 45로 한다고 규정하고 있다.

7) 1967년에 미국에서 시작된 이 운동은 생산, 유통, 판매, 사용과정의 여유식품을 어려운 이웃에게 전달, 활용하여, 한편으로는 식품나눔문화를 확산시키며 다른 한편으로는 식품자원을 낭비 없이 활용하는 사업으로 우리나라에서는 1998년에 서울을 비롯한 몇 개 도시에서 시범 실시되었으며 2005년 현재 전국에 270여개소의 푸드뱅크가 운영되고 있다.

2) 입법내경 및 연역

이 사업은 아시아권에서는 한국과 필리핀에서 운영되고 있다. 1998년 9월에는 푸드뱅크 관련 특수 전화 1,377대가 설치되어 식품 기부를 독려했고 2006년 3월에는 전문14조와 부칙으로 구성된 식품 기부 활성화에 관한 법률이 제정되어 푸드뱅크 운동에 힘을 더했다. 푸드뱅크는 식품을 모으고 관리하고 분배하는 일과 식품 기탁 관련 조사와 연구를 병행하는 한편 푸드뱅크에 대한 홍보와 국제 교류에도 힘쓰고 있다. 또한 실직 노숙자와 독거노인, 장애인 등을 위한 무료 급식소를 운영하고 결식아동을 위한 지역 공부방 급식도 실시하고 있다.

3) 내용분석

- 이 법은 전문14조와 부칙으로 구성 제정되었다.
- 이 법 제4조에는 기부식품제공사업의 범위를 기부식품의 모집·관리 및 제공, 식품기부를 활성화하기 위한 홍보, 그 밖에 기부식품 제공과 관련된 부수사업을 포함한다고 제한적으로 규정하고 있다.
- 제2조에서 기부식품제공사업에서 기부식품이란 생활이 어려운 자에게 지원할 목적으로 제공된 식품을 말하며, 제공자란 기부식품을 직간접적으로 제공하는 사람으로, 사업자란 위의 세 가지 범위의 따른 기부식품사업을 지속적으로 운영하는 사람으로 규정하면서, 구체적인 사항은 대통령령[8]으로 정한다.
- 이 법 제6조는 제공자 및 사업자는 이용자에게 기부식품을 무상으로 제공함을 원칙으로 하며, 사업의 중대성을 강조하기 위해 국가 및 지방자치단체의 역할을 규정하고 있다.
- 제7조에 의하면 식품기부 및 기부식품제공사업을 지원, 장려하기 위하여 필요한 시책을 강구하고, 필요한 경비의 일부를 보조할

8) 사업자는 모집한 기부식품의 80% 이상을 이용자에게 제공하는 사람으로 매주 3회 이상 60인 이상에게 제공하는 사람을 말한다.

수 있다. 또한 기부의 의미를 국가적으로 강조하기 위해 국가 및 지방자치단체는 이용자 보호를 위해 보험료의 일부 또는 전부를 보조할 수 있으며, 사업자는 제공된 식품의 취식으로 인하여 이용자의 생명과 신체에 발생한 손해를 보상하기 위하여 손해보험에 가입하여야 한다.

- 제8조에 의하면 기부된 식품으로 인한 사고의 많은 부분에서 이 법은 관대함을 관련법에 호소하고 있다. 그로 인하여 사상자가 발생한 경우에는 형법에 제266조 내지 제268조[9]에 의해 감경 또는 면제될 수 있다. 그러나 식품위생법 제3조와 제4조[10]를 위반한 경우에는 민형사상의 책임을 져야함을 규정하고 있다.
- 제12조와 제14조는 이 법을 위반 시 전체적인 측면에서 벌칙을 규정하고 있다. 전자는 제6조 제1항 위반 시 3년 이하의 징역 또는 3,000만원 이하의 벌금을, 후자는 제3조 제1항, 제5조 제1항 또는 제2항을 위반한 자는 300만원 이하의 과태료를 부과한다고 규정하고 있다.

3. 보론

이 법들은 실질적으로 특별법적인 성격을 지니고 있다. 왜냐하면 이 법에 연관된 법들의 존재로부터 사회복지적인 접근이 더욱 의미를 지니게 하는 법이기 때문이다. 그것은 이 법들의 단독적인 법실천이 아닌 관련된 법들을 통하여 효율적으로 그 목적에 도달할 수 있음을 의

9) 과실로 인해 사람의 신체에 상해를 입힌 죄를 규정하고 있는데, 특히 제268조는 업무상과실치상이나 중과실치상의 경우에는 형이 가중된다고 규정하고 있다.

10) 제3조는 식품의 첨가물이나 제조 가공 그리고 위생과 같은 식품의 취급에 대한 규정이며, 제4조는 위해식품에 대한 규정으로 그것의 결과는 판매금지로 규정하고 있다. 특별히 제4조 제6호는 수입식품에 대해 규정하면서, 제19조는 수입식품에 대한 신고 검사 등에 대해 규정하고 있다.

미한다. 그러므로 관련법들의 정확한 규정도 매우 중요하다.

농어촌에 연관된 법은 농어촌발전특별조치법, 농어촌정비법 등 매우 다양하며 농어촌주민의보건복지증진을위한특별법도 여기에 속한다. 이 법에 연관된 법들이 다양하게 제정되었기에 중복이 아닌 사회복지적인 측면에서 미시적이고 구체적인 접근을 위한 법들로 다루어져야 한다. 식품기부활성화에관한법률은 식품위생안전법과 연관이 있다. 왜냐하면 음식을 나누어 먹는 것도 사회복지라 할 수 있지만, 오늘날 잘 먹는 것이 더욱 중요한 사회복지로 간주되고 있기 때문이다. 왜냐하면 그 선정 문제에 연관된 법인 국민기초생활보장법과 그와 연결된 기초생활보장제도의 구조적인 문제가 심각하기 때문이다.

그러므로 농어촌주민의보건복지증진을위한특별법과 특별법의 의미를 가진 식품기부활성화에관한법률에 관한 효율성과 효과성 그리고 독특성을 증진시키기 위해서는 근본적인 해결, 즉 국민기초생활보장법과 기초생활보장제도 등의 연관된 법과 제도들의 구조적 개선이 함께 진행되어야 한다.

제9장 사회복지서비스법 Ⅲ

– 정신보건법, 보호관찰등에관한법률 –

1. 정신보건법

이 법의 제3조 제1호는 정신질환자를 정신병, 인격장애, 알코올, 약물중독 기타 비정신병적정신장애를 가진 자로 규정하고 있다. 급속한 산업화로 인한 물질적인 풍요는 육체적 질병보다는 정신질환자나 정신장애인의 증가와 같은 정신적 질환문제를 사회적으로 심각하게 만들었다. 이것으로 인하여 이 법의 제4조는 정신보건욕구는 사회적으로 규정된 수요이면서, 법적 조건에 의해 규정되는 것이므로 실태조사나 정신보건사업계획의 수립 등의 정부의 개입으로 해결되어야 함을 국가의 의무로 규정하고 있다.

1) 정신보건법의 주요 이념

정신보건법 제정의 기본이념은 헌법 제10조[1]에 근거를 두고 인간

1) 대한민국 헌법 제2장 국민의 권리와 의무에는 “모든 국민은 인간으로서의 존엄과 가치를 가지며, 행복을 추구할 권리를 가진다. 국가는 개인이 가지는 불가침의 기본적 인권을 확인하고 이를 보장할 의무를 가진다고 규정하고 있다.

으로서 모든 정신질환자의 기본적 인권의 존중, 최적의 치료받을 권리의 보장, 부당한 차별대우의 금지 등으로 아래와 같은 사항들이다.

- 모든 정신질환자는 인간으로서의 존엄과 가치를 보장받는다.
- 모든 정신질환자는 최적의 치료를 받을 권리를 보장받는다.
- 모든 정신질환자는 정신질환이 있다는 이유로 차별대우를 받지 아니한다.
- 미성년자의 정신질환에 대해서는 특별히 치료, 보호 및 필요한 교육을 받을 권리가 보장되어야 한다.
- 입원치료가 필요한 정신질환자에 대해서는 항상 자발적 입원이 권장되어야 한다.
- 입원 중인 정신질환자는 가능한 한 자유로운 환경이 보장되어야 하며, 다른 사람들과 자유로이 의견교환을 할 수 있도록 보장받아야 한다.

2) 정신보건법의 입법배경 및 연역

우리나라에서 정신보건에 관한 중요성에 관심을 보이기 시작한 1980년대 초기는 정치 · 경제 · 사회 · 문화적으로 혼란한 시기이다. 이러한 시기에 정신보건법에 대한 관심과 제정의지는 한편으로는 매우 절실하게 요구되었지만, 다른 한편으로는 인권문제에 대한 해결점이 정확하게 규정되지 않아 제정에 어려움이 발생하였다. 그럼에도 불구하고 아래와 같은 과정으로 제정되었다.

- 1984년에 정신질환관리종합대책 수립
  *정신과의원, 보건소, 상담원 1차 기관으로 지정
  *정신병원, 일반병원 정신과, 정신요양원을 2차 기관으로 지정
- 1985년 정신보건법제정을 위한 노력이 인권침해 등을 이유로 지연됨

- 1992년 11월 국회 제출 수정 논란 후 1995년 12월 제정됨
- 정신보건법은 1997년 12월 구 정신보건법을 전문 개정하여, 1998년 4월 1일부터 시행되었다. 2000년 1월 정신의료기관의 시설기준에 관한 조항이 개정되었다.

아래의 〈표 9-1〉은 제정연도가 45년 이상 차이가 보이는 정신보건분야에서 일본과 우리나라의 법을 비교분석한 것이다.

〈표 9-1〉 정신보건분야에서 일본과 한국의 연관된 법에 대한 비교

일본(1950)		한국(1995)	
정신보건 및 정신장애자복지법		정신보건법	
전문9장 57조		전문6장 59조	
제1장	총칙	제1장	총칙
제2장	정신보건복지센터	제2장	정신보건시설
제3장	지방정신보건복지심의회 및 정신의료심사회	제3장	보호 및 치료
제4장	정신보건지정의 및 정신병원	제4장	퇴원의 청구 심사
제5장	의료 및 보호	제5장	권익보호 및 지원
제6장	보건 및 복지	제6장	벌칙
제7장	정신장애사회복귀촉진센터		부칙
제8장	잡칙		
제9장	벌칙		

3) 정신보건법의 내용분석

- 이 법은 2011년 현재 13차의 개정 후 총칙, 정신보건시설, 보호 및 치료, 퇴원의 청구심사, 권익보호 및 지원, 벌칙의 전문6장 59조와 부칙으로 구성되어 있다.
- 정신보건법의 이념은 제2조에, 그리고 제4조에는 정신보건질환자에 대한 국가 및 국민의 의무를 규정하고 있다. 그것을 위하여 이 법은 환자의 권익을 보호하기 위하여 아래와 같은 사항들을 전체적으로 규정하고 있다.

1. 적법하지 않은 입원 · 수용의 금지
2. 교육 · 고용 등의 부당한 차별대우의 금지
3. 환자 신상 및 기타사항의 비밀누설 금지
4. 대통령령이 정하는 특수치료에 대한 본인 또는 보호자의 동의
5. 대통령령의 규정에 의하지 않는 행동제한의 금지 등

- 제7조는 전문인력분야인 정신보건전문요원으로 보건복지부령으로 정한 기관에서 수련을 받은 자에게 자격증을 교부한 정신보건임상심리사, 정신보건간호사, 정신보건사회복지사로 규정하고 있다.
- 제2장은 정신보건시설에 관한 규정으로 수용시설에 대한 설치나 운영 규정 이외에 제13조의2는 지역사회정신보건사업을 위한 정신보건센터의 설치에 대하여 그리고 제14조는 정신보건 향상을 위하여 정신보건연구기관의 설치를 국가의 의무로 규정하고 있다.
- 제18조의3은 정신보건시설의 평가에 대하여 규정하고 있다. 이는 의료법 제58조의4[2]에 의료기관 인증의 신청뿐만 아니라 사회복지시설의 사회복지사업에도 따라야 함을 의미하는 것이다.
- 제3장은 보호와 치료에 과한 사항으로, 주로 자의입원, 보호의무자에 의한 입원 등과 같은 입원에 대한 규정을 정하고 있다.
- 제4장에는 정신질환자의 퇴원의 청구 심사에 대해 규정하고 있는데, 제27조와 제28조는 정신보건에 관하여 보건복지부장관과 시 · 도지사의 자문에 응하고 정신보건에 관한 중요사항을 심의 · 심사하기 위해 10인 이상 30인 이내의 위원으로 구성되는 보건복지부장관 소속하에 중앙정신보건심의위원회와 시 · 도지사 소속하에 광역정신보건심의위원회 그리고 5인 이상 15인 이내로 구성되는 시장군수구청장 소속하에 기초정신보건심의위원회를 각각 두어야 하며, 아래와 같은 사항들을 심의한다고 규정하고 있다.

2) 이 조항은 의료기관 인증의 신청에 관한 규정으로 동법의 제3조 제3항에 의하면 요양병원으로 정신의료기관 중 정신병원은 의료기관으로 포함되기에 의료기관으로서 인증을 신청해야 한다고 규정되어 있다.

– 중앙정신보건심의위원회

1. 정신보건복지관련 법령의 제·개정 및 정신보건복지정책에 관한 사항
2. 정신보건시설기준에 관한 사항
3. 정신질환자의 입원 및 진료에 대한 각종 기준
4. 치료에 대한 동의에 관한 의학적 견해의 제공

– 광역정신보건심의위원회

1. 정신보건시설에 대한 감독과 시정
2. 정신보건시설에 대한 평가
3. 재심사청구사건

– 기초정신보건심의위원회

1. 이의제기된 치료행위의 심사
2. 처우개선에 대한 심사
3. 퇴원 및 계속입원 여부에 대한 심사
4. 제37조의2에 따른 외래치료명령에 관한 사항

- 제30조는 정신의료기관의 장이 6개월 지나도 계속 입원 치료가 필요하다는 진단, 보호의무자의 동의가 있을 시에 대한 심사 청구를 규정하고 있는 제24조 제3항 그리고 제29조의 정신의료기관에 입원하고 있는 자 또는 보호의무자가 입원한 자의 퇴원 처우개선에 대한 청구에 대하여 기초정신보건위원회에 회부되어야 함을 규정하고 있다.
- 제5장은 정신질환자의 권익보호에 대한 규정이다. 정신건강의학전문의의 진단에 의하지 않고서는 입원 또는 입원연장에 대한 것과 고용 등 불공평한 대우, 비밀누설에 금지에 대한 규정, 수용 및

가혹행위의 금지, 전기충격요법, 인슐린혼수요법 등과 같은 특수 치료의 제한에 대한 것들을 규정하고 있다.

- 제6장은 벌칙에 대한 규정으로 주로 정신질환자에 대한 권리침해, 가혹행위 그리고 본인과 보호의무자의 동의 없이 행해지는 것들에 대한 규정들이 제55조부터 제59조에 구체적으로 기술되어 있다.

☞ 정신보건 및 정신장애자복지법은 일본에서 다른 사회복지 관련법들보다 10여년 전인 1950년에 제정되었다. 복지6법시대인 1960년에는 전문6장 32조와 부칙으로 구성된 정신박약자복지법이 제정되었으며 1998년에 지적장애자복지법으로 개정되었다. 특히 사회복지적인 측면에서 사회복귀에 대한 주안점을 둔 규정은 정신질환자의 사회복귀에 대한 관심으로 단지 사회복귀시설의 설치운영을 규정한 제15조와 사회복귀시설의 종류를 규정한 제16조처럼 우리의 정신보건법이 바라보는 정신질환자들에 대한 시각과는 차이를 보이고 있다.

2. 보호관찰등에 관한 법률

보호관찰은 보안처분 중 가장 오랜 전통을 지닌 제도로서 영미법계에서는 보호관찰부 집행유예(probation) 또는 가석방(parole) 제도로부터 발전되었다. 이것은 대륙법계에서 집행유예를 기초로 한 자유를 제한하는, 보안처분의 영역으로 확대된 것이다.

1) 의미

이 법은 범죄자에게 부과된 보호관찰 등의 처분의 시행에 관하여 필요한 사항을 규정한 법률이다. 죄를 지은 사람으로서 재범 방지를 위하여 보호관찰, 사회봉사, 수강, 갱생보호 등 체계적인 사회 내 처우가 필요하다고 인정되는 사람을 지도하고 보살피며 도움으로써 건전한 사회 복귀를 촉진하고, 효율적인 범죄예방 활동을 전개함으로써 개인 및 공공의 복지를 증진함과 아울러 사회를 보호함을 목적으로 한다고 이 법 제1조에 규정하고 있다. 이 법은 사회복지사업법에 제2조에 규정된 법들 중에서 국민연금법, 산재보험법, 고용보험법 다음으로 가장 많은 조항을 가지고 있다.

2) 입법배경 및 연역

범죄인에 대한 사회 내 처우제도를 확대적용하고 이를 체계화함으로써 범죄인의 건전한 사회복귀를 촉진하고 재범을 방지하기 위하여 갱생보호법이 1961년에 제정되었다. 산업화와 도시화가 가속화되면서 가족의 해체와 가치관의 혼란 등으로 범죄의 증가와 질적으로 흉폭화 됨에 따라 새로운 사회문제로 등장하였으며, 이를 해결하기 위해 범죄자의 사회심리학적 정의에 의학적 접근을 통하여 교정과 사회적응에 도달시키기 위하여, 1982년에 보호관찰제도 연구반을 만들었으며 1983년 보호관찰법 요강을 작성, 1984년 보호관찰법안 및 시행령 작성하여 법제화를 추진하였고, 1988년에 보호관찰법을 추가로 제정하였다. 1995년 제2차 개정 시기에 두 법을 통합하여 보호관찰 등에 관한 법률로 제정하게 된 것이다.

3) 내용분석

- 이 법은 전문6장 101조와 부칙으로 구성되어 있다.
- 내용적인 측면에서 이 법은 크게 보호관찰과 갱생보호라는 두 부분으로 이루어져 있으며 또 하나의 부분으로 이러한 역할로부터 벗어난 행위에 대한 벌칙에 대한 규정, 그런 이유로 각 조항들의 많은 부분이 형법이나 소년법들과 연관되어 있다.
- 제3조는 보호대상자를 형법 제59조의2, 제62조의2, 제73조의2와 소년법 제32조 제1항 제4호 및 제5호[3]에 의해 선고 집행유예

3) 형법 제59조의2는 형의 집행을 유예하는 경우 재범방지를 위해 보호관찰을 명할 수 있다는 규정이며, 제62조의2는 보호관찰, 사회봉사, 수강명령에 대한 규정, 제73조의2는 가석방기간 중의 보호관찰에 대한 것으로 무기형인 경우 10년, 유기형인 경우 남은 형기로 규정하고 있다. 소년법 제32조 제1항 제4호 및 제5호는 심리결과 보호처분의 필요성을 인정될 경우 보호관찰의 기간

받은 사람으로 규정하고 있다.

- 보호관찰부분으로 제2장 제5조에 법무부 소속의 보호관찰심의위원회의 구성을 규정하고 있다. 이 위원회는 고등검찰청 검사장 또는 소속검사 중에서 법무부장관이 임명하는 위원장을 포함하여 5인 이상 9인 이내로 구성되며, 아래와 같은 사항을 심의한다.

1. 가석방과 그 취소에 관한 사항
2. 임시퇴원, 임시퇴원의 취소 및 보호소년 등의 처우에 관한 법률 제43조 제3항[4]에 따른 보호소년의 퇴원(이하 "퇴원"이라 한다)에 관한 사항
3. 보호관찰의 임시해제와 그 취소에 관한 사항
4. 보호관찰의 정지와 그 취소에 관한 사항
5. 가석방 중인 사람의 부정기형의 종료에 관한 사항
6. 이 법 또는 다른 법령에서 심사위원회의 관장 사무로 규정된 사항
7. 제1호부터 제6호까지의 사항과 관련된 사항으로서 위원장이 회의에 부치는 사항

- 제2장 제2절은 법무부장관 소속의 보호관찰소에 대해 규정하고 있다.
- 제16조 제2항은 보호관찰관의 전문성을 위해 형사정책학, 행형학, 범죄학, 사회사업학, 교육학, 심리학 등의 전문적 지식을 지니고 있어야 한다고 규정한다.
- 제3장 제5절의 제30조는 보호관찰기간을 규정하고 있다.

인 단기보호관찰과 장기보호관찰을 규정하고 있다.

4) 보호소년 등의 처우 및 교정교육과 소년원과 소년분류심사원의 조직, 기능 및 운영에 관하여 필요한 사항을 규정함을 목적으로 제정된 이 법은 6장 52조와 부칙으로 구성되어 있으며, 제43조 제3항은 소년원장이 교정성적이 양호하거나 그 목적을 이루었다고 생각하는 보호소년에 대한 심의요청에 관한 규정이다.

1. 보호관찰을 조건으로 형의 선고유예를 받은 사람: 1년
2. 보호관찰을 조건으로 형의 집행유예를 선고받은 사람: 그 유예기간. 다만, 법원이 보호관찰 기간을 따로 정한 경우에는 그 기간
3. 가석방자: 형법 제73조의2 또는 소년법 제66조[5]에 규정된 기간
4. 임시퇴원자: 퇴원일부터 6개월 이상 2년 이하의 범위에서 심사위원회가 정한 기간
5. 소년법 제32조 제1항 제4호 및 제5호의 보호처분을 받은 사람: 그 법률에서 정한 기간
6. 다른 법률에 따라 이 법에서 정한 보호관찰을 받는 사람: 그 법률에서 정한 기간

- 제32조 제2항은 보호관찰자 대상자의 준수사항을 규정하고 있는데, 제1호는 보호관찰 대상자는 주거지에 상주하고 생업에 종사하여야 함을 명시하고 있다.
- 제39조와 제42조는 구인과 유치에 대하여 규정하고 있는데, 전자는 보호관찰자의 장은 보호관찰 대상자가 제34조의 준수사항을 위반하였거나, 그 의심할 이유가 있는 경우 판사로부터 구인장을 발부받아 구인할 수 있으며, 후자는 제39조와 제40조에 따라 구인한 보호관찰 대상자를 수용기관 소년분류심사원에 유치할 수 있다.
- 제6절 제51조에는 보호관찰의 종료에 대한 사항들을 규정하고 있는데, 특히 제2호는 형법 제61조, 제63조 또는 제64조[6] 규정의

5) 가석방기간의 종료에 대한 규정으로 징역 또는 금고를 받은 소년이 가석방 이전에 받은 기간과 동일한 기간을 경과한 경우 형의 집행이 종료한 것으로 본다. 소년의 형량에 규정하는 동법 제59조 18세 미만의 소년에게 사형 또는 무기징역은 유기징역 15년에 해당되며 제60조 제1항은 징역 2년 이상의 유기형을 받은 소년은 장기 단기로 구별하여 선고하는데, 그 경우 장기 10년을 단기는 5년을 넘지 못한다.

경우 보호관찰이 종료된다.

- 제7절 56조는 보호관찰사건의 이송에 관한 사항을 규정하고 있는데, 군사법원법 제2조 제1항 각호[7]에 해당된 사람에게는 적용되지 않는다고 한다.
- 이 법에서 정하고 있는 갱생보호대상자는 형사처벌 또는 보호처분을 받은 자로서 자립갱생을 위한 숙식제공, 여비지급, 생업도구·생활조성금품의 지급 또는 대여, 직업훈련 및 취업알선 등 보호의 필요성이 인정되는 자라고 규정하고 있다. 제5장에는 갱생보호에 대한 사항을 규정하고 있으며, 이 장의 제65조는 그 방법을 아래처럼 제시하고 있다.

1. 숙식 제공
2. 여비 지급
3. 생업도구, 생업조성금품의 지급 또는 대여
4. 직업훈련 및 취업 알선
5. 갱생보호 대상자에 대한 자립 지원
6. 제1호부터 제5호까지의 보호에 딸린 선행지도

② 제1항 각 호의 구체적인 내용은 대통령령으로 정한다.

③ 제71조에 따른 한국법무보호복지공단 또는 제67조에 따라 갱생보호사업의 허가를 받은 자는 제1항 각 호의 갱생보호활동을 위하여 갱생보호시설을 설치·운영할 수 있다.

④ 제3항의 갱생보호시설의 기준은 법무부령으로 정한다.

---

6) 형법 제61조는 선고유예의 실효에 관한 것으로 유예기간 중 자격정지 이상의 판결이 확정되거나 자격정지 이상에 처한 전과가 있으면 유예된 형을 선고하며, 제63조는 집행유예의 실효에 관한 것으로 고의로 범한 죄로 금고 이상의 실형이 판결된 후 집행유예는 효력을 상실하며 제64조는 집행유예의 취소의 경우로 집행유예를 선고받은 자가 집행유예 요건을 위반하거나 준수사항을 위반하면 집행유예를 취소할 수 있다.

7) 군사법원법 제2조는 군사법원의 재판권에 관한 것으로 제1항 군형법 제1조 제1항부터 제4항까지 그리고 국군부대가 관리하고 있는 포로들로 규정하고 있다.

- 갱생보호사업을 효율적으로 추진하기 위하여 제71조는 이사장을 포함한 임원 10명 이내로 구성되는 한국법무보호복지공단을 설립하도록 하고 있다.
- 제6장에는 벌칙에 관한 규정으로 제99조를 위반한 자는 1년 이하의 징역과 300만원 이하의 벌금에 처하며, 제98조를 위반한 자는 200만원 이하의 과태료를 부과한다고 규정하고 있다.

3. 보론

이 장에서 논의된 법들을 사회복지적인 관점으로 접근한다는 것에 이의가 제기될 수도 있다. 왜냐하면 두 법의 대상자들이 모두 타의에 의해 인권이 제한되는 강제성이 작동된다고 강하게 인식될 수도 있기 때문이다. 현실적으로 사회복지에 연관된 법으로 인식되기에는 많은 사람들은 위에서 논의된 두 법 모두 인간의 삶을 구속하는데 목적이 있다고 생각할 수 있다. 그러나 목적과 수단의 관계에 있어서 실질적으로 이 법의 목적은 인간의 삶에 대한 질적 상승에 두고 있기에 구속은 하나의 수단에 불과하다고 볼 수 있다.

그것을 더욱 강화하기 위하여 정신보건법은 실질적으로 인권과 치료의 관계 속에서 그 치료의 한계, 즉 구속과 속박의 의미로 받아들일 수 있기에 신중한 접근이 요구된다. 구속이 수단이 되기 위해서는 인권이 우선되어야 한다. 역설적이지만 의학이 발달한 현대사회에서 인권이 구속될 수 있는 대상자들에 대한 정신질환자의 구속이 아닌 인권을 보호하는 것이 치료보다 강조되는 방향으로 그 의미가 찾아져야 한다. 그러므로 정신보건법은 의학의 측면에서 치료를 위한 의학적 치료나 격리에 치중하는 것보다는 인간적인 측면에서 접근하는 인권보호가 강조되는 방향으로 접근하는 것이 중요하다. 보호관찰등에관한법률은 인간의 법적 구속에 있어서도 근원적 권리에 대한 보호의 중요성을 강조해야 한다. 1994년 만들어진 영화 쇼생크 탈출(The Shawshank Redemption)[8]에서 생각해 볼 수 있는 것처럼, 보호관찰은 구속의 측면에서 또는 열린 공간에서 또 다른 형태의 구속으로 인식될 수 있기 때문이다.

결론적으로 사회복지법은 인간적인 삶을 보장하고 증진시키는 것이 목적이다. 그런 이유로 사회적 생활에 어려움이 있는 사람에 대한 정신보건법과 보호관찰등에관한법률은 오히려 물적 토대뿐만 아니라 인간적인 측면의 확장을 통하여 인간의 생존권을 지키려는 노력이 요구된다.

---

8) 영화의 핵심은 감옥에서 주인공의 탈출이지만, 더욱 중요한 사실은 그 과정에서 장기수들이 폐쇄된 사회 속에서 오랜 기간 동안 생활로 인하여 발생할 수 있는 상황들이다. 예를 들어 장기수들은 가석방의 선고를 두려워하기도 하며 가석방과 그 이후 보호관찰기간 동안 사회에 적응하지 못하여 자살을 시도하기도 한다.

제10장 여성과 사회복지법 I [1)]

법은 최종적인 문제해결의 방법이다

여성문제 ⇒ 여성문제 해결을 위한 정책 ⇒ 법과 제도화

산업발전으로 인한 가족의 결속과 부양구조의 변화와 협상으로 맺어진 다양한 가족유형의 등장 등 여성들에 연관된 주변 상황의 변화로 현대사회에서 여성은 한편으로는 사회의 주체로서 가능성의 확대와, 다른 한편으로는 오히려 더욱 종속된 객체로서 가능성이 공존하고 있다. 그러므로 이것을 위하여 여성들이 사회에서 얼마나 세밀하게 배려되고 있는가 그리고 사회에 끼친 영향이 얼마나 되는가는 문명과 발전 척도라 할 수 있을 것이다. 이 장에서는 사회의 발전이 여성들에게 무슨 의미가 내포되어 있으며 그 해결 방안으로 사회복지법의 기능에 대하여 살펴본다.

1) 이 장은 저자의 **현대사회문제의 이해** 제4장을 확대 발전시킨 글이다.

1. 여성문제의 의미

여성문제는 제3세계 문제[1]와 함께 21세기 인류해방의 가장 중요한 문제이다. 사회복지의 정책적 과제로서 여성문제는 사회 구성원으로서 모든 여성들이 가지고 있는 일반여성문제와 사회적으로 인식된 구체적으로 욕구를 표출하는 요보호여성문제로 나누어 볼 수 있다. 이러한 여성문제는 여성에 대한 부당한 대우, 차별, 학대, 착취유형은 성희롱, 성차별, 성폭력으로 정리할 수 있다. 이런 문제들의 해결은 여성의 인권 증진과 인류의 진보와 인간 소외의 극복을 위한 노력일 것이다.

한국사회에서 여성에 대한 문제제기는 급격한 산업화과정을 통한 여성들의 노동시장 참여와 가족해체 그리고 가족붕괴로 진행 되었으며, 남성들의 권위나 우위성에 있어서의 변화를 이끌어 내지는 못하였다. 또한 인구의 구조적인 측면에서 급격한 사회의 노령화는 노동력 보존을 통한 여성의 사회적 기여가 아닌 단순히 사회의 여성화와 빈곤여성의 증가로 이어지면서 사회복지 측면에서는 국가적 부담으로 작용하고 있다.

1) 여성문제로서 빈곤: 빈곤의 여성화의 의미

빈곤의 여성화(feminization of poverty)는 빈곤계층에서 여성의 비율이 증가하는 현상을 말한다. 미국의 경제학자 다이아나 피어스(Diana Pearce)의 조사에 의하면 16세 이상 빈민의 2/3, 성인의

1) 1960년대부터 사용된 용어로서 경제적으로 발전된 미국과 서유럽 등의 자본주의 국가들은 제1세계에 속하며, 소련과 동유럽을 포함하는 사회주의 국가들이 제2세계 그리고 양쪽에 포함되지 않은 국가들이 제3세계에 속하며 그 국가들 대부분이 제1세계 국가들, 제국주의 국가들의 지배를 경험하였으며, 그로 인하여 현재의 빈곤과 저발전이 제3세계 문제로 규정될 수 있을 것이다.

70%가 여성이라고 한다. 우리사회에서 여성빈곤의 원인은 아래와 같이 네 가지로 정리할 수 있다.

- 노동시장에서 여성의 주변화: 남성과 여성간의 임금 차별과 취업률의 차별
- 가계소득의 불평등한 지배권: 재정적으로 남성의존
- 여성들을 위한 사회보장제도의 미비
- 결혼

아래의 그림은 현대 자본주의 체제 내에서 여성이 빈곤해지는 구조를 아래처럼 〈그림 10-1〉로 정리한 것이다.

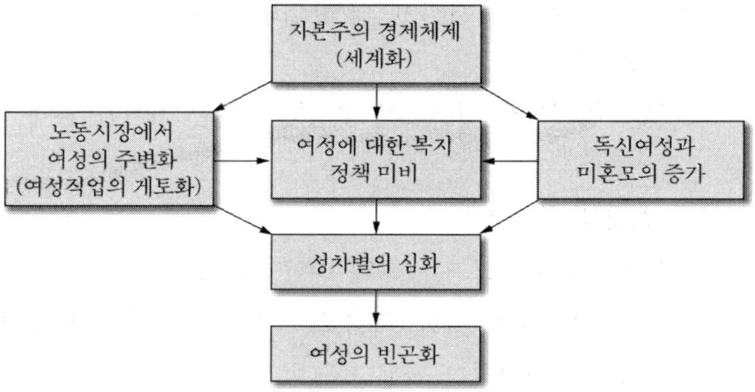

〈그림 10-1〉 우리사회에서 여성의 빈곤화 구조

2) 여성문제로서 성차별

프랑스의 페미니스트인 시몬드 보봐르Simone de Beauvoir는 사람은 여자로 태어나지 않는다. 단지 여자로 만들어질 뿐이다라고 말하였다. 이 말은 우리 세계에서 성차별의 의미를 잘 표현하고 있다. 성차별의 심화는 여성을 사회적으로 소외시키며 빈곤에 가장 중요한 원인

으로 작용하고 있다. 오래 전부터 성차별에 대한 시각은 논리적이라기보다는 전통적이고 권위적인 측면에서 접근하였다. 이런 측면에서 여성들에게는 여성이기 때문에 여성들만이 겪는 독특한 억압이 존재하고 있었는데, 거기에는 두 가지 원인이 있다고 한다. 하나는 남성이 여성보다 중요한 사회적 존재라는 것과 다른 하나는 여성들은 남성들의 즐거움의 대상으로 남성들의 보조자라는 주장이다. 그러므로 과거의 성차별이란 남성과 여성 간의 생물학적인 성을 토대로 특정한 성에 대한 사회적인 편견이나 차별을 말한다. 보편적 관점에서 성차별의 원인은 세 가지 관점에서 접근하고 있는데, 하나는 생물학적 접근이며, 둘은 심리학적 접근, 셋은 사회 문화적인 접근이다.

– 생물학적인 접근

*성적 정체성은 자신이 남성(남성다움)인지 여성(여성다움)인가에 대한 자각

*성적 정체성은 선천적인 것으로 성역할 차이가 존재

– 심리학적인 접근

*성차별의 원인은 성역할에 대한 고정관념

*그 고정관념에 의한 사회화(여성은 순종적인 여성다움과 남성은 씩씩하고 권위적인 남성다움)의 준거틀 형성

*이러한 준거틀 하에서 성격, 가치관, 대인관계, 역할분담, 직업선택이 좌우됨

- 사회문화적인 접근: 성차별의 근본원인은 보편적인 의식구조, 문화적 상징구조, 사회구조적 원인이 중요

결론적으로 성차별은 앞에서 논의된 성차별적 토대들로부터 여성들의 현 체제에 대한 해방을 의미한다. 그러므로 여성들의 성차별 극복

에 대한 이론적 접근은 그 원인에 대한 시각을 토대로 하는 여성해방의 측면에서 출발한다. 성차별에 대한 여성해방론적 관점은 생물학적인 측면보다는 경제적 권력, 정치적 권력, 이념적 지배와 같은 성차별에 대한 다양한 접근을 통하여 남녀 간의 관계에 대해 사회적으로 규정되고 구조화된 차이에 중심을 두고 있다. 아래의 〈표 10-1〉은 그 구조적 원인에 대한 비교분석이다.

〈표 10-1〉 성차별에 대한 이데올로기적 접근

구분	자유주의적 관점	마르크스주의 관점	급진주의적 관점	사회주의 관점
성차별의 원인	기회불평등	계급불평등	가부장제	성별분업
분석의 초점	법적 제도적 문제	자본주의 논리와 성차별 기제와 연관성	생물학적 차이에 의한 남성에 대한 여성종속	자본주의와 가부장제의 결합구조에서 성차별 형성
성차별의 해결방법	제도적 개선에 의해	계급혁명을 통해	가부장제 타파	자본주의 극복과 가부장제 타파

이런 틀로부터 우리나라의 성차별에 대한 이론적 접근은 성별분업을 성차별의 원인으로 분석하고 있는 사회주의적 관점이라 할 수 있다. 왜냐하면 남성 위주의 전통적 가부장제의 존속과 서구로부터 들어온 자본주의 생산양식이 결합으로 인한 성별 분업구조에서 가사노동에만 전담하였던 여성들에게 산업사회 임노동자로서 차별이 가해짐으로써 더욱 불리하게 작용하고 있기 때문이다.

2. 여성장애인 문제

여성장애인 문제에 대한 대책 수립을 위하여 우선 여성문제 그리고 장애인문제의 공통적 과제는 법적 차별이 아닌 인간에 있어서 보편적인 평등에 관한 것이다. 이것이 전제되지 않는 한 사회적 약자로서 여성은 여성내의 차별인 여여차별로서 그리고 여성장애인과의 차별하려는 구조가 오히려 강화될 것이다. 그러므로 여여차별의 극복과 여성 단결에 의해 법적 차별 형태의 극복이 가능한 것이다. 즉 인간 사회에서 여성이 어떻게 자신의 능력과 재능을 발휘하여 그 사회에 기여할 수 있는가는 여성 스스로 인식의 전환으로 여성장애인과의 평등을 실현하는 길이며, 그것을 위하여 무엇보다 중요한 사실은 아래와 같은 원인과 요소들에 대하여 한편으로는 그 권리의 제도화를 위한 토대를 구축해야 해야 하며 다른 한편으로는 사회복지의 과제로 간주하여야 할 것이다.

- 현존하는 여성 억압적이고 성차별적인 법적 요소들을 제거한다.
- 양성 평등적 사회를 구현한다.
- 여성복지 증진을 위해 사회보장제도 및 사회복지서비스에 관련된 제도들을 정비하고 마련한다.

여성장애인은 성차별 그리고 장애차별 또는 여성으로 그리고 장애인으로 어려움과 같은 이중적 고통을 겪고 있다. 성차별은 여성을 주변화시키는 사회적 권력, 문화적 가치 그리고 개인의 편견 등의 결합체이며, 장애차별은 장애인을 주변화시키는 그런 권력에 의해 부정적인 이미지의 축적되면서 억압으로 작용되고 있다. 그것은 또 다른 측면에서 남성장애인에 의한 여성장애인의 차별형태인 장·장차별[2]이라 할 수 있다. 여성장애인은 우리나라의 지독한 전통적 가부장 사회에서 여성으로서의 차별과 비장애인과의 차별이라는 이중적 차별을 그리고

2) 여성장애인은 기본적으로 자신들의 문제해결의 토대를 장애인문제 해결로 인식하고, 그것이 해결되면 자연스럽게 자신들의 문제도 해결될 것이라는 희망을 가지고 있었다. 그러나 장애인 운동에 있어서 여성장애인들은 남성 중심적인 가부장제를 극복하여야 했다. 여성장애인 문제는 장애인문제로 인식되지 못하고 그 해결과 장애인운동의 우선순위에서도 전형적인 성차별로 간주될 수 있다.

남성장애인과의 차별로 복합적인 차별을 겪고 있다. 즉 장애인들 사이에서도 여성장애인은 그들 사이에서의 차별로 또 다른 방식의 주변인으로 존재한다는 것이다. 그러한 차별을 보여주는 지표로서 통계에 의하면 여성장애인의 경제활동참가율은 27.7%로 여성장애인의 49.9%, 남성장애인의 57.7%에 훨씬 못 미치고 있다는 것이다. 또한 직종에 있어서도 여성장애인은 대부분 단순직으로 여성으로의 차별인 사무보조, 단순노동 저임금의 성차별적인 것에 호기심과 혐오의 시각과 같은 장애차별이 더하여 더 큰 어려움을 겪고 있다.

차별에 대한 첫 번째는 장애를 가진 여성에 있어서 호칭 문제로서 장애인 여성 또는 여성장애인에 대한 고려는 매우 중요하다. 왜냐하면 그것은 인간에 대한 존엄성에 연관된 편견의 토대로서 작용하고 있는 문제이기 때문이다. 전자의 측면에서는 여성 이전에 장애라는 차별적 사실을 내포하고 있는 것이다. 반면에 후자의 측면에서는 장애보다는 여성성이 강조되고 있다. 현재 우리사회에서 장애를 가진 여성에 대한 호칭으로 장애인여성과 여성장애인이 혼재되며 사용되고 있다. 그러므로 이 글에서는 장애에 대한 선입견으로부터 자유로울 수 있는 여성장애인이라는 호칭이 적절할 것이며, 이 글에서는 여성장애인으로 표기될 것이다.

여성장애인은 여성에 속하는 것일까 아니면 장애인에 속하는 것일까. 또한 사회복지에 있어서 장애여성은 한편으로는 여성복지, 다른 한편으로는 장애인복지에 연관되어 있을 것이다. 아마도 우리사회에서 여성장애인에 대한 정체성의 혼돈은 이것으로부터 시작될 것이다. 또 다른 측면으로 여성에 있어서 여성장애인은 어떠한 모습으로 비추어지고 있을까. 역설적이지만 그 동안 우리사회의 가부장적 제도에 의해 억압받던 여성이 오히려 그 체제 유지에 있어서의 그들의 역할은 부정될 수 없을 것이며, 그런 측면에서 여성에 의한 여성장애인 차별도 같은 맥락에서 접근할 수 있을 것이다. 피상적으로 현대 여성들은 가정이나 학교에서의 삶 속에서 차별을 느끼지 않을 것이다. 그러나 그들이 사회 속으로 나가는 순간 우리사회에서 여성으로 산다는 것에 대한 어려움을 느끼게 될 것이다. 그 이전 사회에서는 가정이나 학교 등 사회 전반에서 여성에 대한 차별은 존재하였다. 현대사회에서 여성장애인의 삶도 이와 같다. 여성장애인의 존재적 가치에 대한 사회적 인정은 역설적이지만 그들을 차별의 대상임을 인정하고 있는 것이다. 그러므로 그 차별의 시작은 여여차별이며 결과적으로 명확하게 여성장애인도 경쟁자로 존재하는 것이다.

최근까지 우리사회에서 여성장애인은 여성이 아닌 장애여성으로 존재하여 왔다. 또한 모두가 인간 이전에 그들을 장애인으로 간주하였다. 외적으로 사회복지 예산이 증가하고 장애인복지에 관련된 법들이 제정되고 있어도 여성장애인들이 더불어 살 수 있는 생존의 토대는 사회에서 그들이 여성으로 인식되는 것이다.

3. 여성복지의 사회적 필요성

우리나라의 여성복지정책은 요보호 여성만을 대상으로 한 부녀복지로 제한적, 협의의 의미의 복지정책으로 규정할 수 있다. 일반적으로 부녀라고 하면 부인과 여자를 가리키는 말로서 부녀복지는 미혼과 기혼을 가리지 않고 모든 여성의 문제와 욕구를 해결하려는 복지대책의 전반적인 내용을 포함한다. 그러나 현실적으로 사회복지의 분야로서 부녀복지는 일하는 여성, 모자가정, 미혼모, 윤락여성 등의 문제를 중요하게 취급하고 있다. 1980년대 복지국가의 추구를 표방하였음에도 불구하고 여성에 있어서는 정책수립과 시행에 소외되어 형식적 것에 불과하였지만 여성운동과 여성학이 활발히 논의되고 수용됨에 따라 현재는 부녀복지라는 용어보다는 여성복지라는 용어가 더 많이 사용되고 있다. 공식적으로 우리나라 정부에서 여성복지라는 용어를 사용하기 시작한 시기는 1990년대 중반 이후부터이다.

일반적으로 사회복지에 대상은 좁은 의미에서 어린이, 장애인, 노약자 그리고 여성으로 사회적 약자들이 속하여 있다. 여기서 여성은 여성이라는 이유로 사회적 불평등이라는 측면에서 보편적 의미의 복지와 협의의 의미에서 부녀자나 요보호여성들을 위한 복지, 여성복지를 다루는 것이다. 왜냐하면 사회의 변화와 여성들의 노력으로 지위상승을 가져왔지만, 그에 따른 사회참여와 불완전한 지위상승은 이중의 고통을 가중시키고 있기 때문이다. 즉 이것은 남성위주의 사회에서 편입하기 위하여 모든 여성을 사회복지의 대상하자는 소극적 의미와 근본적인 측면에서 가부장제와 같은 성차별을 타파하려는 페미니스트적인 시각에서의 적극적 의미의 여성복지를 포함하기도 한다.

산업발전으로 인한 일과 가족의 분리, 여성의 가사노동의 재평가와 같은 여성의 측면에서 사회적 변화는 복지개념의 광의적 해석과 여성복지의 영역의 확대로 인도하였다. 그것은 여성의 사회참여로 발생하고 있는 사회문제의 해결의 측면에서 여성복지의 범주를 아래와 같이 정리할 수 있다.

– 노동분야

*현대여성의 사회진출 증가에 따른 노동현장에서의 성차별문제

*채용단계, 임금, 부서 배치, 승진

– 가족분야

*장기근속의 희망에도 불구하고 결혼, 출산으로 인한 육아

*공동육아론, 직장 내 탁아소

– 사회보장과 사회복지

*여성의 취업증가로 인한 여성들의 직업병

*직장여성의 유배우자화 및 고령화에 따른 가정 책임에 대한 부담

*이혼증가에 따른 모자 가정의 생활고

1) 여성장애인과 사회복지

여성장애인에 있어서 사회복지의 의미는 성차별의 극복이며, 이것을 통하여 새로운 차원의 여성장애인에 대한 사회복지의 문을 열어야 한다. 그것은 한편으로는 여성장애인의 사회참여를 통해 성차별을 극복하면서, 다른 한편으로는 그것을 통하여 취업의 길을 확장시켜야 한다는 것을 의미한다. 새로운 세기의 도래는 그것을 가능하게 할 수 있는 틀을 형성하고 있는데, 기존의 육체 위주의 노동에서 창조적 노동으로 전환됨으로서, 그것이 여성장애인들에게는 기회로 작용할 수 있을 것이다. 20세기가 지나고 21세기에 들어서면서 여성에 대한 새로운 시각과 더불어 과학과 산업의 - BT, ET, IT, NT, ST[3] - 발달은 기존의 사회적 요구에 따른 변화가 아닌 새로운 것을 창조하는 방향으로 진행되고 있다. 이러한 경향은 여성장애인에게 커다란 의미를 부여할 수 있을 것이다. 왜냐하면 이것은 현대인의 삶의 틀과는 다른 조용히 홀로 사색과 사변을 통하여 이루어질 수 있기 때문이다. 따라서 이러한 변화는 비장애인보다는 장애인에게 그리고 남성보다는 세심하고 감성적인 여성장애인에게 유리한 시대적 여건을 조성하였다고 볼 수 있다. 그러므로 여성장애인에게 있어서 사회복지는 생존을 위한 도움, 비장애인들의 생활구조와 동일한 조건 속에서 생존보다는 그들의 신체적 조건으로 인한 상대적으로 많은 소외, 고립을 건설적이고 생산적인 사고와 사변의 조건의 우위로 전환시키는 역할을 하여야 할 것이다.

여성장애인에 대한 사회복지의 역할에 있어서 이러한 전환적 사고는 그 동안 문제시 되었던 여성장애인의 단순직으로서 사무보조나 단순노동, 저임금 문제, 장애인들에 대한 성적 기회박탈의 연장선상에서 여성장애인의 임신과 같은 성에 연관된 문제[4] 등 각종 문제들 속에서

---

3) 이는 생명공학(Biology Technology), 환경공학(Environment -), 정보공학(Information -), 나노기술(Nano -), 우주공학(Space -)의 약자로 미래를 선도할 산업이다.

4) 장애인운동에서 가장 중요하게 논의가 되었던 문제는 여성장애인의 성폭력에 관한 것으로, 이것은 인권과 깊이 연관되어 있으므로 제3부에서 다루어질 것

객체적 존재로부터 주체적 존재로 역할의 변화를 가능하게 할 것이다. 그러므로 기존의 약자에 대한 소극적 배려로부터 여성장애인에 대한 사회복지정책은 그들의 존재적 가치에 대한 자부심과 그것을 통한 사회적 기여는 순환적 고리를 이루면서 사회발전과 국가발전이라는 것에 동참이라는 인식을 키워나가는 적극적 방향으로 진행되어야 할 것이다.

물론 전자에서 여성장애인들은 여성의 한 부분이지만, 후자에서는 장애인복지의 모든 분야에서 주체로서 설명되어야 할 것이다. 여하튼 사회적으로 여성과 장애인의 공통점은 차별당하고 있다는 사실이다. 이러한 사실에 대한 사회적 관심의 결과물이 여성복지 그리고 장애인복지와 연관법들이라 할 수 있을 것이다.

4. 법과 여성

법과 여성간의 관계는 헌법에 규정된 평등개념으로부터 인식될 수 있다. 여성을 위한 특별한 기본권은 헌법에 규정된 인간의 존엄성에 대한 관념을 토대로 남녀 모든 국민의 기본적 인권보장으로의 기본권과 모성에 대한 특별보호 형태로 규정하고 있다. 그러므로 법적인 측면에서 여성과 남성은 평등하다. 그것에 대하여 우리나라의 헌법은 인간 존엄성의 측면에서 그리고 양성평등의 측면에서 아래의 같은 여러 조항을 통하여 여성의 권리를 보호 · 보장하고 있다.

- 법 앞에서 평등 그리고 누구든지 성별, 종교 또는 사회적 신분에 의하여 정치 경제 사회 문화 등 모든 생활영역에서 차별을 받지 아니한다라고 성차별금지를 명문화 ⇒ 양성평등의 기본권: 가족

이다.

법, 재산법과 같은 하위법에서는 남존여비사상, 남성혈통 중심 법적 체계가 존재

- 헌법32조 제4항에서 여자의 근로는 특별한 보호를 받으며 고용, 임금 및 근로조건에 있어서 부당한 차별을 받지 아니한다고 규정
- 헌법36조 제1항은 혼인과 가족생활은 개인의 존엄과 양성의 평등을 기초를 성립되고 유지되어야 하며 국가는 이를 보장한다와 제2항에서는 "국가는 모성의 보호를 위하여 노력하여야 한다"고 규정

사회복지와 관련하여 헌법 제32조 제3항은 국가는 여자의 복지와 권익의 향상을 위하여 노력하여야 한다고 규정하고 있으며, 제10조에서는 모든 국민은 인간으로서의 존엄과 가치를 가지며, 행복을 추구할 권리를 가지고 있으며, 국가는 개인이 가지는 불가침의 기본적 인권을 확인하고 이를 보장할 의무를 진다고 규정함과 동시에 제34조 제1항에서는 모든 국민은 인간다운 생활을 할 권리를 가진다고 규정하고 있다. 인간다운 생활을 할 권리란 1948년 세계인권선언의 인간의 존엄성에 상응하는 생존, 즉 건강하고 문화적인 최저한도의 생활을 할 권리로서 이런 권리의 실현을 위해 우리나라 헌법 제34조 제2항에 국가가 사회보장 및 사회복지의 증진을 위해 노력할 의무를 규정하고 있다.

그 동안 민주화와 여성인권 투쟁으로 아직은 미흡하지만 실질적으로 우리나라 법들은, 특히 상위법들은 여성들에게 형식적이기는 하지만 양성 평등의 입장에 서있다고 볼 수 있다. 형법에 존재해 있는 간통죄에 대한 지속적인 문제제기와 호적문제 등 여성들에게 불리하게 작용되었던 법과 제도들이 개정 개선되고 있다.[5] 여성들의 사회참여

5) 간통죄는 2008년 헌법재판소의 합헌결정으로 현재까지 유지되고 있다. 그러나 혼인빙자간음죄는 위헌판결로 폐지되었다. 그리고 호적법은 2008년부터 폐지되었으며, 그에 따라 호주개념이 없어지고 자녀가 모의 본과 성을 따를 수 있고, 자녀의 성을 변경할 수 있으며 그리고 부와 모가 동등하게 기재되

와 삶의 질적 상승을 위하여 아동복지법에서 영유아부분을 분리하여 영유아보육법이 제정되었지만, 그것은 또 다른 차원에서 여성 노동력을 통한 지위 상승으로 이끌어 내기는 역부족이라고 볼 수 있다. 왜냐하면 여성들의 보육으로부터 해방이 사회참여와 사회적 기여를 향한 긍정적 방향이 아닌 취업에 있어서나 임금에 있어서 차별로 인하여 여성들을 다시 가정으로 돌아가게 하는, 오히려 직업에 있어서나 그리고 사회적 기여와 있어서 여여 차별과 여여 갈등으로 이어지고 있기 때문이다.

5. 여성을 위한 사회보장 및 사회복지법

오늘날 우리나라에서 여성들과 연관된 법들은 두 가지 측면에서 살펴볼 수 있다. 하나는 여성과 남성을 구분하지 않는 보편적인 정의구현이라는 측면에서 접근하는 것으로, 이미 이것은 여러 장에서 논의되었다. 다른 하나는 적극적 의미에서 법의 목적이 인간의 삶의 질적 상승을 통한 여성의 삶도 동반하는 질적 상승보다는 소극적 측면에서 여성문제, 즉 남성과 연관되어 발생되는 여성문제 해결에 집중하는 것이다. 왜냐하면 성차별적인 접근은 사회복지적일 수 없기 때문이다. 그러므로 여성과 연관 사회복지법들은 제정과정에서 역차별이나 성차별적인 오해가 발생하기도 하였지만, 특별법 형식으로 1990년대 이후 집중적으로 제정되었다.

그 내용과 의미는 제12장에서 구체적으로 논의될 것이며, 아래와 같은 보편적인 특징들을 내포하고 있다.

- 여성복지에 있어서는 강제성이 아닌 권고 내지 권장사항 의미의

는 호적법의 대체법인 가족관계 등록 등에 관한 법률로 변경되었다.

---하여야 한다는 식의 노력의무만을 규정
- 노력의무의 명시는 법집행의 영향력보다는 선언적 의미
- 모순적인 여성정책, 사회복지 규정
  *한편으로는 성별분업에 기초한 부녀복지정책으로 남성은 생계부담자로 여성은 가장 부양 받아야 할 의존자로 규정
  *다른 한편으로는 여성의 사회참여 기회 확대 및 취업증진 규정
  *"선 가정보호 후 사회보장 정책"
  *1980년대 이후 복지에 대한 국가적 관심에 의하여 성차별 문제가 여성복지의 중대한 화두로 등장함에 따라 공동육아와 같은 여성과 아동을 대상으로 하는 복지정책을 중심으로 진행

결론적으로 우리사회에서 여성과 여성복지에 연관하여 여성은 법적인 측면과 현실적 측면에서의 실질적인 이중적 잣대와 성차별이 존재하고 있다. 법은 인권의 최후의 보루이다. 그러므로 사회복지법은 인권의 취약지역인 여성과 여성장애인에 있어서 그들의 인권을 보호하고 보장할 수 있는 토대이며, 인간으로의 삶의 질에 대한 보장과 상승을 일구어 낼 수 있는 실질적인 역할을 수행하여야 할 것이다.

제11장 여성과 사회복지법 II

– 영유아보육법, 한부모가족지원법, 입양촉진및절차에관한 특례법, 다문화가족지원법 –

이 장에서는 가족과 연관된 법들이 논의될 것이다.[1] 여성과 사회복지법이란 제목은 남성의 배제나 책임론 같은 것을 의미하지 않는다.

1. 영유아보육법

현대산업사회에서 아동의 보호와 교육의 기능은 가정의 문제만이 아닌 사회의 공동 책임이라는 인식 하에 탁아사업의 활성화를 위하여 제도적으로 보장할 필요성이 제기되었다. 왜냐하면 미래 세대인 영·유아가 건전하게 육성되어야만 국가의 장래가 보장되기 때문이다. 그러므로 국가는 영·유아의 보육에 관하여 그 중요성을 인식하고 국가정책으로 추진해야 할 것이다.

1) 직접적으로 사회복지법과는 거리가 있지만 가족과 연관된 가장 포괄적인 법은 2005년 제정된 건강가정기본법이다. 전문5장 36조와 부칙으로 구성된 이 법은 여성가족부에 의해 입안되었으며, 그 목적은 건강한 가정생활의 영위를 위하여 국가와 지방자치단체의 책임을 부가한 것으로, 그것을 위해 가정문제에 대한 직접적인 해결방안을 강구하여 지원정책을 강화하였다.

1) 영유아보육법의 의미

이 법은 그 동안 아동보육을 제도적으로 담당하였던 아동복지법의 한계를 극복하기 위하여 그리고 급속한 산업화로 인한 사회문제의 하나인 아동보육을 제도화한 결과물이다. 그러므로 우리사회에서 제정의 구체적인 원인은 한편으로는 핵가족과 여성의 가사노동으로부터의 해방에 따른 여성의 사회참여의 증가, 다른 한편으로는 사회적으로 여성노동력의 필요성이 증가하고 있다는 사실로부터 찾을 수 있을 것이다. 따라서 이 법은 아동복지와 여성복지의 차원에서 탁아사업의 필요성 증가에 따른 보육의 제도적 보장이라 할 수 있다.

2) 영유아보육법의 입법배경과 연역

1980년대 후반으로 들어오면서 기혼여성의 취업률 증가가 뚜렷해지면서 탁아시설의 필요성과 저소득계층의 아동방치문제가 사회문제로 등장하면서 보육에 대한 관심이 증가하였다. 이런 상황을 극복하기 위하여 정책적으로 어린이집 설립이 폭발적으로 증가하였으나, 구조적으로 여성의 사회참여의 어려움과 정책적인 측면에서 보육에 대한 사회적 비용의 증가라는 모순적인 현상이 발생되었다.[2] 이 법은 영화 도가니의 영향으로 직장어린이집 설치의무 이행율 개선을 위하여 2011년 12월에 일부 개정되었는데, 그 내용은 제14조 제2항에 보건복지부는 직장어린이집 실태를 매년 조사한 후 별도 심의 후 직장어린이집 설치의무 이행하지 않은 사업자를 공표할 수 있다고 규정하였다. 오늘

2) 우리나라에서 법의 취지와는 다르게 보육은 사회구조, 노동구조의 문제로 여성의 사회참여로 이어지지 않고 있다. 보편적 측면에서 보육의 목적이 여성의 사회활동의 지원도 중요하지만, 사회활동을 하지 않는 여성들에 대한 지원에 있어서 형평성의 고려가 요구된다고 본다. 왜냐하면 2012년 경제활동참가에 대한 통계에서남성의 경우 같은 연령대 20-29세 취업자가 63.6% 30-39세 74.4%였으나, 여성의 경우는 61.6%에서 54.8%로 감소되었으며 40-49세에 64.9% 다시 증가하였다. 그 원인을 결혼과 출산, 그리고 자녀들의 본격적인 양육과 교육시기에 다시 취업을 하려는 것은 경제적 문제에서 찾을 수 있을 것이다.

날에는 출산율의 저하에 대한 사회적 대책으로 보육에 대한 관심의 증가는 영유아보육법의 사회적 현실에 대한 적절한 변화와 개정이 절실하다.

- 1989년 9월 19일 아동복지법 시행령 개정으로 탁아시설에 대한 법적 근거 부활
- 1990년 보사부령으로 탁아시설 설치운영규정 제정
- 1991년 1월 14일 아동복지법과 사회복지사업법에 대한 특별법으로 전문6장 32조와 부칙으로 영유아보육법 제정
- 1997년 제1차 개정: 무상교육 실시(초등학교 취학 직전 1년)
- 1999년 제2차 개정
  *보육시설의 휴지 폐지를 승인제에서 신고제로
  *보육비용의 승인제를 한도제로
  *보육의 여성가족부로 이관
  *여성가족부 주도로 2006 영유아보육법 개정
- 2011년 일부개정: 직장어린이집 설치의무 미이행 사업장 공표, 보육교사의 보수교육 체계 정비

3) 영유아보육법의 내용분석

이 법은 보육에 대한 국가 책임을 강조하기 위해 2012년 현재까지 34번의 개정으로 전문9장 56조 부칙으로 구성되어 있다. 제2조에서는 한편으로 영유아에 대한 정의를 6세 미만의 취학 전 아동으로 규정하고, 다른 한편으로는 보육에 대한 정의를 건강하고 안전하게 보호·양육하는 것으로 그리고 발달과정에 적절한 교육을 하는 것으로 규정하고 있다. 그것을 위하여 영유아보육의 공공 책임을 규정하면서 그 책임을 보건복지부장관과 지방자치단체장에 위임하고 있다. 제10조에는 보육시설을 국·공립보육시설, 민간보육시설, 직장보육시설, 가정보육시설로 구분하면서, 영유아보육시설의 운영의 측면에서 보육의 우선제

공에 관한 사항은 제28조에서 규정하고 있는데, 그 대상자는 국민기초생활 수급자와 차상위계층의 자녀, 장애인복지법 제2조에 따른 장애인 중 보건복지부령이 정하는 장애등급 이상에 해당하는 자의 자녀, 다문화가족지원법 제2조 제1호에 따른 자, 한부모가족지원법 제5조에 보호대상자[3] 등이 속하여 있다. 이와 연관하여 영유아보육의 재정은 제34조에 비용의 부담의 측면에서 보호자 부담, 그러나 국민기초생활보장법 대상자들은 국가 또는 지방자치단체가 전부 또는 일부 지원을 규정하고 있다. 그것을 위하여 제30조에는 어린이집 평가인증에 대하여 규정하고 있으며, 같은 조항 제3호에서는 평가인증 결과가 보육사업에 필요한 지원에 영향을 준다고 규정한다. 결론적으로 위와 같은 영유아에 관련된 것들을 실현하기 위하여 제5조에 규정되어 있는 것이 보육정책조정위원회라 할 수 있다. 이 위원회는 보육에 있어서 가장 권위있는 조직으로 위원장인 국무총리조정실장과 교육기술부차관, 보건복지부차관, 고용노동부차관 여성가족부차관을 포함하여 12인으로 구성된다.

☞ 다른 측면에서 영유아보육법에 대한 접근으로 이 법의 시행에 있어서 보육시설의 운영 시 발생하는 각종 문제에 대한 해결의지가 보이지 않는다는 것이다. 기존에 발생하였던 보육시설에서의 급식문제, 아동 학대 등이 법적인 측면에서 해결이 불가능하다. 왜냐하면 전자는 보건복지부보다는 식품위생법이 우선적으로 적용되고 후자는 교사자격박탈과 같은 규정이 없어 또 다시 유사사건의 발생 가능성을 열어놓고 있다. 그러므로 이러한 문제들을 해결하기 위해 관련부서의 결정을 강화하는 것과 같은 현실성이 있는 법운영이 필요하다.

3) 다문화가족지원법 제2조 제1호는 다문화가족에 대한 규정으로 대한민국국적 취득자를 말하며, 한부모가족지원법 제5조는 보호대상의 범위를 규정하고 있는데, 그것은 배우자와 사별 또는 이혼, 정신이나 신체의 장애로 노동능력을 장기간 상실한 자(보호대상자)의 자식들로 18세 미만이어야 한다.

2. 한부모가족지원법

이 법의 제1조에는 한부모가족[4]이 건강하고 문화적인 생활을 영위할 수 있도록 함으로써 한부모가족의 생활 안정과 복지 증진에 이바지함을 목적으로 한다. 이 법은 모자복지법의 제정을 시작으로 1998년 경제환난으로 사회적 환경의 변화에 따라 부자가정문제도 모자가정문제만큼 심각하다는 사실을 인식하면서 법명개정을 통해 부자가정에 대한 법적 보호를 가능하게 하였다. 이 개정된 법은 다시 개명되어 한부모가족지원법으로 변화되었음에도 불구하고 단순한 명칭의 변화에만 의미를 부여할 수 있다.

1) 한부모가족지원법의 제정 의미

이 법의 의미는 법명의 변화에서 찾을 수 있다. 사회적 변화와 경제적 상황변화는 가족 내의 구조적 변화와 가족구성원들의 문제들을 발생시켰다. 이러한 가족의 해체와 붕괴 속에서 가족문제의 해결을 위해 1989년 모자복지법의 제정과 2002년에는 전문5장 31조 부칙의 모·부자복지법으로 개정되었다. 모·부자복지란 모자가정이 겪을 수 있는 문제들을 해결하여 그들이 인간답게 살아갈 수 있도록 돕는 사회복지적인 제반 활동이다. 이 법은 모자복지법의 국가 등의 경제적 사회적 지원대상이 모자가정으로 한정되어 있어 이를 확대하여 같은 조건의 남성이 세대주인 부자가정에 대해서도 지원이 가능하도록 개정된 법이다. 그러나 내용적인 법조항에 대하여 분석한다면, 개정의 의미는 법명의 변경과 더불어 아래와 같은 사실에 국한된다고 볼 수 있다.

---

4) 한부모가족이란 모·부자복지법의 모나 부의 제한적 의미로부터 18세 미만의 미성년 자녀를 둔 가정에서 포괄적 의미에서 부모의 한쪽 또는 양쪽이 사망, 이혼, 별거, 유기, 미혼모 등의 이유로 혼자서 자녀를 키우며 부모 역할을 담당하는 한부모와 자녀로 구성된 가족을 의미한다.

실질적으로 2002년 부칙에 의하면 모 · 부자복지법의 대부분은 모자복지법의 내용에 아래와 같이 부자를 더하여 규정하였다.

- 모자복지상담소 ⇒ 모 · 부자복지상담소
- 모자복지상담원 ⇒ 모 · 부자복지상담원
- 모자복지시설 ⇒ 모 · 부자복지시설

또한 2007년 부칙은 모 · 부자복지상담원은 한부모가족상담원으로, 모 · 부자복지상담소는 한부모가족복지상담소로 그리고 종전의 모 · 부자복지단체는 이 법의 제3장 제19조부터 제24조까지 한부모가족복지단체로 정리한다고 규정하고 있다.

2) 한부모가족지원법의 입법배경과 연역

급격한 산업화에 따른 우리 사회의 노동구조 변화로 인하여 가정생활과 직업활동과의 병행과 분리의 어려움을 발생시켰으며, 그것은 이혼의 증가로 이어지게 되었고, 동시에 한부모가정의 증가를 가져왔다. 1980년대 영세모자가정에 대한 관심이 증가하면서 한국여성개발원 등 여성단체를 중심으로 모자가정에 대한 체계적 종합적인 보호를 위한 입법이 추진되었다. 우리나라의 한부모 가정은 2010년 현재 전체가구의 8%정도의 150만 가구로 추정되고 있다. 가구원수로는 약 400만명에 이르는 것으로 되어 있다. 그 과정은 아래와 같으며 사회적 변화에 따른 가족 구조의 변화는 아래의 〈표 11-1〉처럼 법개정으로 이어졌다.

- 1989년 4월 1일 모자복지법 제정되어 동년 7월 1일 시행
- 1998년 1차 개정됨
- 2002년 모 · 부자복지법으로 개정
- 2007년 한부모가족지원법으로 개정

아래의 〈표 11-1〉은 일본과 우리나라의 모자복지에 연관된 법들을 비교분석한 것이다. 표에서 보여주는 것처럼 우리나라가 세 가지 법으로 변화는 되었지만 내용적인 측면이 아닌 형식적인 것에 그쳤다. 그러나 일본은 1990년 이후 과부가족이나 모자가족에 대한 자금 대출을 위한 법적 규정을 통하여 자립에 기여하였다.

〈표 11-1〉 한국과 일본의 모자복지법에 대한 비교분석

<table>
<tr><th colspan="3">한국</th><th colspan="4">일본</th></tr>
<tr><td>모자
복지법
(1989)</td><td>모 · 부자복
지법(2002)</td><td>한부모가족지원
법(2007)</td><td colspan="2">모자복지법(1964)</td><td colspan="2">모자 및 과부복지법(1981)</td></tr>
<tr><td colspan="3">전문5장 31조 부칙</td><td colspan="2">전문4장 23조 부칙</td><td colspan="2">전문8장 47조</td></tr>
<tr><td>제1장</td><td colspan="2">총칙</td><td>제1장</td><td>총칙</td><td>제1장</td><td>총칙</td></tr>
<tr><td>제2장</td><td colspan="2">복지의 내용과 실시</td><td>제2장</td><td>복지의 조치</td><td>제2장</td><td>기본방침 등</td></tr>
<tr><td>제3장</td><td colspan="2">한부모가족복지시설</td><td>제3장</td><td>모자복지시설</td><td>제3장</td><td>모자가정에 대한 복지조치</td></tr>
<tr><td>제4장</td><td colspan="2">비용</td><td>제4장</td><td>잡칙</td><td>제4장</td><td>과부에 대한 복지조치</td></tr>
<tr><td>제5장</td><td colspan="2">보칙</td><td></td><td>부칙</td><td>제5장</td><td>복지자금대부급여에 대한 특별회계</td></tr>
<tr><td></td><td colspan="2">부칙</td><td></td><td></td><td>제6장</td><td>모자복지시설</td></tr>
<tr><td colspan="3" rowspan="2">- 세 법이 내용적 변화보다는 시대적 가족구조의 변화에 따른 위험을 해결하기 위해 법명이 재정됨</td><td colspan="2"></td><td>제7장</td><td>비용</td></tr>
<tr><td colspan="2"></td><td>제8장</td><td>잡칙</td></tr>
</table>

3) 내용분석

이 법은 전문5장 31조와 부칙으로 구성되어 있으며, 제4조 제1항2는 청소년 한부모를 24세 이하의 모나 부로 규정하고, 제2항은 한부모가족을 모자가족 또는 부자가족으로 정의하고 있다. 위의 표에서 보여주는 것처럼 이 법의 개정은 내용적인 측면보다는 가족의 구조적 문제 해결을 위해 대응하는 것으로 보아야 할 것이다. 왜냐하면 가족에 대한 의미와 구조적 다양성과 그 의미에 대한 사회적 편견과 차별이 언어적 표현에 기인할 수 있기 때문이다.

- 이 법의 제4조에는 각종 용어에 대해 정의를 규정하고 있는데, 이것은 모나 부와 같은 보호주체에 관한 것이다.
- 제4조 제1항과 제2항은 모자가족과 부자가족을 규정하고 있다. 가족구성원인 아동은 아동복지법의 규정에 따라 18세미만으로 그리고 취학 중인 아동은 22세미만으로 규정하고 있다.[5)]
- 제5조는 보호대상자에 속하는 아동에 대하여 규정하고 있다. 특히 보호대상자의 연령이 벗어난 경우 그 자녀는 제외된다는 사실, 그리고 그 외의 미혼모 등의 자녀들에 대해 규정하고 있다.
- 한부모가족을 위한 복지의 내용은 급여, 자금대여, 고용 등을 제2장에 기술하고 있다. 급여부분은 국민기초생활보장법과 연계되어 있으며 자금대여나 고용은 국가와 지방자치단체의 의무로 규정하고 있다. 특별히 청소년 한부모가족의 경우 교육에 대한 강조의 의미에서 교육비에 대한 지원을 규정하고 있다. 이것은 과거의 재학 시 임신 등의 이유로 제적되는 것으로부터 국가의 보호로 재활과 자활로 이어져 그들에게 국민으로 국가에 기여할 수 있는 기회를 의미한다.
- 차상위계층 중에서 우선적으로 지원하기 위해 제정된 한부모가족지원법은 규정된 18세 미만이라는 규정에 의해 지원에서 제외되는 경우가 발생할 수 있다. 즉 두 명의 자녀 중 한명이 18세가 넘으면 지원이 중지된다는 것이다. 또한 복지자금 대여에 있어서도 지원받기 위한 조항을 만족시키는 것이 매우 어렵다는 사실이다. 특히 연대보증금과 보증인 확보는 한부모가족에게는 매우 어려운 일이다. 그러므로 선정과정도 중요하지만 그 절차에 대한 고려가 요구된다.

한부모가족지원법은 모자복지법을 토대로 두 번의 개명을 거쳐 현

5) 이러한 연령규정의 의미에서 18세 미만은 고등학교 졸업을 그리고 22세는 고등학교 졸업 후 4년제 대학 졸업 시 나이를 의미한다.

재 이르고 있다. 문제는 그 동안 사회적 변화가 뚜렷함에도 불구하고 내용적인 측면에서 변화가 없다는 사실이다. 한편으로 그것은 한부모 가족에 대한 문제들이 증가하거나 변화하지 않았다는 것을 의미할 것이며, 다른 한편으로는 단순한 명칭변경으로 현실을 반영하려는 것이다. 그러나 위의 두 사실 모두 형식논리에만 집착하고 있음을 보여주고 있다.

☞ 우리나라 모자가정에 대한 사회적 편견으로부터 그들에 대한 인식의 제고를 통하여 사회적 약자로서 편모의 사회적 삶을 보장하기 위해 제정되었던 모자복지법은 사회구조의 변화 아버지들의 삶에 대한 현실적 제고에 대한 고려없이, 단지 편모 편부의 용어적 편견에 대한 제고 통하여 법명이 변경되었기에, 내용적인 변화는 없었다. 그러나 일본에서는 현실적으로 1993년 법명 변경과 법개정에 의해 모자가정의 경제적 자립을 위한 현실적인 각종 대책을 수립 운영을 위한 제4장이나 제5장과 같은 법규정이 추가되었다.

3. 입양촉진및절차에관한특례법

한국전쟁 이후 우리사회에는 수많은 전쟁고아들이 발생하였다. 그들의 삶에 대해 어느 누구도 책임지려는 의지가 보이지 않고, 전후 경제적으로나 사회적으로 혼란한 국내 상황 하에서 해외입양이라는 현상을 발생시켰다. 이러한 입양은 한국전쟁직후보다는 시대적 또는 정치적 영향으로 오히려 70년대와 80년대 정점에 도달하였다. 이것은 그 당시의 경제적 성장에도 불구하고 그들이 국가적 사회적 관심으로부터 소외되었음을 보여주는 것이다.

1) 의미

입양은 아래의 〈표 11-2〉에서 보여주는 것처럼 1970년대 정치적 사회적 혼란으로 급격히 증가하다가 1990년대 이후 사회적으로 민주화가 이루어지면서부터 감소하기 시작하였는데, 특히 2009년도에는 국내입양이 해외입양보다 많아졌음은 국가적으로나 사회적으로 시사하는 바가 크다.[6] 이 법의 제1조는 요보호아동[7]의 입양에 대한 요건과 절차 등에 지원이 필요한 사항을 규정하여 양자가 되는 아동의 복지와 권익의 증진을 목적으로 제정되었다고 규정하고 있다.

〈표 11-2〉 해외입양아 변화 추이

기간	1960년대	1970년대	1980년대	1990년대	2009년까지
입양(명)	7,275	48,247	65,321	20,170	17,110

2) 입법배경 및 연역

이 법의 제정과정은 한국전쟁으로 인해 발생한 고아들을 수용하고 있는 시설들을 합리적으로 지도할 행정적 필요에 따라 1952년 보건사회부령으로 후생시설운영요령의 시달로부터 출발하였다. 아래에서 보여주는 것처럼 입양에 연관하여 고아입양특례법에서 입양을 고아라는 제한규정을 둔 입양특례법은 고아라는 용어대신 보호라는 개념으로 전환하여 고아가 아닌 아동도 입양될 수 있도록 하였다. 이후 1995년에 전면 개정을 거쳐 7차례 개정을 하였으며 2011년에 전면 개정을 한 입양특례법이 2012. 8. 15 시행을 기다리고 있다. 여기서는 이 법을 중심으로 논의한다.

- 1952년 후생시설운영요령
- 1961년 고아입양특례법: 전후 발생한 고아들의 입양을 해결하기 위해 제정

6) 2009년도 통계에 의하면 국내입양은 1,314명, 해외입양은 1,125명으로 국내입양의 수가 많아졌다. 그런데 해외입양은 남아가 여아보다 많이 입양되었는데, 전통적으로 남아선호사상이 현존하는 가운데 국내입양은 남아가 459명인 반면에 그 두 배에 가까운 855명으로 여아가 선호되었다.

7) 요보호아동이라 함은 아동복지법 제3조 4호에 보호자로부터 이탈된 아동 또는 보호자가 아동을 학대하는 경우 등 보호자가 아동을 양육하기 적당하지 않거나 양육할 수 없는 경우의 아동으로 규정하고 있다.

- 1976년 입양특례법 개명
- 1995년 입양촉진 및 절차에 관한 특례법으로 전면개정
- 2011년 입양특례법으로 전면 개정(2012. 8. 15 시행)

3) 내용분석

- 이 법은 전문 8장 45조와 부칙으로 구성.
- 이 법은 입양에 대한 정의와 목적, 입양요건, 입양기관과 복지정책 그리고 제5조는 국내입양 활성화를 위하여 5월 11일 입양의 날 등의 규정으로 이루어져 있다. 아동의 입양에 대해서는 제2장 제11조에 규정하고 있듯이 가정법원의 허가가 있어야 하며, 그것에 대한 양친이 될 자격 조건들도 제10조에 아래와 같이 구체적으로 규정하고 있다.

① 이 법에 따라 양친이 될 사람은 다음 각 호의 요건을 모두 갖추어야 한다.
  1. 양자를 부양하기에 충분한 재산이 있을 것
  2. 양자에 대하여 종교의 자유를 인정하고 사회의 구성원으로서 그에 상응하는 양육과 교육을 할 수 있을 것
  3. 양친이 될 사람이 아동학대·가정폭력·성폭력·마약 등의 범죄나 알코올 등 약물중독의 경력이 없을 것
  4. 양친이 될 사람이 대한민국 국민이 아닌 경우 해당 국가의 법에 따라 양친이 될 수 있는 자격이 있을 것
  5. 그 밖에 양자가 될 사람의 복지를 위하여 보건복지부령으로 정하는 필요한 요건을 갖출 것

② 양친이 될 사람은 양자가 될 아동이 복리에 반하는 직업이나 그 밖에 인권침해의 우려가 있는 직업에 종사하지 아니하도록 하여야 한다.

③ 양친이 되려는 사람은 입양의 성립 전에 입양기관 등으로부터

보건복지부령으로 정하는 소정의 교육을 마쳐야 한다.

- 해외입양으로부터 국내입양을 강조하기 위하여 입양의뢰된 아동의 양친을 최우선적으로 국내에서 찾는 시책을 시행해야 한다고 제7조에 규정하고 있다.
- 제19조는 외국에서 국외입양에 관한 것을 규정하고 있는데, 외국인으로부터 의뢰받은 입양기관의 장이 국외입양을 알선할 때에는 보건복지부 장관에게 해당 아동의 해외이주에 관한 허가를 신청해야 한다.
- 입양기관을 운영하고자 하는 자는 사회복지법인으로서 보건복지가족부 장관의 허가를 받아야 한다고 제20조에 규정하고 있다. 입양기관은 입양의뢰 된 자의 권익을 보호하고, 부모에게 충분한 입양상담을 제공하며, 부모를 알 수 없는 경우에는 우선 부모 등 직계존속을 찾는 노력을 해야 한다.
- 제20조 입양기관에 관한 규정에서 제3항은 외국인은 입양기관의 장이 될 수 없음을 규정하고 있다.
- 제26조에는 국내입양의 활성화를 위하여 보건복지부 장관이 임명하는 이사장 1인을 포함하는 9명이 이내의 이사로 구성되는 재단법인 형태의 중앙입양원 설립을 규정하고 있으며 아래와 같은 업무를 수행한다.

1. 입양아동·가족정보 및 친가족 찾기에 필요한 통합데이터베이스 운영
2. 입양아동의 데이터베이스 구축 및 연계
3. 국내외 입양정책 및 서비스에 관한 조사·연구
4. 입양 관련 국제협력 업무
5. 그 밖에 보건복지부장관으로부터 위탁받은 사업

- 제4장은 입양아동에 대한 복지지원을 규정하고 있다. 특히 제33조와 제34조는 국가와 지방자치단체는 요보호아동의 발생예방에 관한 시책을 강구해야 하며, 입양기관의 알선을 받아 아동을 입양한 가정에게 입양아동의 건전한 양육에 필요한 상담, 사회복지시설 이용 등의 사회복지서비스를 제공해야 한다.
- 제36조는 국가와 지방자치단체의 의무로서 양육보조금에 대하여 규정하고 있는데, 그 내용으로는 입양아동의 양육수당·의료비 등의 양육보조금을 지급할 수 있으며, 입양기관의 운영비와 가정위탁보호 비용 등을 보조할 수 있다.
- 이 법의 제5장에서는 입양아동 등 대한 정보공개에 대하여 규정하고 있으며, 특히 제37조는 비밀유지에 대한 규정으로 입양기관이나 중앙입양원의 종사자들의 업무행위 과정에서 인식한 사항에 대한 누설을 금지하고 있다.
- 이 법은 제11조, 제18조, 제19조, 제20조 제1항, 제37조, 제20조 제2항을 위반하면 3년 이하의 징역 또는 2천만원 이하의 벌금에 처한다고 규정하고 있다.

우리나라의 입양에 있어서 법적 토대는 국가의 소극적 개입이다. 즉 입양을 위하여 입양기관이 아동 양부모 조사와 결연 사후관리를 담당하며 보건복지부가 허가해 주는 체계이다. 헤이그 입양협약[8] 가입을 통하여 입양의 까다로움을 더해야 한다는 것이다. 이것을 위하여 2012년 8월부터 신고가 아닌 가정법원의 판단에 의해 입양을 허가하는 내용의 개정안이 발효가 될 예정이다.

---

8) 헤이그협약은 1993년에 헤이그 국제사법회의에서 공식 채택되었으며, 그 내용으로는 국제입양이 아동에게 최선의 이익이고 기본권이 보장된 상태에서 진행될 수 있도록 규정한 국가간의 협약이다. 2011년 현재 세계 85개국이 가입되어 있으며 우리나라는 미가입 상태이다. 이 협약에 의하면 18세 미만의 아동의 국제입양에 대하여 국가간의 적극적인 개입을 요구하고 있다. 이런 이유로 UN아동권리위원회는 우리나라에게 이 협약에 대한 가입을 권고하기도 하였다.

4. 다문화가족지원법

우리사회에서 다문화(Multi-Culture)라는 용어와 다문화 현상은 이미 한국전쟁 이후 발생하였지만, 정부 차원에서 관심을 갖기 시작한 것은 2000년대 이후이다. 국가적으로 외국인 노동자와 연관된 사회문제의 발생 그리고 농촌인구의 구조적 문제에 따른 동남아여성들의 문제에 대한 논의가 진행되면서 새로운 정책이 대두되어 다문화가족이라는 용어가 등장하였다. 다문화적인 현상과 경향은 단일하고 동질적인 문화구조로부터 다양하고 이질적인 문화들이 혼재하거나 혼합 또는 변화에 대한 배려와 관용을 통한 공존으로 진행되어야 한다.

1) 의미

이 법은 우리사회에서 다문화가족의 구성원들이 순조롭게 적응하고 통합되어 안정된 가정생활을 영위할 수 있게 하는 것에 의미를 부여할 수 있을 것이다. 그것을 위하여 가족상담, 부부교육, 부모교육, 가족생활교육 등의 추진과 문화적 차이 극복을 위한 언어통역, 법률상담, 행정지원 등의 전문적인 서비스를 다문화가족에게 지원하기 위한 제도화된 틀을 제공한 것이 다문화가족지원법이다.

2) 입법배경 및 연역

오래 전부터 존재하였던 다문화를 다문화로 인정하지 않았던 우리사회는 국제결혼자에 대한 반성적 고려 없이 외국인 노동자의 등장과 그것에 의해 파생된 문제들 그리고 국제결혼의 재등장으로 인한 사회문제를 다문화의 문제로 이해하고 있다. 이러한 과정 속에서 다문화와 연관된 용어의 다양성, 즉 다문화가정, 다문화교육, 다문화사업, 다문화강좌, 다문화축제, 다문화마을, 다문화센터, 다문화현상, 다문화사회,

다문화정책, 다문화주의 등은 다문화가족지원법의 제정으로 우리사회에서 제도화의 길을 지향하고 있다. 이러한 용어는 그 동안 국제결혼가정, 혼혈아 등 인종차별적인 이미지와 그것으로부터 파생되는 정서적 문제들에 대한 해소의 의미로서 건강시민연대의 제안을 받아들여 2003년 이후 사용되고 있다. 이러한 배경 하에서 이 법은 구라파 출신의 외국인과 동남아 외국인 노동자문제보다는 국제결혼으로 발생하고 있는 부작용, 대부분은 동남아 출신의 여성 배우자들과 국내 남성들과의 문제들을 제도적으로 해결하기 위해 2008년에 제정된 이후 두 번의 개정 후 현재에 이르고 있다.

3) 내용분석

- 이 법은 전문16조와 부칙으로 구성되어 있으며, 그 목적으로 다문화가족 구성원의 안정적인 가족생활과 삶의 질 향상을 통한 사회통합을 제1조에 규정하고 있다. 또한 제2조는 다문화가족을 아래와 같이 정의하고 있다.

1. 다문화가족이란 다음 각 목의 어느 하나에 해당하는 가족을 말한다.
   가. 재한외국인 처우 기본법 제2조제3호의 결혼이민자와 국적법 제2조에 따라 출생 시부터 대한민국 국적을 취득한 자로 이루어진 가족[9)]

---

9) 재한외국인처우기본법의 제2조 제3호는 결혼이민자를 대한민국 국민과 혼인한 적이 있거나 혼인관계에 있는 재한외국인으로 규정하고 있으며, 국적법 제2조는 국적취득에 있어서 출생에 의한 취득에 대하여 규정하고 있다. 그 규정에 의하면 출생 시 아버지 또는 어머니가 대한민국 국민인 사람, 출생 전 아버지의 사망한 경우 그 당시 아버지의 국적인 대한민국인 사람, 아버지 어머니 모두 분명하지 않은 경우나 국적이 없는 경우 대한민국에서 출생한 사람, 마지막으로 대한민국에서 발견된 기아는 대한민국에서 출생한 것으로 추정한다고 본다.

9) 국적법 제4조는 귀화에 의한 국적취득에 대하여 규정하고 있으며 귀화는 법무부장관의 허가에 의하여 국적을 취득할 수 있다고 규정하고 있다. 제5조부터 제7조까지는 구체적으로 귀화의 종류에 대하여 규정하고 있다. 이 조항들

나. 국적법 제4조[10]에 따라 귀화허가를 받은 자와 같은 법 제2조에 따라 출생 시부터 대한민국 국적을 취득한 자로 이루어진 가족

2. 결혼이민자 등이란 다문화가족의 구성원으로서 다음 각 목의 어느 하나에 해당하는 자를 말한다.
   가. 재한외국인 처우 기본법 제2조제3호의 결혼이민자
   나. 국적법 제4조에 따라 귀화허가를 받은 자

- 제3조에서는 다문화가족의 안정적인 삶에 대한 보장이 국가와 지방자치단체의 책무로 규정하고 있다.
- 그 책무에 대한 실천과 다문화가족의 삶의 체계적인 질적 상승을 위해 다문화가족정책위원회를 국무총리 소속으로 설치해야 함을 제3조의 2에 규정하고 있다. 이 위원회는 위원장 국무총리를 포함하여 20인 이내로 구성되며 아래와 같은 사항들을 심의 조정한다.

1. 제3조의 2에 따른 다문화가족정책에 관한 기본계획의 수립 및 추진에 관한 사항
2. 제3조의 3에 따른 다문화가족정책에 시행계획의 수립, 추진실적 점검 및 평가에 에 관한 사항
3. 다문화가족과 관련된 각종 조사, 연구 및 정책의 분석평가에 관한 사항
4. 각종 다문화가족 지원 관련 사업의 조정 및 협력에 관한 사항

에 의하면 귀화에는 5년 이상 국내에 거주한 품행이 단정한 외국인에게 해당되는 일반귀화, 5년 이상 거주가 아니어도 아버지나 어머니가 대한민국에서 출생한 경우나 배우자의 국적이 대한민국으로 경우에 따른 일정기간 동안 대한민국에 주소가 있는 외국인에게 주어지는 간이귀화, 대한민국에 특별한 공로가 있으며 대한민국에 주소가 있는 외국인에게 주어지는 특별귀화가 있다.

5. 다문화가족정책과 관련된 국가 간 협력에 관한 사항

- 다문화에 대한 사회적 편견과 차별을 예방하고 이해의 측면에서 교육과학기술부 장관과 교육감은 학교에서 교육 실시를 위한 시책을 하여야 함을 제5조에서 규정하고 있다.
- 제12조는 다문화가족지원센터의 설치와 그 업무에 대하여 규정하고 있다. 이 센터는 여성가족부장관의 그 필요성에 대한 인식을 통해 지정될 수 있으며, 그 업무는 아래와 같다.

1. 다문화가족을 위한 교육·상담 등 지원사업의 실시
2. 다문화가족 지원서비스 정보제공 및 홍보
3. 다문화가족 지원 관련 기관·단체와의 서비스 연계
4. 그 밖에 다문화가족 지원을 위하여 필요한 사업

- 전체적인 측면에서 이 법에 의하면 다문화가족에 대한 지원 주관부서는 보건복지부라기보다는 여성가족부장관, 교육과학기술부 그리고 법무부와 상호교류와 협력을 통하여 진행된다.

결론적으로 이 법은 다문화가족 형성에 있어서 결혼이민자들을 위하여 아동보육, 다문화가족 내에서 발생하고 있는 폭력행위, 의료, 등의 다문화가족을 지원하는 내용을 제5조부터 제12조까지 규정하고 있다. 제14조는 이러한 내용들을 사실혼 배우자 및 자녀들에 이르기까지 포괄적으로 적용함을 규정하고 있다. 또한 중요한 것은 다문화에 대한 교육만이 아닌 진정한 의미에서 다문화에 대한 이해 조항으로서 제17조에서 규정하고 있는 혼인 전 배우자의 모국문화 이해를 위한 교육의무의 실천이다. 그러므로 다문화가족지원센터는 이 조항에 의거하여 한글교육보다는 다양한 국가의 문화를 우리 국민에 이해시키는 것이 다문화에 대한 진정한 접근이라 할 수 있다.

5. 보론

여성복지법 II에서는 영유아보육법, 한부모가족지원법, 입양촉진및절차에관한특례법, 다문화가족지원법에 대하여 다루었다. 물론 입양특례법이 여성과의 연관성과 모호함이 있지만 아동이 세상과 관계를 맺는데 모성의 중요성이 강조하는 측면에서 이해할 수 있을 것이다.

영유아보육을 위해 보육을 위해서는 부모의 역할에 대한 규정도 중요하다. 그것은 영유아를 시설에만 맡겨서는 안되기 때문이다. 법으로 시설보육의 강조가 아닌 부모의 돌봄을 위한 사회구조의 제도적 변화 그리고 노동구조의 변화를 위한 법규정이 필요하다. 한부모가족지원법도 사회의 변화가 과거의 경우와는 다름에도 불구하고 내용적으로 변화가 없이 명칭의 변경은 의미가 없다. 다문화가족지원법은 다문화에 있어서 그리고 문화 간에 있어서 구조적으로 차별할 수 없는 법적인 접근이 요구되며, 이것을 다문화가족에 한정하지 않는 넓은 의미에서 다문화가족지원법이어야 한다.

위의 법들은 다양한 계층에 속하는 여성들을 위한 법들이라 할 수 있다. 그러므로 각 계층에 대한 본질적인 이해가 필요하다. 영유아를 위한 것이 무엇인지, 다문화가족에게 필요한 것이 무엇인지, 한부모가족에게 필요한 것이 무엇인지에 대한 이해가 우선되어야 올바른 법을 제정할 수 있고 그 역할을 할 수 있다. 예를 들어 부모를 위한 영유아보육법이 오히려 영유아를 부모로부터 분리하는 그런 역할을 해서는 안될 것이다.

제12장 여성과 사회복지법 Ⅲ

– 성매매방지및피해자보호등에관한법률, 성폭력방지및피해자보호등에관한법률, 가정폭력방지및피해자보호등에관한법률, 일제하일본군위안부피해자에대한생활안정지원및기념사업등에관한법률 –

이 장에서는 논의되는 법들이 직접적으로 여성에게만 연관되어 제정된 법들이라고 주장할 수는 없지만, 논의될 법들 모두 여성가족부의 영향 하에 있다는 사실에 의미를 부여할 수 있을 것이다. 물론 위의 법의 제정을 위한 논의들이 여성계가 주장하면서 1990년대에 입법화되었지만, 실질적으로 오래전부터 우리사회에서 정치 · 경제 · 사회 · 문화적으로 양성간의 불평등 문제 중에서 가장 심대하게 문제제기가 되었던 것들이다. 이 법들의 제정을 통하여 오래된 문제들을 한 번에 해결할 수는 없을 것이다. 그러나 그동안 일상적으로 인식되었던 사회부조리가 제고될 수 있을 것이다.

1. 성매매방지및피해자보호등에관한법률

성매매의 범죄여부에 대해서는 각 나라들의 역사적 전통, 사회관습에 따라 해석이 다양하게 나타나 있다. 예를 들어 성매매를 법적으로 금지한 국가(한국, 필리핀, 스리랑카, 타이, 헝가리, 쿠바 등)와 성의 자율적 결정권의 의미로 파악하는 국가들도 있다. 이 법의 자매법이라 할 수 있는 성매매알선등행위의처벌에관한법률은 사회복지적 의미보다는 형벌적 의미로 제정되었다고 볼 수 있다.

1) 의미

우리나라는 1947년 공창폐지법의 제정을 통한 윤락행위가 법적으로 금지되었다. 이것을 위하여 선량한 풍속을 해치는 윤락행위를 방지하고 그런 의도가 있는 자를 선도하기 위하여 윤락행위방지법이 제정되었다. 이 법은 내용적인 측면에서 매춘이라는 성을 파는 사람에 대한 규제만을 강조하고 있다. 여성에 대해 불리하게 규정된 것으로부터 성을 사는 남성에 대한 처벌도 강조되면서 매춘이 아닌 매매춘의 관점에서 성매매를 방지하고, 성매매 피해자 및 성을 파는 행위를 한 자의 보호와 자립을 지원하기 위해 2004년 3월 22일 제정되어 같은 해 9월 23일부터 시행되었다.[1] 이 법의 목적은 성매매를 방지하고, 성매매 피해자 및 성을 파는 행위를 한 사람의 보호와 자립을 지원하는 것을 목적으로 한다고 제1조에 규정하고 있다.

2) 입법배경과 연역

1950년 한국전쟁 이후 많은 미망인의 발생과 생활고로 인하여 여성들의 성매매 행위가 급증하였다. 5·16 쿠데타 이후 군사정부는 정권의 정당성과 사회악 일소차원에서 1961년 11. 9 윤락행위방지법을 제정하였다. 그러나 이 법의 근저에 내포되어 있는 적절하지 하는 남성권위적 요소는 1979년 여성차별철폐협약(Convention on the Elimination of All forms of Discrimination Against Women)과

1) 성매매방지및피해자보호등에관한법률의 제정은 인권의 측면에서 성매매 여성의 지위의 변화를 의미한다. 즉 성매매에 종사한 여성들이 피의자가 아닌 피해자 신분으로서 대우받게 된다. 또한 도덕적 타락의 의미를 가진 윤락(淪落), 윤락녀 등의 단어가 아닌 가치중립적 용어인 성매매가 사용된다.

1995년의 베이징 행동강령 등과 같은 성평등을 위한 노력이 강화되었던 것에 영향을 받으면서 1961년 이래 시행된 공급자만을 처벌하는 윤락행위방지법은 폐지되고 2004년 성매매 당사자를 모두 처벌하고 여성이 피해자인 경우 처벌 대신 보호하며 알선업자의 처벌을 강화하는 성매매특별법이 제정[2] 되었다. 그 과정은 아래의 〈표 12-1〉과 같다.

〈표 12-1〉 법의 영역과 내용

연도	내용
1961. 11. 9	군사정부에 의해 윤락행위 등 방지법 입법
1971.	경제발전의 목적으로 윤락여성 이용하기 위한 관광진흥법(특정지역, 관광호텔 윤락행위는 제외)
1995. 1. 5	제1차 개정, 성개방 풍조의 확산으로 윤락행위의 사회문제화로 한국여성개발원을 주축으로 법개정
1999. 2. 8	제2차 개정
2004. 9	윤락행위등방지법은 성매매방지및피해자보호등에관한법률 제정으로 자동 폐지됨

3) 내용분석

- 이 법은 전문24조와 부칙으로 구성되어 있다. 내용적인 측면에서 제2조는 가해자와 중개자에 대한 사항들을 규정하고 있는 성매매와 연관된 용어들이 성매매알선등 행위의 처벌에 관한 법률[3] 의 정의에 의해 규정됨을 보여주고 있다.
- 성매매 방지, 성매매피해자 보호, 성을 파는 사람에 대한 보호와 자립 등에 대하여 국가와 지방자치단체의 책무로 제3조에 규정하

2) 독일과 네덜란드에서는 성매매를 합법화하는 법을 2002년과 2000년에 통과시켰으며, 스웨덴에서는 신규제주의의 의미를 내포하고 있는 성구매자만을 처벌하는 법을 1998년에 채택하였다(regulationism → abolitionism 규제로부터 폐지로).

3) 이 법의 제2조 제1항에 의하면 성매매란 불특정인을 상대로 하여 금품이나 그 밖의 재산상의 이익을 약속하고 성교행위 또는 구강, 항문 등 신체의 일부 또는 도구를 이용한 유사 성교행위의 어느 하나에 해당하는 행위를 하거나 그 상대방이 되는 것을 말한다고 규정하고 있다.

고 있다.

- 그 책무의 실천을 위하여 성매매피해자 등을 위한 지원시설을 제5조에 일반지원시설, 청소년 지원시설, 외국인여성 지원시설, 자활센터 등을 규정하고 있으며, 그 역할과 운영은 제7조부터 제9조에까지 규정하고 있다.
- 제10조와 제11조는 성매매피해상담소 설치와 그 역할과 운영에 대하여 규정하고 있다.
- 제11조의 제2항은 성매매방지중앙지원센터의 설치를 규정하고 아래와 같은 업무를 규정하고 있다.

1. 지원시설 및 상담소간 종합 연계망 구축
2. 성매매피해자 구조체계 구축·운영 및 성매매피해자 구조 활동의 지원
3. 법률·의료 지원단 운영 및 법률·의료 지원체계 확립
4. 성매매피해자등의 자활·자립 프로그램 개발·보급
5. 성매매피해자등에 대한 지원대책 연구 및 홍보활동
6. 성매매 실태조사 및 성매매 방지대책 연구
7. 성매매 예방교육프로그램의 개발
8. 상담원의 교육 및 양성, 상담기법의 개발 및 보급
9. 그 밖에 여성가족부령으로 정하는 사항

- 제20조는 지원시설 및 상담소의 폐쇄 등에 대하여 규정하고 있는데, 제6조 제3항 또는 제10조 제4항, 제16조 제1항, 제18조를 위반하거나 성폭력범죄의 처벌 등에 관한 특례법 제2조 제1항[4]의 범죄를 범한 경우가 이에 속한다.

---

4) 이 법의 제2조는 성폭력범죄에 대한 정의를 규정하고 있는데, 제1항은 형법 제2편 제22장에서 규정하고 있는 성풍속에 관한 죄 중 제242조(음행매개), 제243조(음화반포등), 제244조(음화제조등) 및 제245조(공연음란)의 죄이다.

- 성매매피해자 치료를 위해 전담의료기관을 지정해야함을 제14조 제2항에 규정하고 있는데, 이 의료기관은 성폭력방지 및 피해자 보호 등에 관한 법률 제27조 제1항[5]에 따른 것이다. 이런 측면에서 이 법은 보건복지부보다는 여성가족부에 연관성이 깊으며 문제해결과 정리를 위하여 법무부의 도움이 필요하다.

2. 성폭력방지및 피해자보호등에관한법률

전통사회에서 성폭력(sexual violence)은 개인적 일탈로서 간주되는 경향이 있었지만, 현대사회에서 그것은 비행이 아닌 문화적인 측면에서 반복적으로 재생산되는 사회문제이다. 그러므로 성폭력은 피해자의 인격을 파탄시키고 그 피해 또한 장기간에 걸쳐 씻을 수 없는 상처를 남긴다는 점에서 가해자에게는 엄중한 처벌이, 피해자에는 특별한 배려와 치료가 요구된다. 최근 아동과 장애인 등 사회적 약자에 대한 성폭력 범죄가 증가하고 있고, 재범률이 어느 범죄보다도 높기 때문에 근본적인 대책이 요구되고 있으며, 수사 재판절차에서 성폭력 피해자가 이중의 피해를 보는 것을 방지하기 위한 노력이 강조되고 있다.

1) 의미

이 법은 기존의 법률들로는 - 형법, 특정범죄 가중처벌법, 윤락행위 등 방지법 - 증가하는 성폭력범죄에 적절한 대처와 피해자의 인권보호의 어려움을 극복하기 위하여 제정되었으며, 국가와 지방자치단체는 성폭력 범죄를 예방하고 그 피해자를 보호하며 유해환경을 개선하기 위하여 필요한 법적 제도적 장치의 마련과 청소년에 대한 성교육 및

5) 이 법의 조항에 의하면 여성가족부장관, 특별자치도지사 또는 시장 군수 구청장은 국공립병원, 보건소 또는 민간의료시설을 피해자의 치료를 위한 전담의료기관으로 지정할 수 있다고 규정하고 있다.

성폭력 예방에 필요한 교육실시에 관하여 규정하고 있다. 그리고 국가 또는 지방자치단체는 성폭력을 방지하고 성폭력 피해자를 보호·지원하기 위하여 성폭력피해상담소를 설치·운영할 수 있도록 하고 있다. 또한 보호시설을 설치하여 성폭력 피해자의 일시보호와 성폭력 피해자의 신체적·정신적 안정 회복과 사회복귀를 돕도록 하고 있다. 그러므로 이 법의 제정을 통하여 성폭력 범죄를 예방하고 그 피해자를 보호하며, 성폭력범죄의 처벌 및 그 절차에 대한 특례를 규정하여 국민의 인권신장과 건전한 사회 확립의 계기가 될 수 있을 것이다.

2) 입법배경과 연역

1970년대 이후 성폭력 범죄가 증가하고 있었는데, 통계적으로 1980년대에는 1970년대의 두 배가 증가하였다. 특히 성폭력범죄 발생률과 신고율 간의 관계에 있어서 낮은 신고율에 대하여 우리나라의 여성단체들은 문제를 제기하였다. 또한 이 단체들은 성폭력의 문제의 최후의 보루인 사법절차에서 성폭력유발론, 정조 이데올로기, 저항미약에 대한 비난 등으로 성폭력 피해자에 대한 여성차별적인 관행에 대해서도 문제를 제기하였다. 이런 현상을 극복하기 위하여 이 법의 제정은 아래와 같은 과정으로 진행되었다.

- 1991년 4월 여성의 전화는 성폭력 관련법 입법을 위한 공청회 개최
- 동년 8월 성폭력 특별법 제정추진위원회 결성
- 한국여성단체연합회 내 성폭력특별법 제정추진특별위원회를 구성하고 국회에 청원서 제출(친고죄 폐지, 수사재판과정상 피해자보호조치 마련 등)
- 1994년 1월 5일 성폭력범죄의처벌및피해자보호등에관한법률 제정
- 2010년 4월 15일 성폭력범죄의피해자보호등에관한법률로 개정
- 같은 날 제정된 성폭력방지및피해자보호등에관한법률이 2011년 1

월 1일 시행됨에 따라 이 법은 폐지될 예정이다.

기존의 성폭력범죄의처벌및피해자보호등에관한법률은 성폭력 범죄의 처벌 등에 관한 특례와 성폭력 범죄의 피해자 보호 등에 관한 사항을 함께 규정하고 있었으나 각 사항에 대한 효율적 대처에 한계가 있었으므로, 2010년 4월 15일 입법을 통하여 성폭력 범죄의 처벌에 관한 사항은 성폭력범죄의처벌에관한특례법을 제정하였으며, 성폭력 범죄의 피해자 보호에 관하여는 같은 날 성폭력방지및피해자보호등에관한법률을 제정하였다.

3) 내용분석

- 이 법은 전문4장 38조와 부칙으로 구성됨.
- 제1조는 이 법의 목적을 성폭력을 예방하고 성폭력피해자의 보호와 지원으로 규정하고 있다.
- 그것을 위하여 국가와 지방자치단체의 의무로서 성폭력 예방, 유해환경, 피해자 보호, 청소년에 대한 성교육 실시 등을 제5조에서 규정하고 있다.
- 이 법의 성폭력에 대한 많은 부분이 성폭력범죄의 처벌 및 절차에 관한 특례법의 규정에 의해 정리되고 있다. 성폭력범죄는 특수강도강간 등, 특수강도 등, 친족관계에 의한 강간 등, 장애인에 대한 준강간 등, 강간 등 상해 치상, 강간 등 살인 치상, 강간 등 살인치사, 업무상 위력 등에 의한 추행, 미수범, 공중밀집장소에서의 추행, 통신매체이용음란, 카메라 등 이용 촬영[6]으로 성폭력범죄의처벌에관한특례법 제2조 제2항에서 규정하고 있다.
- 제6조에는 성폭력에 대한 사회적 경각심을 높이고 성폭력을 예방

6) 이러한 범죄유형은 이 법의 제3장 보칙 제31조에 경찰서의 협조 규정을 두고 있다. 상담소나 보호시설, 또는 통합지원센터의 장은 피해자의 긴급한 구조를 위해 경찰관서의 장에게 소속직원의 동행을 요구할 수 있으며, 특별한 사유가 없으면 경찰관서의 장은 이에 따라야 한다고 규정하고 있다.

하기 위하여 1년 중 1주간을 성폭력 추방 주간으로 해야 함을 대통령령으로 정한다고 규정하고 있다.

- 그것을 위하여 국가 또는 지방자치단체의 의무로서 성폭력상담소 및 성폭력피해자보호시설에 대해서는 제10조부터 제16조에 걸쳐 그 운영과 설치를 규정하고 있다. 전자와 후자 모두 그 운영과 설치 기준 등은 여성가족부령으로 정리하고 있다.
- 시설 운영에 있어서 입소, 퇴소 그리고 기간을 규정하고 있는데 특히 입소기간은 6개월 이내이다. 입소에 대한 것은 제15조에 그리고 퇴소에 관한 사항은 제17조에서 규정하고 있다.
- 제4장은 벌칙에 대하여 규정하고 있다. 벌칙에는 2년 이하의 징역이나 500만원 이하의 벌금 그리고 300만원 이하의 과태료로 규정하고 있다.
- 전자에는 제10조 제2항, 제23조, 제29조, 제30조를 위반한 경우이며 후자는 제32조 제1항과 제33조를 위반한 경우가 속한다.

☞ 이 법이 제정되면서 많은 논쟁이 있었다. 피해자와 가해자 모두 인간이며, 그래서 인권이 문제가 되었다. 왜냐하면 한편으로는 신상공개와 전자팔찌 등과 같은 가해자에 대한 처벌은 다른 한편으로 피해자에 대한 이차적인 피해가 우려될 수 있기 때문이다. 그러므로 이 법의 취지를 잘 살리기 위해서는 사회구성원들의 피해자에 대한 이해가 중요한 요소이다. 그것은 기존 성인들의 성에 대한 왜곡된 이중적 시각을 의미한다. 성교육은 아동에만 필요한 것이 아닌 성폭력을 행한 성인들에게도 필요하다. 결론적으로 여성계의 주장으로 인권을 위해 제정된 이 법도 사회적으로 요구되었지만 이 법의 시행으로 인한 사회적 부작용인 또 다른 측면에서의 인권문제의 발생은 아무리 강조해도 부족하다 할 수 있을 것이다. 왜냐하면 그 문제의 발생이 이 법의 목적과는 위배될 수 있기 때문이다.

3. 가정폭력방지및피해자보호등에관한법률

우리나라는 1990년대 중반 이후 가정폭력의 문제가 심각하게 대두되었으나, 이에 대한 형사개입은 형법의 보충성의 원칙과 가정사에 대한 형사불개입의 원칙에 따라 자제되어 왔다. 이러한 형사사법의 소극성은 가정폭력의 심각성을 상승시킨 요인으로 간주되었다. 이에 대한 반성으로 1997년 가정폭력의 방지목적으로 가정폭력범죄의처벌등에관한특례법과 가정폭력방지및피해자보호등에관한법률이 제정되었다. 전자는 가정폭력범죄의 처벌에 관한 규칙을 규정하고 있고, 후자는 가정폭력범죄의 피해자 보호에 관하여 규정하고 있다. 여기서는 사회복지적인 측면에서 후자에 대하여 분석할 것이다.

1) 의미

우리사회에서 가정폭력은 가정 내의 문제로만 간주되고 있었다. 이 법은 가정폭력의 예방과 방지 그리고 가정폭력 피해자를 보호하고 지원하는 것을 목적으로 제정된 법률이다. 과거에는 가정폭력에 있어서 폭력의 대상을 아내폭력 만으로 인식되고 있었다. 그러나 가정폭력이란 가정폭력범죄의 처벌 등에 관한 특례법에 의하면 "가족 구성원간의 폭력행위"라 규정되어 있다. 즉 가정폭력이란 가족 내에서 발생하는 모든 폭력을 의미하는데, 남성, 여성, 아동, 노인 등 가족 구성원들 간의 갈등 구조 속에서 야기되는 모든 폭력을 말한다. 그러므로 가정폭력방지 및 피해자보호에 관한 법률 제정으로 여성과 아동의 인권보호가 가능해졌다고 볼 수 있다.

2) 입법배경과 연역

우리사회는 일반적으로 여성의 소외와 폭력을 부추기는 문화와 대중매체 등의 아내구타에 대해 관대한 사회적 분위기를 가정폭력의 주요원인으로 간주하고 있었다. 1990년대 중반 가정폭력의 문제가 심각하게 대두되면서 가정 내 문제를 사회문제로 간주하면서 가정폭력에 대한 심각성을 인식하게 되었다. 가정 내의 폭력으로 인한 피해자의 대부분이 여성이라는 사실과 가정이 파괴되고 가족구성원이 신체적, 정신적 피해를 당하고 있어 가정폭력을 예방하고 가정폭력으로 인한 피해자를 보호함으로써 건전한 가정을 육성하기 위하여 이 법이 아래와 같은 과정으로 제정되었다.

- 1994년 5월 한국여성단체의 가정폭력방지법 제정을 추진하기 위한 전국연대회의 결성
- 1996년 5월 한국여성단체연합 차원에서 가정폭력방지법 제정추진 특별위원회가 구성됨
- 1996년 가정폭력방지법 제정추진 범국민운동본부 결성
- 1997년 12월 31일 동법이 입법됨
- 1998년 7월 1일 시행

3) 내용분석

- 이 법은 전문22조와 부칙으로 구성 제정되었다.
- 제1조는 가정폭력을 예방하고 가정폭력의 피해자를 보호하고 지원함을 목적으로 한다고 규정하고 있으며, 제2조에서 가정폭력과 그 행위자에 대한 정의를 가정폭력범죄의처벌등에관한특례법 제2조 1호[7]를 통하여 규정하고 있음을 보여주고 있다.
- 제2조 제4호에 의하면 일시보호는 가정폭력으로부터 피해자 또는 가족구성원을 보호하기 위하여 숙식제공 등의 방법으로 일정기간

7) 이 조항은 가정폭력을 가정구성원 사이에서 정신적 신체적 또는 재산상의 피해를 수반하는 행위로서 가정폭력범죄를 범한 자 및 가정구성원은 자기 또는 배우자와 직계존비속 관계 자 그리고 계부모와 자녀의 관계 자, 서자의 관계까지 포함하고 있음을 규정하고 있다.

보호하는 것을 의미한다.

- 가정폭력에 대하여 국가와 지방자치단체의 책무를 제4조에 규정하고 있으며, 특히 같은 제4항은 가정폭력관련상담소와 가정폭력피해자보호시설에 대하여 규정하고 있다.
- 전자의 업무와 연관하여 또한 가정폭력관련상담소를 운영할 수 있다는 규정은 이 법의 제5조에 있다. 상담소는 다음과 같은 업무를 수행한다.

1. 가정폭력을 신고받거나 이에 관한 상담에 응하는 일
2. 가정폭력으로 정상적인 가정생활과 사회생활이 어렵거나 그 밖에 긴급히 보호를 필요로 하는 피해자 및 피해자가 동반한 가정구성원을 임시로 보호하거나 의료기관 또는 제7조제1항에 따른 가정폭력피해자 보호시설로 인도하는 일
3. 행위자에 대한 고발 등 법률적 사항에 관하여 자문하기 위한 대한변호사협회 또는 지방변호사회 및 법률구조법에 따른 법률구조법인(이하 "법률구조법인"이라 한다) 등에 대한 필요한 협조와 지원의 요청
4. 경찰관서 등으로부터 인도받은 피해자등의 임시 보호
5. 가정폭력의 예방과 방지에 관한 홍보
6. 그 밖에 가정폭력과 그 피해에 관한 조사 연구

- 후자에 대해서는 제7조에 규정하고 있는데, 그 업무는 피해자에 대한 보호, 피해자의 안정을 통한 가정복귀에 도움을 주는 일 등이며, 같은 조 제2항에는 앞에 대한 비용의 일부 또는 전부를 가정폭력행위자로부터 구상할 수 있다고 규정하고 있다.
- 제20조부터 제22조에는 벌칙에 대해 규정하고 있는데, 제12조, 제16조를 위반한 자는 1년 이하의 징역 또는 500만원 이하의 벌금에 처하고, 제11조 제1항, 제17조를 위반한 자는 과태료를 부

과 징수한다고 규정하고 있다.

4. 일제 하 일본군위안부 피해자에 대한 생활안정지원 및 기념사업 등에 관한 법률

일본제국주의는 중일전쟁 이후 1945년 태평양전쟁에서 패배할 때까지 한국, 대만 등 식민지 국가와 일본 여성들을 강제적으로 징용하여 일본 군인들의 성적욕구의 대상인 위안부라는 성적노예집단으로 만들었다.[8] 이 법은 그 동안 일본의 피해보상만을 기다리며 국가의 방관으로 경제적으로 그리고 정신적으로 어려움에 처해 있었던 당사자들을 위하여 늦었지만 국가가 책임지는 자세를 견지하려는 의지의 표현이라 할 수 있다.

1) 의미

일제강점기에 일본군국주의의 만행으로 수많은 민간인 학살과 여성의 성노예화는 국제적인 인권문제로 제기되었다. 그러나 우리나라에서 이것에 대한 정부적 차원의 문제제기에 대해 미온적인 태도를 보이자, 한국여성단체들이 비인도적 만행인 일본군위안부문제에 대한 진상규명과 피해자에 대한 사과와 정당한 보상을 일본정부에 요구하면서 본격적인 우리사회의 가장 중대한 문제로 부각되었다. 그러나 일본정부의 이 문제에 대한 무반응과 무정책으로 인하여 일본의 행태에 대해 조기해결의 어려움을 판단한 정부는 위안부들의 생활의 어려움을 해결하

---

8) 이토 히로부미는 도쿄 출신 게이샤를 출장 화대를 주고 조선에 데리고 왔다. 임종국 선생은 밤의 일제침략사에서 일제는 한 손에 대포와 한손에는 기생을 거느리고 건너왔다고 하였다. 또한 일본의 역사학자 야마베 겐따로는 일본의 식민지 조선통치 해부에서 한국 상층 일부 매수를 위한 방법은 술과 여자였다고 기술하고 있다. 이것은 현대 오늘날의 우리나라의 성에 관한 현상으로 고착화되고 있는 것이다.

기 위해 1993년 6월 11일 일제하일본군위안부에 대한 생활안정지원법을 제정 시행하게 되었으며, 2003년에 일제하 일본군위안부 피해자에 대한 생활안정 및 기념사업 등에 관한 법률로 개명되었다.

2) 입법배경과 연역

일제강점기에 일본군 위안부 문제해결을 요구하며 일본위안부출신 및 여성단체, 사회단체가 함께 일본대사관 앞에서 1992년 1월 8일 제1회 수요집회[9]가 개최되었다. 국가와 정부는 이들에 대한 책임을 다하지 못했다는 것에 뒤늦은 책임감과 함께 위안부의 고령화로 인한 생활상의 불안정을 인식하게 되었다. 이 문제 해결을 일본정부에 답에만 의존하는 소극적 자세로부터 적극적으로 이들의 보호와 지원에 관심을 가지면서 1993년 제정 후 1997년 12월 13일 적용대상자 선정절차 규정의 상세화와 보호 지원 내용의 확충을 위한 개정 그리고 2010년까지 9차 개정을 거치면서 현재에 이르고 있다.

3) 내용분석

- 이 법은 전문14조와 부칙으로 구성되어 있다.
- 제1조에는 일제에 의해 강제동원 되어 일본군위안부로서의 생활을 강요당한 자에 대하여 국가가 인도주의 정신에 입각하여 이들을 보호하고 지원을 목적으로 규정하고 있다.
- 일본위안부 피해자란 제2조에 의하면 일제에 의하여 강제로 동원되어 성적학대를 받은 자로 규정하고 있으며, 제2조의2는 그들에 대한 명예회복과 안정적인 삶을 유지할 수 있도록 하는 것을 국

9) 1990년 이미 37개의 여성·시민단체들을 중심으로 한국정신대문제대책협의회가 결성되어 일본정부의 위안부에 대한 범죄 인정과 진상규명, 공식사과와 법적배상 등을 요구하였다. 본격적인 수요집회의 출발은 사회의 민주화와 함께 일본 총리 미야자와 기이치의 방문을 계기로 시작하면서 정기적 집회로 자리매김하였다. 이 집회의 공식명칭은 일본군 위안부 문제해결을 위한 정기 수요집회이다. 이 집회는 2010 현재 900회에 도달하였으며, 그 과정 중에서 세계 각국에서도 개최되었다. 이 집회는 세계에서 가장 오랫동안 이어진 집회로 기네스북에 등재되어 있다.

가의 의무로 규정하고 있다.

- 특히 그들에 대한 보호·지원을 위하여 제4조에 국민기초생활보장법과 의료급여법에 연계된 생활안정지원 그리고 제5조 거주를 위한 주택 지원을, 제8조는 위와 같은 권리에 대한 보호 규정을 두고 있다.
- 제6조는 이 법의 내용들을 잘 수행하기 위하여 일본군 위안부 피해자 생활안정지원 및 기념사업 심의 위원회의 구성을 여성가족부에 설치하도록 규정하고 있으며 그 운영은 대통령으로 정하고 아래와 같은 사항들을 심의하도록 되어 있다.

1. 생활안정지원대상자 등록신청 사항의 사실 여부
2. 생활안정지원대상자의 지원에 관한 사항
3. 제11조에 따른 기념사업 등에 관한 사항
4. 그 밖에 여성가족부장관이 심의위원회에 심의에 부치는 사항

- 제11조는 일본위안부 피해자에 연관된 사업을 규정하면서, 국가와 지방자치단체는 이를 수행하여야 하며, 제11조의2에는 일본위안부 피해자들 중 대한민국 국적을 회복하지 못한 외국에 거주하는 사람도 지원대상으로 규정하고 있다.
- 제14조는 이 법의 주무부서로서 여성가족부장관의 권한의 일부를 외교통상부장관에게 위탁하거나 광역시장이나 도지사에게 위임할 수 있다고 규정한다.

5. 보론

논의된 성매매방지및피해자보호등에관한법률, 성폭력방지및피해자보호등에관한법률, 가정폭력방지및피해자보호등에관한법률, 일제하일본군

위안부피해자에대한생활안정지원및기념사업등에관한법률은 오래 전부터 우리사회에서 만연된 여성에 대한 사회적 편견에 의한 사회적 불리와 오해를 법적으로 해결하기 위하여 위에서 제정되었다.

앞의 세 가지 법률은 형벌적인 측면보다는 사회복지적인 측면에서 피해자의 보호라는 명칭을 사용하였다고 볼 수 있다. 정신대문제의 해결을 위해 제정된 일제하일본군위안부피해자에대한생활안정지원및기념사업등에관한법률은 매우 중요하다. 왜냐하면 이 문제는 개인적 차원의 문제가 아닌 국가적 차원의 문제로 간주되었기 때문이다. 우리나라처럼 위안부문제를 가지고 있는 대만정부도 1997년 현재 70세 이상의 고령의 30여명이 생존해 있다. 대만정부는 이것을 해결하기 위해 세계 2차 대전 중 강제로 일본군 위안부 생활을 했던 대만 여성들에게 1997년 연말까지 1천5백만원 상당의 보상금을 선지불한 뒤 일본정부에 보상을 요구하기로 계획하였다. 그러나 이 문제를 일본정부와 2년간 협상하였으나 합의에 도달하지 못했다. 그러므로 이 법은 이 문제에 대한 국내적인 해결뿐만이 아니라 역사적인 측면에서 가해자인 일본과의 문제 해결의 중요성도 규정하여야 한다.

결론적으로 위의 법들은 폭력적 사회 분위기 속에서 여성을 피해자로 간주하면서도 그것을 해결하기 위해 소극적인 측면에서 보호의 측면을 강조하고 있다. 주체적으로 여성들이 이런 문제를 해결할 수 있는 토대를 건설할 수 있는 법적 접근이 적극적으로 요구된다.

제3부

사회복지법의 의의

사회복지에 있어서 이데올로기는 생존권을 지키기 위한 방향성을 제공하고 있다. 그 논의의 토대에는 항상 인간의 생존권이 중심이 된다. 그리고 생존권을 지키고 유지하기 위한 수단들이 존재하는데 그 중심에 사회복지사가 있고 각종 기관이나 시설이 있다. 여기서는 사회복지의 근본적인 축에 대한 법적 규정들에 대하여 논할 것이다.

제13장 사회복지법과 수급권

수급권은 모든 사회복지법에서 가장 중요한 용어이다. 왜냐하면 그것은 보편적으로 국민이나 사회구성원들이 사회복지나 사회보장을 위해 노력하거나 기여한 부분에 있어서 유형이나 무형의 재화에 대한 상호간에 법적 재분배를 의미하기 때문이다. 이런 의미에서 사회복지급여수급권이란 사회복지법상 사회복지서비스를 받을 권리를 의미한다. 이 권리에는 클라이언트들의 최저한도의 생활보장과 자립을 목적으로 하는 생활보호를 하기 위한 금전적 급여와 재활, 생활의 안정과 복지의 증진을 목적으로 하는 사회복지서비스를 하기 위한 비금전적 급여 등을 포함한다.

1. 사회복지수급권의 개념

역사적으로 사회복지 태동기에 사회복지급여수급권은 구빈을 위한 행위로서 자비, 시혜 등으로 이해되었다. 그 이후 절대주의 왕권과 시민의 결탁 그리고 시민혁명으로 절대주의 왕권의 붕괴를 통하여 등장하였던 자유권 사상은 수급권을 시혜나 자비로 이해한다는 것이다. 그런 사상을 토대로 인정되었던 법제도인 시민법은 수급권을 청구권으로 간주하지 않았다. 반면에 노동법이나 사회보장법, 사회복지서비스법 등은 그것을 청구권으로 인정한다는 사실이다. 그러한 역사적 과정을 통하여 사회복지분야에서 사회복지급여수급권은 국가사회의 구성원의 생존권 보장을 위해 법적 권리로서 인정되었으며, 그러한 권리는 아래와 같은 특징을 가지고 있다.

1) 개인적 공권

역사적으로 사회복지급여 수급권에 있어서 그 권리성에는 불확실성이 존재하고 있었다. 왜냐하면 그것에는 경제적인 측면에서 발생하는 자본가와 노동자 사이에서 문제와 그 문제를 해결하는 과정에서 권력기관, 예를 들면 국가와 같은 공권력의 개입과 연관되어 있기 때문이다. 이 권리에 대하여 두 가지 측면에서 논할 수 있을 것이다.

하나는 개인적 공권으로서 사회복지급여 수급권은 한편으로 사적인 측면과 공적인 측면 간의 충돌로 인하여 권리적으로 이중적인 성격을 가지고 있다는 것이다. 그러나 이런 특성은 복지국가에서 사적 측면의 공적 측면으로 전환되고 있다. 또한 사회복지수급권은 현금 또는 현물급여 이외의 사회복지서비스(비급여 부분)의 내용을 법규범으로 규정하는데 한계가 있다. 왜냐하면 사회복지급여는 매우 유동적, 개별적이기에 표준화, 계량화의 어려움이 내재해 있기 때문이다. 그러나 그것은 급여 수급권 대상자(일반적으로 부랑자 걸식자 등)들에 대한 개인의 자선으로부터 국가의 온정주의 측면에서 자비 자선의 행위로 변화하였다. 그러므로 그것은 사회복지행정기관의 행정행위와 관련된 권리성의 취약함을 보여주고 있다. 보편적 의미에서 그들은 국민 속에 내재된 감정의 제도화로 전이되면서 구별과 구분되기 시작하였으며 선택된 그들로 선별되었음을 의미하는 것이다.

다른 한편으로 사회복지급여 수급권은 복지국가에서 청구권의 의미로서 개인적 공권이라 할 수 있다. 그것의 특성으로 수급권은 절차적 권리로서 공법상의 쟁송방법을 통하여 실현할 수 있는 법적 청구권인 것이다. 이러한 권리는 헌법에 규정된 생존권을 하위법(국민기초생활보장법, 한부모가족지원법, 노인복지법, 장애인복지법 등)을 통해 구체적으로 실현되고 있다. 이러한 수급권과 같은 권리에 관한 설명적 토대는 헌법에서 규정하는 아래와 같은 두 가지 방식에 종속한다.

- 프로그램 규정설

수급권에 대한 프로그램 규정설이란 생존권에 대한 사회정책적 목표와 강령을 헌법상에 규정하고 선언한 것에 불과하다는 것으로, 실질적으로 실행이 되지 않는 경우이다. 즉 사회복지에 대한 사항들은 대부분은 재정적인 예산이 바탕이 되어야 하므로 현실적으로 경제력이 도달되지 않은 국가에서는 하나의 원리로서 단지 정치적 선언으로 간주될 수 있다.

- 법적 권리설

수급권에 대한 법적 권리설은 다시 두 가지로 구분되는데, 하나는 추상적 권리설이며 다른 하나는 구체적 권리설이다. 전자는 우리나라의 헌법학자들이 주장하는 다수설로서 수급권을 국가의 의무로서 강제할 수 없지만, 헌법에 규정된 권리는 국가의 법적 의무로 간주한다. 즉 생존권이 비록 추상적 권리일지라도 법적 권리라는 것이다. 반면에 후자는 헌법에 규정되어 있는 권리가 구체적일지 않을지라도 현실적으로 효력이 존재하기에, 국가가 이것을 실현하지 않을 때에는 국민의 권리를 침해한 것으로 간주하여 국민은 국가에 소송을 제기할 수 있다.

2) 사회복지수급권의 내용 분석

사회복지급여 수급권의 규범적 구조란 수급권의 내용과 형식을 체계적으로 정리한 것을 의미한다. 이 규범적 구조의 분류는 학자들마다 다양한 견해를 피력하고 있다. 사회복지급여 수급권은 그 토대에 있어서 한편으로는 그 나라의 정치·경제·문화적 성숙도에 따라 그 내용과 실현방식의 차이가 존재하며, 다른 한편으로는 복지대상자들의 욕구가 시대의 흐름과 사회변화에 따라 다양하게 나타나고 있기 때문에 이것을 충족시켜 주기 위해서 수급권의 내용과 형식의 체계화가 요구되고 있다는 것이다.

여기서 사회복지급여 수급권의 규범이란 의미는 내용적인 측면에서 접근한 것으로, 다음과 같은 것들로 정리할 수 있으며 그 구조는 아래와 같은 세 가지 권리들로 구성·정리할 수 있다.

– **실체적 권리**

이 권리는 구체적으로 수급권자가 사회보험이나 공공부조, 사회복지분야에서 실제적인 사회복지급여를 청구할 수 있다는 것을 의미한다. 여기에는 수급요건, 수급권자, 급여수준, 급여의 종류, 재정조달, 전달체계, 수급권자 보호와 제한 등이 포함된다.

– **수속적 권리**: 실체적 권리로서 사회보험, 공공부조에 관한 상담 정보를 부여받을 권리인 동시에 사회복지급여를 받기 위해 적절한 절차에 참가하는 권리로서 수급권자가 당당하게 급여를 청구하는 과정에서 불평등을 당하지 않을 권리이다. 즉 수급권 보장의 목적에 알맞게 진행되어야 할 것을 요구하는 권리로서, 예를 들자면 수급권자는 사회보험제도의 발달로 인한 피보험자들 자신들에게 제공될 급여에 대한 지식이 요구될 때 관리운영 주체들에게 정보의 요구나 상담을 요구할 수 있다는 것이다.

– **절차적 권리**: 실체적 권리를 실현하거나 의무의 이행을 구체적으로 실현하는 절차에 관계된 권리이다. 이 권리는 수급권자들이 자신의 요구들이 관철되지 않았을 경우에 시도할 수 있는 해결방법이다.

이것을 정리하면 아래의 〈표 13-1〉과 같다.

〈표 13-1〉 사회복지수급권의 내용에 대한 분석

실체적 권리	수속적 권리		절차적 권리
	수속 전단계	수속단계	
사회보험 청구권	PR 및 정보제공 요구권리	신청, 조사, 수급권의 유무, 내용의 결정, 급부실시에 이르는 수속과정이 권리보장에 적절하게 진행될 것을 요구하는 권리	사회복지급여 쟁송권
공적부조 청구권	상담 및 조언을 요구할 권리		사회복지행정 참여권
사회복지 조치 청구권	사회복지 이용권리		사회복지입법 청구권

위와 같은 수급권을 소유한 사람이 수급권자이며 사회복지급여를 청구할 수 있는 수급권자에게 보장되는 법률상의 권리를 사회복지급여 수급권자의 권리라고 한다. 반면에 사회복지급여 수급권자는 자신의 권리를 유지하기 위하여 재산의 변화나 주소 변경과 같은 사항에 대한 신고의무의 이행, 앞의 사항에 대한 질문 등에 응할 의무 등의 협조의 의무를 지켜야 한다.

2. 보론 : 사회복지수급권의 보호와 제한

복지국가에서 사회복지급여 수급권의 의미는 매우 중요한 의미를 갖는다. 그것은 사회복지급여 수급권이 기본권이라는 사실로부터 나온다. 그러나 역사적으로나 본질적인 측면에서 사회복지급여 수급권은 구빈적이고 자선의 의미로 국가행정행위의 반사적 행위라 할 수도 있다. 왜냐하면 어찌 되었든지 현대 산업사회에서 국가는 그 구성원들에게 인간적인 삶을 보장하여야 하기 때문이다. 그것을 위하여 그 실현에 현실적으로 많은 장애요소가 있었다는 것이다. 그것은 앞에서 논하였지만 사적이면서 공적인 권리적 이중성으로 인하여 수급권은 권리적으로 취약하며, 따라서 그것은 대부분의 수급권자들에게 자신들의 행위에 대하여 떳떳하지 못한 권리라고 인식하게 한다는 것이다. 그러므로 경우에 따라서 수급권은 보호되기도 하지만 제한되기도 한다. 이것은, 특히 제한 분야는 사회복지의 중심적 논의가 아닌 보론에서 다루어져야 한다. 왜냐하면 제한은 사회복지법에서 규정하고 있는 기본권으로서 최소한의 소극적 권리라고 할 수 없기 때문이다.

첫째, 사회복지수급권의 보호의 측면에서 이 권리는 인권을 지키는 최후의 보루이기에 수급권의 처분, 압류는 금지된다. 왜냐하면 공법상의 권리는 법률행위에 의하여 양도될 수 없기 때문이다. 또한 사회복지급여에 대하여 조세나 세금을 부과하는 것도 금지되고 있다. 이것은 세계 각국의 입법례에서 공통적으로 나타나 있다. 사회복지급여 수급권자는 일종의 기득권자로서 정당한 이유 없이 불이익하게 변경할 수 없다.

둘째, 사회복지급여 수급권의 제한은 두 가지 측면에서 정리할 수 있다. 하나는 급여의 사회복지급여에 대한 제한이기도 하여, 그 제한의 수준은 수급권자의 자립조장에 기여할 수 있는 것이어야 하므로 그 양이 많아도 적어도 안된다. 사회복지급여는 조세나 사회보험을 통하여 이루어지므로 다른 구성원들에게 불이익을 가져오는 수급권의 행위는 금지된다. 구체적으로 본다면 아래의 세 가지 측면으로 정리할 수 있다.

- 과잉사회복지급여의 제한
- 사회복지급여의 남용 금지
- 사회복지급여의 악용 제한

다른 하나는 급여의 대상자들의 측면에서 급여에 대한 제한이다. 즉 사회복지급여를 받을 목적으로 고의로 사회복지급여 사유를 발생시킨 경우 - 자해행위, 고의성이 있는 범죄행위, 과실행위 - 그 수급권은 제한된다. 과실있는 행위로서 사기 또는 부정한 행위에 의해 사회복지급여를 받았거나 받고자 하는 경우(부정급여자에 대한 급여제한: 예)

의료보험 부당 수혜자)에도 제한되며, 마지막으로 사회복지급여 수급권 제한은 그 사유에 대하여 병급[1]급여 금지와 조정이다.

사회복지수급권에 대한 제한과 보호는 항상 같이 하여야 할 것이다. 결론적으로 사회복지국가에서 사회복지급여수급권에 대한 제한은 신중하게 그리고 보호에는 관대하여야 한다는 것이다. 왜냐하면 그것은 생존권을 의미하기 때문이다. 그러므로 생존권에 대한 제한은 그 대상자, 즉 수급자가 스스로 그 권리를 포기 또는 거짓으로 권리 행사 등이 아닌 이상 그 권리는 보호되어야 한다.

1) 한 사람에게 두 가지 이상의 급여수급권이 발생한 경우를 말하며, 병급급여 금지란 그 중 하나만을 지급하는 것이다. 실질적으로 국민연금에서는 장애연금 및 유족연금에 있어서는 그 지급사유와 동일한 사유로 다른 법률에 의하여 급여를 받을 수 있는 경우 감액하여 지급하는 등 조정 규정을 두고 있다.

제14장 사회복지법과 사회복지시설[1)]

1. 서론

여기서는 앞에서 논의된 각 사회복지법에서 규정하고 있는 시설이나 기관에 대하여 적절성이나 필요성, 효율성 등에 대한 분석을 통하여 우리나라 복지수준과 그 의미를 살펴볼 것이다. 우리나라 사회복지기관에 대한 규정은 사회복지사업법에 일반적인 사항들을 그리고 각각의 사회복지서비스법에 관련된 사회복지관이나 시설들에 대한 설치를 규정하고 있다. 사회복지기관[1)]은 일반적으로 넓은 의미에서 사회복지관 또는 사회복지시설을 의미하며 포함한다. 그러므로 사회복지기관은 사회복지관(community welfare center) 또는 사회관(community center)이

1) 이 장은 2011년 순천제일대 논문집 44호에 실린 글을 적절하게 내용과 문장을 다시 정리한 것이다.

1) 사회복지기관은 사회복지를 위한 제반 모든 기관을 총칭이다. 영어로 표현하면 social welfare organ으로, 실질적으로 본다면 사회복지관 또는 사회복지시설이란 번역이 모두 가능할 수 있다. 그러나 우리나라에서 동일한 의미전달은 가능하겠지만 역할의 효율성의 측면에서 구별을 시행하고 있다고 볼 수 있을 것이다.

라 부르기도 하였으며, 영국과 미국에서의 인보관(settlement house)[2] 운동에서 그 기원을 찾을 수 있다. 이것의 제도화가 우리나라의 사회복지의 중심적 역할을 하였다고 볼 있다. 후자는 사회복지사업법에 의하면 사회복지사업을 실행할 목적으로 설치된 시설로 규정하고 있다.[3]

보편적으로 한 국가의 복지수준, 복지의지(welfare commitment) 혹은 복지국가성(welfare stateness)은 특정 복지프로그램의 존재여부와 복지관련 지출의 규모 등 양적 측면뿐만 아니라 노동시장정책, 고용법 등과 같은 예방적 조치들의 유무와 성격 그리고 복지대상자의 선정이나 공여방식에 관한 규정 등 질적 측면 모두를 고려해야 하는 개념이다(고세훈, 2003 : 90). 그러나 현대사회에서 상황에 따라 다르겠지만 일본의 영향을 받은 우리나라에서는 사회복지의 실천방식으로 사회복지법에 의한 사회복지관 복지를 사회복지로 이해하고 있다. 왜냐하면 이것은 대부분의 사회복지가 민간의 사회복지관에서 이루어지고 있었기 때문이다. 이런 측면에서 법적규정을 통하여 사회복지시설을 분석하는 것은 의미가 있다. 현재 우리나라 사회복지에 연관된 법들은 사회복지사업법에 규정된 25개의 법을 포함하여 사회보험에 연관된 법 5개 등 30여개 이상의 법들로 내용적으로 그 특성에 관련된 기관과 시설들을 규정하고 있다. 그러므로 복지에 있어서 요구되는 다

---

2) 서구 복지선진국은 민간이나 국가의 지원으로 운영되는 간접적 복지 대행체제가 아니다. 개인적으로 독일에서 사회복지관의 의미는 사회관으로 생각된다. 왜냐하면 독일에는 우리와 같은 체계의 복지관들이 보이지 않기 때문이다. 그리스어로 친교를 의미하는 코이노니아Koinonia를 위하여 교회와 같은 종교단체에서 주변의 노인이나 장애인, 아동들을 위하여 프로그램을 운영하고 있다. 영국에서 시작된 인보관의 사전적 의미는 영세민 구제를 위한 사회사업시설이다. 인보관은 산업혁명 이후 발생하였던 실업이나 빈곤 등 사회문제를 해결하기 위해 시작되었으며, 미국에서 활성화되었다. 미국에서 인보관 운동은 광활한 대륙에서 지역사회복지의 의미를 지니면서 발전되었다. 우리나라는 1950년 한국전쟁 시 발생하였던 고아문제 해결을 위해 해외원조를 토대로 하여 민간기관에 의해 시작되었으며 해외원조의 중단으로 어려움을 가져왔으나 1990년에 이후 다시 활성화되어 수많은 사회복지관들이 건립되었다.

3) 사회복지관은 일상적인 역할의 측면에서 사회복지시설이 생활시설의 의미, 즉 거주의 의미가 강한 반면에 지역사회의 고유한 성격을 배경으로 사회복지를 실천할 수 있는 토대로서 구별될 수 있는 것이다.

양한 하드 또는 소프트웨어 요소들에서 부분적이지만 법적으로 설치를 규정하고 있는 것에 대한 분석은 우리사회에서 복지수준을 가늠하는데 의미가 있을 것이다.

결론적으로 현재까지 우리나라의 사회복지는 사회복지기관 복지이다. 법적 기관이 아닌 사회사업의 측면에서 민간기관으로부터 출발하였던 사회복지기관들은 현상적으로 국립도 사립도 아닌 중간적인 입장을 유지하고 있다. 이러한 사회복지관이나 사회복지시설의 위상이 전문적인 것을 요구하는 국가의 간섭으로부터 자유롭지 않으며, 사회적인 인식의 측면에서 전문적인 것을 요구하는 클라이언트들로부터 자유롭지 않은 이유로 비전문적인 희생이나 봉사기관으로 전락시키고 있는 것이다. 이것의 극복을 위해서는 기관이나 시설로서 하드웨어보다는 하드웨어를 운영하는 소프트웨어로서 사회복지사의 역할이 중요하다.

2. 본론

1) 사회복지기관의 역사

우리나라에서 한국전쟁 이후 사회사업의 의미에서 사회복지기관의 역사는 사회복지시설인 고아원으로 정리할 수 있다. 왜냐하면 전쟁기간이나 전후시기에 고아문제가 사회문제로 발생하였고 그것을 해결하기 위해 1961년에 고아입양특례법도 제정되었기 때문이다. 그러나 역설적이지만 국가경제의 취약함으로 그 대부분은 외국원조와 민간에 의해 설립되었으며, 현재 많은 부분이 그 후손들에 의해 운영되고 있다. 사회복지의 의미가 도입되었던 1980년대 이후부터 개인 소유의 시설이나 기관을 국가가 사회복지의 제도화를 통하여 개인 소유가 아닌 법인화로 유도되었으며, 그에 따라서 그 유형도 다양화되었다.

역사적인 측면에서 우리나라 사회복지기관의 근원적인 출발은 한국전쟁 이후 고아문제를 해결하기 위하여 고아원 설립으로부터 발생하였다고 볼 수 있지만, 그러나 그 최초는 1854년에 조선영해회가 설립한 고아원이다.[4] 그러나 그것은 우리나라의 사회복지라는 용어보다는 사회사업[5]이라는 측면에서 접근할 수 있으며, 실질적으로 우리나라 최초의 사회복지기관은 일제강점기인 1921년에 설립된 사회복지관의 의미인 종합사회복지관 성격의 태화관이라 할 수 있다. 그 이후 1960년대 사회복지에 연관된 법들이 제정되었음에도 불구하고 기관이나 시설에 대한 규정은 별로 보이지 않았다. 왜냐하면 제정된 사회복지법들은 공무원이나 군인 등의 특정 계층의 사회보장에 연관된 법들이 제정되었기에 사회복지시설이나 기관의 설립이 요구되지 않았으며, 마찬가지로 1970년대에도 국민복지연금, 의료보험과 같은 사회보험과 교원을 위한 법들이 제정되었다. 시설과 기관과 연관된 사회복지법으로 노인복지법, 심신장애자복지법 등 사회복지서비스법은 1980년대에 들어서야 제정되기 시작하였다. 1980년대 말까지 우리나라의 사회복지기관은 다양성과 그 수에 있어서 매우 미흡하였다. 실질적으로 기관과 시설의 유형은 사회복지법들의 제정 결과로 다양화되기 시작하였다. 1998년 경제위기로 인한 IMF 관리체제 이후 사회적 약자들에 - 저임금 노동자, 실업자, 노약자, 장애인, 시장에서 탈락한 사람들 - 대한 관심과 성장위주의 정책으로부터 분배에 대한 중요성은 사회복지정책으로 이어졌으며 그 결과로서 다양한 종류의 기관 시설들이 건립되었다. 보편적으로 광역시를 제외한 군이나 시의 사회복지 수준을 가늠할 경우

4) 근대 우리사회에서 서양인 선교사에 의해 수용시설에 의한 아동보호방법이 최초로 도입되었으며, 그 구체화된 결과물이 1855년 프랑스 메스트르 신부에 의한 실행된 고아구제사업이 그 효시이다. 조선영해회는 파리외방선교원회가 조선에 세운 선교회로서 1884년에 우리나라 최초의 고아원을 설립하였다.

5) 우리나라에서 사회사업(social work)은 1950년대 한국전쟁 기간 중에 외국원조에 의해, 특별히 기독교 계통의 선교기관에 의한 구제사업을 의미한다. 그런 측면에서 학문적으로 기독교 계통의 대학교에 - 연세대학교, 이화여자대학교, 숭실대학교, 좀 늦게 출발하였지만 국립인 서울대학교 - 사회사업학과가 설치되었다. 이 대학들은 1980년대 중반 이후 사회복지라는 용어의 대중화와 함께 사회복지학과가 타대학들에서 만들어지자 학과명을 사회복지학과로 개명하여 현재에 이르고 있다.

사회복지시설에 대한 질적 수준도 중요하지만 가장 기본적인 척도는 양적인 접근이라 할 수 있다.[6)]

초기 우리나라에서 사회복지관은 그 출발이 선교 단체들의 교육적 의미에서 출발하였다. 이러한 시작은 사회복지의 의미보다는 사회복지를 통해서 다른 목적을 추구했다는 것이다. 일제강점기로부터 해방 이후 사회사업은 사적 이해관계의 추구로부터 출발하였다면 1960년대와 1970년대에는 사회복지의 제도화는 정치적인 측면에서 법제정으로 접근하였으며, 본격적인 사회복지관 건립이 이루어졌다고 볼 수 있는 1980년 후반부터 현재까지도 사회복지적인 측면보다는 정치적 측면이 작용하고 있는 같다.

2) 사회복지기관의 유형화

사회복지에 연관된 기관의 범위는 매우 포괄적이다. 그러므로 이 장에서 논의되는 사회복지기관의 유형화는 사회복지기관의 분류라기보다는 오히려 사회복지의 수준을 정리할 수 있는 사회복지기관들의 종류를 의미한다. 우리나라에서 사회복지기관은 사회복지를 실천하는데 있어서 매우 중대한 역할을 하고 있다. 넓은 의미의 사회복지에서 본다면 우리나라에서 보육은 매우 중요한데, 실질적으로 보육을 담당하는 유치원이나 어린이집 등의 70% 이상이 민간에 의해 운영되고 있다는 사실이다. 이런 사실로부터 추측하여 본다면 우리나라에서 사회복지는 민간이 운영하는 시설이나 기관에 의해 종속되어 있으며, 그 유형은 아래와 같이 보편적으로 네 가지로 구분될 수 있을 것이다.

첫째, 종합사회복지관이다. 사회복지기관에 대한 기록에 의하면 우리나라 최초의 사회복지관은 1921년 미국 감리교회 여성들의 후원으로 여성들의 교육이나 지도력 개발 등의 사업을 중심으로 운영된 태

---

6) 개인적으로 사회복지 수준의 척도로서 사회복지시설을 간주한다면, 질적인 측면보다는 양적인 측면에서 종합사회복지관, 장애인복지관, 노인복지관 그리고 장애아동을 위한 어린이집 등이 충족되어야 한다고 생각한다.

화여자관[7]이다. 현재는 종합사회복지관으로서 태화기독교사회복지관라는 기관명으로 활동하고 있다.

둘째, 장애인복지관이다. 장애인복지법 제59조에 의하면 국가와 지방자치단체는 장애인복지시설을 설치할 수 있다고 규정한다. 물론 우리나라 최초의 장애인복지관인 정립회관이 이 법에 의하여 건립된 것은 아니지만 그 의미를 가지고 있으며, 36년 만에 2011년에 재건축되었다. 장애인에 연관된 기관이나 시설은 열악하지만, 각종 장애에 해당되는 분야에 대해 각론적인 측면에서 기관이나 시설들의 설치를 규정하는 법들이 제정되고 있다.

셋째, 노인복지관이다. 노인에 연관된 시설에 있어서 1981년 제정된 노인복지법 제36조는 노인복지관에 대하여 규정하고 있다. 이 기관은 노인여가복지시설의 일종으로 무료 또는 저렴한 요금으로 노인의 교양 · 취미생활 및 사회참여활동 등에 대한 각종 정보와 서비스를 제공하고, 건강증진 및 질병예방과 소득보장 · 재가복지, 그 밖에 노인의 복지증진에 필요한 서비스를 제공함을 목적으로 설립되었다. 우리나라의 노인복지관은 1989년에 건립된 시립노원노인복지관이 그 최초이다.

넷째, 장애아동 어린이집이다. 이 시설은 영유아보육법 제11조와 제12조와 장애인복지법, 특수교육법에 근거하여 만들어졌으며 장애아동만의 (특수)어린이집으로, 그것을 통하여 각 지역마다 사회복지 각 분야에서 요구되는 필수적인 기관이나 시설로 완전한 형식을 갖추었다 할 수 있을 것이다.

위와 같은 사회복지기관의 유형화는 사회복지의 역사에서 산업혁명 이후 현재 선진국의 사회복지 방식과 다름을 시사하고 있는 것이다. 그러므로 우리나라의 사회복지관은 이러한 사회복지기관의 형태는 일

7) 태화여자관은 본래 태화기독교사회복지관으로 서울 인사동 순화궁터에 건물을 마련하여 선교사로 파송된 미국인 마이어스Mayers가 초대 관장을 지냈으며, 1921년부터 1995년까지 활동하였다. 현재에는 강남구 수서동에 건물을 신축하여 활동하고 있다.

본의 영향을 받은 것이라 할 수 있다.

〈표 14-1〉 한국 · 일본 사회복지시설 · 기관 통계비교

	한국	일본(2008)		
	공공+민간	공립	민간	계
장애인	870(2012)	324	7,959	8,283
아동	696+3,802(2010)	18,347	15,180	33,527
노인	69,237(2010)[8]	209	13,247	13,456
계	74,605	18,880	36,389	55,269

위의 〈표 14-1〉로부터 총량적인 측면에서 우리나라가 일본보다 수적으로 많지만 내용적인 측면에서 본다면 매우 열악함을 읽을 수 있다. 2007년 현재 일본에는 18,537개의 사회복지법인들이 활동하고 있으며, 그들에 의해 민간이나 국가 지방자치단체가 설치 운영되는 각종 시설의 총수는 약 58,000여개가 있다. 인구학적인 측면에서 2011년 현재 1억3,000천만 명의 일본은 아동에 연관된 시설이나 기관이 33,000개 이상인 반면에 우리나라는 2005년 현재 1,608개로 조사되었다. 구체적으로 2005년 15세 미만이 일본은 전체인구의 13.7%로서 비율적으로는 제일 낮았지만 사회복지기관수는 민간에 의해 운영되는 기관이 공립기관 전 기관수의 과반수에 해당되었으며, 반면에 노인천국이라 알려졌고 실질적으로 노인인구비율 제일 높았음에도 불구하고 연관된 기관수는 오히려 아동 관련 기관의 1/3 수준에 불과하였다. 이러한 사실은 일본 사회에서 실질적으로 관심을 갖고 접근하는 방식에 대하여 그리고 우리사회에서 발생하고 있는 사회문제들과 그에 대

8) 여기에는 아동양육시설, 직업훈련시설, 보호치료시설, 자립지원시설, 일시보호시설, 종합시설이 포함되어 있으며, 아동복지법 제52조 8에 의거해 설립된 지역아동센터가 포함되어 있다. 또한 노인복지분야에는 노인주거복지시설, 노인의료복지시설, 노인여가복지시설, 재가노인복지시설, 노인보호전문기관이 포함되며, 특별히 그 수가 매우 많은 이유는 노인여가시설에 경로당이 60,737개로 대부분을 차지하고 있기 때문이다.

한 관심의 표현이 정치적으로 이중적임을 이해할 수 있을 것이다.

3) 사회복지법과 사회복지기관

사회복지법에는 다양한 유형의 사회복지기관들의 설치를 규정하고 있으며 그 운영의 주체로서 사회복지사의 고용을 의무화하고 있다. 특히 사회복지의 전반적인 사항을 규정하고 있는 사회복지사업법 제6조는 시설 설치의 방해 금지에 대한 규정으로 사회복지시설의 설치에 대하여 규정하고 있는데, 같은 조 제2호에 의하면 각 지방자치단체장들은 그 설치에 대하여 정당한 이유없이 지연시켜서는 안된다고 규정하고 있다. 여기서는 사회복지사업법에 규정되어 있는 25개의 사회복지법들에서 규정하고 있는 시설이나 기관에 대하여 분석한다.

1960년대 이후 탈시설화(Deinstitutionalization)의 경향[9]이 세계적으로 보편화되고 있는 추세에서 시설이나 기관과 연계된 사회복지를 논하는 것은 의미가 없을지도 모른다. 그런데 우리나라에서 사회복지에 연관된 진보적 시각을 지닌 대부분의 사람들도 이것에 대해서는 엇갈리고 모습을 보이고 있다. 왜냐하면 아마도 이러한 현상의 밑바탕에는 아직 우리나라 사회복지 현실에서 시설이나 기관의 역할과 그 수에 있어서도 매우 미약하기 때문일 것이다.

일반적으로 시 · 군의 사회복지수준을 정하는 기준으로 이미 각주 5에서 설명하고 있는 것처럼 사회복지기관의 설치가 중요한 요소로 작용하고 있다. 우리나라 사회복지사업법 제3장은 사회복지시설에 대하여 규정하고 있다. 이 법의 제1조에 의하면 국가와 지방자치단체는 사

9) 우리나라에 있어서 지적장애인들의 자립생활 문제, 현실적으로 생활시설이 운영되고 있는 문제, 부모 사후 자녀들의 삶을 책임져 주어야 하는 문제 등이 혼재되어 탈시설화에 대한 주장과 의미는 퇴색될 수밖에 없을 것이다. 선진국의 제도의 도입 문제에 있어서도 이미 많은 논의와 실천이 선진국에서 행해 온 것 들이다. 진정한 문제는 이 문제를 바라보는 시각의 차이이다. 복지국가는 장애인 문제를 정부의 문제로 간주하여 법적으로 정리하고 있는 반면에, 우리나라는 사회적으로 장애인문제를 가족의 문제, 부모의 문제로 인식하면서 정부의 도움을 요구하는 수준에 머물러 있어 탈시설화를 통한 장애인 문제 해결에는 어려움이 있다.

회복지시설을 설치 운영할 수 있다고 하며, 제2조는 국가와 지방자치단체 외의 자들도 사회복지시설을 설치 운영할 수 있지만 보건복지부령이 정하는 바에 따라 시장이나 군수에게 신고하여야 함을 규정하고 있다. 이런 규정에 의하면 사회복지법에는 다양한 종류의 사회복지시설들의 설치를 규정하고 있으며, 그러므로 우리사회에서 그것은 사회복지수준을 결정짓는 중요한 척도이다. 그런 측면에서 우리나라 사회복지는 기관복지, 시설복지라고 불러도 과언이 아닐 것이다. 사회복지기관이나 시설의 수가 도시나 마을의 복지수준을 가늠하기에 대부분의 시 · 군 · 구에서는 복지기관의 건립에 힘을 쏟고 있는 실정이다.

실질적으로 우리나라에서 사회복지의 실천과 발전의 중심에는 사회복지기관이 위치해 있음을 부정할 수는 없다. 사회복지분야에서 우리나라에 가장 많은 영향을 주고 있는 일본의 사회복지도 유럽 선진복지국가와는 다르게 사회복지법인, 시설이나 기관복지로서 우리나라와 같은 형태인 사회복지법에 의하여 규정되고 있다.

3. 결론 : 사회복지기관과 사회복지와 관계

일반적으로 복지국가에 대한 논의에서 복지예산의 크기가 매우 중요한 변수로 간주되고 있다. 그것의 대부분은 클라이언트에 대한 서비스 차원에서 집행되거나 사용된다. 즉 예산의 대부분은 사회복지의 대상, 복지국가를 추구하는 나라에서 사회적 약자에 대한 간접적인 투자항목의 비중이 감소되고, 국가의 역할이 사회복지기관을 통한 사회복지로 전이되면서 복지의 다양성이 증가한다. 그 가운데서 사회복지사는 사회복지의 대상과 국가 그리고 사회복지기관 사이에서 가교의 역할을 하고 있다.

법적인 측면에서 민간부분의 사회복지사와 공공부분의 사회복지사로 그 지위를 구분할 수 있으며 특별히 후자를 사회복지전담공무원으로

부르고 있다. 그래서 사회복지사의 수준이 그 나라의 사회복지의 수준을 결정한다고 한다. 그러나 사회복지기관의 수준이 그 나라의 사회복지 수준을 결정한다고는 말하지 않는다. 왜냐하면 복지관을 통한 복지는 복지국가를 지향하는 보편적 방법이나 수단으로 간주하기 어렵기 때문이다. 이러한 복지 방식은 주로 우리나라와 일본에서 실천되는 방식이라 할 수 있다. 그럼에도 불구하고 사회복지사업법은 사회복지관은 종사자로서 사회복지사의 채용을 규정하고 있으며, 제11조는 사회복지사의 자격에 대하여 규정하고 있다.10)

사회복지기관에 의한 사회복지실천은 우리나라 사회복지의 특징이라 할 수 있다. 우리나라의 사회복지는 민간이 운영하는 기관복지라고 규정할 수 있다. 왜냐하면 사회복지실천에 연관된 사항들의 대부분이 사회복지기관에 의해서 이루어지고 있기 때문이다. 이런 측면에서 사회복지기관의 역할은 매우 적극적이며 포괄적이다. 사회복지기관에 의한 사회복지의 발전 방식은 아래와 같은 세 가지 단계의 법제도화 과정으로 접근할 수 있다.

첫째, 사회복지에 간접적 투자방식은 1980년대까지 보편화된 사회복지실천방식이다. 즉 사회복지에 대한 정책적 제도화보다는 사회복지인식에 대한 국민적 동정으로부터 - 국가에 의해 주도되는 자연재해,

10) 사회복지사에 연관된 규정으로는 사회복지사업법 시행령에 구체적으로 정리되어 있다. 시행령의 제13조에는 사회복지시설이나 사회복지관과 같은 민간복지기관에서 사회복지사 채용에 대한 의무 그리고 공공복지분야인 시·군·구에 사회복지전담공무원을 배치해야 됨은 제14조에 규정되어 있다. 법적으로 공무원인 후자와는 다르게 전자의 사회복지사는 직업적으로 클라이언트에게 정신적 육체적 서비스를 제공하는 노동자의 입장과 타 노동자와는 다르게 사회복지법에서 규정하는 사회복지시설이나 기관이 반드시 고용하여 사회복지업무를 실천하는 전문가로서의 양면을 가지고 있다. 문제는 노동자라는 전자의 측면에서 사회복지사는 기관장이나 시설장과 노사관계를 형성하여야 하는데, 현실적으로 기관장이나 시설장으로 직책을 위해 법적으로 사회복지사 자격증이 요구되는 경우, 그들은 노동자이기도 하지만 사용자가 되어 충돌이 발생할 수 있다. 그러므로 사회복지사들은 노동자로서 노동조합의 결성에 사용자와 함께 하여야 하는 모순이 존재한다.

불우이웃돕기 등 - 이벤트적인 사회복지 형태라 할 수 있다.

둘째, 1980년대 후반부터 부분적 제도화에 의한 사회복지실천이다. 부분적이란 의미는 공식적 기관을 통한 모금방식의 보편화가 - 사회복지공동모금회법 - 진행되었으며, 그 기금은 사회복지기관으로 배분되면서 사회복지가 실천되는 기관복지를 형성하였다. 또한 그 동안 정치·경제·사회적 상황에 의해 보류된 사회복지, 사회보험에 있어서 각각의 사회복지 서비스법과 사회보험법에 규정된 방식으로 실천되기 시작하였다.

셋째, 1990년대 후반부터 민간에 의해 위탁 또는 설립된 기관에 의한 사회복지 실천으로부터 사회복지의 대상에 의한 직접투자 의미의 사회보험제도의 정비와 체계화를 위한 사회보험법의 중심의 사회보장제도가 진행되었다. 사회복지기관도 민간에 의한 설립보다는 관에 의한 설립과 운영을 민간 사회복지법인에게 위탁하는 방식으로 전환되었다.

결론적으로 우리나라에서 사회복지기관은 계속 증가할 것이다. 왜냐하면 아직은 사회보험제도에 의해 사회복지 대상자들에 대한 서비스의 제공이 보편화될 수 없기 때문이다. 또한 사회복지의 발전은 사회복지기관의 증가와 비례한다고 볼 수는 없지만, 잔여적 복지국가로서 일본은 민간에 의해 운영되는 사회복지기관의 수적 증가가 사회복지수준과 연관성이 있음을 보여주고 있다. 그러나 다른 측면에서 수적인 증가가 민영화의 의미가 아닌 독일과 같이 공익을 위하여 국가가 운영이 우선하는 체계로서 우리나라는 인구에 비해 사회복지기관은 아직 수적으로 매우 많은 것이 아니며 국가가 모든 것을 운영하기에는 재정적으로 어려움이 많이 있다. 그러므로 복지국가를 추구하는 우리나라는 사회복지 수준 상승을 위해 복지관 복지형태를 유지하면서 그 운영방식은 국가운영이나 민영화보다는 위탁운영방식의 증가를 통하여 효율성의 증진이 요구된다.

제15장 사회복지법과 이데올로기

현대 산업사회에서 사회복지의 추구방식은 이데올로기[1]에 종속되어 변화 발전하고 있다. 그 이데올로기는 사회복지의 탄생과 발전에 있어서 방향성을 제시하였다. 그것은 역사적인 측면에서 구빈법의 등장 이후 시민(부르주아)계급의 성장은 자본주의의 확장과 관계가 있다. 상업자본주의 성장이 시민계급의 부의 증가로 이어지면서 자신의 삶의 증진을 위한 토대를 구축하였는데, 그 결과물이 시민법인 것이다. 이 시민법이 현대사회에서 사회복지법의 등장과 변화 발전의 토대가 된

1) 이데올로기(idéologie)라는 말은 프랑스 혁명기에 철학자 A. L. C. 데스튀트 드 트라시가 자신의 '관념의 과학'의 약칭으로 도입하면서 처음 등장하였다. 이데올로기라는 말은 협의와 광의로 구별할 수 있는데 이데올로기를 둘러싼 논쟁이 적어도 어떤 부분은 용어의 정의가 일치하지 않는 데서 비롯되기 때문이다. 광의의 이데올로기는 체계적인 관념의 인도를 받는 모든 종류의 행동 지향적 이론이나 관념 체계에 비추어 정치에 접근하는 모든 시도를 뜻한다. 협의의 이데올로기는 다음의 5가지 특징으로 나타낼 수 있는데, 첫째 이데올로기는 인간경험과 외부세계에 관한 포괄적인 설명이론을 포함하며, 둘째 이데올로기는 일반적·추상적 용어로 사회·정치를 조직하는 프로그램을 제시하며, 셋째 이데올로기는 이 프로그램의 실현을 위해서 투쟁이 뒤따를 것이며, 넷째 이데올로기는 때때로 서약을 요구하면서 충실한 지지자를 모으고, 다섯째 이데올로기는 광범한 대중을 향하며 지식인에게 특별한 지도역할을 부여하는 경향을 띤다. 이를 정리하면 하버마스가 이야기한 것처럼 이데올로기는 지배자자나 세력가들의 가치나 신념 실천으로 참여자들의 일상생활 속에서 일반화할 수 있는 관심이나 흥미를 억제시키는 작용을 한다.

것이다. 여기서는 이러한 과정에서 대하여 논의가 될 것이다.

1. 사회복지법의 이념

앞에서 이미 논의된 것처럼 모든 법들은 하나의 이념과 목적으로 정의와 그것의 실현을 주장하고 있다. 사회복지법의 이념이란 사회복지를 위한 정의를 실현하기 위한, 즉 사회복지법이 이루고자하는 목표 또는 구현하고자 하는 규범이나 가치의 총체를 의미한다. 그것은 구체적으로 사회복지법이 실천하고 있는 규범 내지 가치의 총체로서 인간의 정치·경제·문화 등의 포괄적 측면에서 생존권 보장이다. 그러므로 생존권은 사회복지법이나 사회복지정책의 지도이념이라 할 수 있다.

산업화의 추구와 자본주의 사회의 발전 속에서 사회복지 정의의 중심에는 인간 개개인의 생존권이 자리잡게 되었다, 그런 생존권은 제도화되었으며, 그 법원리는 시민사회의 법원리인 자유권사상의 수정을 통하여 시민들의 현실적인 생존권 확보를 위한 토대로 발전되었다. 생존권은 시혜와 같은 다른 사회복지적인 발전과정과는 달리 산업사회에서 노동자의 주체의식에 의해 권리로서 주장되었으며, 아래와 같은 여섯 가지 의미를 내포하고 있다.

*인간다운 생활
*사회복지의 증진
*자활 자립
*소득재분배
*사회통합
*수급권의 권리와 국가사회의 책임

인간의 기본적 권리인 생존권적 기본권은 헌법이 인정하는 권리로서 세계 최초로 이 기본권이 법률상 헌법에 규정된 것은 1919년 독일 **바이마르 헌법**이다. 이 법은 "경제생활의 질서는 모든 사람들에게 인간다운 생활을 보장하는 목적을 갖는 정의의 원칙에 적합하지 않으면 안된다." 그리고 "소유권(소유물의 사용 수익 처분)은 의무를 수반한다." "노동력에 대한 국가보존" 등을 규정하고 있다.

2. 시민법 ⇒ 사회법 ⇒ 사회복지법

일반적으로 사회복지법의 생성기원은 귀족과 하층민의 구분을 제도화 하였던 영국의 구빈정책에서 찾고 있다. 그 이후 18·19세기 시민혁명의 산물로서 자유권적 기본권은 전근대적인 제약이었던 신분제도와 종교제도로부터 시민을 해방시켰다. 그 자유권을 토대로 하여 자본주의 발전을 통한 사회의 번영은 귀족계급과 구별되는 시민계급을 출현시켰다. 시민계급은 자신들의 이익을 관철하기 위하여 귀족들과 결탁하였으며, 그 결과물이 시민법이다.

1) 시민법과 자유권

시민법은 시민혁명 후 시민들, 즉 **부르주아**(*Bourgeois*)[2]를 중심으로 형성된 사회의 기본적인 질서 틀이라 할 수 있다. 당시의 상업자본주의 생산양식을 보장하는 법이 시민법이며, 시민법 체계의 이념적 토대는 자유권이다. 그러한 자유권은 아래와 같은 특징을 가지고 있다.

- 개인의 자유를 중시 ⇒ 부르주아(시민)만을 위한 자유(세 가지

2) 이 단어의 본래적 의미는 재산을 소유한 유산자로서 중세부터 도시에 거주하던 프랑스 시민이다. 근대민주주의 혁명의 주체로서 사제와 귀족에 저항하고 대립하였던 제3계급으로 시민적 기본권인 주권재민을 주장하였으며, 오늘날에는 자본가 계급으로 형성되었고 이 계급이 부르주아이다.

원치)
- 부르주아들의 재산을 보호하기 위한 자유
- **구체제**(*ancient regime*)의 신분적, 종교적 속박을 타파하고 부르주아 계급의 자유에 대한 불침범성을 강조
- 상품 교환과 자유경쟁원리가 시장을 지배
- 부의 불평등 심화로 개인을 추상적 인격이나 개인으로만 간주하는 시민법 원리 비판

이러한 자유권을 토대로 만들어진 시민법은 세 가지 원칙 하에서 시민계급을 지원하였다.

하나는 **사적자치의 원칙**으로 계약자유의 원칙으로도 불린다. 이것은 국가의 간섭이나 개입 없이 개인의 자유로운 의사에 따라 자기책임 하에서 규율하는 것을 의미한다. 이 원칙은 한편으로는 그 당시의 절대주의 시대의 왕권강화에 봉사하면서, 다른 한편으로는 부르주아 계급의 부의 축적에 기여하였으며, 사회복지적인 측면에서 그들의 삶을 질적으로 상승시켰다.

둘은 **과실 책임의 원칙**이다. 이 원칙은 노동자의 산재에 있어서 사용자의 과실이 인정되어야만 책임이 따른다는 것이다. 그러나 실질적으로 노동자의 산재에 대하여 사용자의 과실을 찾는다는 것은 매우 어려운 일이다. 그런 이유로 오랜 기간 동안 노동자의 산재는 인정되지 않았으며, 결과적으로 이 원칙은 부르주아에게 유리하게 작용하였다.

셋은 **소유권절대의 원칙**이다. 이 원칙은 개인에게 사유재산에 대한 절대적 권리를 인정한다는 것이다. 그러므로 국가나 다른 개인이 소유권에 대한 간섭이나 제한을 하지 못한다는 것이다. 그러므로 소유권은 부르주아들이 상업자본주의로 모은 재산을 유지하고 지키기 위하여 절대왕조를 지원한 결과물이라 할 수 있다.

봉건적 속박으로부터 해방과 자유롭고 독립적인 개인의 자유를 토대로 작용하였던 세 가지 원칙의 산물인 시민법은 근대 민법의 토대

가 되었다. 그런데 그 자유는 제한적 의미로 시민에게 한정되었으며, 그것은 사회복지적인 측면에서도 특정 계급을 위한 복지로 규정될 수 있다. 산업혁명 이후 상업자본주의에서 산업자본주의로 전환은 사회복지의 또 다른 의미에서 노동법의 등장을 예고하였다.

2) 시민법과 노동법

특정 계층만을 위한 시민법으로부터 인간의 실질적인 자유와 평등을 보장하는 사회법으로서 노동법이 태동되었다. 이데올로기적으로 노동자를 옹호하는 사회주의의 등장은 계급투쟁을 통한 노동자계급의 삶에 대한 질적 상승을 주장하게 되었다. 그것을 추구하는 노동법은 노동자 투쟁의 결과물로서, 사회복지적인 측면에서 노동자들만의 법으로 작용하였다.

– 시민법 토대의 변화와 노동자의 세력 강화

앞에서 논의된 자유를 토대로 한 시민법도 자본주의의 발달에 따라 수정이 요구되었다. 왜냐하면 산업혁명으로 노동자 수의 증가와 사용자의 노동력 착취로 인한 자본가와 노동자가 대립이 격화되고 있었기 때문이다. 즉 노동자의 생존권 보장을 위한 노동자들의 투쟁은 인간의 구체적이고 현실적인 측면에서 실질적인 자유와 평등 보장을 위하여 실정법적인 측면에서 생존권에 접근하는 것이다. 그것의 제도화가 노동법의 제정인 것이며, 이 법은 노동자로서의 인간만을 위한 법이다. 노동법은 일반 생활인을 노동법의 보호로부터 배제하였으며, 단지 노동자만을 대상으로 그들의 노동조건 보호를 통한 생존권 보장을 규정하고 있다.[3)]

3) 노동자의 권리는 대부분의 국가에서 헌법에서 보장하고 있다. 사용자와 노동자의 대립 속에서 노동권, 노동자들이 자본가에 대하여 자신들의 권리를 주장할 수 있도록 하는 권리로서 단결권, 단체교섭권, 단체행동권 노동3권이 보장하고 있다. 우리나라에서는 이를 헌법 제33조에서 규정하고 있다.

– 절대적 자유권으로서 소유권에 대한 비판

산업의 발달은 사용자와 노동자들 간의 생산물과 이익에 대한 공유가 아닌 사용자의 일방적 소유를 강제하였다. 그러나 노동자의 생존권적인 접근은 경제적으로 윤택한 자에게만 유리하게 적용되었던 시민사회의 법 원리인 자유권 사상을 아래와 같이 수정하게 되었다.

i) 개인의 자유의사에 부여된 계약자유의 원칙은 자본주의의 발달로 부의 집중과 빈곤의 심화로 자본가와 노동자의 불편한 관계를 야기시켰다. 그런 이유로 부당한 계약에 대한 국가의 개입을 통하여 제한되었다.

ii) 산업의 발달은 산업재해의 증가와 함께 하였다. 즉 이것은 산업화 초기에 노동과정 속에서 노동자의 과실로만 간주된 과실 책임주의였다. 그러나 무과실 책임주의는 이러한 불공평한 관계로부터의 해방을 의미하였다. 일정한 경우에는 자본가의 과실이 증명될 수 없더라도 배상의 책임을 부여하였다.

iii) 사유재산권은 프랑스 혁명 당시에는 신성불가침과 같은 것으로 간주되었다. 소유권의 제한은 가진 자의 횡포에 대한 제재였다. 사유재산에 대한 절대적 권리로부터 재산에 대한 공공성을 고려하기 시작한 것이다. 즉 그것은 가진 자의 재산형성에 대해 부분적으로 노동자도 기여했다는 것을 인정한다는 측면에서 접근할 수도 있지만, 비판적인 측면에서 이와 같은 변화는 자본주의 발달로 인한 모순, 경제적 약자와 사회적 약자에 대한 억압이 심화될 것이라는 사실을 인정하기 시작한 것이다.

3) 사회보장법과 생존권

산업혁명 이전에 사회적 사고는 개인적 차원에서 개인의 문제이며 따라서 개인의 책임으로 간주되었다. 그러나 산업혁명 이후 자본주의의 발달은 부의 평준화로 인도하는 것이 아닌 오히려 부의 집중화와 빈곤의 심화로 이어지면서 빈곤을 사회적 사고의 핵심으로 간주하였다. 이런 측면에서 빈곤을 초래하는 것은 개인적인 것이 아닌 사회적인 사고로 인식되었다. 그것은 자본주의 사회에서 구성원들의 빈곤화는 개인의 능력과는 별개의 문제로서 빈곤의 사회성을 의미하게 되었다. 이것을 해결하기 위한 사회복지정책이 사회보장이다.

실질적으로 사회복지법 의미적 기원은 미국에서 1935년 제정된 사회보장법이다. 생존권 이념의 실현을 위하여 사회보장법은 노동자를 생활인의 주체로 간주한다. 노동법을 통한 노동자들의 노동조건 개선이 이루어졌지만, 노동법 영역에 벗어난 생활인으로서 국민들에 있어서 발생하는 그 밖의 보장이 요구되었다. 이것은 노동자들의 생활문제를 - 실업, 질병, 출산, 다자녀, 산재, 장애, 사망, 노령 등 - 사회적 사고로 이해한다는 것이다. 그러므로 이와 연관되어 사회보장법의 전개과정은 질병보험법 ⇒ 산업재해보상보험법 ⇒ 노령연금법 ⇒ 고용보험법 등의 제도화로 귀결되었다. 이러한 사회보장제도는 1·2차 세계대전을 통해 빠르게 발전하면서 노동자만을 생활인으로 간주하는 것이 아닌 전 국민을 의미하며, 후에 이것은 국제적인 인권보장과 전 국민의 생존권보장 등의 국제적인 측면으로 강화되었다.

4) 사회복지서비스법과 생존권

사회복지법은 노동자들뿐만 아니라 사회적 약자 등 모든 인간들의 인간적인 삶을 보장하기 위해 제도화된 것이다. 그런 측면에서 사회복지법은 사회복지서비스법과 일치한다고 볼 수 있다. 사회복지서비스법은 사회복지실천에서 아주 구체적인 내용을 실현하는 법이다. 왜냐하면 이 법은 기존의 사회복지법과 다르게 아동, 노인, 장애인, 한부모가족과 같은 사회복지의 대상들뿐만 아니라 그들의 생존권을 담보할 수 있는 실천내용들을 구체적으로 적시하고 있었기 때문이다. 우리나라에는 이미 앞에서 논의된 25개 정도의 사회복지서비스법이 제정되어 있으며, 그것이 의미하는 생존권이란 아래와 같다.

i) 자립상실자 또는 비자립자의 시민적 자립을 목적으로 하는 권리
ii) 실질적인 시민적 자립을 위하여 법적으로 요구하는 권리
iii) 일반적으로 사회복지서비스법의 대상인 사회적 약자들은 사회적 보호로부터 이탈되거나 소외된 경우가 대부분이므로 전문적인 접근이나 사업이 요구됨
vi) 사회복지서비스법의 대상들이 생활상의 약자들이란 측면에서 특별한 배려 필요

보편적으로 현대사회에서 사회복지서비스의 중요한 분야는 빈곤퇴치를 위한 소득보장과 의료보장과 같은 사회보장이다. 그것은 사회보장이 사회복지의 한 부분임을 의미한다고 볼 수 있다. 이러한 측면에서 생존권 보장의 의미는 국가가 빈곤에 대해 사회적 연대감 형성을 통한 시스템을 형성하는 것이다.

3. 결론 : 이데올로기와 사회복지법

일반적으로 사회보장과 사회복지에서 생존권은 현상적으로 소득의 보장, 의료의 보장뿐만이 아닌 사회복지서비스를 통한 재활과 사회복귀까지 보장하는 것을 의미한다. 그것을 위하여 역사적인 측면에서 사회보장과 사회복지에 연관된 법제정은 이데올로기의 산물이라 할 수 있다. 그것은 한편으로 사회복지가 역사적으로 매우 정치적이었음을 의미하며, 그래서 실천적 의미에서 뚜렷하게 법제정의 방향성이 나누어지게 되었다. 하나는 자본주의 사회에서 법제정이며 다른 하나는 사회주의 사회에서 법제정이다.

자본주의는 경쟁을 토대로 그 이념을 실현하려고 한다. 이데올로기적인 측면에서 자본주의의 발전은 사회보장과 사회복지의 맹아로서 구빈법을 탄생시켰지만, 진정으로 구빈법이 사회복지적이었는가에는 회

의적이다. 왜냐하면 그런 체제의 발전은 오히려 인간의 자유와 평등과 물질적 풍요의 보장이라는 낙관적 견해로부터 사회의 분열과 계급모순의 발생으로 진행되었기 때문이다. 이런 자본주의 체제의 모순은 생존권문제를 야기시켰다. 그런 생존권은 소극적 의미에서 사회적 약자에 대한 국가의 은혜로 생존을 유지할 수 있는 잔여적 복지 또는 선택적 권리인 것이다. 그러나 자본주의 사회에서도 그것은 생을 향유하는 자의 당연한 권리로서 20세기 들어 국가에 의한 형식적인 자유보장이 아닌 국가개입에 의한 적극적 의미에서 자유이며, 국민이 최저생활의 유지를 위해 요구되는 것을 확보하기 위하여 국가에 요구할 수 있는 권리로서 사회복지법들이 변화되고 있다.

또 하나의 측면에서 사회주의에서 바라보는 사회복지법의 제정이다. 사회주의는 그 이념적 토대인 평등을 토대로 생존권을 위한 사회보장과 사회복지에 대한 실천적 내용을 사회복지법에 담았다고 볼 수 있다. 이것은 사회주의에서 복지국가가 추구할 수 있는 내용들을 제시하고 있다는 것을 의미하며, 20세기 유럽문명의 가장 위대한 업적으로 평가받는 그 내용을 사람들은 보편적 복지라고 이야기한다. 그러나 실질적으로 이념적 실현 형태는 자본주의에 영향을 받은 사회주의에서 파생된 - 자본주의 안의 사회주의 - 사회민주주의로서 주로 스웨덴이나 노르웨이 같은 북유럽국가에서 실천되고 있다.

결론적으로 사회복지의 제도화의 결과물이 사회복지법이다. 그 제도화의 과정은 다분히 이데올로기적이다. 그것은 선택을 의미한다. 우리나라의 사회복지법들은 이데올로기 스펙트럼에서 본다면 사회주의의 영향을 받은 자본주의의 토대에서 제정되었다. 그것은 정책적 그리고 실천적 입장에서 중도 우파적이라고 할 수 있을 것이다. 왜냐하면 그 법적인 내용과 용어 사용에 있어서도 사회복지적인 토대가 사회 전반적인 공감보다는 사회적 약자에 대한 은혜, 자비, 시혜의 측면이 강하기 때문이다.[4] 그것으로부터 우리나라 사회복지법제에서 보이는 근본

4) 사회복지에 있어서 세상 어느 곳에도 법적으로나 제도적으로 보장된 무상복

적인 특징은 사회복지에 대한 미약한 국가 책임과 민간복지에 대한 의존이라 할 수 있다.

지는 없다. 그것은 사회적 합의의 사회복지가 아닌 독재국가에서나 가능한 것이다. 사회주의 사회에서도 그것은 무상이라 할 수 없다. 아마도 지구상에 노동 없는 복지, 대가를 지불하지 않는 복지는 없을 것이다. 그런 정책이나 행위는 선동적 구호이다. 사회복지는 과거 우리사회의 품앗이와 같은 의미이다. 그런 측면에서 무상은 적절한 용어가 아니며 무상이라면 그것은 노동자들의 쉼 없는 노동의 결과물인 것이다. 우리사회에서 무상이란 접두어로 무상복지보다 먼저 제기되고 실천되고 있는 용어가 무상보육이다. 무상보육은 범정부적인 차원에서 순수하지 않은 목적으로 장기간 진행되고 있다. 왜냐하면 무상보육은 우리사회에서 여성의 신체적 정신적 건강 그리고 양성평등을 위한 것이라기보다는 여성의 사회참여의 권유와 여성노동력의 확대 가능성과 그에 대한 세수확대를 전제로 한 것이기에, 사회복지적인 의미에서 무상보육이란 용어는 적절하지 않다. 보육의 목적으로 접근한다면 그것은 의무보육이라 불러야 적절할 것이다.

참고문헌

✤ 단행본
강병조 외, 『노인법제연구』, 삼우사, 2009
고세훈, 『국가와 복지』, 아연출판부, 2003
김귀환, 『사회복지입문』, 나눔의집, 2008
김귀환, 『현대사회문제의 이해』, 청목출판사, 2011
김귀환 · 나직균, 『사회복지정책론』, 21세기사, 2010
김귀환 외, 『사회복지법제론』, 나눔의집, 2007
김만두, 『사회복지법제론』, 홍익제, 1996
김유성, 『한국사회보장법론』, 법문사, 1992
게리 테일러Gary Taylor/조성숙 역, 『이데올로기와 복지』, 신정, 2010
근로복지공단 조사연구팀, 「독일산재보험법 해설서」, 근로복지공단, 2006
디트리히 슈반니츠Dietrich Schwanitz/안성기 외 역, 『교양』, 들녘, 2005
렁청진 편저/장연 역, 『지전 1. 2』, 감영사, 2003
리쭝우/신동준 역, 『중국통치학』, 효영출판사, 2010
마이클 샌델Michael Sandel/이창신 역, 『정의란 무엇인가』. 김영사, 2010
박동국 · 김대정, 『여성과 법』, 학우출판사, 1999
박태신, 「일본 장애인고용촉진등에 관한 법률」, 한국장애인고용촉진공단, 2001
박홍규 · 권기홍, 『사회정책 사회보장법』, 삼영사, 1998
보건복지가족부, 아동복지시설현황, 2009
시몬드 보바르/이희영 역, 『제2의 성』, 동서문화사, 2009
신혜섭, 『여성복지학』, 학지사, 2000
오혜경 · 김정애, 『여성장애인과 이중차별』, 학지사, 2000
윤찬영, 『사회복지법제론』, 나남, 1998
이인제 외, 『사회보장론』, 나남, 2006
임희섭 외, 『한국의 문화변동과 가치관』, 나남출판, 2004
장동일, 『사회복지법의 이해』, 학문사, 1996
장은숙, 「90년대 독일의 노동시장정책과 고용보험제도」, 한국노동연구원, 2002
조이 팔머편저/조현철 · 박혜숙 공역, 『50인의 현대교육사상가』, 학지사, 2009
찰스 짜스트로 · 카렌 커스트-애쉬맨/김규수외 역, 『인간행동과 사회환경』, 나눔의집, 2002
최봉석, 「독일의 노인복지법제연구」, 한국법제연구원, 2004
최종만, 『일본의 자치제 개혁』, 나남, 1998
프란츠 크사버 카우프만Franz-Xaver Kaufmann/정연택 역, 사회정책과 사회국가, 21세기사, 2005

하상락, 『한국사회복지사론』, 박영사, 1995

✣ 논문
김귀환, 독일의 사회보장, 월간〈생명보험〉 8. pp. 32-45, 2010
김정환, 사회복지시설에 관한 공법적 역할, 연세대 대학원 박사학위논문, 2010
국민연금공단, 독일의 공적연금제도, 2006
국회도서관 입법전자정보실, 해외법률소개 제294호 일본 노인보건법, 2005
국회도서관 입법전자정보실, 정신보건 및 정신장애자복지법: 일본, 2003
박재갑, 국민의 정부 사회복지정책에 대한 고찰, 서울시립대학교, 2004
서봉섭, 한국정치체제의 정당성과 복지정책의 변화, 고려대학교 박사학위논문, 1995
심재진, 사회복지사업법 제정사연구, 사회보장연구 제27권 제2호 pp. 279-307, 2011
이금자, 한국 노인복지법의 발전적 구상, 대구대학교 사회복지개발대학원 석사학위논문, 2001
이창승, 생활보호법과 국민기초생활보장법 비교연구, 고려대학교 노동대학원, 2001
중촌우일中村優一/김범수 역, 일본의 사회복지사업법 제정후 40년간의 전개와 과제, 사회복지 110 pp25-40, 한국사회복지협의회, 1991
홍성민, 일본 사회보장제도에서의 사회보험 법원리에 관한 연구, 서울시립대학교, 2010

✣ 외국문헌
Bruno Molitor, Soziale Sicherung, Muenchen, 1987
Niklas Luhmann, Das Recht der Gesellschaft, Ffm, 1995
Ramesh Mishra, Globalization and the Welfare State. Edward Elgar, 1999
Stefan Breuer, Die Gesellschaft des Verschwindens, Hamburg. 1995

✣ 인터넷사이트
cafe.naver.com/yessilver/368
http://www.stat.go.jp/data/kokusei/topics23.htm
http://likms.assembly.go.kr
http://www.hinet.or.kr/
http://www.kawid.or.kr/
http://www.mw.go.kr/
http://www.de.yahoo.com
http://www.yahoo.co.jp/

부 록

- 사회복지사업법
- 사회보장기본법
- 사회복지공동모금회법
- 국민기초생활 보장법
- 의료급여법
- 긴급복지지원법
- 장애인복지법
- 아동복지법
- 노인복지법
- 노숙인 등의 복지 및 자립지원에 관한 법률
- 농어촌주민의 보건복지증진을 위한 특별법
- 한부모가족지원법
- 입양촉진 및 절차에 관한 특례법
- 다문화가족지원법
- 성매매방지 및 피해자보호 등에 관한 법률
- 성폭력방지 및 피해자보호 등에 관한 법률
- 가정폭력방지 및 피해자보호 등에 관한 법률
- 일제하 일본군위안부 피해자에 대한 생활안정지원 및 기념사업 등에 관한 법률

사회복지사업법

[시행 2012.6.8] [법률 제10997호, 2011.8.4, 일부개정]
보건복지부, 02-2023-8214

제1장 총 칙 〈개정 2011.8.4〉

제1조(목적) 이 법은 사회복지사업에 관한 기본적 사항을 규정하여 사회복지를 필요로 하는 사람의 인간다운 생활을 할 권리를 보장하고 사회복지의 전문성을 높이며, 사회복지사업의 공정·투명·적정을 도모하고, 지역사회복지의 체계를 구축함으로써 사회복지의 증진에 이바지함을 목적으로 한다.
[전문개정 2011.8.4]

제1조(목적) 이 법은 사회복지사업에 관한 기본적 사항을 규정하여 사회복지를 필요로 하는 사람에 대하여 인간의 존엄성과 인간다운 생활을 할 권리를 보장하고 사회복지의 전문성을 높이며, 사회복지사업의 공정·투명·적정을 도모하고, 지역사회복지의 체계를 구축함으로써 사회복지의 증진에 이바지함을 목적으로 한다. <개정 2012.1.26>
[전문개정 2011.8.4]
[시행일 : 2012.8.5] 제1조

제1조의2(기본이념) ① 사회복지를 필요로 하는 사람은 누구든지 자신의 의사에 따라 서비스를 신청하고 제공받을 수 있다.
② 사회복지법인 및 사회복지시설은 공공성을 가지며 사회복지사업을 시행하는 데 있어서 공공성을 확보하여야 한다.
③ 사회복지사업을 시행하는 데 있어서 사회복지를 제공하는 자는 사회복지를 필요로 하는 사람의 인권을 보장하여야 한다.
[본조신설 2012.1.26]
[시행일 : 2012.8.5] 제1조의2

제2조(정의) 이 법에서 사용하는 용어의 뜻은 다음과 같다.

1. "사회복지사업"이란 다음 각 목의 법률에 따른 보호·선도(善導) 또는 복지에 관한 사업과 사회복지상담, 노숙인 등 보호, 직업지원, 무료 숙박, 지역사회복지, 의료복지, 재가복지(在家福祉), 사회복지관 운영, 정신질환자 및 한센병력자의 사회복귀에 관한 사업 등 각종 복지사업과 이와 관련된 자원봉사활동 및 복지시설의 운영 또는 지원을 목적으로 하는 사업을 말한다.
가. 「국민기초생활 보장법」
나. 「아동복지법」
다. 「노인복지법」
라. 「장애인복지법」
마. 「한부모가족지원법」
바. 「영유아보육법」
사. 「성매매방지 및 피해자보호 등에 관한 법률」
아. 「정신보건법」
자. 「성폭력방지 및 피해자보호 등에 관한 법률」
차. 「입양촉진 및 절차에 관한 특례법」
카. 「일제하 일본군위안부 피해자에 대한 생활안정지원 및 기념사업 등에 관한 법률」
타. 「사회복지공동모금회법」
파. 「장애인·노인·임산부 등의 편의증진 보장에 관한 법률」
하. 「가정폭력방지 및 피해자보호 등에 관한 법률」
거. 「농어촌주민의 보건복지증진을 위한 특별법」
너. 「식품기부 활성화에 관한 법률」
더. 「의료급여법」
러. 「기초노령연금법」
머. 「긴급복지지원법」
버. 「다문화가족지원법」
서. 「장애인연금법」
어. 「장애인활동 지원에 관한 법률」
저. 「노숙인 등의 복지 및 자립지원에 관한 법률」
처. 「보호관찰 등에 관한 법률」
2. "지역사회복지"란 주민의 복지증진과 삶의 질 향상을 위하여 지역사회 차원에서 전개하는 사회복지를 말한다.
3. "사회복지법인"이란 사회복지사업을 할 목적으로 설립된 법인을 말한다.
4. "사회복지시설"이란 사회복지사업을 할 목적으로 설치된 시설을 말한다.
5. "사회복지관" 이란 지역사회를 기반으로 일정한 시설과 전문인력을 갖추고 지역

주민의 참여와 협력을 통하여 지역사회의 복지문제를 예방하고 해결하기 위하여 종합적인 복지서비스를 제공하는 시설을 말한다.

6. "사회복지서비스"란 국가·지방자치단체 및 민간부문의 도움을 필요로 하는 모든 국민에게 상담, 재활, 직업 소개 및 지도, 사회복지시설의 이용 등을 제공하여 정상적인 사회생활이 가능하도록 제도적으로 지원하는 것을 말한다.
7. "보건의료서비스"란 국민의 건강을 보호·증진하기 위하여 보건의료인이 하는 모든 활동을 말한다.

[전문개정 2011.8.4]

제2조(정의) 이 법에서 사용하는 용어의 뜻은 다음과 같다. <개정 2011.8.4, 2012.1.26>

1. "사회복지사업"이란 다음 각 목의 법률에 따른 보호·선도(善導) 또는 복지에 관한 사업과 사회복지상담, 직업지원, 무료 숙박, 지역사회복지, 의료복지, 재가복지(在家福祉), 사회복지관 운영, 정신질환자 및 한센병력자의 사회복귀에 관한 사업 등 각종 복지사업과 이와 관련된 자원봉사활동 및 복지시설의 운영 또는 지원을 목적으로 하는 사업을 말한다.

가. 「국민기초생활 보장법」
나. 「아동복지법」
다. 「노인복지법」
라. 「장애인복지법」
마. 「한부모가족지원법」
바. 「영유아보육법」
사. 「성매매방지 및 피해자보호 등에 관한 법률」
아. 「정신보건법」
자. 「성폭력방지 및 피해자보호 등에 관한 법률」
차. 「입양특례법」
카. 「일제하 일본군위안부 피해자에 대한 생활안정지원 및 기념사업 등에 관한 법률」
타. 「사회복지공동모금회법」
파. 「장애인·노인·임산부 등의 편의증진 보장에 관한 법률」
하. 「가정폭력방지 및 피해자보호 등에 관한 법률」
거. 「농어촌주민의 보건복지증진을 위한 특별법」
너. 「식품기부 활성화에 관한 법률」
더. 「의료급여법」
러. 「기초노령연금법」
머. 「긴급복지지원법」
버. 「다문화가족지원법」
서. 「장애인연금법」
어. 「장애인활동 지원에 관한 법률」
저. 「노숙인 등의 복지 및 자립지원에 관한 법률」
처. 「보호관찰 등에 관한 법률」
커. 「장애아동 복지지원법」

2. "지역사회복지"란 주민의 복지증진과 삶의 질 향상을 위하여 지역사회 차원에서 전개하는 사회복지를 말한다.
3. "사회복지법인"이란 사회복지사업을 할 목적으로 설립된 법인을 말한다.
4. "사회복지시설"이란 사회복지사업을 할 목적으로 설치된 시설을 말한다.
5. "사회복지관" 이란 지역사회를 기반으로 일정한 시설과 전문인력을 갖추고 지역주민의 참여와 협력을 통하여 지역사회의 복지문제를 예방하고 해결하기 위하여 종합적인 복지서비스를 제공하는 시설을 말한다.
6. "사회복지서비스"란 국가·지방자치단체 및 민간부문의 도움을 필요로 하는 모든 국민에게 상담, 재활, 직업 소개 및 지도, 사회복지시설의 이용 등을 제공하여 정상적인 사회생활이 가능하도록 제도적으로 지원하는 것을 말한다.
7. "보건의료서비스"란 국민의 건강을 보호·증진하기 위하여 보건의료인이 하는 모든 활동을 말한다.

[전문개정 2011.8.4]

[시행일 : 2012.8.5] 제2조

제3조(다른 법률과의 관계) ① 사회복지사업의 내용 및 절차 등에 관하여 제2조제1호 각 목의 법률에 특별한 규정이 있는 경우를 제외하고는 이 법에서 정하는 바에 따른다.
② 제2조제1호 각 목의 법률을 개정하는 경우에는 이 법에 부합하도록 하여야 한다.
[전문개정 2011.8.4]

제4조(복지증진의 책임) ① 국가와 지방자

치단체는 사회복지를 증진할 책임을 진다.
② 국가와 지방자치단체는 사회복지서비스와 보건의료서비스를 함께 필요로 하는 사람에게 이들 서비스가 연계되어 제공되도록 노력하여야 한다.
③ 국가와 지방자치단체, 그 밖에 사회복지사업을 하는 자는 사회복지를 필요로 하는 사람에 대하여 그 사업과 관련한 상담, 작업치료(作業治療), 직업훈련 등을 실시하고 필요한 경우에는 주민의 복지 욕구를 조사할 수 있다.
④ 국가와 지방자치단체는 도움을 필요로 하는 국민이 본인의 선호와 필요에 따라 적절한 사회복지서비스를 제공받을 수 있도록 사회복지서비스 수요자 등을 고려하여 사회복지시설이 균형 있게 설치되도록 노력하여야 한다.
⑤ 국가와 지방자치단체는 민간부문의 사회복지 증진활동이 활성화되고 국가 및 지방자치단체의 사회복지사업과 민간부문의 사회복지 증진활동이 원활하게 연계될 수 있도록 노력하여야 한다.
[전문개정 2011.8.4]

제4조(복지와 인권증진의 책임) ① 국가와 지방자치단체는 사회복지서비스를 증진하고, 서비스를 이용하는 사람에 대하여 인권침해를 예방하고 차별을 금지하며 인권을 옹호할 책임을 진다. <개정 2012.1.26>
② 국가와 지방자치단체는 사회복지서비스와 보건의료서비스를 함께 필요로 하는 사람에게 이들 서비스가 연계되어 제공되도록 노력하여야 한다.
③ 국가와 지방자치단체, 그 밖에 사회복지사업을 하는 자는 사회복지를 필요로 하는 사람에 대하여 그 사업과 관련한 상담, 작업치료(作業治療), 직업훈련 등을 실시하고 필요한 경우에는 주민의 복지 욕구를 조사할 수 있다.
④ 국가와 지방자치단체는 도움을 필요로 하는 국민이 본인의 선호와 필요에 따라 적절한 사회복지서비스를 제공받을 수 있도록 사회복지서비스 수요자 등을 고려하여 사회복지시설이 균형 있게 설치되도록 노력하여야 한다.
⑤ 국가와 지방자치단체는 민간부문의 사회복지 증진활동이 활성화되고 국가 및 지방자치단체의 사회복지사업과 민간부문의 사회복지 증진활동이 원활하게 연계될 수 있도록 노력하여야 한다.
⑥ 국가와 지방자치단체는 사회복지를 필요로 하는 사람의 인권이 충분히 존중되는 방식으로 사회복지서비스를 제공하고 사회복지와 관련된 인권교육을 강화하여야 한다. <신설 2012.1.26>
⑦ 국가와 지방자치단체는 사회복지서비스를 이용하는 사람이 긴급한 인권침해 상황에 놓인 경우 신속히 대응할 체계를 갖추어야 한다. <신설 2012.1.26>
⑧ 국가와 지방자치단체는 시설 거주자 또는 보호자의 희망을 반영하여 지역사회보호체계에서 서비스가 제공될 수 있도록 노력하여야 한다. <신설 2012.1.26>
⑨ 국가와 지방자치단체는 사회복지서비스를 필요로 하는 사람들에게 사회복지서비스의 실시에 대한 정보를 제공하여야 한다. <신설 2012.1.26>
[전문개정 2011.8.4]
[제목개정 2012.1.26]
[시행일 : 2012.8.5] 제4조

제5조(최대 봉사의 원칙) 이 법에 따라 복지업무에 종사하는 사람은 그 업무를 수행할 때에 사회복지를 필요로 하는 사람을 위하여 차별 없이 최대로 봉사하여야 한다.
[전문개정 2011.8.4]

제5조(인권존중 및 최대 봉사의 원칙) 이 법에 따라 복지업무에 종사하는 사람은 그 업무를 수행할 때에 사회복지를 필요로 하는 사람을 위하여 인권을 존중하고 차별 없이 최대로 봉사하여야 한다. <개정 2012.1.26>
[전문개정 2011.8.4]
[제목개정 2012.1.26]
[시행일 : 2012.8.5] 제5조

제6조(시설 설치의 방해 금지) ① 누구든지 정당한 이유 없이 사회복지시설의 설치를 방해하여서는 아니 된다.
② 시장(「제주특별자치도 설치 및 국제자유도시 조성을 위한 특별법」 제17조제2항에 따른 행정시장을 포함한다. 이하 같다)·군수·구청장(자치구의 구청장을 말한다. 이하 같

다)은 정당한 이유 없이 사회복지시설의 설치를 지연시키거나 제한하는 조치를 하여서는 아니 된다.
[전문개정 2011.8.4]

제6조의2(사회복지업무의 전자화) ① 국가와 지방자치단체는 사회복지업무를 전자적으로 처리할 수 있도록 필요한 시책을 마련하여야 한다.

② 보건복지부장관은 사회복지업무에 필요한 각종 자료 또는 정보의 효율적 처리와 기록·관리 업무의 전자화를 위하여 정보시스템을 구축·운영할 수 있다.

③ 보건복지부장관은 제2항에 따른 정보시스템을 구축·운영하는 데 필요한 자료로서 다음 각 호의 어느 하나에 해당하는 자료를 수집·관리·보유할 수 있으며 관련 기관 및 단체에 필요한 자료의 제공을 요청할 수 있다. 이 경우 요청을 받은 기관 및 단체는 정당한 사유가 없으면 그 요청에 따라야 한다.

1. 제33조의2에 따라 사회복지서비스를 신청할 때 신청인이 제출하는 자료
2. 제33조의3에 따라 조사하는 자료
3. 제33조의4에 따라 결정하는 보호의 실시 여부 및 그 유형에 관한 자료
4. 제33조의5에 따라 수립하는 보호계획 및 평가에 관한 자료
5. 제33조의6 및 제33조의7에 따라 실시하는 보호에 관한 자료
6. 그 밖에 이 법에 따른 사회복지사업을 하는 데에 필요한 자료로서 보건복지부령으로 정하는 자료

④ 지방자치단체의 장은 사회복지사업을 수행할 때 관할 복지행정시스템과 제2항에 따른 정보시스템을 전자적으로 연계하여 활용하여야 한다.

⑤ 사회복지법인의 대표이사와 사회복지시설의 장은 국가와 지방자치단체가 실시하는 사회복지업무의 전자화 시책에 협력하여야 한다.
[전문개정 2011.8.4]

제6조의2(사회복지업무의 전자화) ① 국가와 지방자치단체는 사회복지업무를 전자적으로 처리할 수 있도록 필요한 시책을 마련하여야 한다.

② 보건복지부장관은 사회복지업무에 필요한 각종 자료 또는 정보의 효율적 처리와 기록·관리 업무의 전자화를 위하여 정보시스템을 구축·운영할 수 있다.

③ 보건복지부장관은 제2항에 따른 정보시스템을 구축·운영하는 데 필요한 자료로서 다음 각 호의 어느 하나에 해당하는 자료를 수집·관리·보유할 수 있으며 관련 기관 및 단체에 필요한 자료의 제공을 요청할 수 있다. 이 경우 요청을 받은 기관 및 단체는 정당한 사유가 없으면 그 요청에 따라야 한다. <개정 2012.1.26>

1. 제33조의2에 따라 사회복지서비스를 신청할 때 신청인이 제출하는 자료
2. 제33조의3에 따라 조사하는 자료
3. 제33조의4에 따라 결정하는 서비스 제공의 실시 여부 및 그 유형에 관한 자료
4. 제33조의5에 따라 수립하는 서비스 제공 계획 및 평가에 관한 자료
5. 제33조의6 및 제33조의7에 따라 실시하는 서비스 제공에 관한 자료
6. 그 밖에 이 법에 따른 사회복지사업을 하는 데에 필요한 자료로서 보건복지부령으로 정하는 자료

④ 지방자치단체의 장은 사회복지사업을 수행할 때 관할 복지행정시스템과 제2항에 따른 정보시스템을 전자적으로 연계하여 활용하여야 한다.

⑤ 사회복지법인의 대표이사와 사회복지시설의 장은 국가와 지방자치단체가 실시하는 사회복지업무의 전자화 시책에 협력하여야 한다.
[전문개정 2011.8.4]
[시행일 : 2012.8.5] 제6조의2

제6조의3(정보시스템 운영 전담기구 설립) ① 보건복지부장관은 제6조의2제2항에 따른 정보시스템을 효율적으로 운영하기 위하여 그 운영에 관한 업무를 수행하는 전담기구를 설립할 수 있다.

② 제1항에 따른 전담기구는 법인으로 한다.

③ 보건복지부장관은 제1항에 따른 전담기구의 설립·운영에 필요한 비용을 지원할 수 있다.

④ 제1항에 따른 전담기구에 관하여 이 법에서 규정한 사항 외에는 「민법」 중 재단법인에 관한 규정을 준용한다.

⑤ 제1항에 따른 전담기구의 설립 및 운영 등에 필요한 사항은 대통령령으로 정한다.
[전문개정 2011.8.4]

제7조(사회복지위원회) ① 사회복지사업에 관한 중요 사항과 제15조의3제2항에 따른 지역사회복지계획을 심의하거나 건의하기 위하여 특별시·광역시·도·특별자치도(이하 "시·도"라 한다)에 사회복지위원회를 둔다.
② 사회복지위원회의 위원은 다음 각 호의 어느 하나에 해당하는 사람 중에서 특별시장·광역시장·도지사·특별자치도지사(이하 "시·도지사"라 한다)가 임명하거나 위촉한다.
1. 사회복지 또는 보건의료에 관한 학식과 경험이 풍부한 사람
2. 사회복지법인의 대표자
3. 사회복지사업을 하는 비영리법인 또는 단체의 대표자
4. 사회복지를 필요로 하는 사람의 이익 등을 대표하는 사람
5. 제7조의2에 따른 지역사회복지협의체의 대표자
6. 공익단체(「비영리민간단체 지원법」 제2조에 따른 비영리민간단체를 말한다. 이하 같다)에서 추천한 사람
7. 「사회복지공동모금회법」 제14조에 따른 사회복지공동모금지회에서 추천한 사람

③ 다음 각 호의 어느 하나에 해당하는 사람은 사회복지위원회의 위원이 될 수 없다.
1. 미성년자
2. 금치산자 또는 한정치산자
3. 파산선고를 받고 복권되지 아니한 사람
4. 법원의 판결에 따라 자격이 상실되거나 정지된 사람
5. 금고 이상의 실형을 선고받고 그 집행이 끝나거나(집행이 끝난 것으로 보는 경우를 포함한다) 집행이 면제된 날부터 3년이 지나지 아니한 사람
6. 금고 이상의 형의 집행유예를 선고받고 그 유예기간 중에 있는 사람
7. 제5호 및 제6호에도 불구하고 사회복지사업 또는 그 직무와 관련하여 「아동복지법」 제40조 또는 제41조, 「보조금의 예산 및 관리에 관한 법률」 제40조부터 제42조까지 또는 「형법」 제28장·제40장(제360조는 제외한다)의 죄를 범하거나 이 법을 위반하여 다음 각 목의 어느 하나에 해당하는 사람
   가. 100만원 이상의 벌금형을 선고받고 그 형이 확정된 후 5년이 지나지 아니한 사람
   나. 형의 집행유예를 선고받고 그 형이 확정된 후 7년이 지나지 아니한 사람
   다. 징역형을 선고받고 그 집행이 끝나거나(집행이 끝난 것으로 보는 경우를 포함한다) 집행이 면제된 날부터 7년이 지나지 아니한 사람

④ 사회복지위원회의 조직·운영에 필요한 사항은 보건복지부령으로 정하는 바에 따라 해당 시·도의 조례로 정한다.
[전문개정 2011.8.4]

제7조(사회복지위원회) ① 사회복지사업에 관한 중요 사항과 제15조의3제2항에 따른 지역사회복지계획을 심의하거나 건의하기 위하여 특별시·광역시·도·특별자치도(이하 "시·도"라 한다)에 사회복지위원회를 둔다.
② 사회복지위원회의 위원은 다음 각 호의 어느 하나에 해당하는 사람 중에서 특별시장·광역시장·도지사·특별자치도지사(이하 "시·도지사"라 한다)가 임명하거나 위촉한다.
1. 사회복지 또는 보건의료에 관한 학식과 경험이 풍부한 사람
2. 사회복지법인의 대표자
3. 사회복지사업을 하는 비영리법인 또는 단체의 대표자
4. 사회복지를 필요로 하는 사람의 이익 등을 대표하는 사람
5. 제7조의2에 따른 지역사회복지협의체의 대표자
6. 공익단체(「비영리민간단체 지원법」 제2조에 따른 비영리민간단체를 말한다. 이하 같다)에서 추천한 사람
7. 「사회복지공동모금회법」 제14조에 따른 사회복지공동모금지회에서 추천한 사람

③ 다음 각 호의 어느 하나에 해당하는 사람은 사회복지위원회의 위원이 될 수 없다. <개정 2011.8.4, 2012.1.26>
1. 미성년자
2. 금치산자 또는 한정치산자

3. 파산선고를 받고 복권되지 아니한 사람
4. 법원의 판결에 따라 자격이 상실되거나 정지된 사람
5. 금고 이상의 실형을 선고받고 그 집행이 끝나거나(집행이 끝난 것으로 보는 경우를 포함한다) 집행이 면제된 날부터 3년이 지나지 아니한 사람
6. 금고 이상의 형의 집행유예를 선고받고 그 유예기간 중에 있는 사람
7. 제5호 및 제6호에도 불구하고 사회복지사업 또는 그 직무와 관련하여 「아동복지법」 제71조, 「보조금 관리에 관한 법률」 제40조부터 제42조까지 또는 「형법」 제28장·제40장(제360조는 제외한다)의 죄를 범하거나 이 법을 위반하여 다음 각 목의 어느 하나에 해당하는 사람

가. 100만원 이상의 벌금형을 선고받고 그 형이 확정된 후 5년이 지나지 아니한 사람

나. 형의 집행유예를 선고받고 그 형이 확정된 후 7년이 지나지 아니한 사람

다. 징역형을 선고받고 그 집행이 끝나거나(집행이 끝난 것으로 보는 경우를 포함한다) 집행이 면제된 날부터 7년이 지나지 아니한 사람

8. 제5호부터 제7호까지의 규정에도 불구하고 「성폭력범죄의 처벌 등에 관한 특례법」 제2조의 성폭력범죄(「성폭력범죄의 처벌 등에 관한 특례법」 제2조제1항제1호는 제외한다) 또는 「아동·청소년의 성보호에 관한 법률」 제2조제2호의 아동·청소년대상 성범죄를 저지른 사람으로서 형 또는 치료감호를 선고받고 확정된 후 그 형 또는 치료감호의 전부 또는 일부의 집행이 끝나거나(집행이 끝난 것으로 보는 경우를 포함한다) 집행이 유예·면제된 날부터 10년이 지나지 아니한 사람

④ 사회복지위원회의 조직·운영에 필요한 사항은 보건복지부령으로 정하는 바에 따라 해당 시·도의 조례로 정한다.
[전문개정 2011.8.4]
[시행일 : 2012.8.5] 제7조

제7조의2(지역사회복지협의체) ① 관할지역의 사회복지사업에 관한 중요 사항과 제15조의3제1항에 따른 지역사회복지계획을 심의하거나 건의하고, 사회복지·보건의료 관련 기관·단체가 제공하는 사회복지서비스 및 보건의료서비스의 연계·협력을 강화하기 위하여 특별자치도 또는 시(「제주특별자치도 설치 및 국제자유도시 조성을 위한 특별법」 제15조제2항에 따른 행정시를 포함한다. 이하 같다)·군·구(자치구를 말한다. 이하 같다)에 지역사회복지협의체를 둔다.
② 지역사회복지협의체의 위원은 다음 각 호의 어느 하나에 해당하는 사람 중에서 특별자치도지사 또는 시장·군수·구청장이 임명하거나 위촉한다.
1. 사회복지 또는 보건의료에 관한 학식과 경험이 풍부한 사람
2. 사회복지사업을 하는 기관·단체의 대표자
3. 보건의료사업을 하는 기관·단체의 대표자
4. 공익단체에서 추천한 사람
5. 사회복지업무 또는 보건의료업무를 담당하는 공무원

③ 지역사회복지협의체의 업무를 효율적으로 수행하기 위하여 지역사회복지협의체에 실무협의체를 둔다.
④ 지역사회복지협의체 및 실무협의체의 조직·운영에 필요한 사항은 보건복지부령으로 정하는 바에 따라 시·군·구의 조례(「제주특별자치도 설치 및 국제자유도시 조성을 위한 특별법」 제15조제2항에 따른 행정시의 경우에는 특별자치도의 조례를 말한다. 이하 같다)로 정한다.
⑤ 지역사회복지협의체의 위원에 대하여는 제7조제3항을 준용한다. 이 경우 "사회복지위원회"는 "지역사회복지협의체"로 본다.
[전문개정 2011.8.4]

제8조(복지위원) ① 시장·군수·구청장은 읍·면·동의 사회복지사업을 원활하게 수행하기 위하여 읍·면·동 단위로 복지위원을 위촉하여야 한다.
② 복지위원은 명예직으로 하되, 예산의 범위에서 수당을 지급할 수 있다.
③ 복지위원의 자격, 직무, 위촉절차 등에 관하여 필요한 사항은 보건복지부령으로 정하는 바에 따라 시·군·구의 조례로 정한다.
[전문개정 2011.8.4]

제9조(사회복지 자원봉사활동의 지원 · 육성) ① 국가와 지방자치단체는 사회복지 자원봉사활동을 지원·육성하기 위하여 다음 각 호의 사항을 실시하여야 한다.
1. 자원봉사활동의 홍보 및 교육
2. 자원봉사활동 프로그램의 개발·보급
3. 자원봉사활동 중의 재해에 대비한 시책의 개발
4. 그 밖에 자원봉사활동의 지원에 필요한 사항

② 국가와 지방자치단체는 제1항 각 호의 사항을 효율적으로 수행하기 위하여 사회복지법인이나 그 밖의 비영리법인·단체에 이를 위탁할 수 있다.
[전문개정 2011.8.4]

제10조(지도 · 훈련) ① 보건복지부장관은 이 법이나 그 밖의 사회복지 관련 법률의 시행에 관한 사무에 종사하는 공무원과 사회복지사업에 종사하는 사람의 자질 향상을 위하여 필요한 지도와 훈련을 할 수 있다.
② 제1항의 훈련에 필요한 사항은 보건복지부령으로 정한다.
[전문개정 2011.8.4]

제10조(지도 · 훈련) ① 보건복지부장관은 이 법이나 그 밖의 사회복지 관련 법률의 시행에 관한 사무에 종사하는 공무원과 사회복지사업에 종사하는 사람의 자질 향상을 위하여 인권교육 등 필요한 지도와 훈련을 할 수 있다. <개정 2012.1.26>
② 제1항의 훈련에 필요한 사항은 보건복지부령으로 정한다.
[전문개정 2011.8.4]
[시행일 : 2012.8.5] 제10조

제11조(사회복지사 자격증의 발급 등) ① 보건복지부장관은 사회복지에 관한 전문지식과 기술을 가진 사람에게 사회복지사 자격증을 발급할 수 있다.
② 제1항에 따른 사회복지사의 등급은 1급·2급·3급으로 하고 등급별 자격기준 및 자격증의 발급절차 등은 대통령령으로 정한다.
③ 사회복지사 1급 자격증을 받으려는 사람은 국가시험에 합격하여야 한다.
④ 보건복지부장관은 제2항에 따른 사회복지사 자격증을 발급받거나 재발급받으려는 사람에게 보건복지부령으로 정하는 바에 따라 수수료를 내게 할 수 있다.
[전문개정 2011.8.4]

제11조의2(사회복지사의 결격사유) 다음 각 호의 어느 하나에 해당하는 사람은 사회복지사가 될 수 없다.
1. 금치산자 또는 한정치산자
2. 금고 이상의 형을 선고받고 그 집행이 끝나지 아니하였거나 그 집행을 받지 아니하기로 확정되지 아니한 사람
3. 법원의 판결에 따라 자격이 상실되거나 정지된 사람
4. 마약·대마 또는 향정신성의약품의 중독자

[전문개정 2011.8.4]

제12조(국가시험) ① 제11조제3항에 따른 국가시험은 보건복지부장관이 시행하되, 시험의 관리는 대통령령으로 정하는 바에 따라 시험관리능력이 있다고 인정되는 관계 전문기관에 위탁할 수 있다.
② 보건복지부장관은 제1항에 따라 국가시험의 관리를 위탁하였을 때에는 그에 드는 비용을 예산의 범위에서 보조할 수 있다.
③ 제1항에 따라 시험의 관리를 위탁받은 기관은 보건복지부장관의 승인을 받아 정한 금액을 응시수수료로 받을 수 있다.
④ 시험 과목, 응시자격 등 시험의 실시에 필요한 사항은 대통령령으로 정한다.
[전문개정 2011.8.4]

제13조(사회복지사의 채용 및 교육 등) ① 사회복지법인 및 사회복지시설을 설치·운영하는 자는 대통령령으로 정하는 바에 따라 사회복지사를 그 종사자로 채용하여야 한다. 다만, 대통령령으로 정하는 사회복지시설은 그러하지 아니하다.
② 보건복지부장관은 사회복지사의 자질 향상을 위하여 필요하다고 인정하면 사회복지사에게 교육을 받도록 명할 수 있다. 다만, 사회복지법인 또는 사회복지시설에 종사하는 사회복지사는 정기적으로 보수교육(補修教育)을 받아야 한다.
③ 사회복지법인 또는 사회복지시설을 운영하는 자는 그 법인 또는 시설에 종사하는 사회복지사에 대하여 제2항 단서에 따른 교육을 이유로 불리한 처분을 하여서는 아니 된다.
④ 보건복지부장관은 제2항에 따른 교육을

보건복지부령으로 정하는 기관 또는 단체에 위탁할 수 있다.
⑤ 제2항에 따른 교육의 기간·방법 및 내용과 제4항에 따른 위탁 등에 관하여 필요한 사항은 보건복지부령으로 정한다.
[전문개정 2011.8.4]

제13조(사회복지사의 채용 및 교육 등) ① 사회복지법인 및 사회복지시설을 설치·운영하는 자는 대통령령으로 정하는 바에 따라 사회복지사를 그 종사자로 채용하여야 한다. 다만, 대통령령으로 정하는 사회복지시설은 그러하지 아니하다.
② 보건복지부장관은 사회복지사의 자질 향상을 위하여 필요하다고 인정하면 사회복지사에게 교육을 받도록 명할 수 있다. 다만, 사회복지법인 또는 사회복지시설에 종사하는 사회복지사는 정기적으로 인권에 관한 내용이 포함된 보수교육(補修敎育)을 받아야 한다. <개정 2012.1.26>
③ 사회복지법인 또는 사회복지시설을 운영하는 자는 그 법인 또는 시설에 종사하는 사회복지사에 대하여 제2항 단서에 따른 교육을 이유로 불리한 처분을 하여서는 아니 된다.
④ 보건복지부장관은 제2항에 따른 교육을 보건복지부령으로 정하는 기관 또는 단체에 위탁할 수 있다.
⑤ 제2항에 따른 교육의 기간·방법 및 내용과 제4항에 따른 위탁 등에 관하여 필요한 사항은 보건복지부령으로 정한다.
[전문개정 2011.8.4]
[시행일 : 2012.8.5] 제13조

제14조(사회복지 전담공무원) ① 사회복지사업에 관한 업무를 담당하게 하기 위하여 시·도, 시·군·구 및 읍·면·동 또는 제15조에 따른 복지사무 전담기구에 사회복지 전담공무원(이하 "복지전담공무원"이라 한다)을 둘 수 있다.
② 복지전담공무원은 사회복지사 자격을 가진 사람으로 하며, 그 임용 등에 필요한 사항은 대통령령으로 정한다.
③ 복지전담공무원은 그 관할지역에서 사회복지를 필요로 하는 사람 등에 대하여 항상 그 생활 실태 및 가정환경 등을 파악하고, 사회복지에 관하여 필요한 상담과 지도를 한다.
④ 관계 행정기관과 사회복지시설을 설치·운영하는 자는 복지전담공무원의 업무 수행에 협조하여야 한다.
⑤ 국가는 복지전담공무원의 보수 등에 드는 비용의 전부 또는 일부를 보조할 수 있다.
[전문개정 2011.8.4]

제15조(복지사무 전담기구의 설치) ① 사회복지사업에 관한 업무를 효율적으로 운영하기 위하여 필요한 경우 시·군·구 또는 읍·면·동에 복지사무를 전담하는 기구를 따로 설치할 수 있다.
② 제1항에 따른 복지사무 전담기구의 사무 범위 및 조직과 그 밖에 필요한 사항은 해당 시·군·구의 조례로 정한다.
[전문개정 2011.8.4]

제15조의2(사회복지의 날) ① 국가는 국민의 사회복지에 대한 이해를 증진하고 사회복지사업 종사자의 활동을 장려하기 위하여 매년 9월 7일을 사회복지의 날로 하고, 사회복지의 날부터 1주간을 사회복지주간으로 한다.
② 국가와 지방자치단체는 사회복지의 날의 취지에 적합한 행사 등 사업을 하도록 노력하여야 한다.
[전문개정 2011.8.4]

제1장의2 지역사회복지계획의 수립 · 시행 〈신설 2003.7.30〉

제15조의3(지역사회복지계획의 수립) ① 시장·군수·구청장은 지역주민 등 이해관계인의 의견을 들은 후 지역사회복지협의체의 심의를 거쳐 해당 시·군·구의 지역사회복지계획을 수립하고 이를 시·도지사에게 제출하여야 한다. 이 경우 「지역보건법」 제3조제1항에 따른 지역보건의료계획 및 「사회보장기본법」 제20조에 따른 사회보장 증진을 위한 장기발전방향과 연계되도록 하여야 한다.
② 시·도지사는 제1항에 따라 받은 시·군·구의 지역사회복지계획을 종합·조정하여 제7조에 따른 사회복지위원회의 심의를 거쳐 시·도의 지역사회복지계획을 수립하고 이를 보건복지부장관에게 제출하여야 한다. 이 경

우 「지역보건법」 제3조제2항에 따른 지역보건의료계획 및 「사회보장기본법」 제20조에 따른 사회보장 증진을 위한 장기발전 방향과 연계되도록 하여야 한다.
③ 시·도지사 또는 시장·군수·구청장은 제1항 또는 제2항에 따른 지역사회복지계획(이하 "지역복지계획"이라 한다)을 수립할 때 필요하다고 인정하면 사회복지 관련 기관·단체 등에 자료 제공 및 협력을 요청할 수 있다.
④ 보건복지부장관이나 시·도지사는 지역복지계획의 내용에 관하여 필요하다고 인정하면 시·도지사 또는 시장·군수·구청장에게 보건복지부령으로 정하는 바에 따라 그 조정을 권고할 수 있다.
⑤ 지역복지계획의 수립방법 및 수립시기 등에 관하여 필요한 사항은 대통령령으로 정한다.
[전문개정 2011.8.4]

제15조의4(지역복지계획의 내용) 지역복지계획에는 다음 각 호의 사항이 포함되어야 한다.
1. 복지 수요의 측정 및 전망에 관한 사항
2. 사회복지시설 및 재가복지의 장기·단기 공급대책에 관한 사항
3. 인력·조직 및 재정 등 복지자원의 조달 및 관리에 관한 사항
4. 사회복지 전달 체계에 관한 사항
5. 사회복지서비스 및 보건의료서비스의 연계 제공 방안에 관한 사항
6. 지역사회복지에 관련된 통계의 수집 및 정리에 관한 사항
7. 사회복지시설에 종사하는 사람의 처우 개선에 관한 사항
8. 그 밖에 대통령령으로 정하는 사항

[전문개정 2011.8.4]

제15조의5(지역복지계획의 시행) ① 시·도지사 또는 시장·군수·구청장은 보건복지부령으로 정하는 바에 따라 지역복지계획을 시행하여야 한다.
② 시·도지사 또는 시장·군수·구청장은 지역복지계획을 시행할 때 필요하다고 인정하면 민간의 사회복지 관련 단체 등에 인력·기술 및 재정 지원을 할 수 있다.
[전문개정 2011.8.4]

제15조의6(지역복지계획 시행결과의 평가) ① 보건복지부장관이나 시·도지사는 대통령령으로 정하는 바에 따라 시·도 또는 시·군·구의 지역복지계획 시행결과를 평가할 수 있다.
② 보건복지부장관이나 시·도지사는 필요한 경우 제1항에 따른 평가결과를 제42조에 따른 비용의 보조에 반영할 수 있다.
[전문개정 2011.8.4]

제2장 사회복지법인 〈개정 2011.8.4〉

제16조(법인의 설립허가) ① 사회복지법인(이하 이 장에서 "법인"이라 한다)을 설립하고자 하는 자는 대통령령이 정하는 바에 의하여 보건복지부장관의 허가를 받아야 한다. <개정 1999.4.30, 2008.2.29, 2010.1.18>
② 제1항에 따라 설립된 법인은 주된 사무소의 소재지에서 설립등기를 하여야 한다.
[전문개정 2011.8.4]

제16조(법인의 설립허가) ① 사회복지법인(이하 이 장에서 "법인"이라 한다)을 설립하려는 자는 대통령령으로 정하는 바에 따라 시·도지사의 허가를 받아야 한다.
② 제1항에 따라 허가를 받은 자는 법인의 주된 사무소의 소재지에서 설립등기를 하여야 한다. <개정 2012.1.26>
[전문개정 2011.8.4]
[시행일 : 2012.8.5] 제16조

제17조(정관) ① 법인의 정관에는 다음 각 호의 사항이 포함되어야 한다.
1. 목적
2. 명칭
3. 주된 사무소의 소재지
4. 사업의 종류
5. 자산 및 회계에 관한 사항
6. 임원의 임면(任免) 등에 관한 사항
7. 회의에 관한 사항
8. 수익(收益)을 목적으로 하는 사업이 있는 경우 그에 관한 사항
9. 정관의 변경에 관한 사항
10. 존립시기와 해산 사유를 정한 경우에는 그 시기와 사유 및 남은 재산의 처리방법
11. 공고 및 공고방법에 관한 사항

② 법인이 정관을 변경하려는 경우에는 시·도지사의 인가를 받아야 한다. 다만, 보건복지부령으로 정하는 경미한 사항의 경우에는 그러하지 아니하다.
[전문개정 2011.8.4]
[시행일 : 2012.8.5] 제17조제2항

제18조(임원) ① 법인은 대표이사를 포함한 이사 5명 이상과 감사 2명 이상을 두어야 한다.
② 이사회의 구성에 있어서 대통령령으로 정하는 특별한 관계에 있는 사람이 이사 현원(現員)의 5분의 1을 초과할 수 없다.
③ 이사의 임기는 3년으로 하고 감사의 임기는 2년으로 하며, 각각 연임할 수 있다.
④ 외국인인 이사는 이사 현원의 2분의 1 미만이어야 한다.
⑤ 법인은 임원을 임면하는 경우에는 보건복지부령으로 정하는 바에 따라 지체 없이 시·도지사에게 보고하여야 한다.
⑥ 감사는 이사와 제2항에 따른 특별한 관계에 있는 사람이 아니어야 하며, 감사 중 1명은 대통령령으로 정하는 바에 따라 법률과 회계에 관한 지식과 경험이 있는 사람 중에서 시·도지사가 추천할 수 있다.
[전문개정 2011.8.4]
[시행일:2012.8.5] 제18조제5항, 제18조제6항

제18조(임원) ① 법인은 대표이사를 포함한 이사 7명 이상과 감사 2명 이상을 두어야 한다. <개정 2012.1.26>
② 법인은 제1항에 따른 이사 정수의 3분의 1(소수점 이하는 버린다) 이상을 다음 각 호의 어느 하나에 해당하는 기관이 제7조제2항 각 호(제2호, 제3호 및 제5호를 제외한다)의 어느 하나에 해당하는 사람 중 2배수로 추천한 사람 중에서 선임하여야 한다. <개정 2012.1.26>
1. 제7조에 따른 사회복지위원회
2. 제7조의2에 따른 지역사회복지협의체
③ 이사회의 구성에 있어서 대통령령으로 정하는 특별한 관계에 있는 사람이 이사 현원(現員)의 5분의 1을 초과할 수 없다. <개정 2012.1.26>
④ 이사의 임기는 3년으로 하고 감사의 임기는 2년으로 하며, 각각 연임할 수 있다. <개정 2012.1.26>
⑤ 외국인인 이사는 이사 현원의 2분의 1 미만이어야 한다. <개정 2012.1.26>
⑥ 법인은 임원을 임면하는 경우에는 보건복지부령으로 정하는 바에 따라 지체 없이 시·도지사에게 보고하여야 한다. <개정 2012.1.26>
⑦ 감사는 이사와 제3항에 따른 특별한 관계에 있는 사람이 아니어야 하며, 감사 중 1명은 법률 또는 회계에 관한 지식이 있는 사람 중에서 선임하여야 한다. 다만, 대통령령으로 정하는 일정 규모 이상의 법인은 시·도지사의 추천을 받아 「주식회사의 외부감사에 관한 법률」 제3조제1항에 따른 감사인에 속한 사람을 감사로 선임하여야 한다. <신설 2012.1.26>
[전문개정 2011.8.4]
[시행일 : 2013.1.27] 제18조제1항, 제18조제2항, 제18조제7항
[시행일 : 2012.8.5] 제18조

제19조(임원의 결격사유) ① 다음 각 호의 어느 하나에 해당하는 사람은 임원이 될 수 없다.
1. 제7조제3항 각 호의 어느 하나에 해당하는 사람
2. 제22조에 따른 해임명령에 따라 해임된 날부터 5년이 지나지 아니한 사람
② 임원이 제1항 각 호의 어느 하나에 해당하게 되었을 때에는 그 자격을 상실한다.
[전문개정 2011.8.4]

제19조(임원의 결격사유) ① 다음 각 호의 어느 하나에 해당하는 사람은 임원이 될 수 없다. <개정 2012.1.26>
1. 제7조제3항 각 호의 어느 하나에 해당하는 사람
2. 제22조에 따른 해임명령에 따라 해임된 날부터 5년이 지나지 아니한 사람
3. 사회복지분야의 6급 이상 공무원으로 재직하다 퇴직한 지 2년이 경과하지 아니한 사람 중에서 퇴직 전 3년 동안 소속하였던 기초자치단체가 관할하는 법인의 임원이 되고자 하는 사람
② 임원이 제1항 각 호의 어느 하나에 해당하게 되었을 때에는 그 자격을 상실한다.
[전문개정 2011.8.4]

[시행일 : 2012.8.5] 제19조

제20조(임원의 보충) ① 이사 또는 감사 중에 결원이 생겼을 때에는 2개월 이내에 보충하여야 한다.

② 법인이 제1항에 따른 기간 내에 결원을 보충하지 아니하면 시·도지사는 지체 없이 이해관계인의 청구에 의하여 또는 직권으로 임시이사를 선임하여야 한다.

③ 제2항에 따른 임시이사의 선임에 필요한 사항은 보건복지부령으로 정한다.

[전문개정 2011.8.4]

[시행일:2012.8.5] 제20조제2항

제20조(임원의 보충) 이사 또는 감사 중에 결원이 생겼을 때에는 2개월 이내에 보충하여야 한다.

[전문개정 2012.1.26]

[시행일 : 2012.8.5] 제20조

제21조(임원의 겸직 금지) ① 이사는 법인이 설치한 사회복지시설의 장을 제외한 그 시설의 직원을 겸할 수 없다.

② 감사는 법인의 이사, 법인이 설치한 사회복지시설의 장 또는 그 직원을 겸할 수 없다.

[전문개정 2011.8.4]

제22조(임원의 해임명령) 보건복지부장관은 임원이 다음 각호의 1에 해당한 때에는 법인에 대하여 그 임원의 해임을 명할 수 있다. <개정 1999.4.30, 2010.1.18>

1. 보건복지부장관의 명령을 정당한 이유없이 이행하지 아니한 때
2. 회계부정이나 현저한 불법행위 기타 부당행위등이 발견되었을 때
3. 법인의 업무에 관하여 보건복지부장관에게 보고할 사항에 대하여 고의로 보고를 지연하거나 허위보고를 한 때
4. 기타 이 법 또는 이 법에 의한 명령을 위반한 때

[제목개정 1999.4.30]

제22조(임원의 해임명령) ① 시·도지사는 임원이 다음 각 호의 어느 하나에 해당할 때에는 법인에 그 임원의 해임을 명할 수 있다. <개정 2012.1.26>

1. 시·도지사의 명령을 정당한 이유 없이 이행하지 아니하였을 때
2. 회계부정이나 인권침해 등 현저한 불법행위 또는 그 밖의 부당행위 등이 발견되었을 때
3. 법인의 업무에 관하여 시·도지사에게 보고할 사항에 대하여 고의로 보고를 지연하거나 거짓으로 보고를 하였을 때
4. 제18조제2항·제3항 또는 제7항을 위반하여 선임된 사람
5. 제21조를 위반한 사람
6. 제22조의2에 따른 직무집행 정지명령을 이행하지 아니한 사람
7. 그 밖에 이 법 또는 이 법에 따른 명령을 위반하였을 때

② 제1항에 따른 해임명령은 시·도지사가 해당 법인에게 그 사유를 들어 시정을 요구한 날부터 15일이 경과하여도 이에 응하지 아니한 경우에 한한다. 다만, 시정을 요구하여도 시정할 수 없는 것이 명백하거나 회계부정, 횡령, 뇌물수수 등 비리의 정도가 중대한 경우에는 시정요구 없이 임원의 해임을 명할 수 있으며, 그 세부적 기준은 대통령령으로 정한다. <신설 2012.1.26>

[전문개정 2011.8.4]

[시행일 : 2012.8.5] 제22조

제22조의2(임원의 직무집행 정지) ① 시·도지사는 제22조에 따른 해임명령을 하기 위하여 같은 조 제1항 각 호의 사실 여부에 대한 조사나 감사가 진행 중인 경우 및 해임명령 기간 중인 경우에는 해당 임원의 직무집행을 정지시킬 수 있다.

② 시·도지사는 제1항에 따른 임원의 직무집행 정지사유가 소멸되면 즉시 직무집행 정지명령을 해제하여야 한다.

[본조신설 2012.1.26]

[시행일 : 2012.8.5] 제22조의2

제22조의3(임시이사의 선임) ① 법인이 제20조에 따른 기간 내에 결원된 이사를 보충하지 아니하여 법인의 정상적인 운영이 어렵다고 판단되는 경우 시·도지사는 지체 없이 이해관계인의 청구 또는 직권으로 임시이사를 선임하여야 한다.

② 임시이사는 제1항에 따른 사유가 해소될 때까지 재임한다.

③ 시·도지사는 임시이사가 선임되었음에도 불구하고 해당 법인이 정당한 사유 없이 이사회 소집을 기피할 경우 이사회 소집을 권

고할 수 있다.
④ 제1항에 따른 임시이사의 선임 등에 필요한 사항은 보건복지부령으로 정한다.
[본조신설 2012.1.26]
[시행일 : 2012.8.5] 제22조의3

제22조의4(임시이사의 해임) ① 시·도지사는 다음 각 호의 어느 하나에 해당하는 경우 이해관계인의 청구 또는 직권으로 임시이사를 해임할 수 있다. 이 경우 제2호부터 제4호까지의 규정에 따라 임시이사를 해임하는 때에는 지체 없이 그 후임자를 선임하여야 한다.
1. 임시이사 선임사유가 해소된 경우
2. 임시이사가 제7조제3항 각 호의 어느 하나에 해당하는 경우
3. 임시이사가 직무를 태만히 하여 법인의 정상화가 어려운 경우
4. 임시이사가 제22조제1항 각 호의 어느 하나에 해당하는 경우

② 법인은 제1항에 따라 해임된 임시이사를 이사로 선임할 수 없다.
[본조신설 2012.1.26]
[시행일 : 2012.8.5] 제22조의4

제23조(재산 등) ① 법인은 사회복지사업의 운영에 필요한 재산을 소유하여야 한다.
② 법인의 재산은 보건복지부령으로 정하는 바에 따라 기본재산과 보통재산으로 구분하며, 기본재산은 그 목록과 가액(價額)을 정관에 적어야 한다.
③ 법인은 기본재산에 관하여 다음 각 호의 어느 하나에 해당하는 경우에는 시·도지사의 허가를 받아야 한다. 다만, 보건복지부령으로 정하는 사항에 대하여는 그러하지 아니하다.
1. 매도·증여·교환·임대·담보제공 또는 용도변경을 하려는 경우
2. 보건복지부령으로 정하는 금액 이상을 1년 이상 장기차입(長期借入)하려는 경우

④ 제1항에 따른 재산과 그 회계에 관하여 필요한 사항은 보건복지부령으로 정한다.
[전문개정 2011.8.4]
[시행일 : 2012.8.5] 제23조제3항

제24조(재산취득보고) 법인이 매수·기부채납, 후원등의 방법으로 재산을 취득한 때에는 지체없이 이를 법인의 재산으로 편입조치하여야 한다. 이 경우 법인은 그 취득사유, 취득재산의 종류·수량 및 가액을 매년 보건복지부장관에게 보고하여야 한다. <개정 1999.4.30, 2008.2.29, 2010.1.18>

제24조(재산 취득 보고) 법인이 매수·기부채납(寄附採納), 후원 등의 방법으로 재산을 취득하였을 때에는 지체 없이 이를 법인의 재산으로 편입조치하여야 한다. 이 경우 법인은 그 취득 사유, 취득재산의 종류·수량 및 가액을 매년 시·도지사에게 보고하여야 한다.
[전문개정 2011.8.4]
[시행일 : 2012.8.5] 제24조

제25조 삭제 <1999.4.30>

제25조(회의록의 작성 및 공개 등) ① 이사회는 다음 각 호의 사항을 기재한 회의록을 작성하여야 한다. 다만, 이사회 개최 당일에 회의록 작성이 어려운 사정이 있는 경우에는 안건별로 심의·의결 결과를 기록한 회의조서를 작성한 후 회의록을 작성할 수 있다.
1. 개의, 회의 중지 및 산회 일시
2. 안건
3. 의사
4. 출석한 임원의 성명
5. 표결수
6. 그 밖에 대표이사가 작성할 필요가 있다고 인정하는 사항

② 회의록 및 회의조서에는 출석임원 전원이 날인하되 그 회의록 또는 회의조서가 2매 이상인 경우에는 간인(間印)하여야 한다.
③ 제1항 단서에 따라 회의조서를 작성한 경우에는 조속한 시일 내에 회의록을 작성하여야 한다.
④ 법인은 회의록을 공개하여야 한다. 다만, 대통령령으로 정하는 사항에 대하여는 이사회의 의결로 공개하지 아니할 수 있다.
⑤ 회의록의 공개에 관한 기간·절차, 그 밖에 필요한 사항은 대통령령으로 정한다.
[본조신설 2012.1.26]
[시행일 : 2012.8.5] 제25조

제26조(설립허가 취소등) ① 보건복지부장관은 법인이 다음 각호의 1에 해당할 때에는 기간을 정하여 시정명령을 하거나 설립허가를 취소할 수 있다. 다만, 제1호에 해당하는 때에는 설립허가를 취소하여야 한다.

<개정 1999.4.30, 2008.2.29, 2010.1.18>
1. 사위 기타 부정한 방법으로 설립허가를 받은 때
2. 설립허가 조건에 위반한 때
3. 목적달성이 불가능하게 된 때
4. 목적사업 외의 사업을 한 때
5. 삭제 <2007.12.14>
6. 정당한 사유없이 설립허가를 받은 날부터 6월 이내에 목적사업을 개시하지 아니하거나 1년 이상 사업실적이 없을 때
7. 기타 이 법 또는 이 법에 의한 명령이나 정관에 위반한 때

② 법인이 제1항제2호 내지 제7호에 해당하여 설립허가를 취소하는 경우는 다른 방법으로 감독목적을 달성할 수 없거나 시정을 명한 후 6월 이내에 법인이 이를 이행하지 아니한 경우에 한한다.

제26조(설립허가 취소 등) ① 시·도지사는 법인이 다음 각 호의 어느 하나에 해당할 때에는 기간을 정하여 시정명령을 하거나 설립허가를 취소할 수 있다. 다만, 제1호 또는 제7호에 해당할 때에는 설립허가를 취소하여야 한다. <개정 2012.1.26>
1. 거짓이나 그 밖의 부정한 방법으로 설립허가를 받았을 때
2. 설립허가 조건을 위반하였을 때
3. 목적 달성이 불가능하게 되었을 때
4. 목적사업 외의 사업을 하였을 때
5. 정당한 사유 없이 설립허가를 받은 날부터 6개월 이내에 목적사업을 시작하지 아니하거나 1년 이상 사업실적이 없을 때
6. 법인이 운영하는 시설에서 반복적 또는 집단적 성폭력범죄가 발생한 때
7. 법인 설립 후 기본재산을 출연하지 아니한 때
8. 제18조제1항의 임원정수를 위반한 때
9. 제18조제2항을 위반하여 이사를 선임한 때
10. 제22조에 따른 임원의 해임명령을 이행하지 아니한 때
11. 그 밖에 이 법 또는 이 법에 따른 명령이나 정관을 위반하였을 때

② 법인이 제1항 각 호(제1호 및 제7호는 제외한다)의 어느 하나에 해당하여 설립허가를 취소하는 경우는 다른 방법으로 감독 목적을 달성할 수 없거나 시정을 명한 후 6개월 이내에 법인이 이를 이행하지 아니한 경우로 한정한다. <개정 2012.1.26>

[전문개정 2011.8.4]

[시행일 : 2012.8.5] 제26조

제27조(남은 재산의 처리) ① 해산한 법인의 남은 재산은 정관으로 정하는 바에 따라 국가 또는 지방자치단체에 귀속된다.

② 제1항에 따라 국가 또는 지방자치단체에 귀속된 재산은 사회복지사업에 사용하거나 유사한 목적을 가진 법인에 무상으로 대여하거나 무상으로 사용·수익하게 할 수 있다. 다만, 해산한 법인의 이사 본인 및 그와 대통령령으로 정하는 특별한 관계에 있는 사람이 이사로 있는 법인에 대하여는 그러하지 아니하다.

[전문개정 2011.8.4]

제28조(수익사업) ① 법인은 목적사업의 경비에 충당하기 위하여 필요할 때에는 법인의 설립 목적 수행에 지장이 없는 범위에서 수익사업을 할 수 있다.

② 법인은 제1항에 따른 수익사업에서 생긴 수익을 법인 또는 법인이 설치한 사회복지시설의 운영 외의 목적에 사용할 수 없다.

③ 제1항에 따른 수익사업에 관한 회계는 법인의 다른 회계와 구분하여 회계처리하여야 한다.

[전문개정 2011.8.4]

제29조 삭제 <1999.4.30>

제30조(합병) ① 법인은 시·도지사의 허가를 받아 이 법에 따른 다른 법인과 합병할 수 있다. 다만, 주된 사무소가 서로 다른 시·도에 소재한 법인 간의 합병의 경우에는 보건복지부장관의 허가를 받아야 한다.

② 제1항에 따라 법인이 합병하는 경우 합병 후 존속하는 법인이나 합병으로 설립된 법인은 합병으로 소멸된 법인의 지위를 승계한다.

[전문개정 2011.8.4]

[시행일 : 2012.8.5] 제30조제1항

제31조(동일명칭 사용 금지) 이 법에 따른 사회복지법인이 아닌 자는 사회복지법인이라는 명칭을 사용하지 못한다.

[전문개정 2011.8.4]

제32조(다른 법률의 준용) 법인에 관하여 이 법에서 규정한 사항을 제외하고는 「민법」과 「공익법인의 설립·운영에 관한 법률」을 준용한다.
[전문개정 2011.8.4]

제33조(사회복지협의회) ① 사회복지에 관한 조사·연구를 하고 각종 복지사업을 조성하기 위하여 전국 단위의 한국사회복지협의회(이하 "중앙협의회"라 한다)와 시·도 단위의 시·도 사회복지협의회(이하 "시·도협의회"라 한다)를 두며, 필요한 경우에는 시·군·구 단위의 시·군·구 사회복지협의회(이하 "시·군·구협의회"라 한다)를 둘 수 있다.
② 중앙협의회, 시·도협의회 및 시·군·구협의회는 이 법에 따른 사회복지법인으로 하되, 제23조제1항은 적용하지 아니한다.
③ 중앙협의회의 설립 및 운영 등에 관한 허가, 인가, 보고 등에 관하여 제16조제1항, 제17조제2항, 제18조제5항·제6항, 제20조제2항, 제22조, 제23조제3항, 제24조, 제26조제1항 및 제30조제1항을 적용할 때에는 "시·도지사"는 "보건복지부장관"으로 본다.
④ 중앙협의회, 시·도협의회 및 시·군·구협의회의 조직과 운영 등에 필요한 사항은 대통령령으로 정한다.
[전문개정 2011.8.4]
[시행일:2012.8.5] 제33조제3항

제33조(사회복지협의회) ① 사회복지에 관한 다음 각 호의 업무를 수행하기 위하여 전국 단위의 한국사회복지협의회(이하 "중앙협의회"라 한다)와 시·도 단위의 시·도 사회복지협의회(이하 "시·도협의회"라 한다)를 두며, 필요한 경우에는 시·군·구 단위의 시·군·구 사회복지협의회(이하 "시·군·구협의회"라 한다)를 둘 수 있다. <개정 2012.1.26>
1. 사회복지에 관한 조사·연구 및 정책 건의
2. 사회복지 관련 기관·단체 간의 연계·협력·조정
3. 사회복지 소외계층 발굴 및 민간사회복지 자원과의 연계·협력
4. 대통령령으로 정하는 사회복지사업의 조성 등

② 중앙협의회, 시·도협의회 및 시·군·구협의회는 이 법에 따른 사회복지법인으로 하되, 제23조제1항은 적용하지 아니한다.
③ 중앙협의회의 설립 및 운영 등에 관한 허가, 인가, 보고 등에 관하여 제16조제1항, 제17조제2항, 제18조제6항·제7항, 제22조, 제23조제3항, 제24조, 제26조제1항 및 제30조제1항을 적용할 때에는 "시·도지사"는 "보건복지부장관"으로 본다. <개정 2012.1.26>
④ 중앙협의회, 시·도협의회 및 시·군·구협의회의 조직과 운영 등에 필요한 사항은 대통령령으로 정한다.
[전문개정 2011.8.4]
[시행일 : 2012.8.5] 제33조

제2장의2 사회복지서비스의 실시 〈신설 2003.7.30〉

제33조의2(사회복지서비스의 신청) ① 사회복지서비스를 필요로 하는 사람(이하 "보호대상자"라 한다)과 그 친족, 그 밖의 관계인은 관할 시장·군수·구청장에게 보호대상자에 대한 사회복지서비스의 제공(이하 "보호"라 한다)을 신청할 수 있다.
② 시·군·구 복지담당공무원은 이 법에 따른 보호대상자가 누락되지 아니하도록 하기 위하여 관할지역에 거주하는 보호대상자의 보호를 직권으로 신청할 수 있다. 이 경우 보호대상자의 동의를 받아야 하며, 동의를 받은 경우에는 보호대상자가 신청한 것으로 본다.
③ 시장·군수·구청장은 제1항에 따른 보호신청을 받거나 제2항에 따른 직권신청의 동의를 받을 때 보호대상자에게 제33조의3제1항 및 제4항에 따라 조사하거나 제공받는 자료 또는 정보에 관하여 다음 각 호의 사항을 고지하여야 한다.
1. 법적 근거, 이용 목적 및 범위
2. 이용방법
3. 보유기간 및 파기방법

④ 제1항부터 제3항까지의 규정에 따른 보호의 신청 및 고지 방법 등에 관하여 필요한 사항은 보건복지부령으로 정한다.
[전문개정 2011.8.4]

제33조의2(사회복지서비스의 신청) ① 사회복지서비스를 필요로 하는 사람(이하 "보호대상자"라 한다)과 그 친족, 그 밖의 관계인은 관할 시장·군수·구청장에게 보호대상자

에 대한 사회복지서비스의 제공(이하 "서비스 제공"이라 한다)을 신청할 수 있다. <개정 2012.1.26>

② 시·군·구 복지담당공무원은 이 법에 따른 보호대상자가 누락되지 아니하도록 하기 위하여 관할지역에 거주하는 보호대상자의 서비스 제공을 직권으로 신청할 수 있다. 이 경우 보호대상자의 동의를 받아야 하며, 동의를 받은 경우에는 보호대상자가 신청한 것으로 본다. <개정 2012.1.26>

③ 시장·군수·구청장은 제1항에 따른 서비스 제공 신청을 받거나 제2항에 따른 직권신청의 동의를 받을 때 보호대상자에게 제33조의3제1항 및 제4항에 따라 조사하거나 제공받는 자료 또는 정보에 관하여 다음 각 호의 사항을 고지하여야 한다. <개정 2012.1.26>

1. 법적 근거, 이용 목적 및 범위
2. 이용방법
3. 보유기간 및 파기방법

④ 제1항부터 제3항까지의 규정에 따른 보호의 신청 및 고지 방법 등에 관하여 필요한 사항은 보건복지부령으로 정한다.

[전문개정 2011.8.4]

[시행일 : 2012.8.5] 제33조의2

제33조의3(복지 요구의 조사) ① 시장·군수·구청장은 제33조의2에 따른 보호신청을 받으면 복지담당공무원에게 다음 각 호의 사항을 조사하게 한다. 다만, 상담을 신청받은 경우나 그 밖에 보건복지부령으로 정하는 사유에 해당하는 경우에는 그러하지 아니하다.

1. 신청인의 복지 요구와 관련된 사항이나 그 밖에 신청인에게 필요하다고 인정되는 사회복지서비스 및 보건의료서비스에 관한 사항
2. 보호대상자 및 그 부양의무자(「국민기초생활 보장법」에 따른 부양의무자를 말한다. 이하 같다)의 소득·재산·근로능력 및 취업 상태에 관한 사항
3. 보호대상자 및 그 부양의무자에 대하여 제2조제1호 각 목의 법률에 따라 실시되는 급여, 사회복지서비스 및 보건의료서비스 중 보건복지부령으로 정하는 수혜 이력에 관한 사항
4. 그 밖에 보호 실시 여부를 결정하기 위하여 필요하다고 인정하는 사항

② 시장·군수·구청장은 제1항에 따른 조사의 목적으로 자료를 확보하기 위하여 신청인 또는 보호대상자와 그 부양의무자에게 필요한 자료의 제출을 요구할 수 있다.

③ 제1항에 따른 조사 및 정보의 제공에 필요한 사항에 관하여는 「국민기초생활 보장법」 제22조제3항, 제5항부터 제8항까지 및 제23조를 준용한다.

④ 보건복지부장관이나 지방자치단체의 장이 제1항에 따른 조사를 하기 위하여 금융·국세·지방세·토지·건물·건강보험·국민연금·고용보험·산재보험·출입국·병무·보훈급여·교정(矯正)·가족관계증명 등 대통령령으로 정하는 관련 전산망 또는 자료를 이용하려는 경우에는 관계 기관의 장에게 협조를 요청할 수 있다. 이 경우 관계 기관의 장은 정당한 사유가 없으면 요청에 따라야 한다.

[전문개정 2011.8.4]

제33조의3(복지 요구의 조사) ① 시장·군수·구청장은 제33조의2에 따른 서비스 제공 신청을 받으면 복지담당공무원에게 다음 각 호의 사항을 조사하게 한다. 다만, 상담을 신청받은 경우나 그 밖에 보건복지부령으로 정하는 사유에 해당하는 경우에는 그러하지 아니하다. <개정 2012.1.26>

1. 신청인의 복지 요구와 관련된 사항이나 그 밖에 신청인에게 필요하다고 인정되는 사회복지서비스 및 보건의료서비스에 관한 사항
2. 보호대상자 및 그 부양의무자(「국민기초생활 보장법」에 따른 부양의무자를 말한다. 이하 같다)의 소득·재산·근로능력 및 취업 상태에 관한 사항
3. 보호대상자 및 그 부양의무자에 대하여 제2조제1호 각 목의 법률에 따라 실시되는 급여, 사회복지서비스 및 보건의료서비스 중 보건복지부령으로 정하는 수혜 이력에 관한 사항
4. 그 밖에 보호 실시 여부를 결정하기 위하여 필요하다고 인정하는 사항

② 시장·군수·구청장은 제1항에 따른 조사의 목적으로 자료를 확보하기 위하여 신청인 또는 보호대상자와 그 부양의무자에게 필요

한 자료의 제출을 요구할 수 있다.
③ 제1항에 따른 조사 및 정보의 제공에 필요한 사항에 관하여는 「국민기초생활 보장법」 제22조제3항, 제5항부터 제8항까지 및 제23조를 준용한다.
④ 보건복지부장관이나 지방자치단체의 장이 제1항에 따른 조사를 하기 위하여 금융·국세·지방세·토지·건물·건강보험·국민연금·고용보험·산재보험·출입국·병무·보훈급여·교정(矯正)·가족관계증명 등 대통령령으로 정하는 관련 전산망 또는 자료를 이용하려는 경우에는 관계 기관의 장에게 협조를 요청할 수 있다. 이 경우 관계 기관의 장은 정당한 사유가 없으면 요청에 따라야 한다.
⑤ 제1항에 따른 조사 과정에서 보호대상자에게 의견을 진술할 기회를 제공하여야 한다. <신설 2012.1.26>
[전문개정 2011.8.4]
[시행일 : 2012.8.5] 제33조의3

제33조의4(보호의 결정) ① 시장·군수·구청장은 제33조의3에 따른 조사를 하였을 때에는 보호의 실시 여부와 그 유형을 결정하여야 한다.
② 시장·군수·구청장은 제1항에 따른 보호의 실시 여부와 그 유형을 결정하려는 경우에는 보호대상자와 그 친족, 복지담당공무원 및 지역의 사회복지사업·보건의료사업 관련 기관·단체의 의견을 들을 수 있다.
③ 시장·군수·구청장은 제1항에 따라 보호의 실시 여부와 그 유형을 결정하였을 때에는 이를 서면이나 전자문서로 신청인에게 알려야 한다.
[전문개정 2011.8.4]

제33조의4(서비스 제공의 결정) ① 시장·군수·구청장은 제33조의3에 따른 조사를 하였을 때에는 서비스 제공의 실시 여부와 그 유형을 결정하여야 한다. <개정 2012.1.26>
② 시장·군수·구청장은 제1항에 따른 서비스 제공의 실시 여부와 그 유형을 결정하려는 경우에는 보호대상자와 그 친족, 복지담당공무원 및 지역의 사회복지사업·보건의료사업 관련 기관·단체의 의견을 들을 수 있다. <개정 2012.1.26>
③ 시장·군수·구청장은 제1항에 따라 서비스 제공의 실시 여부와 그 유형을 결정하였을 때에는 이를 서면이나 전자문서로 신청인에게 알려야 한다. <개정 2012.1.26>
[전문개정 2011.8.4]
[제목개정 2012.1.26]
[시행일 : 2012.8.5] 제33조의4

제33조의5(보호대상자별 보호계획의 수립 등) ① 시장·군수·구청장은 보호대상자에 대하여 보호를 실시하기로 결정하였을 때에는 필요한 경우 지역사회복지협의체의 의견을 들어 다음 각 호의 사항이 포함된 보호대상자별 보호계획을 작성하여야 한다. 이 경우 보호대상자 또는 그 친족의 의견을 고려하여야 한다.
1. 사회복지서비스 및 보건의료서비스의 유형·방법·수량 및 제공기간
2. 제1호에 따른 서비스를 제공할 기관 또는 단체
3. 같은 보호대상자에 대하여 제1호에 따른 서비스를 제공하여야 할 기관 또는 단체가 둘 이상인 경우에는 기관 또는 단체 간의 연계방법

② 시장·군수·구청장은 보호대상자에 대한 사회복지서비스 실시결과를 정기적으로 평가하고 필요한 경우 보호대상자별 보호계획을 변경할 수 있다.
③ 제1항에 따른 보호대상자별 보호계획의 작성 등에 필요한 사항은 보건복지부령으로 정한다.
[전문개정 2011.8.4]

제33조의5(보호대상자별 서비스 제공 계획의 수립 등) ① 시장·군수·구청장은 보호대상자에 대하여 서비스 제공을 실시하기로 결정하였을 때에는 필요한 경우 지역사회복지협의체의 의견을 들어 다음 각 호의 사항이 포함된 보호대상자별 서비스 제공 계획을 작성하여야 한다. 이 경우 보호대상자 또는 그 친족의 의견을 고려하여야 한다. <개정 2012.1.26>
1. 사회복지서비스 및 보건의료서비스의 유형·방법·수량 및 제공기간
2. 제1호에 따른 서비스를 제공할 기관 또는 단체
3. 같은 보호대상자에 대하여 제1호에 따른 서비스를 제공하여야 할 기관 또는 단체가 둘 이상인 경우에는 기관 또는 단체

간의 연계방법
② 시장·군수·구청장은 보호대상자에 대한 사회복지서비스 실시결과를 정기적으로 평가하고 필요한 경우 보호대상자별 서비스 제공 계획을 변경할 수 있다. <개정 2012.1.26>
③ 제1항에 따른 보호대상자별 서비스 제공 계획의 작성 등에 필요한 사항은 보건복지부령으로 정한다. <개정 2012.1.26>
[전문개정 2011.8.4]
[제목개정 2012.1.26]
[시행일 : 2012.8.5] 제33조의5

제33조의6(보호의 실시) ① 시장·군수·구청장은 제33조의5에 따라 작성된 보호대상자별 보호계획에 따라 보호를 실시하여야 한다.
② 시장·군수·구청장은 긴급히 보호를 실시할 필요가 있는 경우 등 보건복지부장관이 인정하는 경우에는 이 장의 규정에 따른 절차의 일부를 생략할 수 있다.
[전문개정 2011.8.4]

제33조의6(서비스 제공의 실시) ① 시장·군수·구청장은 제33조의5에 따라 작성된 보호대상자별 서비스 제공 계획에 따라 서비스 제공을 실시하여야 한다. <개정 2012.1.26>
② 시장·군수·구청장은 긴급히 서비스 제공을 실시할 필요가 있는 경우 등 보건복지부장관이 인정하는 경우에는 이 장의 규정에 따른 절차의 일부를 생략할 수 있다. <개정 2012.1.26>
[전문개정 2011.8.4]
[제목개정 2012.1.26]
[시행일 : 2012.8.5] 제33조의6

제33조의7(보호의 방법) ① 보호대상자에 대한 보호는 현물(現物)로 제공하는 것을 원칙으로 한다.
② 시장·군수·구청장은 국가 또는 지방자치단체 외의 자로 하여금 제1항의 보호를 실시하게 하는 경우에는 보호대상자에게 사회복지서비스 이용권(이하 "이용권"이라 한다)을 지급하여 국가 또는 지방자치단체 외의 자로부터 그 이용권으로 보호를 받게 할 수 있다.
③ 삭제 <2011.8.4>
[전문개정 2011.8.4]

제33조의7(서비스 제공의 방법) ① 보호대상자에 대한 서비스 제공은 현물(現物)로 제공하는 것을 원칙으로 한다. <개정 2012.1.26>
② 시장·군수·구청장은 국가 또는 지방자치단체 외의 자로 하여금 제1항의 서비스 제공을 실시하게 하는 경우에는 보호대상자에게 사회복지서비스 이용권(이하 "이용권"이라 한다)을 지급하여 국가 또는 지방자치단체 외의 자로부터 그 이용권으로 서비스 제공을 받게 할 수 있다. <개정 2012.1.26>
③ 삭제 <2011.8.4>
[전문개정 2011.8.4]
[제목개정 2012.1.26]
[시행일 : 2012.8.5] 제33조의7

제33조의8(정보의 파기) 보건복지부장관 및 시장·군수·구청장은 제33조의3제2항부터 제4항까지의 규정에 따라 조사하거나 제공받은 정보 중 보호대상자가 아닌 사람의 정보는 5년을 초과하여 보유할 수 없다. 이 경우 정보의 보유기한이 지나면 지체 없이 이를 파기하여야 한다.
[전문개정 2011.8.4]

제3장 사회복지시설 〈개정 2011.8.4〉

제34조(사회복지시설의 설치) ① 국가나 지방자치단체는 사회복지시설(이하 "시설"이라 한다)을 설치·운영할 수 있다. <개정 2011.8.4>
② 국가 또는 지방자치단체 외의 자가 시설을 설치·운영하려는 경우에는 보건복지부령으로 정하는 바에 따라 시장·군수·구청장에게 신고하여야 한다. 다만, 제40조에 따라 폐쇄명령을 받고 1년이 지나지 아니한 자는 시설의 설치·운영 신고를 할 수 없다. <개정 2011.8.4>
③ 삭제 <1999.4.30>
④ 제2항에 따른 시설 중 사회복지관의 설치·운영에 필요한 사항은 보건복지부령으로 정한다. <개정 2011.8.4>
⑤ 제1항에 따라 국가나 지방자치단체가 설치한 시설은 필요한 경우 사회복지법인이나 비영리법인에 위탁하여 운영하게 할 수 있

다. <개정 2011.8.4>
⑥ 제5항에 따른 위탁운영의 기준·기간 및 방법 등에 관하여 필요한 사항은 보건복지부령으로 정한다. <개정 2011.8.4>
[제목개정 2011.8.4]

제34조(사회복지시설의 설치) ① 국가나 지방자치단체는 사회복지시설(이하 "시설"이라 한다)을 설치·운영할 수 있다. <개정 2011.8.4>
② 국가 또는 지방자치단체 외의 자가 시설을 설치·운영하려는 경우에는 보건복지부령으로 정하는 바에 따라 시장·군수·구청장에게 신고하여야 한다. 다만, 제40조에 따라 폐쇄명령을 받고 3년이 지나지 아니한 자는 시설의 설치·운영 신고를 할 수 없다. <개정 2011.8.4, 2012.1.26>
③ 시설을 설치·운영하는 자는 보건복지부령으로 정하는 재무·회계에 관한 기준에 따라 시설을 투명하게 운영하여야 한다. <신설 2011.8.4>
④ 제1항에 따라 국가나 지방자치단체가 설치한 시설은 필요한 경우 사회복지법인이나 비영리법인에 위탁하여 운영하게 할 수 있다. <개정 2011.8.4, 2012.1.26>
⑤ 제4항에 따른 위탁운영의 기준·기간 및 방법 등에 관하여 필요한 사항은 보건복지부령으로 정한다. <개정 2011.8.4, 2012.1.26>
[제목개정 2011.8.4]
[시행일 : 2012.8.5] 제34조제3항

제34조의2(보험가입의무) ① 시설의 운영자는 화재로 인한 손해배상책임의 이행을 위하여 손해보험회사가 영위하는 책임보험에 가입하여야 한다.
② 국가 또는 지방자치단체는 예산의 범위안에서 제1항의 규정에 의한 책임보험에 소요되는 비용의 전부 또는 일부를 보조할 수 있다.
③ 제1항의 규정에 의하여 손해책임보험에 가입하여야 할 시설의 범위는 대통령령으로 정한다.
[본조신설 2000.1.12]

제34조의2(시설의 통합 설치·운영 등에 관한 특례) ① 이 법 또는 제2조제1호 각 목의 법률에 따른 시설을 설치·운영하려는 경우에는 지역특성과 시설분포의 실태를 고려하여 이 법 또는 제2조제1호 각 목의 법률에 따른 시설을 통합하여 하나의 시설로 설치·운영하거나 하나의 시설에서 둘 이상의 사회복지사업을 통합하여 수행할 수 있다. 이 경우 국가 또는 지방자치단체 외의 자는 통합하여 설치·운영하려는 각각의 시설이나 사회복지사업에 관하여 해당 관계 법령에 따라 신고하거나 허가 등을 받아야 한다.
② 제1항에 따라 둘 이상의 시설을 통합하여 하나의 시설로 설치·운영하거나 하나의 시설에서 둘 이상의 사회복지사업을 통합하여 수행하는 경우 해당 시설에서 공동으로 이용하거나 배치할 수 있는 시설 및 인력 기준 등은 보건복지부령으로 정한다.
[본조신설 2011.8.4]
[종전 제34조의2는 제34조의3으로 이동 <2011.8.4>]
[시행일 : 2012.8.5] 제34조의2

제34조의3(시설의 안전점검등) ① 시설의 장은 시설에 대하여 정기 및 수시안전점검을 실시하여야 한다.
② 시설의 장은 제1항의 규정에 의하여 정기 또는 수시안전점검을 한 후 그 결과를 시장·군수·구청장에게 제출하여야 한다.
③ 시장·군수·구청장은 제2항의 규정에 의한 결과를 제출받은 후 필요한 경우 시설의 운영자로 하여금 시설의 보완 또는 개·보수를 요구할 수 있으며 이 경우 시설의 운영자는 이에 응하여야 한다.
④ 국가 또는 지방자치단체는 예산의 범위안에서 제1항 내지 제3항의 규정에 의한 안전점검, 시설의 보완 및 시설의 개·보수에 소요되는 비용의 전부 또는 일부를 보조할 수 있다.
⑤ 제1항 내지 제4항의 규정에 의한 정기 또는 수시안전점검을 받아야 하는 시설의 범위 및 시기, 안전점검기관과 그 절차는 대통령령으로 정한다.
[본조신설 2000.1.12]

제34조의3(보험가입 의무) ① 시설의 운영자는 화재로 인한 손해배상책임을 이행하기 위하여 손해보험회사의 책임보험에 가입하거나 「사회복지사 등의 처우 및 지위 향상을 위한 법률」 제4조에 따른 사회복지공제회의 책임공제에 가입하여야 한다. <개정

2012.1.26>
② 국가나 지방자치단체는 예산의 범위에서 제1항에 따른 책임보험 또는 책임공제의 가입에 드는 비용의 전부 또는 일부를 보조할 수 있다. <개정 2012.1.26>
③ 제1항에 따라 책임보험이나 책임공제에 가입하여야 할 시설의 범위는 대통령령으로 정한다. <개정 2012.1.26>
[전문개정 2011.8.4]
[제34조의2에서 이동, 종전 제34조의3은 제34조의4로 이동 <2011.8.4>]
[시행일 : 2012.8.5] 제34조의3

제34조의4(시설의 안전점검 등) ① 시설의 장은 시설에 대하여 정기 및 수시 안전점검을 실시하여야 한다.
② 시설의 장은 제1항에 따라 정기 또는 수시 안전점검을 한 후 그 결과를 시장·군수·구청장에게 제출하여야 한다.
③ 시장·군수·구청장은 제2항에 따른 결과를 받은 후 필요한 경우에는 시설의 운영자에게 시설의 보완 또는 개수(改修)·보수를 요구할 수 있으며, 이 경우 시설의 운영자는 요구에 따라야 한다.
④ 국가나 지방자치단체는 예산의 범위에서 제1항부터 제3항까지의 규정에 따른 안전점검, 시설의 보완 및 개수·보수에 드는 비용의 전부 또는 일부를 보조할 수 있다.
⑤ 제1항부터 제4항까지의 규정에 따른 정기 또는 수시 안전점검을 받아야 하는 시설의 범위, 안전점검 시기, 안전점검기관 및 그 절차는 대통령령으로 정한다.
[전문개정 2011.8.4]
[제34조의3에서 이동 <2011.8.4>]
[시행일 : 2012.8.5] 제34조의4

제34조의5(사회복지관의 설치 등) ① 제34조제1항과 제2항에 따른 시설 중 사회복지관은 지역사회의 특성과 지역주민의 복지욕구를 고려하여 서비스 제공 등 지역복지증진을 위한 사업을 실시할 수 있다.
② 사회복지관은 모든 지역주민을 대상으로 사회복지서비스를 실시하되, 다음 각 호의 지역주민에게 우선 제공하여야 한다.
1. 「국민기초생활 보장법」에 따른 수급자 및 차상위계층
2. 장애인, 노인, 한부모가족 및 다문화가족
3. 직업 및 취업 알선이 필요한 사람
4. 보호와 교육이 필요한 유아·아동 및 청소년
5. 그 밖에 사회복지관의 사회복지서비스를 우선 제공할 필요가 있다고 인정되는 사람

③ 그 밖에 사회복지관의 설치·운영·사업 등에 필요한 사항은 보건복지부령으로 정한다.
[본조신설 2012.1.26]
[시행일 : 2012.8.5] 제34조의5

제35조(시설의 장) ① 시설의 장은 상근(常勤)하여야 한다.
② 제7조제3항 각 호의 어느 하나에 해당하는 사람은 시설의 장이 될 수 없다.
[전문개정 2011.8.4]

제35조(시설의 장) ① 시설의 장은 상근(常勤)하여야 한다.
② 다음 각 호의 어느 하나에 해당하는 사람은 시설의 장이 될 수 없다. <개정 2012.1.26>
1. 제7조제3항 각 호의 어느 하나에 해당하는 사람
2. 제22조에 따른 해임명령에 따라 해임된 날부터 5년이 지나지 아니한 사람
3. 사회복지분야의 6급 이상 공무원으로 재직하다 퇴직한 지 2년이 경과하지 아니한 사람 중에서 퇴직 전 3년 동안 소속하였던 기초자치단체가 관할하는 시설의 장이 되고자 하는 사람

[전문개정 2011.8.4]
[시행일 : 2012.8.5] 제35조

제35조의2(종사자) ① 사회복지법인과 사회복지시설을 설치·운영하는 자는 시설에 근무할 종사자를 채용할 수 있다.
② 다음 각 호의 어느 하나에 해당하는 사람은 사회복지법인 또는 사회복지시설의 종사자가 될 수 없다.
1. 제7조제3항제7호 또는 제8호에 해당하는 사람
2. 제1호에도 불구하고 종사자로 재직하는 동안 시설이용자를 대상으로 「성폭력범죄의 처벌 등에 관한 특례법」 제2조에 따른 성폭력범죄 및 「아동·청소년의 성보호에 관한 법률」 제2조제2호에 따른 아동?청소년대상 성범죄를 저질러 금고

이상의 형 또는 치료감호를 선고받고 그 형이 확정된 사람

[본조신설 2012.1.26]

[시행일 : 2012.8.5] 제35조의2

제36조(운영위원회) ① 시설의 운영에 관한 다음 각 호의 사항을 심의하기 위하여 운영위원회를 둔다.

1. 시설운영계획의 수립·평가에 관한 사항
2. 사회복지 프로그램의 개발·평가에 관한 사항
3. 시설 종사자의 근무환경 개선에 관한 사항
4. 시설 거주자의 생활환경 개선 및 고충 처리 등에 관한 사항
5. 시설과 지역사회의 협력에 관한 사항
6. 그 밖에 시설의 장이 운영위원회의 회의에 부치는 사항

② 운영위원회의 조직 및 운영에 관한 사항은 보건복지부령으로 정한다.

[전문개정 2011.8.4]

제36조(운영위원회) ① 시설의 장은 시설의 운영에 관한 다음 각 호의 사항을 심의하기 위하여 시설에 운영위원회를 두어야 한다. 다만, 보건복지부령으로 정하는 경우에는 복수의 시설에 공동으로 운영위원회를 둘 수 있다. <개정 2012.1.26>

1. 시설운영계획의 수립·평가에 관한 사항
2. 사회복지 프로그램의 개발·평가에 관한 사항
3. 시설 종사자의 근무환경 개선에 관한 사항
4. 시설 거주자의 생활환경 개선 및 고충 처리 등에 관한 사항
5. 시설 종사자와 거주자의 인권보호 및 권익증진에 관한 사항
6. 시설과 지역사회의 협력에 관한 사항
7. 그 밖에 시설의 장이 운영위원회의 회의에 부치는 사항

② 운영위원회의 위원은 다음 각 호의 어느 하나에 해당하는 사람 중에서 관할 시장·군수·구청장이 임명하거나 위촉한다. <신설 2012.1.26>

1. 시설의 장
2. 시설 거주자 대표
3. 시설 거주자의 보호자 대표
4. 시설 종사자의 대표
5. 해당 시·군·구 소속의 사회복지업무를 담당하는 공무원
6. 후원자 대표 또는 지역주민
7. 공익단체에서 추천한 사람
8. 그 밖에 시설의 운영 또는 사회복지에 관하여 전문적인 지식과 경험이 풍부한 사람

③ 시설의 장은 다음 각 호의 사항을 제1항에 따른 운영위원회에 보고하여야 한다. <신설 2012.1.26>

1. 시설의 회계 및 예산·결산에 관한 사항
2. 후원금 조성 및 집행에 관한 사항
3. 그 밖에 시설운영과 관련된 사건·사고에 관한 사항

④ 그 밖에 운영위원회의 조직 및 운영에 관한 사항은 보건복지부령으로 정한다. <개정 2012.1.26>

[전문개정 2011.8.4]

[시행일 : 2012.8.5] 제36조

제37조(시설의 서류 비치) 시설의 장은 후원금품대장 등 보건복지부령으로 정하는 서류를 시설에 갖추어 두어야 한다.

[전문개정 2011.8.4]

제38조(시설의 휴지 · 재개 · 폐지 신고 등) ① 제34조제2항에 따른 신고를 한 자는 지체 없이 시설의 운영을 시작하여야 한다.

② 시설의 운영자는 그 운영을 일정 기간 중단하거나 다시 시작하거나 시설을 폐지하려는 경우에는 보건복지부령으로 정하는 바에 따라 시장·군수·구청장에게 신고하여야 한다.

③ 시장·군수·구청장은 제2항에 따라 시설 운영이 중단되거나 시설이 폐지되는 경우에는 보건복지부령으로 정하는 바에 따라 시설 거주자를 다른 시설로 보내는 등 시설 거주자의 권익을 보호하기 위한 조치를 하여야 한다.

[전문개정 2011.8.4]

제38조(시설의 휴지 · 재개 · 폐지 신고 등) ① 제34조제2항에 따른 신고를 한 자는 지체 없이 시설의 운영을 시작하여야 한다.

② 시설의 운영자는 그 운영을 일정 기간 중단하거나 다시 시작하거나 시설을 폐지하려는 경우에는 보건복지부령으로 정하는 바

에 따라 시장·군수·구청장에게 신고하여야 한다.
③ 시장·군수·구청장은 제2항에 따라 시설 운영이 중단되거나 시설이 폐지되는 경우에는 보건복지부령으로 정하는 바에 따라 시설 거주자의 권익을 보호하기 위하여 다음 각 호의 조치를 하여야 한다. <개정 2012.1.26>
1. 시설 거주자가 다른 시설을 선택할 수 있도록 하고 그 이행을 확인하는 조치
2. 시설 거주자가 이용료·사용료 등의 비용을 부담하는 경우 납부한 비용 중 사용하지 아니한 금액을 반환하게 하고 그 이행을 확인하는 조치
3. 보조금·후원금 등의 사용 실태 확인과 이를 재원으로 조성한 재산 중 남은 재산의 회수조치
4. 그 밖에 시설 거주자의 권익 보호를 위하여 필요하다고 인정되는 조치

④ 시설 운영자가 제2항에 따라 시설운영을 재개하려고 할 때에는 보건복지부령으로 정하는 바에 따라 시설 거주자의 권익을 보호하기 위하여 다음 각 호의 조치를 하여야 한다. <신설 2012.1.26>
1. 운영 중단 사유의 해소
2. 향후 안정적 운영계획의 수립
3. 그 밖에 시설 거주자의 권익 보호를 위하여 보건복지부장관이 필요하다고 인정하는 조치

⑤ 제1항과 제2항에 따른 시설 운영의 개시·중단·재개 및 시설 폐지의 신고 등에 관하여 필요한 사항은 보건복지부령으로 정한다 <신설 2012.1.26>
[전문개정 2011.8.4]
[시행일 : 2012.8.5] 제38조

제39조 삭제 <1999.4.30>

제40조(시설의 개선, 사업의 정지, 시설의 폐쇄 등) ① 보건복지부장관, 시·도지사 또는 시장·군수·구청장은 시설이 다음 각 호의 어느 하나에 해당할 때에는 그 시설의 개선, 사업의 정지, 시설의 장의 교체를 명하거나 시설의 폐쇄를 명할 수 있다.
1. 시설이 설치기준에 미달하게 되었을 때
2. 사회복지법인 또는 비영리법인이 설치·운영하는 시설의 경우 그 사회복지법인 또는 비영리법인의 설립허가가 취소되었을 때
3. 설치 목적이 달성되었거나 그 밖의 사유로 계속하여 운영될 필요가 없다고 인정할 때
4. 회계부정이나 불법행위 또는 그 밖의 부당행위 등이 발견되었을 때
5. 제34조제2항에 따른 신고를 하지 아니하고 시설을 설치·운영하였을 때
6. 제36조제1항에 따른 운영위원회를 설치하지 아니하거나 운영하지 아니하였을 때
7. 정당한 이유 없이 제51조제1항에 따른 보고 또는 자료 제출을 하지 아니하거나 거짓으로 하였을 때
8. 정당한 이유 없이 제51조제1항에 따른 검사·질문을 거부·방해하거나 기피하였을 때

② 제1항에 따른 사업의 정지 및 시설의 폐쇄 명령을 받은 경우에는 제38조제3항을 준용한다.
③ 제1항에 따른 행정처분의 세부적인 기준은 그 위반행위의 유형과 위반 정도 등을 고려하여 보건복지부령으로 정한다.
[전문개정 2011.8.4]

제40조(시설의 개선, 사업의 정지, 시설의 폐쇄 등) ① 보건복지부장관, 시·도지사 또는 시장·군수·구청장은 시설이 다음 각 호의 어느 하나에 해당할 때에는 그 시설의 개선, 사업의 정지, 시설의 장의 교체를 명하거나 시설의 폐쇄를 명할 수 있다. <개정 2012.1.26>
1. 시설이 설치기준에 미달하게 되었을 때
2. 사회복지법인 또는 비영리법인이 설치·운영하는 시설의 경우 그 사회복지법인 또는 비영리법인의 설립허가가 취소되었을 때
3. 설치 목적이 달성되었거나 그 밖의 사유로 계속하여 운영될 필요가 없다고 인정할 때
4. 회계부정이나 불법행위 또는 그 밖의 부당행위 등이 발견되었을 때
5. 제34조제2항에 따른 신고를 하지 아니하고 시설을 설치·운영하였을 때
6. 제36조제1항에 따른 운영위원회를 설치

하지 아니하거나 운영하지 아니하였을 때
7. 정당한 이유 없이 제51조제1항에 따른 보고 또는 자료 제출을 하지 아니하거나 거짓으로 하였을 때
8. 정당한 이유 없이 제51조제1항에 따른 검사·질문을 거부·방해하거나 기피하였을 때
9. 시설에서 「성폭력범죄의 처벌 등에 관한 특례법」 제2조제1항 제3호부터 제5호까지의 성폭력범죄 또는 「아동·청소년의 성보호에 관한 법률」 제2조제3호의 아동·청소년대상 성폭력범죄가 발생한 때
10. 1년 이상 시설이 휴지상태에 있어 시장·군수·구청장이 재개를 권고하였음에도 불구하고 재개하지 아니한 때

② 제1항에 따른 사업의 정지 및 시설의 폐쇄 명령을 받은 경우에는 제38조제3항을 준용한다.

③ 제1항에 따른 행정처분의 세부적인 기준은 그 위반행위의 유형과 위반 정도 등을 고려하여 보건복지부령으로 정한다.

[전문개정 2011.8.4]

[시행일 : 2012.8.5] 제40조

제41조(시설 수용인원의 제한) 각 시설의 수용인원은 300명을 초과할 수 없다. 다만, 대통령령으로 정하는 경우에는 그러하지 아니하다.

[전문개정 2011.8.4]

제 3 장의 2 재가복지 〈신설 2003.7.30〉

제41조의2(재가복지서비스) ① 국가나 지방자치단체는 보호대상자가 다음 각 호의 어느 하나에 해당하는 재가복지서비스를 제공받도록 할 수 있다.
1. 가정봉사서비스: 가사 및 개인활동을 지원하거나 정서활동을 지원하는 서비스
2. 주간·단기 보호서비스: 주간·단기 보호시설에서 급식 및 치료 등 일상생활의 편의를 낮 동안 또는 단기간 동안 제공하거나 가족에 대한 교육 및 상담을 지원하는 서비스

② 시장·군수·구청장은 제33조의5에 따른 보호대상자별 보호계획에 따라 보호대상자에게 사회복지서비스를 제공하는 경우 시설 입소에 우선하여 제1항 각 호의 재가복지서비스를 제공하도록 하여야 한다.

[전문개정 2011.8.4]

제41조의2(재가복지서비스) ① 국가나 지방자치단체는 보호대상자가 다음 각 호의 어느 하나에 해당하는 재가복지서비스를 제공받도록 할 수 있다.
1. 가정봉사서비스: 가사 및 개인활동을 지원하거나 정서활동을 지원하는 서비스
2. 주간·단기 보호서비스: 주간·단기 보호시설에서 급식 및 치료 등 일상생활의 편의를 낮 동안 또는 단기간 동안 제공하거나 가족에 대한 교육 및 상담을 지원하는 서비스

② 시장·군수·구청장은 제33조의5에 따른 보호대상자별 서비스 제공 계획에 따라 보호대상자에게 사회복지서비스를 제공하는 경우 시설 입소에 우선하여 제1항 각 호의 재가복지서비스를 제공하도록 하여야 한다. <개정 2012.1.26>

[전문개정 2011.8.4]

[시행일 : 2012.8.5] 제41조의2

제41조의3(보호대상자의 보호자에 대한 지원) 국가나 지방자치단체는 제33조의4에 따라 보호가 결정된 보호대상자를 자신의 가정에서 돌보는 사람에 대하여 보건복지부령으로 정하는 바에 따라 그 보호자의 부담을 줄이기 위한 상담을 실시하거나 금전적 지원 등을 할 수 있다.

[전문개정 2011.8.4]

제41조의3(보호대상자의 보호자에 대한 지원) 국가나 지방자치단체는 제33조의4에 따라 서비스 제공이 결정된 보호대상자를 자신의 가정에서 돌보는 사람에 대하여 보건복지부령으로 정하는 바에 따라 그 보호자의 부담을 줄이기 위한 상담을 실시하거나 금전적 지원 등을 할 수 있다. <개정 2012.1.26>

[전문개정 2011.8.4]

[시행일 : 2012.8.5] 제41조의3

제41조의4(가정봉사원의 양성) 국가나 지방자치단체는 재가복지서비스를 필요로 하는 가정 또는 시설에서 보호대상자가 일상생활을 하기 위하여 필요한 각종 편의를 제공하

는 가정봉사원을 양성하도록 노력하여야 한다.
[전문개정 2011.8.4]

제4장 보 칙 〈개정 2011.8.4〉

제42조(보조금 등) ① 국가나 지방자치단체는 사회복지사업을 하는 자 중 대통령령으로 정하는 자에게 필요한 비용의 전부 또는 일부를 보조할 수 있다.
② 제1항에 따른 보조금은 그 목적 외의 용도에 사용할 수 없다.
③ 국가나 지방자치단체는 제1항에 따라 보조금을 받은 자가 다음 각 호의 어느 하나에 해당할 때에는 이미 지급한 보조금의 전부 또는 일부의 반환을 명할 수 있다.
1. 거짓이나 그 밖의 부정한 방법으로 보조금을 받았을 때
2. 사업 목적 외의 용도에 보조금을 사용하였을 때
3. 이 법 또는 이 법에 따른 명령을 위반하였을 때

[전문개정 2011.8.4]

제42조의2(국유 · 공유 재산의 우선매각) 국가나 지방자치단체는 사회복지사업과 관련한 시설을 설치하거나 사업을 육성하기 위하여 필요하다고 인정하면 「국유재산법」과 「공유재산 및 물품 관리법」에도 불구하고 사회복지법인 또는 사회복지시설에 국유·공유 재산을 우선매각하거나 임대할 수 있다.
[전문개정 2011.8.4]

제42조의3(지방자치단체에 대한 지원금) ① 보건복지부장관은 시·도지사 및 시장·군수·구청장에게 사회복지사업의 수행에 필요한 비용을 지원할 수 있다. <개정 2008.2.29, 2010.1.18>
② 보건복지부장관은 제15조의6에 따른 평가결과를 반영하여 제1항에 따른 지원을 할 수 있다. <개정 2008.2.29, 2010.1.18>
③ 제1항에 따른 지원금의 지급기준·지급방법 등에 관하여 필요한 사항은 보건복지부령으로 정한다. <개정 2008.2.29, 2010.1.18>
[본조신설 2007.12.14]

제43조(시설의 평가) ① 보건복지부장관과 시·도지사는 보건복지부령으로 정하는 바에 따라 시설을 정기적으로 평가하고, 그 결과를 시설의 감독·지원 등에 반영하거나 시설 거주자를 다른 시설로 보내는 등의 조치를 할 수 있다.
② 보건복지부장관이나 시·도지사는 제1항의 평가결과에 따라 시설 거주자를 다른 시설로 보내는 경우에는 제38조제3항의 조치를 하여야 한다.
[전문개정 2011.8.4]

제43조(시설의 서비스 최저기준) ① 보건복지부장관은 시설에서 제공하는 서비스의 최저기준을 마련하여야 한다.
② 시설 운영자는 제1항의 서비스 최저기준 이상으로 서비스 수준을 유지하여야 한다.
③ 제1항의 서비스 기준 대상시설과 서비스 내용 등에 관하여 필요한 사항은 보건복지부령으로 정한다.
[본조신설 2012.1.26]
[종전 제43조는 제43조의2로 이동 <2012.1.26>]
[시행일 : 2013.1.27] 제43조

제43조의2(시설의 평가) ① 보건복지부장관과 시·도지사는 보건복지부령으로 정하는 바에 따라 시설을 정기적으로 평가하고, 그 결과를 공표하거나 시설의 감독·지원 등에 반영할 수 있으며 시설 거주자를 다른 시설로 보내는 등의 조치를 할 수 있다.
② 보건복지부장관이나 시·도지사는 제1항의 평가 결과에 따라 시설 거주자를 다른 시설로 보내는 경우에는 제38조제3항의 조치를 하여야 한다.
[전문개정 2012.1.26]
[제43조에서 이동 <2012.1.26>]
[시행일 : 2012.8.5] 제43조의2

제44조(비용의 징수) 이 법에 따른 복지조치에 필요한 비용을 부담한 지방자치단체의 장이나 그 밖에 시설을 운영하는 자는 그 혜택을 받은 본인 또는 그 부양의무자로부터 대통령령으로 정하는 바에 따라 그가 부담한 비용의 전부 또는 일부를 징수할 수 있다.
[전문개정 2011.8.4]

제45조(후원금의 관리) ① 사회복지법인의 대표이사와 시설의 장은 아무런 대가 없이

무상으로 받은 금품이나 그 밖의 자산(이하 "후원금"이라 한다)의 수입·지출 내용과 그 관리에 명확성이 확보되도록 하여야 한다.
② 후원금에 관한 영수증 발급, 수입 및 사용결과 보고, 그 밖에 후원금 관리에 필요한 사항은 보건복지부령으로 정한다.
[전문개정 2011.8.4]

제45조(후원금의 관리) ① 사회복지법인의 대표이사와 시설의 장은 아무런 대가 없이 무상으로 받은 금품이나 그 밖의 자산(이하 "후원금"이라 한다)의 수입·지출 내용을 공개하여야 하며 그 관리에 명확성이 확보되도록 하여야 한다. <개정 2012.1.26>
② 후원금에 관한 영수증 발급, 수입 및 사용결과 보고, 그 밖에 후원금 관리 및 공개절차 등 구체적인 사항은 보건복지부령으로 정한다. <개정 2012.1.26>
[전문개정 2011.8.4]
[시행일 : 2012.8.5] 제45조

제46조(한국사회복지사협회) ① 사회복지사는 사회복지에 관한 전문지식과 기술을 개발·보급하고, 사회복지사의 자질 향상을 위한 교육훈련을 실시하며, 사회복지사의 복지증진을 도모하기 위하여 한국사회복지사협회(이하 "협회"라 한다)를 설립한다.
② 제1항에 따른 협회는 법인으로 하되, 협회의 조직과 운영 등에 필요한 사항은 대통령령으로 정한다.
③ 협회에 관하여 이 법에서 규정한 사항을 제외하고는 「민법」 중 사단법인에 관한 규정을 준용한다.
[전문개정 2011.8.4]

제47조(비밀누설의 금지) 사회복지사업 또는 사회복지업무에 종사하였거나 종사하고 있는 사람은 그 업무 수행 과정에서 알게 된 다른 사람의 비밀을 누설하여서는 아니 된다.
[전문개정 2011.8.4]

제48조(압류 금지) 이 법 및 제2조제1호 각 목의 법률에 따라 지급된 금품과 이를 받을 권리는 압류하지 못한다.
[전문개정 2011.8.4]

제49조(청문) 보건복지부장관, 시·도지사 또는 시장·군수·구청장은 제26조 또는 제40조에 따른 허가의 취소 또는 시설의 폐쇄를 하려면 청문을 하여야 한다.
[전문개정 2011.8.4]

제50조(포상) 정부는 사회복지사업에 관하여 공로가 현저하거나 모범이 되는 자에게 포상(褒賞)을 할 수 있다.
[전문개정 2011.8.4]

제51조(지도 · 감독 등) ① 보건복지부장관, 시·도지사 또는 시장·군수·구청장은 사회복지사업을 운영하는 자의 소관 업무에 관하여 지도·감독을 하며, 필요한 경우 그 업무에 관하여 보고 또는 관계 서류의 제출을 명하거나, 소속 공무원으로 하여금 사회복지법인의 사무소 또는 시설에 출입하여 검사 또는 질문을 하게 할 수 있다.
② 사회복지법인의 주된 사무소의 소재지와 시설의 소재지가 같은 시·도 또는 시·군·구에 있지 아니한 경우 그 시설의 업무에 관하여는 시설 소재지의 시·도지사 또는 시장·군수·구청장이 지도·감독 등을 한다. 이 경우 지도·감독 등을 위하여 필요할 때에는 사회복지법인의 업무에 대하여 사회복지법인의 주된 사무소 소재지의 시·도지사 또는 시장·군수·구청장에게 협조를 요청할 수 있다.
③ 제2항에 따른 지도·감독 등에 관하여 따로 지방자치단체 간에 협약을 체결한 경우에는 제2항에도 불구하고 협약에서 정한 시·도지사 또는 시장·군수·구청장이 지도·감독 등의 업무를 수행한다.
④ 제1항에 따라 검사 또는 질문을 하는 관계 공무원은 그 권한을 표시하는 증표를 지니고 이를 관계인에게 보여주어야 한다.
[전문개정 2011.8.4]

제51조(지도 · 감독 등) ① 보건복지부장관, 시·도지사 또는 시장·군수·구청장은 사회복지사업을 운영하는 자의 소관 업무에 관하여 지도·감독을 하며, 필요한 경우 그 업무에 관하여 보고 또는 관계 서류의 제출을 명하거나, 소속 공무원으로 하여금 사회복지법인의 사무소 또는 시설에 출입하여 검사 또는 질문을 하게 할 수 있다.
② 사회복지법인의 주된 사무소의 소재지와 시설의 소재지가 같은 시·도 또는 시·군·구에 있지 아니한 경우 그 시설의 업무에 관하여는 시설 소재지의 시·도지사 또는 시장·군수·구청장이 지도·감독 등을 한다. 이 경

우 지도·감독 등을 위하여 필요할 때에는 사회복지법인의 업무에 대하여 사회복지법인의 주된 사무소 소재지의 시·도지사 또는 시장·군수·구청장에게 협조를 요청할 수 있다.
③ 제2항에 따른 지도·감독 등에 관하여 따로 지방자치단체 간에 협약을 체결한 경우에는 제2항에도 불구하고 협약에서 정한 시·도지사 또는 시장·군수·구청장이 지도·감독 등의 업무를 수행한다.
④ 제1항에 따라 검사 또는 질문을 하는 관계 공무원은 그 권한을 표시하는 증표를 지니고 이를 관계인에게 보여주어야 한다.
⑤ 보건복지부장관 또는 시·도지사는 지도·감독을 실시한 후 제26 조 및 제40조에 따른 행정처분 등을 한 경우에는 처분 대상인 법인 또는 시설의 명칭, 처분사유, 처분내용 등 처분과 관련된 정보를 대통령령으로 정하는 바에 따라 공표할 수 있다. <신설 2012.1.26>
⑥ 지도·감독 기관은 사회복지 사업을 운영하는 자의 소관 업무에 대한 지도·감독에 있어 필요한 경우 촉탁할 수 있으며 촉탁받은 자의 업무범위와 권한은 대통령령으로 정한다. <신설 2012.1.26>
[전문개정 2011.8.4]
[시행일 : 2012.8.5] 제51조

제52조(권한의 위임 또는 위탁) ① 이 법에 따른 보건복지부장관 또는 시·도지사의 권한은 대통령령으로 정하는 바에 따라 그 일부를 시·도지사 또는 시장·군수·구청장에게 위임할 수 있다.
② 보건복지부장관은 이 법에 따른 업무의 일부를 대통령령으로 정하는 바에 따라 제6조의3제1항에 따른 전담기구, 사회복지 관련 기관 또는 단체에 위탁할 수 있다.
[전문개정 2011.8.4]

제5장 벌 칙 〈개정 2011.8.4〉

제53조(벌칙) 다음 각 호의 어느 하나에 해당하는 자는 5년 이하의 징역 또는 1천500만원 이하의 벌금에 처한다.
1. 제23조제3항을 위반한 자
2. 제42조제2항을 위반한 자

[전문개정 2011.8.4]

제53조의2(벌칙) ① 제33조의3에 따라 조사하거나 제공받은 금융정보(「국민기초생활 보장법」 제21조제3항제1호의 금융정보를 말한다. 이하 같다)를 다른 사람에게 제공하거나 누설한 자는 5년 이하의 징역 또는 3천만원 이하의 벌금에 처한다.
② 제33조의3에 따라 조사하거나 제공받은 신용정보 또는 보험정보(「국민기초생활 보장법」 제21조제3항제2호·제3호의 신용정보·보험정보를 말한다. 이하 같다)를 다른 사람에게 제공하거나 누설한 자는 3년 이하의 징역 또는 2천만원 이하의 벌금에 처한다.
③ 제33조의3에 따라 조사하거나 제공받은 정보(금융정보·신용정보 및 보험정보는 제외한다)를 다른 사람에게 유출하거나 누설한 자는 3년 이하의 징역 또는 1천만원 이하의 벌금에 처한다.
[전문개정 2011.8.4]

제53조의3(벌칙) 정당한 접근권한이 없이 또는 허용된 접근권한을 넘어 제6조의2제2항에 따른 정보시스템의 정보를 훼손·멸실·변경·위조하거나 검색·복제한 자는 3년 이하의 징역 또는 3천만원 이하의 벌금에 처한다.
[전문개정 2011.8.4]

제54조(벌칙) 다음 각호의 1에 해당하는 자는 1년 이하의 징역 또는 300만원 이하의 벌금에 처한다. <개정 1999.4.30>
1. 제6조제1항의 규정에 위반한 자
2. 제28조제2항의 규정에 위반한 자
3. 제34조제2항의 규정에 의한 신고를 하지 아니하고 시설을 설치·운영한 자
4. 정당한 이유없이 제38조제3항(제40조제2항에서 준용하는 경우를 포함한다)의 규정에 의한 시설거주자 권익 보호조치를 기피 또는 거부한 자
5. 정당한 이유없이 제40조제1항의 규정에 의한 명령을 이행하지 아니한 자
6. 제47조의 규정에 위반한 자
7. 정당한 이유없이 제51조제1항의 규정에 의한 보고를 하지 아니하거나 허위의 보고를 한 자, 자료를 제출하지 아니하거나 허위의 자료를 제출한 자, 검사·질문을 거부·방해 또는 기피한 자

제54조(벌칙) 다음 각 호의 어느 하나에 해당하는 자는 1년 이하의 징역 또는 1천만원 이하의 벌금에 처한다.
1. 제6조제1항을 위반한 자
2. 제28조제2항을 위반한 자
3. 제34조제2항에 따른 신고를 하지 아니하고 시설을 설치·운영한 자
4. 정당한 이유 없이 제38조제3항(제40조제2항에서 준용하는 경우를 포함한다)에 따른 시설 거주자 권익 보호조치를 기피하거나 거부한 자
5. 정당한 이유 없이 제40조제1항에 따른 명령을 이행하지 아니한 자
6. 제47조를 위반한 자
7. 정당한 이유 없이 제51조제1항에 따른 보고를 하지 아니하거나 거짓으로 보고한 자, 자료를 제출하지 아니하거나 거짓 자료를 제출한 자, 검사·질문을 거부·방해 또는 기피한 자

[전문개정 2011.8.4]
[시행일 : 2012.8.5] 제54조

제55조(벌칙) 제13조를 위반한 자는 300만원 이하의 벌금에 처한다.
[전문개정 2011.8.4]

제56조(양벌규정) 법인의 대표자나 법인 또는 개인의 대리인·사용인, 그 밖의 종업원이 그 법인 또는 개인의 업무에 관하여 제53조, 제53조의2, 제53조의3, 제54조 및 제55조의 위반행위를 하면 그 행위자를 벌하는 외에 그 법인 또는 개인에게도 해당 조문의 벌금형을 과(科)한다. 다만, 법인 또는 개인이 그 위반행위를 방지하기 위하여 해당 업무에 관하여 상당한 주의와 감독을 게을리하지 아니한 경우에는 그러하지 아니하다.
[전문개정 2011.8.4]

제57조(벌칙 적용 시의 공무원 의제) 제12조제1항 또는 제52조제2항에 따라 위탁받은 업무를 수행하는 제6조의3제1항에 따른 전담기구, 사회복지 관련 기관 또는 단체 임직원은 「형법」 제129조부터 제132조까지의 규정을 적용할 때에는 공무원으로 본다.
[전문개정 2011.8.4]

제58조(과태료) ① 제13조제2항 단서·제3항, 제18조제5항, 제24조, 제31조, 제34조의2, 제34조의3, 제37조, 제38조제1항·제2항 또는 제45조의 규정에 위반한 자는 300만원 이하의 과태료에 처한다. <개정 1999.4.30, 2000.1.12, 2007.12.14>
② 제33조의3제1항 각 호에 따른 서류, 그 밖에 소득·재산 등에 관한 자료를 정당한 사유 없이 제출하지 아니하거나 거짓 자료를 제출한 자 또는 조사·질문을 기피·거부·방해하거나 거짓 답변을 한 자에게는 20만원 이하의 과태료를 부과한다. <신설 2009.6.9>
③ 제1항 또는 제2항에 따른 과태료는 대통령령으로 정하는 바에 따라 보건복지부장관, 시·도지사 또는 시장·군수·구청장이 부과·징수한다. <개정 2009.6.9, 2010.1.18>
④ 삭제 <2009.6.9>
⑤ 삭제 <2009.6.9>
⑥ 삭제 <2009.6.9>

제58조(과태료) ① 제13조제2항 단서 및 제3항, 제18조제6항, 제24조, 제31조, 제34조의3, 제34조의4, 제37조, 제38조제1항·제2항 또는 제45조를 위반한 자에게는 300만원 이하의 과태료를 부과한다. <개정 2012.1.26>
② 제33조의3제1항 각 호에 따른 서류, 그 밖에 소득·재산 등에 관한 자료를 정당한 사유 없이 제출하지 아니하거나 거짓 자료를 제출한 자 또는 조사·질문을 기피·거부·방해하거나 거짓 답변을 한 자에게는 20만원 이하의 과태료를 부과한다.
③ 제1항 또는 제2항에 따른 과태료는 대통령령으로 정하는 바에 따라 보건복지부장관, 시·도지사 또는 시장·군수·구청장이 부과·징수한다.
[전문개정 2011.8.4]
[시행일 : 2012.8.5] 제58조

사회보장기본법

[시행 2010.3.19] [법률 제9932호, 2010.1.18, 타법개정]
보건복지부(복지정책과), 02-2023-8215

제1장 총 칙 〈개정 2009.6.9〉

제1조(목적) 이 법은 사회보장에 관한 국민의 권리와 국가 및 지방자치단체의 책임을 정하고 사회보장제도에 관한 기본적인 사항을 규정함으로써 국민의 복지증진에 기여함을 목적으로 한다.
[전문개정 2009.6.9]

제2조(기본 이념) 사회보장은 모든 국민이 인간다운 생활을 할 수 있도록 최저생활을 보장하고 국민 개개인이 생활 수준을 향상시킬 수 있도록 제도와 여건을 조성하여, 그 시행에 있어 형평과 효율의 조화를 도모함으로써 복지사회를 실현하는 것을 기본 이념으로 한다.
[전문개정 2009.6.9]

제3조(정의) 이 법에서 사용하는 용어의 뜻은 다음과 같다.

1. "사회보장"이란 질병, 장애, 노령, 실업, 사망 등의 사회적 위험으로부터 모든 국민을 보호하고 빈곤을 해소하며 국민 생활의 질을 향상시키기 위하여 제공되는 사회보험, 공공부조, 사회복지서비스 및 관련복지제도를 말한다.
2. "사회보험"이란 국민에게 발생하는 사회적 위험을 보험의 방식으로 대처함으로써 국민의 건강과 소득을 보장하는 제도를 말한다.
3. "공공부조(公共扶助)"란 국가와 지방자치단체의 책임 하에 생활 유지 능력이 없거나 생활이 어려운 국민의 최저생활을 보장하고 자립을 지원하는 제도를 말한다.
4. "사회복지서비스"란 국가·지방자치단체 및 민간부문의 도움이 필요한 모든 국민에게 상담, 재활, 직업의 소개 및 지도, 사회복지시설의 이용 등을 제공하여 정상적인 사회생활이 가능하도록 지원하는 제도를 말한다.
5. "관련복지제도"란 보건, 주거, 교육, 고용 등의 분야에서 인간다운 생활이 보장될 수 있도록 지원하는 각종 복지제도를 말한다.

[전문개정 2009.6.9]

제4조(다른 법률과의 관계) 사회보장에 관한 다른 법률을 제정하거나 개정하는 경우에는 이 법에 부합되도록 하여야 한다.
[전문개정 2009.6.9]

제5조(국가와 지방자치단체의 책임) 국가와 지방자치단체는 국가 발전의 수준에 부응하는 사회보장제도를 확립하고 매년 이에 필요한 재원을 조달하여야 한다.
[전문개정 2009.6.9]

제6조(국가 등과 가정) ① 국가와 지방자치단체는 가정이 건전하게 유지되고 그 기능이 향상되도록 노력하여야 한다.
② 국가와 지방자치단체는 사회보장제도를 시행할 때에 가정과 지역공동체의 자발적인 복지 활동을 촉진하여야 한다.
[전문개정 2009.6.9]

제7조(국민의 책임) 모든 국민은 자신의 능력을 최대한 발휘하여 자립·자활(自活)할 수 있도록 노력하고 국가의 사회보장정책에 협력하여야 한다.
[전문개정 2009.6.9]

제8조(외국인에 대한 적용) 국내에 거주하는 외국인에게 사회보장제도를 적용할 때에는 상호주의의 원칙에 따르되, 관계 법령에서 정하는 바에 따른다.
[전문개정 2009.6.9]

제2장 사회보장을 받을 권리 등 〈개정 2009.6.9〉

제9조(사회보장을 받을 권리) 모든 국민은 사회보장에 관한 관계 법령에서 정하는 바에 따라 사회보장급여를 받을 권리(이하 "사회보장수급권"이라 한다)를 가진다.
[전문개정 2009.6.9]

제10조(사회보장급여의 수준) ① 국가는 모든 국민이 건강하고 문화적인 생활을 유지할 수 있도록 사회보장급여의 수준 향상을

위하여 노력하여야 한다.
② 국가는 관계 법령에서 정하는 바에 따라 최저생계비를 매년 공표하여야 한다.
③ 국가나 지방자치단체는 제2항에 따른 최저생계비와 「최저임금법」에 따른 최저임금을 고려하여 사회보장급여의 수준을 결정하여야 한다.
[전문개정 2009.6.9]

제11조(사회보장급여의 신청) ① 사회보장급여를 받으려는 자는 관계 법령에서 정하는 바에 따라 국가나 지방자치단체에 신청하여야 한다.
② 사회보장급여를 신청하는 자가 다른 기관에 신청한 경우에는 그 기관은 지체 없이 이를 정당한 권한이 있는 기관에 이송하여야 한다. 이 경우 정당한 권한이 있는 기관에 이송된 날을 사회보장급여의 신청일로 본다.
[전문개정 2009.6.9]

제12조(사회보장수급권의 보호) 사회보장수급권은 관계 법령에서 정하는 바에 따라 타인에게 양도하거나 담보로 제공할 수 없으며, 이를 압류할 수 없다.
[전문개정 2009.6.9]

제13조(사회보장수급권의 제한 등) ① 사회보장수급권은 제한되거나 정지될 수 없다. 다만, 관계 법령에서 따로 정하고 있는 경우에는 제한되거나 정지될 수 있다.
② 제1항 단서에 따라 사회보장수급권이 제한되거나 정지되는 경우에는 제한 또는 정지하는 목적에 필요한 최소한에 그쳐야 한다.
[전문개정 2009.6.9]

제14조(사회보장수급권의 포기) ① 사회보장수급권은 정당한 권한이 있는 기관에 서면으로 통지하여 포기할 수 있다.
② 사회보장수급권의 포기는 취소할 수 있다.
③ 제1항에도 불구하고 사회보장수급권을 포기하는 것이 타인에게 피해를 주거나 사회보장에 관한 관계 법령에 위반되는 경우에는 사회보장수급권을 포기할 수 없다.
[전문개정 2009.6.9]

제15조(불법행위에 대한 구상) 제3자의 불법행위에 의하여 피해를 입은 국민이 그로 인하여 사회보장수급권을 가지게 된 경우 사회보장제도를 운영하는 자는 그 불법행위의 책임이 있는 자에 대하여 관계 법령에서 정하는 바에 따라 구상권(求償權)을 행사할 수 있다.
[전문개정 2009.6.9]

제3장 사회보장심의위원회 등 〈개정 2009.6.9〉

제16조(사회보장심의위원회) 사회보장에 관한 주요 시책을 심의하기 위하여 국무총리 소속으로 사회보장심의위원회(이하 "위원회"라 한다)를 둔다.
[전문개정 2009.6.9]

제17조(위원회의 구성) ① 위원회는 위원장 1명과 부위원장 2명을 포함하여 위원 30명 이내로 구성한다.
② 위원장은 국무총리가 되고 부위원장은 기획재정부장관 및 보건복지부장관이 된다. <개정 2010.1.18>
③ 위원은 다음 각 호의 사람으로 한다.
1. 대통령령으로 정하는 관계 중앙행정기관의 장
2. 다음 각 목의 사람 중에서 대통령이 위촉하는 사람
가. 근로자를 대표하는 사람
나. 사용자를 대표하는 사람
다. 사회보장에 관한 학식과 경험이 있는 사람
라. 변호사 자격이 있는 사람
④ 위원의 임기는 2년으로 한다. 다만, 공무원인 위원의 임기는 그 재임 기간으로 한다.
⑤ 보궐위원의 임기는 전임자 임기의 남은 기간으로 한다.
⑥ 위원회를 효율적으로 운영하고 위원회의 심의 사항을 보다 전문적으로 검토하기 위하여 위원회에 실무위원회를 둔다.
⑦ 이 법에서 규정한 사항 외에 위원회와 실무위원회의 구성·조직 및 그 밖에 운영에 필요한 사항은 대통령령으로 정한다.
[전문개정 2009.6.9]

제18조(위원회의 직무) 위원회는 다음 각 호의 사항을 심의한다.
1. 사회보장 증진을 위한 사회보장 장기발전 방향

2. 사회보장 관련 주요 계획
3. 사회보장제도의 개선
4. 사회보장제도의 도입 또는 확대에 따른 우선순위의 조정
5. 둘 이상의 부처에 관련되는 주요 사회보장정책
6. 사회보장급여 및 비용 부담의 조정
7. 국가와 지방자치단체의 역할 및 비용 분담
8. 그 밖에 위원장이 심의에 부치는 사항

[전문개정 2009.6.9]

제19조(관계 행정기관의 협력) ① 위원회는 관계 행정기관에 사회보장에 관한 자료 제출과 위원회 업무에 필요한 협력을 요청할 수 있다.
② 관계 행정기관은 위원회로부터 제1항에 따른 요청을 받으면 협조하여야 한다.
[전문개정 2009.6.9]

제20조(사회보장 장기발전방향의 수립) ① 보건복지부장관은 관계 중앙행정기관의 장과 협의하여 위원회의 심의를 거쳐 사회보장 증진을 위한 장기발전방향(이하 "장기발전방향"이라 한다)을 5년마다 수립하여야 한다. <개정 2010.1.18>
② 장기발전방향에는 다음 각 호의 사항이 포함되어야 한다.
1. 사회보장에 관한 기본목표 및 추진방향
2. 주요 추진과제 및 추진방법
3. 재원조달방안
4. 사회보장의 전달체계
5. 사회보장 관련 기금 운용방안
6. 그 밖에 사회보장을 위하여 특히 필요하다고 인정되는 사항

③ 장기발전방향은 국무회의의 심의를 거쳐 확정한다.
[전문개정 2009.6.9]

제21조(공청회) 보건복지부장관은 장기발전방향을 수립하려는 경우에는 공청회를 열어 국민과 관계 전문가 등으로부터 의견을 들을 수 있다. <개정 2010.1.18>
[전문개정 2009.6.9]

제22조(주요 시책 추진방안의 수립 및 평가) ① 보건복지부장관 및 관계 중앙행정기관의 장은 장기발전방향을 기초로 하여 사회보장과 관련된 소관 주요 시책의 추진방안을 매년 수립·시행하여야 한다. <개정 2010.1.18>
② 관계 중앙행정기관의 장은 제1항에 따라 수립한 소관 주요 시책의 추진방안 및 전년도 추진실적을 대통령령으로 정하는 바에 따라 보건복지부장관에게 제출하여야 한다. <개정 2010.1.18>
③ 보건복지부장관은 제2항에 따라 받은 관계 중앙행정기관 및 보건복지부 소관의 추진실적을 종합하여 성과를 평가하고, 그 결과를 위원회에 보고하여야 한다. <개정 2010.1.18>
④ 보건복지부장관은 제3항에 따른 평가를 효율적으로 하기 위하여 이에 필요한 조사·분석 등을 전문기관에 의뢰할 수 있다. <개정 2010.1.18>
[전문개정 2009.6.9]

제23조(계획 수립 등의 협조) ① 보건복지부장관 및 관계 중앙행정기관의 장은 장기발전방향과 제22조에 따른 주요 시책 추진방안의 수립·시행 및 평가를 위하여 필요하면 관계 공공기관, 사회단체, 그 밖의 민간기업체의 장에게 협조를 요청할 수 있다. <개정 2010.1.18>
② 제1항에 따른 협조 요청을 받은 자는 특별한 사유가 없으면 협조하여야 한다.
[전문개정 2009.6.9]

제4장 사회보장제도의 운영 〈개정 2009.6.9〉

제24조(운영 원칙) ① 국가와 지방자치단체가 사회보장제도를 운영할 때에는 이 제도를 필요로 하는 모든 국민에게 적용하여야 한다.
② 국가와 지방자치단체는 사회보장제도의 급여 수준과 비용 부담 등에서 형평성을 유지하여야 한다.
③ 국가와 지방자치단체는 사회보장제도의 정책 결정 및 시행 과정에 공익의 대표자 및 이해관계인 등을 참여시켜 이를 민주적으로 결정하고 시행하여야 한다.
④ 국가와 지방자치단체가 사회보장제도를 운영할 때에는 국민의 다양한 복지 욕구를 효율적으로 충족시키기 위하여 연계성과 전문성을 높여야 한다.

[전문개정 2009.6.9]

제25조(역할의 조정) ① 국가는 지방자치단체와 사회보장에 관한 책임과 역할을 합리적으로 조정하여야 한다.

② 사회보험은 국가의 책임으로 시행함을 원칙으로 하고, 공공부조와 사회복지서비스는 국가와 지방자치단체의 책임으로 시행함을 원칙으로 하되, 국가와 지방자치단체의 재정 형편 등을 고려하여 이를 조정할 수 있다.

[전문개정 2009.6.9]

제26조(민간의 참여) ① 국가와 지방자치단체는 사회보장에 대한 민간부문의 참여를 유도할 수 있도록 정책을 개발·시행하고 그 여건을 조성하여야 한다.

② 국가와 지방자치단체는 사회보장에 대한 민간부문의 참여를 유도할 수 있도록 다음 각 호의 사업이 포함된 시책을 수립·시행하여야 한다.

1. 국가와 지방자치단체의 사회보장 행정에 필요한 자원봉사 인력의 활용사업
2. 사회보장에 관련된 민간의 자원봉사 활성화를 위한 각종 지원사업
3. 그 밖에 사회보장에 관련된 민간의 참여를 유도하는 데에 필요한 사업

③ 국가와 지방자치단체는 개인·법인 또는 단체가 사회보장에 참여하는 데에 드는 경비의 전부 또는 일부를 지원하거나 그 업무를 수행하기 위하여 필요한 지원을 할 수 있다.

[전문개정 2009.6.9]

제27조(비용의 부담) ① 사회보장비용의 부담은 각각의 사회보장제도에 대한 역할 분담에 따라 국가, 지방자치단체 및 민간부문 간에 합리적으로 조정되어야 한다.

② 사회보험에 드는 비용은 사용자, 피용자(被傭者) 및 자영업자가 부담하는 것을 원칙으로 하되, 관계 법령에서 정하는 바에 따라 국가가 그 비용의 일부를 부담할 수 있다.

③ 공공부조 및 관계 법령에서 정하는 일정 소득 수준 이하의 국민에 대한 사회복지서비스에 드는 비용의 전부 또는 일부는 국가와 지방자치단체가 부담한다.

④ 부담 능력이 있는 국민에 대한 사회복지서비스에 드는 비용은 그 수익자가 부담함을 원칙으로 하되, 관계 법령에서 정하는 바에 따라 국가와 지방자치단체가 그 비용의 일부를 부담할 수 있다.

[전문개정 2009.6.9]

제28조(사회보장 전달체계) ① 국가와 지방자치단체는 지역적으로 고루 분포되고 기능에 따라 균형이 이루어지도록 사회보장 전달체계를 마련하여야 한다.

② 국가와 지방자치단체가 사회보장 관련 업무를 할 때에는 관계 기관과 관계자 간의 조정이 원활하게 이루어지도록 사회보장 전달체계를 갖추어야 한다.

③ 국가와 지방자치단체는 모든 국민이 쉽게 이용할 수 있도록 사회보장 전달체계를 마련하여야 한다.

[전문개정 2009.6.9]

제29조(전문 인력의 양성 등) 국가와 지방자치단체는 사회보장제도의 발전을 위하여 전문 인력의 양성, 학술 조사 및 연구, 국제 교류의 증진 등에 노력하여야 한다.

[전문개정 2009.6.9]

제30조(정보의 공개) ① 국가와 지방자치단체는 사회보장제도에 관하여 국민이 필요한 정보를 관계 법령에서 정하는 바에 따라 공개하고, 이를 홍보하여야 한다.

② 국가와 지방자치단체는 사회보장제도를 효율적으로 운영하기 위하여 사회보장에 관한 정보를 관리하는 체계를 확립하여야 한다.

[전문개정 2009.6.9]

제31조(비밀의 보호) 사회보장 업무에 종사하는 자는 사회보장과 관련하여 알게 된 개인·법인 또는 단체의 비밀을 관계 법령에서 정하는 바에 따라 보호하여야 한다.

[전문개정 2009.6.9]

제32조(사회보장에 관한 설명) 국가와 지방자치단체는 사회보장에 관한 관계 법령에 규정된 권리나 의무를 해당 국민에게 설명하도록 노력하여야 한다.

[전문개정 2009.6.9]

제33조(사회보장에 관한 상담) 국가와 지방자치단체는 사회보장에 관한 관계 법령에서 정하는 바에 따라 사회보장에 관한 상담에 응하여야 한다.

[전문개정 2009.6.9]

제34조(사회보장에 관한 통지) 국가와 지방자치단체는 사회보장에 관한 관계 법령에서 정하는 바에 따라 사회보장에 관한 사항을 해당 국민에게 알려야 한다.
[전문개정 2009.6.9]

제35조(권리구제) 위법 또는 부당한 처분을 받거나 필요한 처분을 받지 못함으로써 권리 또는 이익을 침해받은 국민은 「행정심판법」에 따른 행정심판을 청구하거나 「행정소송법」에 따른 행정소송을 제기하여 그 처분의 취소 또는 변경 등을 청구할 수 있다.
[전문개정 2009.6.9]

사회복지공동모금회법

[시행 2011.8.4] [법률 제10997호, 2011.8.4, 타법개정]
보건복지부(민간복지과), 02-2023-8293

제1조(목적) 이 법은 사회복지공동모금회의 공동모금을 통하여 사회복지에 대한 국민의 이해와 참여를 제고함과 아울러 국민의 자발적인 성금으로 조성된 재원을 효율적이고 공정하게 관리·운용함으로써 사회복지증진에 이바지함을 목적으로 한다.

제2조(정의) 이 법에서 사용하는 용어의 정의는 다음과 같다. <개정 2008.3.21>

1. "사회복지사업"이라 함은 사회복지사업법 제2조제1호에 따른 사회복지사업을 말한다.
2. "사회복지공동모금"이라 함은 사회복지사업 기타 사회복지활동의 지원에 필요한 재원을 조성하기 위하여 이 법에 의하여 기부금품을 모집하는 것을 말한다.

제3조(기본원칙) ① 기부금품은 기부하는 자의 의사에 반하여 모집하여서는 아니된다.
② 제17조의 규정에 의하여 조성된 재원(이하 "공동모금재원"이라 한다)은 지역·단체·대상자 및 사업별로 복지수요가 공정하게 충족되도록 배분하여야 하고, 제1조의 목적 및 제25조의 용도에 맞도록 공정하게 관리·운용하여야 한다.
③ 공동모금재원의 배분은 객관적인 기준에 따라 효율적으로 이루어지도록 하고, 그 결과를 공개하여야 한다.

제4조(사회복지공동모금회의 설립) ① 사회복지공동모금사업을 관장하기 위하여 사회복지공동모금회(이하 "모금회"라 한다)를 둔다.
② 모금회는 「사회복지사업법」 제2조제3호에 따른 사회복지법인으로 한다. <개정 2008.3.21, 2011.8.4>
③ 모금회는 정관을 작성하여 보건복지부장관의 인가를 받아 등기함으로써 설립된다. <개정 2008.2.29, 2010.1.18>

제5조(사업) 모금회는 다음 각호의 사업을 수행한다.

1. 사회복지공동모금사업
2. 공동모금재원의 배분
3. 공동모금재원의 운용 및 관리
4. 사회복지공동모금에 관한 조사·연구·홍보 및 교육훈련
5. 지회의 운영
6. 사회복지공동모금과 관련된 국제교류 및 협력증진사업
7. 다른 기부금품모집자와의 협력사업
8. 기타 모금회의 목적달성에 필요한 사업

제6조(정관) 모금회의 정관에는 다음 각호의 사항을 기재하여야 한다.

1. 목적
2. 명칭
3. 주된 사무소의 소재지
4. 사업에 관한 사항
5. 임원 및 직원에 관한 사항
6. 이사회에 관한 사항
7. 지회의 구성 및 운영등에 관한 사항
8. 재산 및 회계에 관한 사항
9. 공고에 관한 사항
10. 정관의 변경에 관한 사항

제7조(임원) ① 모금회는 다음 각호의 임원을 둔다. <개정 2008.3.21>

1. 회장 1인
2. 부회장 3인
3. 이사(회장·부회장 및 사무총장을 포함한다) 15인 이상 20인 이하
4. 감사 2인

② 임원의 임기는 3년으로 하되, 1회에 한하여 연임할 수 있다. <개정 2008.3.21>
③ 부득이한 사유로 후임임원이 선임되지 못하여 모금회의 업무수행에 지장이 있는 경우에는 후임임원이 선임될 때까지 임기가 만료된 임원이 그 업무를 수행한다.

제8조(이사회) ① 모금회는 정관에서 정하는 중요사항을 의결하기 위하여 제7조제1항 제3호의 이사로 구성된 이사회를 둔다.
② 이사회는 회장이 소집하고 그 의장이 된다.

제9조(임원의 선임) ① 이사회는 다음 각호의 어느 하나에 해당하는 자 중에서 이사를 선임하여야 한다. 이 경우 제1호부터 제3호까지의 규정에 해당하는 자가 각각 4인

이상 포함되어야 한다. <개정 2008.3.21>

1. 경제계·언론계·법조계·의료계에 종사하는 자
2. 노동계·종교계·시민단체에 종사하는 자
3. 사회복지관련학계에 종사하는 자 등 사회복지전문가
4. 그 밖에 학식과 덕망이 있는 자

② 임원의 선임방법 및 그 자격요건에 관하여 필요한 사항은 모금회의 정관으로 정한다.

제10조(임원의 직무) ① 회장은 모금회를 대표하고, 소관업무를 통할하며, 소속직원을 지휘·감독한다.

② 감사는 모금회의 업무집행상황·재산상황·회계 등 업무전반을 감사한다. <개정 2008.3.21>

③ 제2항에 따라 실시하는 감사의 종류·방법·시기 등에 관하여 필요한 사항은 정관으로 정한다. <신설 2008.3.21>

제11조(임원의 결격사유) 다음 각호의 1에 해당하는 자는 모금회의 임원이 될 수 없다.

1. 사회복지사업법 제7조제3항 각호의 1에 해당하는 자
2. 이 법에 의하여 임원에서 해임된 날부터 5년이 경과되지 아니한 자

제12조(사무조직) 모금회의 업무를 처리하기 위하여 사무총장 1인과 필요한 직원 및 기구를 둔다.

제13조(분과실행위원회) ① 모금회의 기획, 홍보, 모금, 배분업무에 관한 사항을 심의하기 위하여 해당분야의 전문가와 시민대표 등으로 구성되는 기획분과실행위원회, 홍보분과실행위원회, 모금분과실행위원회 및 배분분과실행위원회를 둔다. <개정 2002.12.5>

② 분과실행위원회의 위원장은 1인 이상의 이사로부터 추천을 받은 이사 중에서 이사회의 의결을 거쳐 회장이 위촉하며, 그 위원은 당해 위원장의 제청과 이사회의 의결로 회장이 위촉한다. <개정 2008.3.21>

③ 분과실행위원회는 위원장 1인을 포함하여 20인 이내의 위원으로 구성한다. 다만, 모금분과실행위원회 및 배분분과실행위원회는 각각 20인 이상의 위원으로 구성한다. <개정 2008.3.21>

④ 분과실행위원회의 위원의 임기는 2년으로 하되, 연임할 수 있다. 다만, 배분분과실행위원은 1회에 한하여 연임할 수 있다.

⑤ 분과실행위원회가 심의한 사항을 이사회가 변경하고자 할 때에는 당해 분과실행위원회 위원장의 의견을 청취하여야 하며, 이사회의 회의록에 이를 기재하여야 한다.

⑥ 분과실행위원회의 운영에 관하여 필요한 사항은 정관으로 정한다.

제14조(지회) ① 모금회에 지역단위의 사회복지공동모금사업을 관장하기 위하여 특별시·광역시·도(이하 "시·도"라 한다)에 사회복지공동모금지회(이하 "지회"라 한다)를 둔다.

② 지회에는 지회장을 두고 모금회에 준하는 필요한 조직을 둘 수 있다.

③ 지회장은 이사회의 의결을 거쳐 회장이 임명한다.

④ 지회의 구성 및 운영 등에 관하여 필요한 사항은 모금회의 정관으로 정한다.

제15조(지회의 관리) ① 모금회의 회장은 지회의 운영개선을 위하여 지도·감독하며, 지회가 지역의 특성에 맞게 자율적으로 운영될 수 있도록 노력하여야 한다. <개정 2008.3.21>

② 모금회의 회장은 지회의 운영이 현저히 부당하다고 인정하는 경우 그 시정을 명할 수 있다. <신설 2008.3.21>

③ 지회에서 조성한 공동모금재원은 당해 시·도의 배분대상자에게 배분하는 것을 원칙으로 한다.

④ 모금회의 회장은 각 회계연도개시 2월전에 각 지회로부터 사업계획서를 제출받아 이를 종합·조정하여 보건복지부장관에게 보고하여야 한다. <개정 2008.2.29, 2008.3.21, 2010.1.18>

제16조(조직 · 운영등) 모금회의 조직·운영등에 관하여 이 법에서 규정하고 있는 사항외에 필요한 사항은 정관으로 정한다.

제16조의2(기본재산의 취득 허가) 모금회는 「사회복지사업법」 제23조제2항에 따른 기본재산을 취득하고자 하는 경우 같은 법 제24조에도 불구하고 보건복지부장관의 허가를 받아야 한다. <개정 2010.1.18>

[본조신설 2008.3.21]

제16조의3(적용특례) 사회복지공동모금회의 설립 및 운영 등에 관한 허가, 인가, 보고

등에 대하여는 「사회복지사업법」 제17조제2항, 제18조제5항·제6항, 제20조제2항, 제23조제3항을 적용한다. 이 경우 "시·도지사"는 "보건복지부장관"으로 본다.
[본조신설 2011.8.4]
[시행일 : 2012.8.5] 제16조의3

제17조(재원) 모금회의 사업에 필요한 경비는 다음 각호의 재원으로 조성한다. <개정 2001.5.24, 2002.12.5, 2004.1.29>
1. 사회복지공동모금에 의한 기부금품
2. 법인 또는 단체가 출연하는 현금·물품·그 밖의 재산
3. 복권및복권기금법 제23조제1항의 규정에 의하여 배분받은 복권수익금
4. 기타 수입금

제18조(기부금품의 모집) ① 모금회는 사회복지사업 기타 사회복지활동의 지원을 위하여 연중 기부금품을 모집·접수할 수 있다.
② 모금회는 제1항에 따라 기부금품을 모집·접수한 경우 기부금품의 접수사실을 장부에 기재하고, 그 기부자에게 영수증을 교부하여야 한다. 다만, 기부자가 성명을 밝히지 아니한 경우 등 기부자를 알 수 없는 경우에는 모금회에 영수증을 보관하여야 한다. <신설 2008.3.21>
③ 모금회는 제2항에 따른 영수증에 기부금품의 금액, 그 금액에 대하여 세금혜택이 된다는 문언과 일련번호를 표시하여야 한다. <신설 2008.3.21>
④ 모금회는 효율적인 모금을 위하여 일정한 기간을 정하여 집중모금을 실시할 수 있다. <개정 2008.3.21>
⑤ 모금회가 집중모금을 하고자 할 경우에는 그 모집일부터 15일전에 그 내용을 보건복지부장관에게 보고하여야 하며, 그 모집을 종료한 때에는 모집종료일부터 1월 이내에 그 결과를 보건복지부장관에게 보고하여야 한다. <개정 2008.2.29, 2008.3.21, 2010.1.18>

제18조의2(복권의 발행) ① 모금회는 사회복지사업 그 밖의 사회복지활동 등을 지원하기 위한 재원의 조성을 위하여 복권을 발행할 수 있다.
② 제1항의 규정에 의한 복권을 발행하고자 할 때에는 그 종류·조건·금액 및 방법 등에 관하여 미리 보건복지부장관의 승인을 얻어야 한다. <개정 2008.2.29, 2010.1.18>
③ 제1항의 규정에 의한 복권의 당첨금을 받을 권리는 그 지급일부터 3월간 행사하지 아니하면 소멸시효가 완성되며, 소멸시효가 완성된 당첨금은 공동모금재원에 귀속된다.
④ 제1항의 규정에 의한 복권의 발행에 관하여는 사행행위등규제및처벌특례법을 적용하지 아니한다.
[본조신설 2001.5.24]

제19조(모금창구의 지정) 모금회는 기부금품의 접수를 효율적이고 공정하게 하기 위하여 언론기관을 모금창구로 지정하고, 지정된 언론기관의 명의로 모금계좌를 개설할 수 있다.

제20조(배분기준) ① 모금회는 매년 8월 31일까지 다음 각호의 사항이 포함된 다음 회계연도의 공동모금재원의 배분기준을 정하여 이를 공고하여야 한다. <개정 2008.3.21>
1. 공동모금재원의 배분대상
2. 배분한도액
3. 배분신청기간 및 배분신청서 제출장소
4. 배분심사기준
5. 배분재원의 과부족시 조정방법
6. 배분신청시 제출할 서류
7. 기타 공동모금재원의 배분에 관하여 필요한 사항

② 모금회는 재난구호 및 긴급구호 등 긴급히 지원해야 할 필요가 있는 경우에는 제1항의 규정에 준하여 별도의 배분기준에 따라 지원할 수 있다. <개정 2002.12.5>

제20조의2(국제보건의료지원사업에 대한 배분) 모금회는 제27조제1항에 따라 지정되지 아니한 기부금품의 100분의 10의 범위 안에서 이사회 의결로 정하는 비율을「한국국제보건의료재단법」제7조제1호에 따라 행하는 개발도상국가를 비롯한 외국 및 군사분계선 이북지역의 보건의료지원사업에 사용되도록 배분할 수 있다.
[본조신설 2008.3.21]

제20조의3(배분자의 표시) 모금회는 공동모금재원을 배분하는 경우 모금회가 배분하는 것임을 표시하여야 한다.
[본조신설 2008.3.21]

제21조(배분신청) ① 모금회에 배분신청을 하고자 하는 자는 제20조의 규정에 의한 공

고에 따라 배분신청서를 제출하여야 한다.
② 제20조의2에 따른 국제보건의료지원사업을 하는 자는 제1항에 따른 배분신청서를 제출할 때 정관으로 정하는 바에 따라 사업계획서를 작성하여 함께 제출하여야 한다. <신설 2008.3.21>
③ 제1항의 규정에 의하여 제출된 배분신청서는 당해 회계연도에 한하여 효력이 있다. <개정 2008.3.21>

제22조(배분신청의 심사등) ① 모금회는 제21조의 규정에 의하여 접수한 배분신청서를 배분분과실행위원회에 회부하여 배분금액·배분순위 및 배분시기 등을 심의하도록 하여야 한다.
② 모금회는 제1항의 규정에 의한 심의결과에 기초하여 배분계획을 수립하여야 한다.
③ 제2항의 규정에 의한 배분계획은 공동모금재원이 분기별로 균형있게 배분되도록 하여야 한다. 다만, 사업의 성격이 일시에 지원할 필요가 있는 경우에는 그러하지 아니하다.

제23조(배분에 따른 자료요구등) 모금회는 공동모금재원을 배분받은 자 또는 배분신청을 한 자에 대하여 필요한 서류의 제출을 요구하거나 필요한 조사를 할 수 있다.

제23조의2(배분사업의 평가) ① 모금회(지회를 포함한다)는 매년 공동모금재원의 배분결과를 평가하고 그 평가결과를 이사회에 보고하여야 한다.
② 제1항에 따른 평가의 기준 및 세부사항은 정관으로 정한다.
[본조신설 2008.3.21]

제24조(배분결과의 공고등) ① 모금회는 각 회계연도의 공동모금재원의 배분을 종료한 날부터 3개월 이내에 전국적으로 배포되는 1개 이상의 일간신문에 그 배분결과를 공고하여야 한다. <개정 2008.3.21>
② 모금회는 제1항의 규정에 의한 공고외에 다양한 방법과 매체를 통하여 그 배분결과를 알려야 한다.

제25조(재원의 사용등) ① 공동모금재원은 사회복지사업 기타 사회복지활동에 사용한다.
② 각 회계연도에 조성된 공동모금재원은 당해 회계연도에 지출하는 것을 원칙으로 한다. 다만, 재난구호 및 긴급구호 등 긴급히 지원할 필요가 있는 때를 대비하여 각 회계연도의 공동모금재원의 일부를 적립하는 경우에는 그러하지 아니하다. <개정 2002.12.5>
③ 제2항본문의 규정에 불구하고 다음 각호의 1에 해당하는 경우에는 각 회계연도에 조성된 공동모금재원의 일부를 이사회의 의결을 거쳐 다음 회계연도에 이월하여 지출할 수 있다. <신설 2002.12.5>
1. 제27조제1항의 규정에 의하여 사용용도등이 지정되어 기부된 모금재원으로서 모금목적사업의 특성상 당해 회계연도에 지출을 완료하기 어려운 경우
2. 공동모금재원의 배분에 대한 계획이 2회계연도 이상에 걸치는 경우로서 사업의 성격상 다음 회계연도에 이월하여 지출하는 것이 필요하다고 인정되는 경우
3. 당해 회계연도 말에 집중조성된 모금재원으로서 부득이한 사유로 인하여 당해 회계연도에 지출이 어려운 경우

④ 기부금품모집과 모금회의 관리·운영에 필요한 비용은 직전 회계연도 모금총액의 100분의 10 범위내에서 이사회의 의결을 거쳐 사용할 수 있다. <개정 2002.12.5>
⑤ 공동모금재원의 관리·운용방법 및 예산·회계 등에 관하여 필요한 사항은 정관으로 정한다.

제26조(사업계획의 제출등) ① 모금회는 각 회계연도의 사업계획 및 예산안을 회계연도 개시 1월전에 보건복지부장관에게 제출하여야 한다. <개정 2008.2.29, 2010.1.18>
② 모금회가 예산안을 작성할 때에는 제22조제2항의 규정에 의한 배분계획과 모금경비 및 모금회의 운영비등을 포함하여야 한다.
③ 모금회는 각 회계연도종료후 3월 이내에 세입·세출결산서를 작성하여 보건복지부장관에게 제출하여야 한다. 이 경우 「공인회계사법」에 따른 회계법인의 감사보고서를 붙여야 한다. <개정 2008.2.29, 2008.3.21, 2010.1.18>

제27조(기부금품의 지정사용) ① 기부금품의 기부자는 배분지역·배분대상자 또는 사용용도를 지정할 수 있다. <개정 2002.12.5>
② 모금회는 제1항에 따른 지정 취지가 이

법의 목적·취지나 「공직선거법」을 위반하는 경우 그 사실을 기부자에게 설명하고 이 법의 목적·취지와 「공직선거법」을 위반하지 아니하게 지정하도록 요구하거나 그 지정을 철회하도록 요구하여야 한다. 기부자가 이에 응하지 아니하는 경우에는 기부금품을 접수하지 아니하여야 한다. <개정 2008.3.21>

③ 모금회는 제1항 및 제2항에 따른 지정이 있는 경우 그 지정 취지에 따라 기부금품을 사용하여야 한다. <신설 2008.3.21>

④ 모금회는 이사회의 의결을 거쳐 제1항의 규정에 의한 지정 및 그 사용방법에 관하여 필요한 사항을 정할 수 있다. <개정 2008.3.21>

제28조(회계연도) 모금회의 회계연도는 1월 1일부터 12월 31일까지로 한다. <개정 2002.12.5>

제29조(유사명칭 사용금지) 모금회가 아닌 자는 사회복지공동모금 또는 이와 유사한 명칭을 사용하지 못한다.

제30조(모금회 임 · 직원등의 신분) 모금회의 임·직원 및 이 법에 의한 기부금품모집업무에 종사하는 자는 형법 제129조 내지 제132조의 적용에 있어서 이를 공무원으로 본다.

제31조(지도 · 감독등) ① 보건복지부장관은 모금회의 업무에 관하여 지도·감독을 하며, 필요하다고 인정할 경우에는 관계서류의 제출을 명하거나 소속공무원으로 하여금 그 운영상황을 조사하게 하거나 장부 기타 서류를 검사하게 할 수 있다. <개정 2008.2.29, 2010.1.18>

② 제1항의 규정에 의한 조사 또는 검사를 행하는 관계 공무원은 그 권한을 표시하는 증표를 관계인에게 내보여야 한다.

제32조(시정명령등) 보건복지부장관은 모금회의 운영이 이 법 또는 정관에 위반된다고 인정되는 경우에는 사회복지사업법 제22조 및 동법 제26조를 준용하여 필요한 조치를 할 수 있다. <개정 2008.2.29, 2010.1.18>

제33조(보조금등) ① 국가 또는 지방자치단체는 모금회에 대하여 기부금품의 모집에 필요한 비용과 모금회의 관리·운영에 필요한 비용을 보조할 수 있다.

② 제1항의 규정에 의한 보조금은 그 목적외의 용도에 사용할 수 없다.

③ 국가 또는 지방자치단체는 모금회가 다음 각호의 1에 해당하는 때에는 이미 교부한 보조금의 전부 또는 일부의 반환을 명할 수 있다.

1. 사업목적외의 용도에 보조금을 사용한 때
2. 사위 기타 부정한 방법으로 보조금의 교부를 받은 때
3. 이 법 또는 이 법에 의한 명령에 위반한 때

제34조(다른 법률과의 관계) 이 법 또는 모금회의 정관에 규정되지 아니한 사항은 민법중 재단법인에 관한 규정을 준용한다.

제35조(벌칙) ① 다음 각 호의 어느 하나에 해당하는 자는 3년 이하의 징역 또는 3천만원 이하의 벌금에 처한다. <개정 2010.1.18>

1. 제3조제1항을 위반하여 강제 모집한 자
2. 제16조의2를 위반하여 보건복지부장관의 허가를 받지 아니하고 기본재산을 취득한 자

② 다음 각 호의 어느 하나에 해당하는 자는 2년 이하의 징역 또는 2천만원 이하의 벌금에 처한다.

1. 제25조제4항에 따라 이사회가 의결한 비율을 초과하여 기부금품모집과 모금회의 관리·운영에 필요한 비용을 사용한 자
2. 제26조제1항을 위반하여 사업계획이나 예산안을 제출하지 아니한 자
3. 제26조제3항을 위반하여 세입·세출결산서나 회계법인의 감사보고서를 제출하지 아니한 자
4. 제29조를 위반하여 사회복지공동모금회 또는 이와 유사한 명칭을 사용한 자

③ 다음 각 호의 어느 하나에 해당하는 자는 1년 이하의 징역 또는 1천만원 이하의 벌금에 처한다.

1. 제3조제3항을 위반하여 배분결과를 공개하지 아니하거나 거짓으로 공개한 자
2. 제18조제2항을 위반하여 장부에 기부금품의 접수사실을 기재하지 아니하거나 거짓으로 기재한 자
3. 제18조제2항을 위반하여 영수증을 기부자에게 교부하지 아니한 자

4. 제20조의3을 위반하여 모금회가 배분하는 것임을 표시하지 아니하고 공동모금재원을 배분한 자

[전문개정 2008.3.21]

제36조(양벌규정) 법인의 대표자나 법인 또는 개인의 대리인, 사용인, 그 밖의 종업원이 그 법인 또는 개인의 업무에 관하여 제35조의 위반행위를 하면 그 행위자를 벌하는 외에 그 법인 또는 개인에게도 해당 조문의 벌금형을 과(科)한다. 다만, 법인 또는 개인이 그 위반행위를 방지하기 위하여 해당 업무에 관하여 상당한 주의와 감독을 게을리하지 아니한 경우에는 그러하지 아니하다.

[전문개정 2011.4.28]

제37조(과태료) ① 제31조제1항에 따라 행하는 관계 서류의 제출명령을 따르지 아니하거나 관계 공무원의 조사·검사를 거부·기피 또는 방해한 자에게는 500만원 이하의 과태료를 부과한다.

② 제1항에 따른 과태료의 부과·징수 등에 관하여는 「사회복지사업법」 제58조제2항부터 제5항까지의 규정을 준용한다.

[본조신설 2008.3.21]

국민기초생활 보장법

[시행 2012.2.1] [법률 제11248호, 2012.2.1, 일부개정]
보건복지부(기초생활보장과), 02-2023-8125

제1장 총칙 〈개정 2012.2.1〉

제1조(목적) 이 법은 생활이 어려운 사람에게 필요한 급여를 실시하여 이들의 최저생활을 보장하고 자활을 돕는 것을 목적으로 한다.
[전문개정 2012.2.1]

제2조(정의) 이 법에서 사용하는 용어의 뜻은 다음과 같다.

1. "수급권자"란 이 법에 따른 급여를 받을 수 있는 자격을 가진 사람을 말한다.
2. "수급자"란 이 법에 따른 급여를 받는 사람을 말한다.
3. "수급품"이란 이 법에 따라 수급자에게 지급하거나 대여하는 금전 또는 물품을 말한다.
4. "보장기관"이란 이 법에 따른 급여를 실시하는 국가 또는 지방자치단체를 말한다.
5. "부양의무자"란 제5조에 따른 수급권자를 부양할 책임이 있는 사람으로서 수급권자의 1촌의 직계혈족 및 그 배우자를 말한다.
6. "최저생계비"란 국민이 건강하고 문화적인 생활을 유지하기 위하여 필요한 최소한의 비용으로서 제6조에 따라 보건복지부장관이 공표하는 금액을 말한다.
7. "개별가구"란 이 법에 따른 급여를 받거나 이 법에 따른 자격요건에 부합하는지에 관한 조사를 받는 기본단위로서 수급자 또는 수급권자로 구성된 가구를 말한다. 이 경우 개별가구의 범위 등 구체적인 사항은 대통령령으로 정한다.
8. "소득인정액"이란 개별가구의 소득평가액과 재산의 소득환산액을 합산한 금액을 말한다.
9. "개별가구의 소득평가액"이란 개별가구의 실제소득에도 불구하고 보장기관이 급여의 결정 및 실시 등에 사용하기 위하여 산출한 금액을 말한다. 이 경우 소득평가액은 가구 특성에 따른 지출요인과 근로를 유인하기 위한 요소 등을 반영하여야 하고, 실제소득의 구체적인 범위는 대통령령으로 정하며, 소득평가액의 구체적인 산정방식은 보건복지부령으로 정한다.
10. "재산의 소득환산액"이란 보장기관이 급여의 결정 및 실시 등에 사용하기 위하여 개별가구의 재산가액에 소득환산율을 곱하여 산출한 금액을 말한다. 이 경우 개별가구의 재산범위·재산가액의 산정기준 및 소득환산율, 그 밖에 필요한 사항은 보건복지부령으로 정한다.
11. "차상위계층"이란 수급권자(제5조제2항에 따라 수급권자로 보는 사람은 제외한다)에 해당하지 아니하는 계층으로서 소득인정액이 대통령령으로 정하는 기준 이하인 계층을 말한다.

[전문개정 2012.2.1]

제3조(급여의 기본원칙) ① 이 법에 따른 급여는 수급자가 자신의 생활의 유지·향상을 위하여 그의 소득, 재산, 근로능력 등을 활용하여 최대한 노력하는 것을 전제로 이를 보충·발전시키는 것을 기본원칙으로 한다.
② 부양의무자의 부양과 다른 법령에 따른 보호는 이 법에 따른 급여에 우선하여 행하여지는 것으로 한다. 다만, 다른 법령에 따른 보호의 수준이 이 법에서 정하는 수준에 이르지 아니하는 경우에는 나머지 부분에 관하여 이 법에 따른 급여를 받을 권리를 잃지 아니한다.
[전문개정 2012.2.1]

제4조(급여의 기준 등) ① 이 법에 따른 급여는 건강하고 문화적인 최저생활을 유지할 수 있는 것이어야 한다.
② 이 법에 따른 급여의 기준은 보건복지부장관이 수급자의 연령, 가구 규모, 거주지역, 그 밖의 생활여건 등을 고려하여 급여의 종류별로 정한다.
③ 보장기관은 이 법에 따른 급여를 개별가구 단위로 실시하되, 특히 필요하다고 인정하는 경우에는 개인 단위로 실시할 수 있다.
[전문개정 2012.2.1]

제5조(수급권자의 범위) ① 수급권자는 부양의무자가 없거나, 부양의무자가 있어도 부양능력이 없거나 부양을 받을 수 없는 사람으로서 소득인정액이 최저생계비 이하인 사람으로 한다.
② 제1항에 따른 수급권자에 해당하지 아니하여도 생활이 어려운 사람으로서 일정 기간 동안 이 법에서 정하는 급여의 전부 또는 일부가 필요하다고 보건복지부장관이 정하는 사람은 수급권자로 본다.
③ 제1항의 부양의무자가 있어도 부양능력이 없거나 부양을 받을 수 없는 경우는 대통령령으로 정한다.
[전문개정 2012.2.1]

제5조의2(외국인에 대한 특례) 국내에 체류하고 있는 외국인 중 대한민국 국민과 혼인하여 본인 또는 배우자가 임신 중이거나 대한민국 국적의 미성년 자녀를 양육하고 있거나 배우자의 대한민국 국적인 직계존속(直系尊屬)과 생계나 주거를 같이하고 있는 사람으로서 대통령령으로 정하는 사람이 제5조에 해당하는 경우에는 수급권자가 된다.
[전문개정 2012.2.1]

제6조(최저생계비의 결정) ① 보건복지부장관은 국민의 소득·지출 수준과 수급권자의 가구 유형 등 생활실태, 물가상승률 등을 고려하여 최저생계비를 결정하여야 한다.
② 보건복지부장관은 매년 9월 1일까지 제20조제2항에 따른 중앙생활보장위원회의 심의·의결을 거쳐 다음 연도의 최저생계비를 공표하여야 한다.
③ 보건복지부장관은 최저생계비를 결정하기 위하여 필요한 계측조사를 3년마다 하며, 이에 필요한 사항은 보건복지부령으로 정한다.
[전문개정 2012.2.1]

제2장 급여의 종류와 방법

제7조(급여의 종류) ① 이 법에 따른 급여의 종류는 다음 각 호와 같다.
1. 생계급여
2. 주거급여
3. 의료급여
4. 교육급여
5. 해산급여(解産給與)
6. 장제급여(葬祭給與)
7. 자활급여

② 수급권자에 대한 급여는 제1항제1호의 생계급여와 수급자의 필요에 따라 같은 항 제2호부터 제7호까지의 급여를 함께 실시하는 것으로 한다. 이 경우 급여의 수준은 제1항제1호부터 제4호까지 및 제7호의 급여와 수급자의 소득인정액을 포함하여 최저생계비 이상이 되도록 하여야 한다.
③ 차상위계층에 속하는 사람(이하 "차상위자"라 한다)에 대한 급여는 보장기관이 차상위자의 가구별 생활여건을 고려하여 예산의 범위에서 제1항제2호부터 제4호까지, 제6호 및 제7호에 따른 급여의 전부 또는 일부를 실시할 수 있다. 이 경우 차상위자에 대한 급여의 기준 및 절차 등에 관하여 필요한 사항은 대통령령으로 정한다.
④ 제1항제3호의 의료급여는 따로 법률에서 정하는 바에 따른다.
[전문개정 2012.2.1]

제8조(생계급여의 내용) 생계급여는 수급자에게 의복, 음식물 및 연료비와 그 밖에 일상생활에 기본적으로 필요한 금품을 지급하여 그 생계를 유지하게 하는 것으로 한다.
[전문개정 2012.2.1]

제9조(생계급여의 방법) ① 생계급여는 금전을 지급하는 것으로 한다. 다만, 금전으로 지급할 수 없거나 금전으로 지급하는 것이 적당하지 아니하다고 인정하는 경우에는 물품을 지급할 수 있다.
② 제1항의 수급품은 대통령령으로 정하는 바에 따라 매월 정기적으로 지급하여야 한다. 다만, 특별한 사정이 있는 경우에는 그 지급방법을 다르게 정하여 지급할 수 있다.
③ 제1항의 수급품은 수급자에게 직접 지급한다. 다만, 제10조제1항 단서에 따라 제32조에 따른 보장시설이나 타인의 가정에 위탁하여 생계급여를 실시하는 경우에는 그 위탁받은 사람에게 이를 지급할 수 있다. 이 경우 보장기관은 보건복지부장관이 정하는 바에 따라 정기적으로 수급자의 수급 여부를 확인하여야 한다.
④ 생계급여는 보건복지부장관이 정하는 바에 따라 수급자의 소득인정액 등을 고려하

여 차등지급할 수 있다.
⑤ 보장기관은 대통령령으로 정하는 바에 따라 근로능력이 있는 수급자에게 자활에 필요한 사업에 참가할 것을 조건으로 하여 생계급여를 실시할 수 있다. 이 경우 보장기관은 제28조에 따른 자활지원계획을 고려하여 조건을 제시하여야 한다.
[전문개정 2012.2.1]

제10조(생계급여를 실시할 장소) ① 생계급여는 수급자의 주거에서 실시한다. 다만, 수급자가 주거가 없거나 주거가 있어도 그곳에서는 급여의 목적을 달성할 수 없는 경우 또는 수급자가 희망하는 경우에는 수급자를 제32조에 따른 보장시설이나 타인의 가정에 위탁하여 급여를 실시할 수 있다.
② 제1항에 따라 수급자에 대한 생계급여를 타인의 가정에 위탁하여 실시하는 경우에는 거실의 임차료와 그 밖에 거실의 유지에 필요한 비용은 수급품에 가산하여 지급한다. 이 경우 제7조제1항제2호의 주거급여가 실시된 것으로 본다.
[전문개정 2012.2.1]

제11조(주거급여) ① 주거급여는 수급자에게 주거 안정에 필요한 임차료, 유지·수선비, 그 밖에 대통령령으로 정하는 수급품을 지급하는 것으로 한다.
② 주거급여의 기준 및 지급절차 등에 관하여 필요한 사항은 보건복지부령으로 정한다.
[전문개정 2012.2.1]

제12조(교육급여) ① 교육급여는 수급자에게 입학금, 수업료, 학용품비, 그 밖의 수급품을 지급하는 것으로 하되, 학교의 종류·범위 등에 관하여 필요한 사항은 대통령령으로 정한다.
② 교육급여는 금전 또는 물품을 수급자 또는 수급자의 친권자나 후견인에게 지급하는 것으로 한다. 다만, 보장기관이 필요하다고 인정하는 경우에는 수급자가 재학하는 학교의 장에게 수급품을 지급할 수 있다.
[전문개정 2012.2.1]

제13조(해산급여) ① 해산급여는 수급자에게 다음 각 호의 급여를 실시하는 것으로 한다.
1. 조산(助産)
2. 분만 전과 분만 후에 필요한 조치와 보호
② 해산급여는 보건복지부령으로 정하는 바에 따라 보장기관이 지정하는 의료기관에 위탁하여 실시할 수 있다.
③ 해산급여에 필요한 수급품은 보건복지부령으로 정하는 바에 따라 수급자나 그 세대주 또는 세대주에 준하는 사람에게 지급한다. 다만, 제2항에 따라 그 급여를 의료기관에 위탁하는 경우에는 수급품을 그 의료기관에 지급할 수 있다.
[전문개정 2012.2.1]

제14조(장제급여) ① 장제급여는 수급자가 사망한 경우 사체의 검안(檢案)·운반·화장 또는 매장, 그 밖의 장제조치를 하는 것으로 한다.
② 장제급여는 보건복지부령으로 정하는 바에 따라 실제로 장제를 실시하는 사람에게 장제에 필요한 비용을 지급하는 것으로 한다. 다만, 그 비용을 지급할 수 없거나 비용을 지급하는 것이 적당하지 아니하다고 인정하는 경우에는 물품을 지급할 수 있다.
[전문개정 2012.2.1]

제15조(자활급여) ① 자활급여는 수급자의 자활을 돕기 위하여 다음 각 호의 급여를 실시하는 것으로 한다.
1. 자활에 필요한 금품의 지급 또는 대여
2. 자활에 필요한 근로능력의 향상 및 기능습득의 지원
3. 취업알선 등 정보의 제공
4. 자활을 위한 근로기회의 제공
5. 자활에 필요한 시설 및 장비의 대여
6. 창업교육, 기능훈련 및 기술·경영 지도 등 창업지원
7. 자활에 필요한 자산형성 지원
8. 그 밖에 대통령령으로 정하는 자활을 위한 각종 지원
② 제1항의 자활급여는 관련 공공기관·비영리법인·시설과 그 밖에 대통령령으로 정하는 기관에 위탁하여 실시할 수 있다. 이 경우 그에 드는 비용은 보장기관이 부담한다.
[전문개정 2012.2.1]

제2장의2 자활 지원 〈개정 2012.2.1〉

제15조의2(중앙자활센터) ① 수급자 및 차상위자의 자활촉진에 필요한 다음 각 호의

사업을 수행하기 위하여 중앙자활센터를 둘 수 있다.

1. 자활 지원을 위한 조사·연구·교육 및 홍보 사업
2. 자활 지원을 위한 사업의 개발 및 평가
3. 제15조의3에 따른 광역자활센터, 제16조에 따른 지역자활센터 및 제18조에 따른 자활기업의 기술·경영 지도 및 평가
4. 자활 관련 기관 간의 협력체계 및 정보네트워크 구축·운영
5. 취업·창업을 위한 자활촉진 프로그램 개발 및 지원
6. 그 밖에 자활촉진에 필요한 사업으로서 보건복지부장관이 정하는 사업

② 중앙자활센터는 법인으로 한다.

③ 정부는 중앙자활센터의 설치 및 운영에 필요한 경비의 전부 또는 일부를 보조할 수 있다.

④ 제1항 및 제2항에서 규정한 사항 외에 중앙자활센터의 설치 및 운영 등에 필요한 사항은 대통령령으로 정한다.

[전문개정 2012.2.1]

제16조(지역자활센터 등) ① 보장기관은 수급자 및 차상위자의 자활 촉진에 필요한 다음 각 호의 사업을 수행하게 하기 위하여 사회복지법인 등 비영리법인과 단체(이하 이 조에서 "법인등"이라 한다)를 법인등의 신청을 받아 지역자활센터로 지정할 수 있다. 이 경우 보장기관은 법인등의 지역사회복지사업 및 자활지원사업 수행능력·경험 등을 고려하여야 한다.

1. 자활의욕 고취를 위한 교육
2. 자활을 위한 정보제공, 상담, 직업교육 및 취업알선
3. 생업을 위한 자금융자 알선
4. 자영창업 지원 및 기술·경영 지도
5. 제18조에 따른 자활기업의 설립·운영 지원
6. 그 밖에 자활을 위한 각종 사업

② 보장기관은 제1항에 따라 지정을 받은 지역자활센터에 대하여 다음 각 호의 지원을 할 수 있다.

1. 지역자활센터의 설립·운영 비용 또는 제1항 각 호의 사업수행 비용의 전부 또는 일부
2. 국유·공유 재산의 무상임대
3. 보장기관이 실시하는 사업의 우선 위탁

③ 보장기관은 지역자활센터에 대하여 정기적으로 사업실적 및 운영실태를 평가하고 수급자의 자활촉진을 달성하지 못하는 지역자활센터에 대하여는 그 지정을 취소할 수 있다.

④ 지역자활센터는 수급자 및 차상위자에 대한 효과적인 자활 지원과 지역자활센터의 발전을 공동으로 도모하기 위하여 지역자활센터협회를 설립할 수 있다.

⑤ 제1항부터 제3항까지에서 규정한 사항 외에 지역자활센터의 신청·지정 및 취소 절차와 평가, 그 밖에 운영 등에 필요한 사항은 보건복지부령으로 정한다.

[전문개정 2012.2.1]

제17조(자활기관협의체) ① 특별자치도지사·시장·군수·구청장(자치구의 구청장을 말한다. 이하 같다)은 자활지원사업의 효율적인 추진을 위하여 제16조에 따른 지역자활센터, 「직업안정법」 제2조의2제1호의 직업안정기관, 「사회복지사업법」 제2조제4호의 사회복지시설의 장 등과 상시적인 협의체계(이하 "자활기관협의체"라 한다)를 구축하여야 한다.

② 자활기관협의체의 구성 및 운영 등에 필요한 사항은 보건복지부령으로 정한다.

[전문개정 2012.2.1]

제18조(자활공동체) ① 수급자 및 차상위자는 상호 협력하여 자활공동체(이하 "공동체"라 한다)를 설립·운영할 수 있다. <개정 2006.12.28>

② 공동체는 조합 또는 「부가가치세법」상의 2인 이상의 사업자로 설립한다. <개정 2006.12.28>

③ 보장기관은 공동체에게 직접 또는 중앙자활센터 및 지역자활센터를 통하여 다음 각호의 지원을 할 수 있다. <개정 2006.12.28>

1. 자활을 위한 사업자금 융자
2. 국·공유지 우선 임대
3. 국가 또는 지방자치단체가 실시하는 사업의 우선 위탁
4. 국가 또는 지방자치단체의 조달구매시 공동체 생산품의 우선 구매
5. 기타 수급자의 자활촉진을 위한 각종 사

업

④ 공동체의 설립·운영 및 지원에 관하여 필요한 사항은 보건복지부령으로 정한다. <개정 2008.2.29, 2010.1.18>

제18조의2(수급자의 고용촉진) ① 보장기관은 수급자의 고용을 촉진하기 위하여 상시근로자의 일정비율 이상을 수급자로 채용하는 기업에 대하여는 대통령령으로 정하는 바에 따라 제18조제3항 각 호에 해당하는 지원을 할 수 있다. <개정 2012.2.1>

② 시장·군수·구청장은 수급자에게 가구별 특성을 감안하여 관련 기관의 고용지원서비스를 연계할 수 있다. <신설 2011.6.7>

③ 시장·군수·구청장은 수급자의 취업활동으로 인하여 지원이 필요하게 된 해당 가구의 아동·노인 등에게 사회복지서비스를 지원할 수 있다. <신설 2011.6.7>

[본조신설 2006.12.28]

제18조의3(자활기금의 적립) ① 보장기관은 이 법에 따른 자활지원사업의 원활한 추진을 위하여 일정한 금액과 연한을 정하여 자활기금을 적립할 수 있다.

② 보장기관은 자활지원사업의 효율적 추진을 위하여 필요하다고 인정하는 경우에는 자활기금의 관리·운영을 제15조의2에 따른 중앙자활센터 또는 자활지원사업을 수행하는 비영리법인에 위탁할 수 있다. 이 경우 그에 드는 비용은 보장기관이 부담한다.

③ 제1항에 따른 자활기금의 적립에 필요한 사항은 대통령령으로 정한다.

[전문개정 2012.2.1]

제18조의4(자산형성지원) ① 보장기관은 수급자가 자활에 필요한 자산을 형성할 수 있도록 재정적인 지원을 할 수 있다.

② 보장기관은 수급자가 자활에 필요한 자산을 형성하는 데 필요한 교육을 실시할 수 있다.

③ 제1항에 따른 지원으로 형성된 자산은 보건복지부령으로 정하는 바에 따라 수급자의 재산의 소득환산액 산정 시 이를 포함하지 아니한다.

④ 제1항에 따른 자산형성지원의 대상과 기준 및 제2항에 따른 교육의 내용은 대통령령으로 정하고, 자산형성지원의 신청, 방법 및 지원금의 반환절차 등에 필요한 사항은 보건복지부령으로 정한다.

[본조신설 2011.6.7]

제3장 보장기관

제19조(보장기관) ① 이 법에 따른 급여는 수급권자 또는 수급자의 거주지를 관할하는 특별시장·광역시장·도지사·특별자치도지사(이하 "시·도지사"라 한다)와 시장·군수·구청장이 실시한다. 다만, 주거가 일정하지 아니한 경우에는 수급권자 또는 수급자가 실제 거주하는 지역을 관할하는 특별자치도지사·시장·군수·구청장이 실시한다.

② 제1항에도 불구하고 보건복지부장관과 시·도지사는 수급자를 각각 국가나 해당 지방자치단체가 경영하는 보장시설에 입소하게 하거나 다른 보장시설에 위탁하여 급여를 실시할 수 있다.

③ 수급권자나 수급자가 거주지를 변경하는 경우의 처리방법과 보장기관 간의 협조, 그 밖에 업무처리에 필요한 사항은 보건복지부령으로 정한다.

④ 보장기관은 수급권자·수급자·차상위계층에 대한 조사와 수급자 결정 및 급여의 실시 등 이 법에 따른 보장업무를 수행하게 하기 위하여 「사회복지사업법」 제14조에 따른 사회복지 전담공무원(이하 "사회복지 전담공무원"이라 한다)을 배치하여야 한다. 이 경우 제15조에 따른 자활급여 업무를 수행하는 사회복지 전담공무원은 따로 배치하여야 한다.

[전문개정 2012.2.1]

제20조(생활보장위원회) ① 이 법에 따른 생활보장사업의 기획·조사·실시 등에 관한 사항을 심의·의결하기 위하여 보건복지부와 시·도 및 시·군·구(자치구를 말한다. 이하 같다)에 각각 생활보장위원회를 둔다. 다만, 시·도 및 시·군·구에 두는 생활보장위원회는 그 기능을 담당하기에 적합한 다른 위원회가 있고 그 위원회의 위원이 제4항에 규정된 자격을 갖춘 경우에는 시·도 또는 시·군·구의 조례로 정하는 바에 따라 그 위원회가 생활보장위원회의 기능을 대신할 수 있다.

② 보건복지부에 두는 생활보장위원회(이하 "중앙생활보장위원회"라 한다)는 다음 각 호

의 사항을 심의·의결한다.
1. 생활보장사업의 기본방향 및 대책 수립
2. 소득인정액 산정방식의 결정
3. 급여기준의 결정
4. 최저생계비의 결정
5. 제18조의3에 따른 자활기금의 적립·관리 및 사용에 관한 지침의 수립
6. 그 밖에 위원장이 회의에 부치는 사항

③ 중앙생활보장위원회는 위원장을 포함하여 13명 이내의 위원으로 구성하고 위원은 보건복지부장관이 다음 각 호의 어느 하나에 해당하는 사람 중에서 위촉·지명하며 위원장은 보건복지부장관으로 한다.
1. 공공부조 또는 사회복지와 관련된 학문을 전공한 전문가로서 대학의 조교수 이상인 사람 또는 연구기관의 연구원으로 재직 중인 사람 4명 이내
2. 공익을 대표하는 사람 4명 이내
3. 관계 행정기관 소속 3급 이상 공무원 또는 고위공무원단에 속하는 일반직공무원 4명 이내

④ 제1항에 따른 시·도 및 시·군·구 생활보장위원회의 위원은 시·도지사 또는 시장·군수·구청장이 다음 각 호의 어느 하나에 해당하는 사람 중에서 위촉·지명하며 위원장은 해당 시·도지사 또는 시장·군수·구청장으로 한다. 다만, 제1항 단서에 따라 다른 위원회가 생활보장위원회의 기능을 대신하는 경우 위원장은 조례로 정한다.
1. 사회보장에 관한 학식과 경험이 있는 사람
2. 공익을 대표하는 사람
3. 관계 행정기관 소속 공무원

⑤ 제1항에 따른 생활보장위원회는 심의·의결과 관련하여 필요한 경우 보장기관에 대하여 그 소속 공무원의 출석이나 자료의 제출을 요청할 수 있다. 이 경우 해당 보장기관은 정당한 사유가 없으면 요청에 따라야 한다.

⑥ 시·도 및 시·군·구 생활보장위원회의 기능과 각 생활보장위원회의 구성·운영 등에 필요한 사항은 대통령령으로 정한다.

[전문개정 2012.2.1]

제4장 급여의 실시

제21조(급여의 신청) ① 제5조에 규정된 수급권자와 그 친족, 그 밖의 관계인은 관할 특별자치도지사·시장·군수·구청장에게 수급권자에 대한 급여를 신청할 수 있다.

② 사회복지 전담공무원은 이 법에 따른 급여를 필요로 하는 사람이 누락되지 아니하도록 하기 위하여 관할지역에 거주하는 수급권자에 대한 급여를 직권으로 신청할 수 있다. 이 경우 수급권자의 동의를 구하여야 하며 수급권자의 동의는 수급권자의 신청으로 볼 수 있다.

③ 제1항에 따라 급여신청을 할 때나 제2항에 따라 사회복지 전담공무원이 급여신청을 하는 것에 수급권자가 동의하였을 때에는 수급권자와 부양의무자는 다음 각 호의 자료 또는 정보의 제공에 대하여 동의한다는 서면을 제출하여야 한다.
1. 「금융실명거래 및 비밀보장에 관한 법률」 제2조제2호 및 제3호에 따른 금융자산 및 금융거래의 내용에 대한 자료 또는 정보 중 예금의 평균잔액과 그 밖에 대통령령으로 정하는 자료 또는 정보(이하 "금융정보"라 한다)
2. 「신용정보의 이용 및 보호에 관한 법률」 제2조제1호에 따른 신용정보 중 채무액과 그 밖에 대통령령으로 정하는 자료 또는 정보(이하 "신용정보"라 한다)
3. 「보험업법」 제4조제1항 각 호에 따른 보험에 가입하여 낸 보험료와 그 밖에 대통령령으로 정하는 자료 또는 정보(이하 "보험정보"라 한다)

④ 제1항 및 제2항에 따른 급여의 신청 방법 및 절차 등에 관하여 필요한 사항은 보건복지부령으로 정한다.

⑤ 제3항에 따른 동의의 방법·절차 등에 관하여 필요한 사항은 대통령령으로 정한다.

[전문개정 2012.2.1]

제22조(신청에 의한 조사) ① 특별자치도지사·시장·군수·구청장은 제21조에 따른 급여신청이 있는 경우에는 사회복지 전담공무원으로 하여금 급여의 결정 및 실시 등에 필요한 다음 각 호의 사항을 조사하게 하거나 수급권자에게 보장기관이 지정하는 의료기

관에서 검진을 받게 할 수 있다.
1. 부양의무자의 유무 및 부양능력 등 부양의무자와 관련된 사항
2. 수급권자 및 부양의무자의 소득·재산에 관한 사항
3. 수급권자의 근로능력, 취업상태, 자활욕구 등 제28조에 따른 자활지원계획 수립에 필요한 사항
4. 그 밖에 수급권자의 건강상태, 가구 특성 등 생활실태에 관한 사항

② 특별자치도지사·시장·군수·구청장은 제1항에 따라 신청한 수급권자 또는 그 부양의무자의 소득, 재산 및 건강상태 등을 확인하기 위하여 필요한 자료를 확보하기 곤란한 경우 보건복지부령으로 정하는 바에 따라 수급권자 또는 부양의무자에게 필요한 자료의 제출을 요구할 수 있다.

③ 특별자치도지사·시장·군수·구청장은 급여의 결정 또는 실시 등을 위하여 필요한 경우에는 제1항 각 호의 조사를 관계 기관에 위촉하거나 수급권자 또는 그 부양의무자의 고용주, 그 밖의 관계인에게 이에 관한 자료의 제출을 요청할 수 있다.

④ 보장기관이 제1항 각 호의 조사를 하기 위하여 금융·국세·지방세·토지·건물·건강보험·국민연금·고용보험·출입국·병무·교정 등 관련 전산망 또는 자료를 이용하려는 경우에는 관계 기관의 장에게 협조를 요청할 수 있다. 이 경우 관계 기관의 장은 정당한 사유가 없으면 협조하여야 한다.

⑤ 제1항에 따라 조사를 하는 사회복지 전담공무원은 그 권한을 표시하는 증표를 지니고 이를 관계인에게 보여주어야 한다.

⑥ 보장기관의 공무원 또는 공무원이었던 사람은 제1항부터 제4항까지의 규정에 따라 얻은 정보와 자료를 이 법에서 정한 보장목적 외에 다른 용도로 사용하거나 다른 사람 또는 기관에 제공하여서는 아니 된다.

⑦ 보장기관은 제1항부터 제4항까지의 규정에 따른 조사 결과를 대장으로 작성하여 갖추어 두어야 하며 그 밖에 조사에 필요한 사항은 보건복지부장관이 정한다. 다만, 전산정보처리조직에 의하여 관리되는 경우에는 전산 파일로 대체할 수 있다.

⑧ 보장기관은 수급권자 또는 부양의무자가 제1항 및 제2항에 따른 조사 또는 자료제출 요구를 2회 이상 거부·방해 또는 기피하거나 검진 지시에 따르지 아니하면 급여신청을 각하(却下)할 수 있다. 이 경우 제29조제2항을 준용한다.

[전문개정 2012.2.1]

제23조(확인조사) ① 특별자치도지사·시장·군수·구청장은 수급자 및 수급자에 대한 급여의 적정성을 확인하기 위하여 매년 연간 조사계획을 수립하고 관할구역의 수급자를 대상으로 제22조제1항 각 호의 사항을 매년 1회 이상 정기적으로 조사하여야 하며, 특히 필요하다고 인정하는 경우에는 보장기관이 지정하는 의료기관에서 검진을 받게 할 수 있다. 다만, 보건복지부장관이 정하는 사항은 분기마다 조사하여야 한다.

② 수급자의 자료제출, 조사의 위촉, 관련 전산망의 이용, 그 밖에 확인조사를 위하여 필요한 사항에 관하여는 제22조제2항부터 제7항까지의 규정을 준용한다.

③ 보장기관은 수급자 또는 부양의무자가 제1항에 따른 조사나 제2항에 따라 준용되는 제22조제2항에 따른 자료제출 요구를 2회 이상 거부·방해 또는 기피하거나 검진 지시에 따르지 아니하면 수급자에 대한 급여 결정을 취소하거나 급여를 정지 또는 중지할 수 있다. 이 경우 제29조제2항을 준용한다.

[전문개정 2012.2.1]

제23조의2(금융정보등의 제공) ① 보건복지부장관은 「금융실명거래 및 비밀보장에 관한 법률」 제4조제1항과 「신용정보의 이용 및 보호에 관한 법률」 제32조제1항에도 불구하고 수급권자와 그 부양의무자가 제21조제3항에 따라 제출한 동의 서면을 전자적 형태로 바꾼 문서에 의하여 금융기관등(「금융실명거래 및 비밀보장에 관한 법률」 제2조제1호에 따른 금융회사등, 「신용정보의 이용 및 보호에 관한 법률」 제25조에 따른 신용정보집중기관을 말한다. 이하 같다)의 장에게 금융정보·신용정보 또는 보험정보(이하 "금융정보등" 이라 한다)의 제공을 요청할 수 있다.

② 보건복지부장관은 제23조에 따른 확인조사를 위하여 필요하다고 인정하는 경우

「금융실명거래 및 비밀보장에 관한 법률」 제4조제1항과 「신용정보의 이용 및 보호에 관한 법률」 제32조제1항에도 불구하고 대통령령으로 정하는 기준에 따라 인적사항을 적은 문서 또는 정보통신망으로 금융기관등의 장에게 수급자와 부양의무자의 금융정보등을 제공하도록 요청할 수 있다.
③ 제1항 및 제2항에 따라 금융정보등의 제공을 요청받은 금융기관등의 장은 「금융실명거래 및 비밀보장에 관한 법률」 제4조와 「신용정보의 이용 및 보호에 관한 법률」 제32조에도 불구하고 명의인의 금융정보등을 제공하여야 한다.
④ 제3항에 따라 금융정보등을 제공한 금융기관등의 장은 금융정보등의 제공 사실을 명의인에게 통보하여야 한다. 다만, 명의인이 동의한 경우에는 「금융실명거래 및 비밀보장에 관한 법률」 제4조의2제1항과 「신용정보의 이용 및 보호에 관한 법률」 제35조에도 불구하고 통보하지 아니할 수 있다.
⑤ 제1항부터 제3항까지의 규정에 따른 금융정보등의 제공요청 및 제공은 「정보통신망 이용촉진 및 정보보호 등에 관한 법률」 제2조제1항제1호에 따른 정보통신망을 이용하여야 한다. 다만, 정보통신망의 손상 등 불가피한 사유가 있는 경우에는 그러하지 아니하다.
⑥ 제1항부터 제3항까지의 규정에 따른 업무에 종사하고 있거나 종사하였던 사람은 업무를 수행하면서 취득한 금융정보등을 이 법에서 정한 목적 외의 다른 용도로 사용하거나 다른 사람 또는 기관에 제공하거나 누설하여서는 아니 된다.
⑦ 제1항부터 제3항까지와 제5항에 따른 금융정보등의 제공요청 및 제공 등에 필요한 사항은 대통령령으로 정한다.
[전문개정 2012.2.1]

제24조(차상위계층에 대한 조사) ① 특별자치도지사·시장·군수·구청장은 최저생계비의 변경 등에 의하여 수급권자의 범위가 변동함에 따라 다음 연도에 이 법에 따른 급여가 필요할 것으로 예측되는 수급권자의 규모를 조사하기 위하여 보건복지부령으로 정하는 바에 따라 차상위계층에 대하여 조사할 수 있다.
② 특별자치도지사·시장·군수·구청장은 제1항에 따른 조사를 하려는 경우 조사대상자의 동의를 받아야 한다. 이 경우 조사대상자의 동의는 다음 연도의 급여신청으로 본다.
③ 조사대상자의 자료제출, 조사의 위촉, 관련 전산망의 이용, 그 밖에 차상위계층에 대한 조사를 위하여 필요한 사항에 관하여는 제22조제2항부터 제7항까지의 규정을 준용한다.
[전문개정 2012.2.1]

제25조(조사 결과의 보고 등) 제22조, 제23조, 제23조의2 및 제24조에 따라 시장·군수·구청장이 수급권자, 수급자, 부양의무자 및 차상위계층을 조사하였을 때에는 보건복지부령으로 정하는 바에 따라 관할 시·도지사에게 보고하여야 하며 보고를 받은 시·도지사는 이를 보건복지부장관에게 보고하여야 한다. 시·도지사가 조사하였을 때에도 또한 같다.
[전문개정 2012.2.1]

제26조(급여의 결정 등) ① 특별자치도지사·시장·군수·구청장은 제22조에 따라 조사를 하였을 때에는 지체 없이 급여 실시 여부와 급여의 내용을 결정하여야 한다.
② 제24조에 따라 차상위계층을 조사한 특별자치도지사·시장·군수·구청장은 제27조제1항 단서에 규정된 급여개시일이 속하는 달에 급여 실시 여부와 급여 내용을 결정하여야 한다.
③ 특별자치도지사·시장·군수·구청장은 제1항 및 제2항에 따라 급여 실시 여부와 급여 내용을 결정하였을 때에는 그 결정의 요지, 급여의 종류·방법 및 급여의 개시 시기 등을 서면으로 수급권자 또는 신청인에게 통지하여야 한다.
④ 신청인에 대한 제3항의 통지는 제21조에 따른 급여의 신청일부터 14일 이내에 하여야 한다. 다만, 다음 각 호의 어느 하나에 해당하는 경우에는 신청일부터 30일 이내에 통지할 수 있다. 이 경우 통지서에 그 사유를 구체적으로 밝혀야 한다.
1. 부양의무자의 소득·재산 등의 조사에 시일이 걸리는 특별한 사유가 있는 경우
2. 수급권자 또는 부양의무자가 제22조제1

항 및 제2항에 따른 조사나 자료제출 요구를 거부·방해 또는 기피하는 경우

[전문개정 2012.2.1]

제27조(급여의 실시 등) ① 제26조제1항에 따라 급여 실시 및 급여 내용이 결정된 수급자에 대한 급여는 제21조에 따른 급여의 신청일부터 시작한다. 다만, 제6조에 따라 보건복지부장관이 매년 결정·공표하는 최저생계비의 변경으로 인하여 매년 1월에 새로 수급자로 결정되는 사람에 대한 급여는 해당 연도의 1월 1일을 그 급여개시일로 한다.

② 특별자치도지사·시장·군수·구청장은 제26조제1항에 따른 급여 실시 여부의 결정을 하기 전이라도 수급권자에게 급여를 실시하여야 할 긴급한 필요가 있다고 인정할 때에는 제7조제1항 각 호에 규정된 급여의 일부를 실시할 수 있다.

[전문개정 2012.2.1]

제27조의2(급여의 지급방법 등) ① 보장기관이 급여를 금전으로 지급할 때에는 수급자의 신청에 따라 수급자 명의의 지정된 계좌(이하 "급여수급계좌"라 한다)로 입금하여야 한다. 다만, 정보통신장애나 그 밖에 대통령령으로 정하는 불가피한 사유로 급여수급계좌로 이체할 수 없을 때에는 대통령령으로 정하는 바에 따라 급여를 지급할 수 있다.

② 급여수급계좌의 해당 금융기관은 이 법에 따른 급여만이 급여수급계좌에 입금되도록 관리하여야 한다.

③ 제1항에 따른 계좌 입금이나 현금 지급 등의 방법·절차와 제2항에 따른 급여수급계좌의 관리에 필요한 사항은 대통령령으로 정한다.

[본조신설 2011.6.7]

제28조(자활지원계획의 수립) ① 특별자치도지사·시장·군수·구청장은 수급자의 자활을 체계적으로 지원하기 위하여 보건복지부장관이 정하는 바에 따라 제22조, 제23조, 제23조의2 및 제24조에 따른 조사 결과를 고려하여 수급자 가구별로 자활지원계획을 수립하고 그에 따라 이 법에 따른 급여를 실시하여야 한다.

② 보장기관은 수급자의 자활을 위하여 필요한 경우에는 「사회복지사업법」 등 다른 법률에 따라 보장기관이 제공할 수 있는 급여가 있거나 민간기관 등이 후원을 제공하는 경우 제1항의 자활지원계획에 따라 급여를 지급하거나 후원을 연계할 수 있다.

③ 특별자치도지사·시장·군수·구청장은 수급자의 자활여건 변화와 급여 실시 결과를 정기적으로 평가하고 필요한 경우 자활지원계획을 변경할 수 있다.

[전문개정 2012.2.1]

제29조(급여의 변경) ① 보장기관은 수급자의 소득·재산·근로능력 등이 변동된 경우에는 직권으로 또는 수급자나 그 친족, 그 밖의 관계인의 신청에 의하여 그에 대한 급여의 종류·방법 등을 변경할 수 있다.

② 제1항에 따른 급여의 변경은 서면으로 그 이유를 구체적으로 밝혀 수급자에게 통지하여야 한다.

[전문개정 2012.2.1]

제30조(급여의 중지 등) ① 보장기관은 수급자가 다음 각 호의 어느 하나에 해당하는 경우에는 급여의 전부 또는 일부를 중지하여야 한다.

1. 수급자에 대한 급여의 전부 또는 일부가 필요 없게 된 경우
2. 수급자가 급여의 전부 또는 일부를 거부한 경우

② 근로능력이 있는 수급자가 제9조제5항의 조건을 이행하지 아니하는 경우 조건을 이행할 때까지 제7조제2항에도 불구하고 근로능력이 있는 수급자 본인의 생계급여의 전부 또는 일부를 지급하지 아니할 수 있다.

③ 제1항 및 제2항에 따른 급여의 중지 등에 관하여는 제29조제2항을 준용한다.

[전문개정 2012.2.1]

제31조(청문) 보장기관은 제16조제3항에 따라 지역자활센터의 지정을 취소하려는 경우와 제23조제3항에 따라 급여의 결정을 취소하려는 경우에는 청문을 하여야 한다.

[전문개정 2012.2.1]

제5장 보장시설

제32조(보장시설) 이 법에서 "보장시설"이란 제7조에 규정된 급여를 실시하는 「사회복지사업법」에 따른 사회복지시설로서 대

통령령으로 정하는 시설을 말한다.
[전문개정 2012.2.1]

제33조(보장시설의 장의 의무) ① 보장시설의 장은 보장기관으로부터 수급자에 대한 급여를 위탁받은 경우에는 정당한 사유 없이 이를 거부하여서는 아니 된다.
② 보장시설의 장은 위탁받은 수급자에게 보건복지부장관이 정하는 최저기준 이상의 급여를 실시하여야 한다.
③ 보장시설의 장은 위탁받은 수급자에게 급여를 실시할 때 성별·신앙 또는 사회적 신분 등을 이유로 차별대우를 하여서는 아니 된다.
④ 보장시설의 장은 위탁받은 수급자에게 급여를 실시할 때 수급자의 자유로운 생활을 보장하여야 한다.
⑤ 보장시설의 장은 위탁받은 수급자에게 종교상의 행위를 강제하여서는 아니 된다.
[전문개정 2012.2.1]

제6장 수급자의 권리와 의무

제34조(급여 변경의 금지) 수급자에 대한 급여는 정당한 사유 없이 수급자에게 불리하게 변경할 수 없다.
[전문개정 2012.2.1]

제35조(압류금지) ① 수급자에게 지급된 수급품과 이를 받을 권리는 압류할 수 없다. <개정 2011.6.7>
② 제27조의2제1항에 따라 지정된 급여수급계좌의 예금에 관한 채권은 압류할 수 없다. <신설 2011.6.7>

제36조(양도금지) 수급자는 급여를 받을 권리를 타인에게 양도할 수 없다.

제37조(신고의 의무) 수급자는 거주지역이나 세대의 구성이 변동되거나 제22조제1항 각 호의 사항이 현저하게 변동되었을 때에는 지체 없이 관할 보장기관에 신고하여야 한다.
[전문개정 2012.2.1]

제7장 이의신청

제38조(시 · 도지사에 대한 이의신청) ① 수급자나 급여 또는 급여 변경을 신청한 사람은 특별자치도지사·시장·군수·구청장의 처분에 대하여 이의가 있는 경우에는 그 결정의 통지를 받은 날부터 60일 이내에 해당 보장기관을 거쳐 시·도지사(특별자치도지사의 처분에 이의가 있는 경우에는 해당 특별자치도지사를 말한다)에게 서면 또는 구두로 이의를 신청할 수 있다. 이 경우 구두로 이의신청을 접수한 보장기관의 공무원은 이의신청서를 작성할 수 있도록 협조하여야 한다.
② 제1항에 따른 이의신청을 받은 시장·군수·구청장은 10일 이내에 의견서와 관계 서류를 첨부하여 시·도지사에게 보내야 한다.
[전문개정 2012.2.1]

제39조(시 · 도지사의 처분 등) ① 시·도지사가 제38조제2항에 따라 시장·군수·구청장으로부터 이의신청서를 받았을 때(특별자치도의 경우에는 특별자치도지사가 직접 이의신청을 받았을 때를 말한다)에는 30일 이내에 필요한 심사를 하고 이의신청을 각하하거나 해당 처분을 변경 또는 취소하거나 그 밖에 필요한 급여를 명하여야 한다.
② 시·도지사는 제1항에 따른 처분 등을 하였을 때에는 지체 없이 신청인과 해당 시장·군수·구청장에게 각각 서면으로 통지하여야 한다.
[전문개정 2012.2.1]

제40조(보건복지부장관에 대한 이의신청) ① 제39조에 따른 처분 등에 대하여 이의가 있는 사람은 그 처분 등의 통지를 받은 날부터 60일 이내에 시·도지사를 거쳐 보건복지부장관에게 서면 또는 구두로 이의를 신청할 수 있다. 이 경우 구두로 이의신청을 접수한 보장기관의 공무원은 이의신청서를 작성할 수 있도록 협조하여야 한다.
② 시·도지사는 제1항에 따른 이의신청을 받으면 10일 이내에 의견서와 관계 서류를 첨부하여 보건복지부장관에게 보내야 한다.
[전문개정 2012.2.1]

제41조(보건복지부장관의 재결) ① 보건복지부장관은 제40조제2항에 따라 이의신청서를 받았을 때에는 30일 이내에 필요한 심사를 하고 이의신청을 각하하거나 해당 처분의 변경 또는 취소의 재결(裁決)을 하여야 한다.

② 보건복지부장관은 제1항에 따른 재결을 하였을 때에는 지체 없이 해당 시·도지사와 신청인에게 각각 서면으로 재결 내용을 통지하여야 한다.
[전문개정 2012.2.1]

제8장 보장비용

제42조(보장비용) 이 법에서 "보장비용"이란 다음 각 호의 비용을 말한다.
1. 이 법에 따른 보장업무에 드는 인건비와 사무비
2. 제20조에 따른 생활보장위원회의 운영에 드는 비용
3. 제8조부터 제15조까지, 제15조의2, 제15조의3 및 제16조부터 제18조까지의 규정에 따른 급여 실시 비용
4. 그 밖에 이 법에 따른 보장업무에 드는 비용

[전문개정 2012.2.1]

제43조(보장비용의 부담 구분) ① 보장비용의 부담은 다음 각 호의 구분에 따른다.
1. 국가 또는 시·도가 직접 수행하는 보장업무에 드는 비용은 국가 또는 해당 시·도가 부담한다.
2. 제19조제2항에 따른 급여의 실시 비용은 국가 또는 해당 시·도가 부담한다.
3. 시·군·구가 수행하는 보장업무에 드는 비용 중 제42조제1호 및 제2호의 비용은 해당 시·군·구가 부담한다.
4. 시·군·구가 수행하는 보장업무에 드는 비용 중 제42조제3호 및 제4호의 비용(이하 이 호에서 "시·군·구 보장비용"이라 한다)은 시·군·구의 재정여건, 사회보장비 지출 등을 고려하여 국가, 시·도 및 시·군·구가 다음 각 목에 따라 차등하여 분담한다.

가. 국가는 시·군·구 보장비용의 총액 중 100분의 40 이상 100분의 90 이하를 부담한다.

나. 시·도는 시·군·구 보장비용의 총액에서 가목의 국가부담분을 뺀 금액 중 100분의 30 이상 100분의 70 이하를 부담하고, 시·군·구는 시·군·구 보장비용의 총액 중에서 국가와 시·도가 부담하는 금액을 뺀 금액을 부담한다. 다만, 특별자치도는 시·군·구 보장비용의 총액 중에서 국가가 부담하는 금액을 뺀 금액을 부담한다.

② 국가는 매년 이 법에 따른 보장비용 중 국가부담 예정 합계액을 각각 보조금으로 지급하고, 그 과부족(過不足) 금액은 정산하여 추가로 지급하거나 반납하게 한다.
③ 시·도는 매년 시·군·구에 대하여 제2항에 따른 국가의 보조금에, 제1항제4호에 따른 시·도의 부담예정액을 합하여 보조금으로 지급하고 그 과부족 금액은 정산하여 추가로 지급하거나 반납하게 한다.
④ 제2항 및 제3항에 따른 보조금의 산출 및 정산 방법 등에 관하여 필요한 사항은 대통령령으로 정한다.
⑤ 지방자치단체의 조례에 따라 이 법에 따른 급여 범위 및 수준을 초과하여 급여를 실시하는 경우 그 초과 보장비용은 해당 지방자치단체가 부담한다.
[전문개정 2012.2.1]

제44조 삭제 <2006.12.28>

제45조(유류금품의 처분) 제14조에 따른 장제급여를 실시하는 경우에 사망자에게 부양의무자가 없을 때에는 특별자치도지사·시장·군수·구청장은 사망자가 유류(遺留)한 금전 또는 유가증권으로 그 비용에 충당하고, 그 부족액은 유류물품의 매각대금으로 충당할 수 있다.
[전문개정 2012.2.1]

제46조(비용의 징수) ① 수급자에게 부양능력을 가진 부양의무자가 있음이 확인된 경우에는 보장비용을 지급한 보장기관은 제20조에 따른 생활보장위원회의 심의·의결을 거쳐 그 비용의 전부 또는 일부를 그 부양의무자로부터 부양의무의 범위에서 징수할 수 있다.
② 속임수나 그 밖의 부정한 방법으로 급여를 받거나 타인으로 하여금 급여를 받게 한 경우에는 보장비용을 지급한 보장기관은 그 비용의 전부 또는 일부를 그 급여를 받은 사람 또는 급여를 받게 한 자(이하 "부정수급자"라 한다)로부터 징수할 수 있다.
③ 제1항 또는 제2항에 따라 징수할 금액은 각각 부양의무자 또는 부정수급자에게 통지

하여 징수하고, 부양의무자 또는 부정수급자가 이에 응하지 아니하는 경우 국세 또는 지방세 체납처분의 예에 따라 징수한다.
[전문개정 2012.2.1]

제47조(반환명령) ① 보장기관은 급여의 변경 또는 급여의 정지·중지에 따라 수급자에게 이미 지급한 수급품 중 과잉지급분이 발생한 경우에는 즉시 수급자에 대하여 그 전부 또는 일부의 반환을 명하여야 한다. 다만, 이미 이를 소비하였거나 그 밖에 수급자에게 부득이한 사유가 있을 때에는 그 반환을 면제할 수 있다.
② 제27조제2항에 따라 특별자치도지사·시장·군수·구청장이 긴급급여를 실시하였으나 조사 결과에 따라 급여를 실시하지 아니하기로 결정한 경우 급여비용의 반환을 명할 수 있다.
[전문개정 2012.2.1]

제9장 벌 칙 〈개정 2012.2.1〉

제48조(벌칙) ① 제23조의2제6항을 위반하여 금융정보를 사용·제공 또는 누설한 자는 5년 이하의 징역 또는 3천만원 이하의 벌금에 처한다.
② 다음 각 호의 어느 하나에 해당하는 자는 3년 이하의 징역 또는 2천만원 이하의 벌금에 처한다.
1. 제22조제6항(제23조제2항에서 준용하는 경우를 포함하고, 제23조의2제6항을 위반한 경우는 제외한다)을 위반하여 정보 또는 자료를 사용하거나 제공한 자
2. 제23조의2제6항을 위반하여 신용정보 또는 보험정보를 사용·제공 또는 누설한 자

[전문개정 2012.2.1]

제49조(벌칙) 속임수나 그 밖의 부정한 방법으로 급여를 받거나 타인으로 하여금 급여를 받게 한 자는 1년 이하의 징역, 500만원 이하의 벌금, 구류 또는 과료에 처한다.
[전문개정 2012.2.1]

제50조(벌칙) 제33조제1항 또는 제5항을 위반하여 수급자의 급여 위탁을 정당한 사유 없이 거부한 자나 종교상의 행위를 강제한 자는 300만원 이하의 벌금, 구류 또는 과료에 처한다.
[전문개정 2012.2.1]

제51조(양벌규정) 법인의 대표자나 법인 또는 개인의 대리인, 사용인, 그 밖의 종업원이 그 법인 또는 개인의 업무에 관하여 제48조 또는 제49조의 위반행위를 하면 그 행위자를 벌하는 외에 그 법인 또는 개인에게도 각 해당 조문의 벌금 또는 과료의 형을 과(科)한다. 다만, 법인 또는 개인이 그 위반행위를 방지하기 위하여 해당 업무에 관하여 상당한 주의와 감독을 게을리하지 아니한 경우에는 그러하지 아니하다.
[전문개정 2012.2.1]

의료급여법

[시행 2012.7.1] [법률 제11042호, 2011.9.15, 타법개정]
보건복지부(기초의료보장과), 02-2023-8257

제1조(목적) 이 법은 생활이 어려운 자에게 의료급여를 실시함으로써 국민보건의 향상과 사회복지의 증진에 이바지함을 목적으로 한다.

제2조(정의) 이 법에서 사용하는 용어의 정의는 다음과 같다. <개정 2006.12.28>

1. "수급권자"라 함은 이 법에 따라 의료급여를 받을 수 있는 자격을 가진 자를 말한다.
2. "의료급여기관"이라 함은 수급권자에 대한 진료·조제 또는 투약 등을 담당하는 의료기관 및 약국 등을 말한다.
3. "부양의무자"라 함은 수급권자를 부양할 책임이 있는 자로서 수급권자의 1촌의 직계혈족 및 그 배우자를 말한다.

제3조(수급권자) ① 이 법에 의한 수급권자는 다음 각호와 같다. <개정 2003.5.15, 2004.3.5, 2006.12.28, 2007.8.3, 2008.2.29, 2010.1.18, 2011.6.7, 2011.9.15>

1. 「국민기초생활 보장법」에 의한 수급자
2. 「재해구호법」에 의한 이재민
3. 「의사상자 등 예우 및 지원에 관한 법률」에 따른 의상자 및 의사자유족
4. 「입양촉진 및 절차에 관한 특례법」에 의하여 국내에 입양된 18세 미만의 아동
5. 「독립유공자예우에 관한 법률」, 「국가유공자 등 예우 및 지원에 관한 법률」 및 「보훈보상대상자 지원에 관한 법률」의 적용을 받고 있는 자와 그 가족으로서 국가보훈처장이 의료급여가 필요하다고 요청한 자중 보건복지부장관이 의료급여가 필요하다고 인정한 자
6. 「문화재보호법」에 의하여 지정된 중요무형문화재의 보유자(명예보유자를 포함한다) 및 그 가족으로서 문화재청장이 의료급여가 필요하다고 요청한 자중 보건복지부장관이 의료급여가 필요하다고 인정한 자
7. 「북한이탈주민의 보호 및 정착지원에 관한 법률」의 적용을 받고 있는 자와 그 가족으로서 보건복지부장관이 의료급여가 필요하다고 인정한 자
8. 「5·18민주화운동 관련자 보상 등에 관한 법률」 제8조의 규정에 의하여 보상금등을 받은 자와 그 가족으로서 보건복지부장관이 의료급여가 필요하다고 인정하는 자
9. 「노숙인 등의 복지 및 자립지원에 관한 법률」에 따른 노숙인 등
10. 그 밖에 생활유지의 능력이 없거나 생활이 어려운 자로서 대통령령이 정하는 자

② 제1항의 규정에 의한 수급권자에 대하여는 대통령령이 정하는 바에 따라 이를 구분하여 의료급여의 내용 및 기준을 달리할 수 있다.

③ 제1항의 규정에 의한 수급권자에 대한 의료급여의 개시일과 수급권자의 선정절차 등에 관하여 필요한 사항은 대통령령으로 정한다.

제3조의2(난민에 대한 특례) 「출입국관리법」 제76조의2의 규정에 따라 난민의 지위를 인정받은 자로서 「국민기초생활 보장법」 제5조의 수급권자의 범위에 해당하는 자는 수급권자로 본다.
[본조신설 2006.10.4]

제3조의2(난민에 대한 특례) 「난민법」에 따른 난민인정자로서 「국민기초생활 보장법」 제5조의 수급권자의 범위에 해당하는 자는 수급권자로 본다. <개정 2012.2.10>
[본조신설 2006.10.4]
[시행일 : 2013.7.1] 제3조의2

제4조(적용배제) 수급권자가 다른 법령에 따라 의료급여를 받고 있는 경우에는 이 법에 의한 의료급여를 행하지 아니한다.

제5조(보장기관) ① 이 법에 의한 의료급여에 관한 업무는 수급권자의 거주지를 관할하는 특별시장·광역시장·도지사·특별자치도지사(이하 "시·도지사"라 한다)와 시장·군수·구청장(자치구의 구청장을 말한다. 이하 같다)이 행한다. <개정 2011.3.30>

② 제1항의 규정에 불구하고 주거가 일정하

지 아니한 수급권자에 대하여는 그가 실제 거주하는 지역을 관할하는 시장·군수·구청장이 행한다.

③ 시·도지사 및 시장·군수·구청장은 수급권자의 건강의 유지·증진을 위하여 필요한 사업을 실시하여야 한다. <신설 2011.3.30>

제5조의2(사례관리) ① 보건복지부장관, 시·도지사 및 시장·군수·구청장은 수급권자의 건강관리 능력 향상 및 합리적 의료이용 유도 등을 위하여 사례관리를 실시할 수 있다.

② 제1항에 따른 사례관리를 실시하기 위하여 특별시·광역시·도·특별자치도(이하 "시·도"라 한다) 및 시·군·구(자치구를 말한다. 이하 같다)에 의료급여 관리사를 둔다.

③ 보건복지부장관은 제1항에 따른 사례관리 사업의 전문적인 지원을 위하여 해당 업무를 공공 또는 민간 기관·단체 등에 위탁하여 실시할 수 있다.

④ 제2항에 따른 의료급여 관리사의 자격·배치기준 등 운영에 관한 사항과 제3항에 따른 사례관리 사업 지원 업무 위탁 실시 등에 필요한 사항은 보건복지부령으로 정한다.

[본조신설 2011.3.30]

제6조(의료급여심의위원회) ① 이 법에 의한 의료급여사업의 실시에 관한 사항을 심의하기 위하여 보건복지부, 시·도 및 시·군·구에 각각 의료급여심의위원회를 둔다. 다만, 시·도 및 시·군·구에 두는 의료급여심의위원회의 경우에는 그 기능을 담당하기에 적합한 다른 위원회가 있고 그 위원회의 위원이 제4항에 규정된 자격을 갖춘 경우 시·도 또는 시·군·구의 조례로 각각 정하는 바에 따라 그 위원회로 하여금 의료급여심의위원회의 기능을 수행하게 할 수 있다. <개정 2008.2.29, 2010.1.18, 2011.3.30>

② 보건복지부에 두는 의료급여심의위원회(이하 "중앙의료급여심의위원회"라 한다)는 다음 각호의 사항을 심의한다. <개정 2008.2.29, 2010.1.18>

1. 의료급여사업의 기본방향 및 대책 수립에 관한 사항
2. 의료급여기준 및 수가에 관한 사항
3. 그 밖에 보건복지부장관 또는 위원장이 부의하는 사항

③ 중앙의료급여심의위원회는 위원장을 포함하여 10인 이내의 위원으로 구성하고 위원은 보건복지부장관이 다음 각호의 1에 해당하는 자중에서 위촉·지명하며 위원장은 보건복지부차관으로 한다. <개정 2008.2.29, 2010.1.18>

1. 공익을 대표하는 자(의료보장에 관한 전문가로서 대학의 조교수 이상인 자 또는 연구기관의 연구원으로 재직중인 자)
2. 의약계를 대표하는 자 및 사회복지계를 대표하는 자
3. 관계 행정기관 소속의 3급 이상 공무원

④ 제1항의 규정에 의한 시·도 및 시·군·구 의료급여심의위원회의 위원은 특별시장·광역시장·도지사(이하 "시·도지사"라 한다) 또는 시장·군수·구청장이 다음 각호의 1에 해당하는 자중에서 위촉·지명하며 위원장은 당해 시·도지사 또는 시장·군수·구청장으로 한다. 다만, 제1항 단서의 규정에 의하여 다른 위원회가 의료급여심의위원회의 기능을 대신하는 경우 위원장은 조례로 정한다.

1. 의료보장에 관한 학식과 경험이 있는 자
2. 공익을 대표하는 자
3. 관계행정기관소속의 공무원

⑤ 제1항의 규정에 의한 의료급여심의위원회는 심의와 관련하여 필요한 경우 보장기관에 대하여 그 소속공무원의 출석이나 자료의 제출을 요청할 수 있다. 이 경우 당해 보장기관은 정당한 사유가 없는 한 이에 응하여야 한다.

⑥ 보건복지부와 시·도 및 시·군·구에 두는 의료급여심의위원회의 기능과 각 의료급여심의위원회의 구성·운영 등에 관하여 필요한 사항은 대통령령으로 정한다. <개정 2008.2.29, 2010.1.18>

제7조(의료급여의 내용 등) ① 이 법에 의한 수급권자의 질병·부상·출산 등에 대한 의료급여의 내용은 다음 각호와 같다.

1. 진찰·검사
2. 약제·치료재료의 지급
3. 처치·수술과 그 밖의 치료
4. 예방·재활
5. 입원
6. 간호
7. 이송과 그 밖의 의료목적의 달성을 위한

조치

② 제1항의 규정에 의한 의료급여의 방법·절차·범위·상한 등 의료급여의 기준에 관하여는 보건복지부령으로 정하고, 의료수가기준과 그 계산방법 등에 관하여는 보건복지부장관이 정한다. <개정 2008.2.29, 2010.1.18>

③ 보건복지부장관은 제2항의 규정에 따라 의료급여의 기준을 정함에 있어 업무 또는 일상생활에 지장이 없는 질환 등 보건복지부령이 정하는 사항은 의료급여의 대상에서 제외할 수 있다. <개정 2008.2.29, 2010.1.18>

제8조(의료급여증) ① 시장·군수·구청장은 수급권자에게 의료급여증을 발급하여야 한다. 다만, 부득이한 사유가 있는 경우에는 의료급여증에 갈음하는 의료급여증명서를 발급할 수 있다.

② 의료급여증의 유효기간은 매년 1월 1일부터 12월 31일까지로 한다. 다만, 다른 법령에서 의료급여기간이 정하여진 경우에는 그 정하여진 기간으로 한다.

③ 제1항의 규정에 따라 의료급여증을 발급받은 자가 다음 해에 다시 수급권자로 선정된 경우에는 사용중인 의료급여증에 시장·군수·구청장의 재사용 확인을 받아 계속 사용할 수 있다.

④ 제1항의 규정에 의한 의료급여증 및 의료급여증명서의 서식과 그 사용 등에 관하여 필요한 사항은 보건복지부령으로 정한다. <개정 2008.2.29, 2010.1.18>

제9조(의료급여기관) ① 의료급여는 다음 각호의 의료급여기관에서 행한다. 이 경우 보건복지부장관은 공익 또는 국가시책상 의료급여기관으로 적합하지 아니하다고 인정하는 때에는 대통령령이 정하는 바에 따라 의료급여기관에서 제외할 수 있다. <개정 2006.12.28, 2008.2.29, 2010.1.18, 2011.6.7>

1. 「의료법」에 따라 개설된 의료기관
2. 「지역보건법」에 따라 설치된 보건소·보건의료원 및 보건지소
3. 「농어촌 등 보건의료를 위한 특별조치법」에 따라 설치된 보건진료소
4. 「약사법」에 따라 등록된 약국 및 같은 법 제91조에 따라 설립된 한국희귀의약품센터

② 의료급여기관은 다음 각호와 같이 구분하되, 의료급여기관별 진료범위는 보건복지부령으로 정한다. <개정 2006.12.28, 2008.2.29, 2010.1.18, 2011.6.7>

1. 제1차의료급여기관
가. 「의료법」에 따라 시장·군수·구청장에게 개설신고를 한 의료기관
나. 「지역보건법」에 따라 설치된 보건소·보건의료원 및 보건지소
다. 「농어촌 등 보건의료를 위한 특별조치법」에 따라 설치된 보건진료소
라. 「약사법」에 따라 등록된 약국 및 같은 법 제91조에 따라 설립된 한국희귀의약품센터
2. 제2차의료급여기관 : 「의료법」에 따라 시·도지사가 개설허가를 한 의료기관
3. 제3차의료급여기관 : 제2차의료급여기관 중에서 보건복지부장관이 지정하는 의료기관

③ 제1항 각호의 규정에 의한 의료급여기관은 정당한 이유없이 이 법에 의한 의료급여를 거부하지 못한다.

④ 시·도지사 또는 시장·군수·구청장은 제1항 각호의 규정에 의한 의료급여기관이 개설·설치되거나 개설·설치된 의료급여기관의 신고·허가 및 등록사항 등에 변경이 있는 때에는 보건복지부령이 정하는 바에 따라 그 내용을 다음 각호의 전문기관에게 알려야 한다. <개정 2008.2.29, 2010.1.18>

1. 제33조제2항의 규정에 따라 의료급여에 소요된 비용(이하 "급여비용"이라 한다)의 심사·조정업무를 위탁받은 전문기관(이하 "급여비용심사기관"이라 한다)
2. 제33조제2항의 규정에 따라 급여비용의 지급업무를 위탁받은 전문기관(이하 "급여비용지급기관"이라 한다)

⑤ 제2항제3호의 규정에 의한 제3차의료급여기관의 지정기준 및 지정절차 등에 관하여 필요한 사항은 보건복지부령으로 정한다. <개정 2008.2.29, 2010.1.18>

제10조(급여비용의 부담) 급여비용은 대통령령이 정하는 바에 따라 그 전부 또는 일부를 제25조의 규정에 의한 의료급여기금에서 부담하되, 의료급여기금에서 일부를 부담하는 경우 그 나머지의 비용은 본인이 부담한다. <개정 2006.12.28>

제11조(급여비용의 청구와 지급) ① 의료급여기관은 제10조의 규정에 따라 의료급여기금에서 부담하는 급여비용의 지급을 시장·군수·구청장에게 청구할 수 있다. 이 경우 제2항의 규정에 의한 심사청구는 이를 시장·군수·구청장에 대한 급여비용의 청구로 본다. <개정 2006.12.28>

② 제1항의 규정에 의한 급여비용의 청구를 하고자 하는 의료급여기관은 급여비용심사기관에 급여비용의 심사청구를 하여야 하며, 심사청구를 받은 급여비용심사기관은 이를 심사한 후 지체없이 그 내용을 시장·군수·구청장 및 의료급여기관에 알려야 한다.

③ 제2항의 규정에 따라 심사의 내용을 통보받은 시장·군수·구청장은 지체없이 그 내용에 따라 급여비용을 의료급여기관에 지급하여야 한다. 이 경우 수급권자가 이미 납부한 본인부담금(제10조의 규정에 따라 수급권자가 부담하여야 하는 급여비용을 말한다. 이하 같다)이 과다한 경우에는 의료급여기관에 지급할 금액에서 그 과다하게 납부된 금액을 공제하여 이를 수급권자에게 반환하여야 한다. 다만, 그 반환하여야 할 금액이 1천원 미만인 경우에는 그러하지 아니하다. <개정 2006.12.28>

④ 시장·군수·구청장은 급여비용을 지급함에 있어 제2항의 규정에 의한 급여비용심사기관이 의료급여의 적정 여부를 평가하여 시장·군수·구청장에게 알린 경우에는 그 평가결과에 따라 급여비용을 가산 또는 감액 조정하여 지급한다. 이 경우 평가결과에 따른 급여비용의 가감지급의 기준은 보건복지부령으로 정한다. <개정 2008.2.29, 2010.1.18>

⑤ 제1항 내지 제4항의 규정에 의한 급여비용의 청구·심사·지급 등의 방법 및 절차에 관하여 필요한 사항은 보건복지부령으로 정한다. <개정 2002.12.5, 2008.2.29, 2010.1.18>

⑥ 삭제 <2002.12.5>

⑦ 삭제 <2002.12.5>

⑧ 시장·군수·구청장은 「산업재해보상보험법」 제10조에 따른 근로복지공단이 이 법에 따라 의료급여를 받을 수 있는 자에게 「산업재해보상보험법」 제40조에 따른 요양급여를 지급한 후 그 지급결정이 취소된 경우로서 그 요양급여의 비용을 청구하는 경우에는 그 요양급여가 이 법에 따라 실시할 수 있는 의료급여에 상당한 것으로 인정되면 그 의료급여에 해당하는 금액을 지급할 수 있다. <신설 2007.12.14>

제11조의2(서류의 보존) ① 의료급여기관은 의료급여가 끝난 날부터 5년간 보건복지부령이 정하는 바에 따라 제11조의 규정에 의한 급여비용의 청구에 관한 서류를 보존하여야 한다. <개정 2008.2.29, 2010.1.18>

② 제1항의 규정에 불구하고 약국 등 보건복지부령이 정하는 의료급여기관은 처방전을 급여비용을 청구한 날부터 3년간 보존하여야 한다. <개정 2008.2.29, 2010.1.18>

[본조신설 2005.12.23]

제11조의3(급여대상 여부의 확인 등) ① 수급권자는 본인부담금 외에 부담한 비용이 제7조제3항의 규정에 따라 의료급여의 대상에서 제외되는 사항에 소요된 비용(이하 "비급여비용"이라 한다)인지에 대하여 급여비용심사기관에 확인을 요청할 수 있다.

② 제1항의 규정에 따라 확인요청을 받은 급여비용심사기관은 그 확인결과를 확인요청자에게 통보하여야 하며, 확인요청한 비용이 급여비용에 해당하는 것으로 확인된 때에는 급여비용지급기관 및 관련 의료급여기관에도 각각 통보하여야 한다.

③ 제2항의 규정에 따라 통보를 받은 의료급여기관은 과다하게 징수한 금액을 지체없이 수급권자에게 반환하여야 한다.

④ 급여비용지급기관은 의료급여기관이 제3항의 규정에 따른 반환을 하지 아니하는 경우에는 당해 의료급여기관에 지급할 급여비용에서 그 과다징수액을 공제하여 이를 수급권자에게 지급할 수 있다.

[본조신설 2006.12.28]

제11조의4(의료급여기관의 비용 청구에 관한 금지행위) 의료급여기관은 진료 등의 의료급여를 행하기 전에 수급권자에게 본인부담금을 청구하거나 수급권자가 이 법에 따라 부담하여야 하는 비용과 비급여비용 외에 입원보증금 등 다른 명목의 비용을 청구하여서는 아니 된다.

[본조신설 2006.12.28]

제12조(요양비) ① 시장·군수·구청장은 수급권자가 보건복지부령이 정하는 긴급하거나

그 밖의 부득이한 사유로 인하여 의료급여기관과 동일한 기능을 수행하는 기관으로서 보건복지부령이 정하는 기관(제28조제1항의 규정에 따라 업무정지처분기간중인 의료급여기관을 포함한다)에서 질병·부상·출산 등에 대하여 의료급여를 받거나 의료급여기관 외의 장소에서 출산을 한 때에는 그 의료급여에 상당하는 금액을 보건복지부령이 정하는 바에 따라 수급권자에게 요양비로 지급한다. <개정 2008.2.29, 2010.1.18>

② 제1항의 규정에 따라 의료급여를 실시한 기관은 보건복지부장관이 정하는 요양비명세서 또는 요양의 내역을 기재한 영수증을 요양을 받은 자에게 교부하여야 하며, 요양을 받은 자는 이를 시장·군수·구청장에게 제출하여야 한다. <개정 2008.2.29, 2010.1.18>

③ 제1항의 규정에 의한 요양비의 지급방법 등에 관하여 필요한 사항은 보건복지부령으로 정한다. <개정 2008.2.29, 2010.1.18>

제13조(장애인에 대한 특례) ① 시장·군수·구청장은 「장애인복지법」에 따라 등록한 장애인인 수급권자에게 보장구(補裝具)에 대하여 급여를 실시할 수 있다. <개정 2006.12.28>

② 제1항의 규정에 의한 보장구에 대한 급여의 방법·절차·범위·상한 등에 관하여 필요한 사항은 보건복지부령으로 정한다. <개정 2008.2.29, 2010.1.18>

제14조(건강검진) ① 시장·군수·구청장은 이 법에 의한 수급권자에 대하여 질병의 조기발견과 그에 따른 의료급여를 하기 위하여 건강검진을 할 수 있다.

② 제1항의 규정에 의한 건강검진의 대상·회수·절차 그 밖의 필요한 사항은 보건복지부장관이 정한다. <개정 2008.2.29, 2010.1.18>

제15조(급여의 제한) ① 시장·군수·구청장은 수급권자가 다음 각호의 1에 해당하는 경우에는 이 법에 의한 의료급여를 행하지 아니한다. 다만, 보건복지부장관이 의료급여의 필요가 있다고 인정하는 경우에는 그러하지 아니하다. <개정 2008.2.29, 2010.1.18>

1. 수급권자가 자신의 고의 또는 중대한 과실로 인한 범죄행위에 기인하거나 고의로 사고를 발생시켜 제7조의 규정에 의한 의료급여가 필요하게 된 경우
2. 삭제 <2006.12.28>
3. 수급권자가 정당한 이유없이 이 법의 규정이나 의료급여기관의 진료에 관한 지시에 따르지 아니한 경우

② 의료급여기관은 수급권자가 제1항 각호의 1에 해당되는 경우에는 대통령령이 정하는 바에 따라 수급권자의 거주지를 관할하는 시장·군수·구청장에게 알려야 한다.

제16조(급여의 변경) ① 시장·군수·구청장은 수급권자의 소득·재산상황·근로능력 등에 변동이 있는 경우에는 직권 또는 수급권자나 그 친족 그 밖의 관계인의 신청에 따라 급여의 내용 등을 변경할 수 있다.

② 시장·군수·구청장은 제1항의 규정에 따라 급여의 내용 등을 변경한 때에는 서면으로 그 이유를 명시하여 수급권자에게 알려야 한다.

제17조(급여의 중지 등) ① 시장·군수·구청장은 수급권자가 다음 각호의 1에 해당하는 경우에는 의료급여를 중지하여야 한다.

1. 수급권자에 대한 의료급여가 필요없게 된 경우
2. 수급권자가 의료급여를 거부한 경우

② 제1항제2호의 경우에는 의료급여를 거부한 수급권자가 속한 세대원 전부에 대하여 의료급여를 중지시켜야 하며, 의료급여가 중지된 세대에 대하여는 그 해에 다시 의료급여를 행하지 아니한다.

③ 시장·군수·구청장은 제1항의 규정에 따라 의료급여를 중지한 때에는 서면으로 그 이유를 명시하여 수급권자에게 알려야 한다.

제18조(수급권의 보호) 의료급여를 받을 권리는 양도 또는 압류할 수 없다.

제19조(구상권) ① 시장·군수·구청장은 제3자의 행위로 인하여 수급권자에게 의료급여를 한 때에는 그 급여비용의 범위안에서 제3자에 대한 손해배상청구의 권리를 얻는다.

② 제1항의 경우 의료급여를 받은 자가 제3자로부터 이미 손해배상을 받은 때에는 시장·군수·구청장은 그 배상액의 한도안에서 의료급여를 하지 아니한다.

제20조(급여비용의 대불) ① 제10조의 규정에 따라 급여비용의 일부를 의료급여기금에서 부담하는 경우에 그 나머지 급여비용(보건복지부장관이 정한 금액에 한한다)에

대하여는 수급권자 또는 그 부양의무자의 신청에 따라 제25조의 규정에 의한 의료급여기금에서 이를 대불할 수 있다. <개정 2008.2.29, 2010.1.18>
② 제1항의 규정에 의한 대불금의 신청 및 지급방법 등에 관하여 필요한 사항은 보건복지부령으로 정한다. <개정 2008.2.29, 2010.1.18>

제21조(대불금의 상환) ① 제20조의 규정에 따라 대불을 받은 자(그 부양의무자를 포함하며, 이하 "대불금상환의무자"라 한다)는 보건복지부령이 정하는 바에 따라 대불금을 그 거주지를 관할하는 시장·군수·구청장에게 상환하여야 한다. 이 경우 대불금의 상환은 무이자로 한다. <개정 2008.2.29, 2010.1.18>
② 제1항의 규정에 의한 대불금상환의무자가 그 거주지를 다른 시·군·구로 이전한 때에는 대불금을 새 거주지를 관할하는 시장·군수·구청장에게 상환하여야 한다.
③ 제1항 및 제2항의 규정에 의하여 대불금을 상환받은 시장·군수·구청장은 이를 제25조의 규정에 의한 의료급여기금에 납입하여야 한다.

제22조(독촉 등) ① 시장·군수·구청장은 대불금상환의무자가 대불금을 납부기한까지 상환하지 아니한 때에는 납부기한이 경과한 날부터 6월 이내의 기간을 정하여 지체없이 독촉장을 발부하여야 한다.
② 시장·군수·구청장은 제1항의 규정에 의한 대불금의 독촉을 받고도 상환하지 아니한 때에는 지방세체납처분의 예에 따라 이를 징수할 수 있다.

제23조(부당이득의 징수) ① 시장·군수·구청장은 속임수 그 밖의 부당한 방법으로 의료급여를 받은 자 또는 급여비용을 받은 의료급여기관(제11조제5항의 규정에 의한 공급자를 포함한다)에 대하여 그 급여 또는 급여비용에 상당하는 금액의 전부 또는 일부를 부당이득금으로 징수한다.
② 제1항의 경우 의료급여기관과 의료급여를 받고자 하는 자의 공모에 따라 의료급여가 행하여진 때에는 시장·군수·구청장은 그 의료급여기관에 대하여 의료급여를 받은 자와 연대하여 제1항의 부당이득금을 납부하게 할 수 있다.
③ 제1항의 경우 의료급여기관이 속임수 그 밖의 부정한 방법으로 수급권자로부터 급여비용을 받은 때에는 시장·군수·구청장은 당해 의료급여기관으로부터 이를 징수하여 그 수급권자에게 지체없이 지급하여야 한다. 다만, 지급하여야 할 금액이 1천원 미만인 경우에는 그러하지 아니하다.
④ 시장·군수·구청장은 의료급여기관 등이 부당이득금을 납부하지 아니한 때에는 기한을 정하여 독촉할 수 있다.
⑤ 제4항의 규정에 따라 독촉을 하는 때에는 10일 이상 15일 이내의 납부기한을 정하여 독촉장을 발부하여야 한다.
⑥ 시장·군수·구청장은 제4항의 규정에 따라 독촉을 받은 자가 그 납부기한까지 부당이득금을 납부하지 아니한 때에는 지방세체납처분의 예에 따라 이를 징수할 수 있다.
⑦ 제21조제2항 및 제3항의 규정은 부당이득금의 징수 등에 관하여 이를 준용한다.

제24조(결손처분) 시장·군수·구청장은 다음 각호의 1에 해당하는 사유가 있는 때에는 시·군·구 의료급여심의위원회의 심의를 거쳐 대불금 및 부당이득금 등을 결손처분할 수 있다.
1. 체납처분이 종결되고 체납액에 충당될 배분금액이 그 체납액에 미달하는 경우
2. 당해 권리에 대한 소멸시효가 완성된 경우
3. 그 밖에 징수할 가능성이 없다고 인정되는 경우로서 대통령령이 정하는 경우

제25조(의료급여기금의 설치 및 조성) ① 이 법에 의한 급여비용의 재원에 충당하기 위하여 시·도에 의료급여기금(이하 "기금"이라 한다)을 설치한다.
② 기금은 다음 각호의 재원으로 조성한다.
1. 국고보조금
2. 지방자치단체의 출연금
3. 제21조의 규정에 의하여 상환받은 대불금
4. 제23조의 규정에 의하여 징수한 부당이득금
5. 제29조의 규정에 의하여 징수한 과징금
6. 당해 기금의 결산상 잉여금 및 그 밖의 수입금

③ 국가와 지방자치단체는 기금운영에 필요한 충분한 예산을 확보하여야 한다.

④ 제2항제1호의 규정에 의한 국고보조금의 비율은 보조금의 예산 및 관리에 관한 법령이 정하는 바에 의한다.

제26조(기금의 관리 및 운용) ① 기금은 일반회계와 구분하여 별도의 계정을 설정하여 관리하여야 한다.

② 기금은 급여비용, 급여비용의 대불에 소요되는 비용, 제33조제2항의 규정에 의한 업무위탁시 소요되는 비용, 그 밖의 의료급여 업무에 직접 소요되는 비용으로서 보건복지부령이 정하는 비용에 한하여 이를 사용하여야 한다. <개정 2008.2.29, 2010.1.18>

③ 시·도지사는 기금에 여유자금이 있는 때에는 다음 각호의 방법으로 이를 운용할 수 있다.

1. 금융기관 또는 체신관서에의 예치
2. 국·공채의 매입

④ 이 법에서 정한 것외에 기금의 관리·운용에 관하여 필요한 사항은 보건복지부령이 정하는 바에 따라 당해 지방자치단체의 조례로 정한다. <개정 2008.2.29, 2010.1.18>

제27조(급여비용의 예탁) ① 제33조제2항의 규정에 의하여 급여비용의 지급업무가 위탁된 경우에 시·도지사는 기금에서 보건복지부령이 정하는 바에 따라 추정급여비용을 급여비용지급기관에 예탁하여야 한다. <개정 2008.2.29, 2010.1.18>

② 시·도지사는 제25조제2항제2호의 규정에 의한 지방자치단체출연금 예산이 성립되지 못한 경우 「지방재정법」 제36조의 규정에 불구하고 국고보조금은 즉시 급여비용지급기관에 예탁하여야 한다. <개정 2006.12.28>

제28조(의료급여기관의 업무정지 등) ① 보건복지부장관은 의료급여기관이 다음 각호의 1에 해당하는 때에는 1년의 범위내에서 기간을 정하여 의료급여기관의 업무정지를 명할 수 있다. <개정 2006.12.28, 2008.2.29, 2010.1.18>

1. 속임수 그 밖의 부당한 방법으로 수급권자 및 그 부양의무자 또는 시장·군수·구청장에게 급여비용을 부담하게 한 때
2. 제11조의4의 규정을 위반하여 본인부담금을 사전에 청구하거나 입원보증금 등 다른 명목의 비용을 청구한 때
3. 제32조제2항의 규정에 의한 명령에 위반하거나 허위보고를 하거나 소속 공무원의 질문 및 검사를 거부·방해 또는 기피한 때

② 보건복지부장관은 제3차의료급여기관이 제1항 각호의 1에 해당하는 경우에는 그 지정을 취소할 수 있다. <개정 2008.2.29, 2010.1.18>

③ 보건복지부장관은 제2항의 규정에 따라 지정취소처분을 받은 제3차의료급여기관에 대하여 그 지정취소일부터 1년 이내에는 제3차의료급여기관으로 다시 지정할 수 없다. <개정 2008.2.29, 2010.1.18>

④ 제1항의 규정에 따라 업무정지처분을 받은 자는 당해 업무정지기간 중에는 의료급여를 행하지 못한다.

⑤ 보건복지부장관은 제1항 및 제2항의 규정에 의한 처분을 행한 때에는 보건복지부령이 정하는 바에 따라 그 사실을 급여비용심사기관 및 급여비용지급기관에 알려야 한다. <개정 2006.12.28, 2008.2.29, 2010.1.18>

⑥ 제1항 및 제2항의 규정에 의한 행정처분의 기준은 보건복지부령으로 정한다. <개정 2008.2.29, 2010.1.18>

제29조(과징금 등) ① 보건복지부장관은 의료급여기관이 제28조제1항제1호의 규정에 해당하여 업무정지처분을 하여야 하는 경우로서 그 업무정지가 수급권자에게 심한 불편을 주거나 그 밖의 특별한 사유가 있다고 인정되는 때에는 그 업무정지처분에 갈음하여 속임수 그 밖의 부당한 방법으로 부담하게 한 급여비용의 5배 이하의 금액을 과징금으로 부과·징수할 수 있다. <개정 2008.2.29, 2010.1.18>

② 제1항의 규정에 의한 과징금을 부과하는 위반행위의 종별·정도등에 따른 과징금의 금액 그 밖의 필요한 사항은 보건복지부령으로 정한다. <개정 2008.2.29, 2010.1.18>

③ 보건복지부장관은 제1항의 규정에 의한 과징금을 납부하여야 할 자가 납부기한까지 이를 납부하지 아니한 때에는 국세체납처분의 예에 따라 이를 징수할 수 있다. 다만, 시·도지사에게 권한이 위임된 때에는 시·도지사가 지방세체납처분의 예에 따라 이를 징수할 수 있다. <개정 2008.2.29, 2010.1.18>

제30조(이의신청 등) ① 수급권자의 자격, 의료급여 및 급여비용에 대한 시장·군수·구

청장의 처분에 이의가 있는 자는 시장·군수·구청장에게 이의신청을 할 수 있다.
② 급여비용에 관한 급여비용심사기관의 심사·조정에 이의가 있는 의료급여기관은 급여비용심사기관에게 이의신청을 할 수 있다.
③ 제1항 및 제2항의 규정에 의한 이의신청은 처분이 있은 날부터 90일 이내에 문서로 하여야 한다. 다만, 정당한 사유에 따라 그 기간내에 이의신청을 할 수 없었음을 소명한 때에는 그러하지 아니하다.
④ 이의신청에 대한 결정, 그 결정의 통지 등에 관하여 필요한 사항은 대통령령으로 정한다.

제31조(소멸시효) ① 다음 각호의 권리는 3년간 행사하지 아니하면 소멸시효가 완성된다.
1. 의료급여를 받을 권리
2. 급여비용을 받을 권리
3. 대불금을 상환받을 권리
② 제1항의 규정에 의한 시효는 다음 각호의 1의 사유로 인하여 중단된다.
1. 급여비용의 청구
2. 대불금에 대한 납입의 고지 및 독촉
③ 소멸시효 및 시효중단에 관하여 이 법에 정한 사항외에는 「민법」의 규정에 의한다. <개정 2006.12.28>

제32조(보고 및 검사) ① 보건복지부장관은 필요하다고 인정하는 경우에는 기금의 관리·운용 및 의료급여와 관련된 사항에 관하여 시·도 및 시·군·구에 대하여 지도·감독하거나 필요한 보고를 하게 할 수 있다. <개정 2008.2.29, 2010.1.18>
② 보건복지부장관은 의료급여기관(제12조의 규정에 따라 의료급여를 실시한 기관을 포함한다)에 대하여 진료·약제의 지급등 의료급여에 관한 보고 또는 관계서류의 제출을 명하거나 소속 공무원으로 하여금 질문을 하게 하거나 관계 서류를 검사하게 할 수 있다. <개정 2008.2.29, 2010.1.18>
③ 보건복지부장관 또는 시장·군수·구청장은 의료급여를 받는 자에 대하여 당해 의료급여의 내용에 관하여 보고하게 하거나 소속 공무원으로 하여금 질문하게 할 수 있다. <개정 2008.2.29, 2010.1.18>
④ 급여비용심사기관은 급여비용의 심사·조정에 필요한 자료를 의료급여기관에 요청할 수 있으며, 자료의 제공을 요청받은 의료급여기관은 특별한 사유가 없는 한 이에 응하여야 한다.
⑤ 제2항 및 제3항의 경우 소속 공무원은 그 권한을 표시하는 증표를 지니고 이를 관계인에게 내보여야 한다.

제33조(권한의 위임 및 위탁) ① 이 법에 의한 보건복지부장관의 권한은 대통령령이 정하는 바에 따라 그 일부를 시·도지사에게 위임할 수 있다. <개정 2008.2.29, 2010.1.18>
② 이 법에 의한 시장·군수·구청장의 업무중 수급권자의 관리, 급여비용의 심사·조정 및 지급업무 등 의료급여에 관한 업무는 그 일부를 대통령령이 정하는 바에 따라 관계 전문기관에 위탁할 수 있다. 이 경우 위탁에 소요되는 비용은 보건복지부장관이 정하는 바에 따라 기금에서 부담한다. <개정 2008.2.29, 2010.1.18>

제34조(단수처리) 의료급여에 관한 비용의 계산에 있어서 「국고금관리법」 제47조의 규정에 의한 단수는 이를 계산하지 아니한다. <개정 2005.1.27, 2006.12.28>

제35조(벌칙) ① 다음 각호의 1에 해당하는 자는 1년 이하의 징역 또는 1천만원 이하의 벌금에 처한다.
1. 제9조제3항의 규정에 위반한 자
2. 속임수 그 밖의 부정한 방법으로 의료급여를 받은 자 또는 제3자로 하여금 의료급여를 받게 한 자
② 정당한 이유없이 제32조제2항의 규정에 위반하여 서류의 제출·보고를 하지 아니하거나 허위로 보고를 하거나 검사를 거부·방해 또는 기피한 자는 1천만원 이하의 벌금에 처한다.

제36조(양벌규정) 법인의 대표자 또는 법인이나 개인의 대리인·사용인 그 밖의 종업원이 그 법인 또는 개인의 업무에 관하여 제35조의 위반행위를 한 때에는 행위자를 벌하는 외에 그 법인 또는 개인에 대하여도 동조의 벌금형을 과한다.

제37조(과태료) ① 제11조의2의 규정에 따른 서류보존의무를 위반한 자는 100만원 이하의 과태료에 처한다.
② 제1항의 규정에 따른 과태료는 대통령령

이 정하는 바에 따라 보건복지부장관이 부과·징수한다. <개정 2008.2.29, 2010.1.18>
③ 제2항의 규정에 따른 과태료처분에 불복하는 자는 그 처분을 고지받은 날부터 30일 이내에 보건복지부장관에게 이의를 제기할 수 있다. <개정 2008.2.29, 2010.1.18>
④ 제2항의 규정에 따른 과태료 처분을 받은 자가 제3항의 규정에 따라 이의를 제기한 경우에는 보건복지부장관은 지체 없이 관할 법원에 그 사실을 통보하여야 하고, 그 통보를 받은 관할 법원은 「비송사건절차법」에 따른 과태료의 재판을 한다. <개정 2008.2.29, 2010.1.18>
⑤ 제3항의 규정에 따른 기간 이내에 이의를 제기하지 아니하고 과태료를 납부하지 아니한 경우에는 국세체납처분의 예에 따라 이를 징수한다.
[본조 신설 2005.12.23]

긴급복지지원법

[시행 2011.7.14] [법률 제10854호, 2011.7.14, 타법개정]
보건복지부(기초생활보장과), 02-2023-8126

제1조(목적) 이 법은 생계곤란 등의 위기상황에 처하여 도움이 필요한 사람을 신속하게 지원함으로써 이들이 위기상황에서 벗어나 건강하고 인간다운 생활을 하게 함을 목적으로 한다.
[전문개정 2009.5.28]

제2조(정의) 이 법에서 "위기상황"이란 본인 또는 본인과 생계 및 주거를 같이 하고 있는 가구구성원이 다음 각 호의 어느 하나에 해당하는 사유로 인하여 생계유지 등이 어렵게 된 것을 말한다. <개정 2010.1.18>

1. 주소득자(主所得者)가 사망, 가출, 행방불명, 구금시설에 수용되는 등의 사유로 소득을 상실하고 가구 소득이 「국민기초생활 보장법」 제6조에 따라 해마다 공표되는 최저생계비(이하 "최저생계비"라 한다) 이하인 경우
2. 중한 질병 또는 부상을 당한 경우
3. 가구구성원으로부터 방임(放任) 또는 유기(遺棄)되거나 학대 등을 당한 경우
4. 가정폭력을 당하여 가구구성원과 함께 원만한 가정생활을 하기 곤란하거나 가구구성원으로부터 성폭력을 당한 경우
5. 화재 등으로 인하여 거주하는 주택 또는 건물에서 생활하기 곤란하게 된 경우
6. 그 밖에 보건복지부장관이 정하여 고시하는 사유가 발생한 경우

[전문개정 2009.5.28]

제3조(기본원칙) ① 이 법에 따른 지원은 위기상황에 처한 사람에게 일시적으로 신속하게 지원하는 것을 기본원칙으로 한다.
② 「재해구호법」, 「국민기초생활 보장법」, 「의료급여법」, 「사회복지사업법」, 「가정폭력방지 및 피해자보호 등에 관한 법률」, 「성폭력방지 및 피해자보호 등에 관한 법률」 등 다른 법률에 따라 이 법에 따른 지원 내용과 동일한 내용의 구호·보호 또는 지원을 받고 있는 경우에는 이 법에 따른 지원을 하지 아니한다. <개정 2010.4.15>
[전문개정 2009.5.28]

제4조(국가 및 지방자치단체의 책무) ① 국가 및 지방자치단체는 위기상황에 처한 사람을 찾아 내어 최대한 신속하게 필요한 지원을 하도록 노력하여야 한다.
② 국가 및 지방자치단체는 이 법에 따른 지원 후에도 위기상황이 해소되지 아니하여 계속 지원이 필요한 것으로 판단되는 사람에게는 다른 법률에 따른 구호·보호 또는 지원을 받을 수 있도록 노력하여야 한다.
③ 국가 및 지방자치단체는 제2항에 따른 구호·보호 또는 지원이 어렵다고 판단되는 경우에는 민간기관·단체와의 연계를 통하여 구호·보호 또는 지원을 받을 수 있도록 노력하여야 한다.
[전문개정 2009.5.28]

제5조(긴급지원대상자) 이 법에 따른 지원대상자는 위기상황에 처한 사람으로서 이 법에 따른 지원이 긴급하게 필요한 사람(이하 "긴급지원대상자"라 한다)으로 한다.
[전문개정 2009.5.28]

제5조의2(외국인에 대한 특례) 국내에 체류하고 있는 외국인 중 대통령령으로 정하는 사람이 제5조에 해당하는 경우에는 긴급지원대상자가 된다.
[본조신설 2009.5.28]

제6조(긴급지원기관) ① 이 법에 따른 지원은 긴급지원대상자의 거주지를 관할하는 시장(「제주특별자치도 설치 및 국제자유도시 조성을 위한 특별법」 제17조제2항에 따른 행정시장을 포함한다. 이하 같다)·군수·구청장(자치구의 구청장을 말한다. 이하 같다)이 한다. 다만, 긴급지원대상자의 거주지가 분명하지 아니한 경우에는 제7조에 따른 지원요청 또는 신고를 받은 시장·군수·구청장이 한다.
② 제1항 단서에도 불구하고 거주지가 분명하지 아니한 사람에게 제7조에 따른 지원요청 또는 신고가 특정지역에 집중되는 경우에는 보건복지부령으로 정하는 바에 따라 긴급지원기관을 달리 정할 수 있다. <개정 2010.1.18>
③ 시장·군수·구청장은 이 법에 따른 긴급지

원사업을 수행할 담당공무원(이하 "긴급지원담당공무원"이라 한다)을 지정하여야 한다.
[전문개정 2009.5.28]

제7조(지원요청 및 신고) ① 긴급지원대상자와 친족, 그 밖의 관계인은 구술 또는 서면 등으로 관할 시장·군수·구청장에게 이 법에 따른 지원을 요청할 수 있다.

② 누구든지 긴급지원대상자를 발견한 경우에는 관할 시장·군수·구청장에게 신고하여야 한다.

③ 다음 각 호의 어느 하나에 해당하는 사람은 진료·상담 등 직무수행 과정에서 긴급지원대상자가 있음을 알게 된 경우에는 관할 시장·군수·구청장에게 이를 신고하고, 긴급지원대상자가 신속하게 지원을 받을 수 있도록 노력하여야 한다.

1. 「의료법」에 따른 의료기관의 종사자
2. 「유아교육법」, 「초·중등교육법」 및 「고등교육법」에 따른 교원
3. 「사회복지사업법」에 따른 사회복지시설의 종사자 및 같은 법 제8조에 따라 위촉된 복지위원
4. 「국가공무원법」 및 「지방공무원법」에 따른 공무원

[전문개정 2009.5.28]

제8조(현장 확인 및 지원) ① 시장·군수·구청장은 제7조에 따른 지원요청 또는 신고를 받거나 위기상황에 처한 사람을 찾아낸 경우에는 지체 없이 긴급지원담당공무원으로 하여금 긴급지원대상자의 거주지 등을 방문하여 위기상황을 확인하여야 한다.

② 시장·군수·구청장은 위기상황을 확인하기 위하여 필요한 경우에는 관할 경찰관서, 소방관서 등 관계 행정기관의 장에게 협조를 요청할 수 있다. 이 경우 관계 행정기관의 장은 정당한 사유가 없으면 그 요청에 따라야 한다.

③ 시장·군수·구청장은 제1항에 따른 현장 확인 결과 위기상황의 발생이 확인된 사람에 대하여는 지체 없이 제9조에 따른 지원의 종류 및 내용을 결정하여 지원을 하여야 한다.

④ 제1항에 따라 현장을 확인하는 긴급지원담당공무원은 권한을 표시하는 증표를 지니고 이를 관계인에게 내보여야 한다.

[전문개정 2009.5.28]

제8조의2(금융정보 등의 제공동의서 제출) 제7조제1항에 따라 지원을 요청할 때 또는 제8조제1항에 따라 긴급지원담당공무원이 위기상황을 확인할 때에 그 긴급지원대상자 및 가구구성원은 다음 각 호의 자료 또는 정보의 제공에 대하여 동의한다는 서면을 제출하여야 한다.

1. 「금융실명거래 및 비밀보장에 관한 법률」 제2조제2호 및 제3호에 따른 금융자산 및 금융거래의 내용에 대한 자료 또는 정보 중 예금의 평균잔액과 그 밖에 대통령령으로 정하는 자료 또는 정보(이하 "금융정보"라 한다)
2. 「신용정보의 이용 및 보호에 관한 법률」 제2조제1호에 따른 신용정보 중 채무액과 그 밖에 대통령령으로 정하는 자료 또는 정보(이하 "신용정보"라 한다)
3. 「보험업법」 제4조제1항 각 호에 따른 보험에 가입하여 납부한 보험료와 그 밖에 대통령령으로 정하는 자료 또는 정보(이하 "보험정보"라 한다)

[본조신설 2009.5.28]

제9조(긴급지원의 종류 및 내용) ① 이 법에 따른 지원의 종류 및 내용은 다음과 같다.

1. 금전 또는 현물(現物) 등의 직접지원
가. 생계지원: 식료품비·의복비 등 생계유지에 필요한 비용 또는 현물 지원
나. 의료지원: 각종 검사 및 치료 등 의료서비스 지원
다. 주거지원: 임시거소(臨時居所) 제공 또는 이에 해당하는 비용 지원
라. 사회복지시설 이용 지원: 「사회복지사업법」에 따른 사회복지시설 입소(入所) 또는 이용 서비스 제공이나 이에 필요한 비용 지원
마. 교육지원: 초·중·고등학생의 수업료, 입학금, 학교운영지원비 및 학용품비 등 필요한 비용 지원
바. 그 밖의 지원: 연료비나 그 밖에 위기상황의 극복에 필요한 비용 또는 현물 지원
2. 민간기관·단체와의 연계 등의 지원
가. 「대한적십자사 조직법」에 따른 대한적십자사, 「사회복지공동모금회법」에 따

른 사회복지공동모금회 등의 사회복지기관·단체와의 연계 지원

나. 상담·정보제공, 그 밖의 지원

② 제1항의 구체적인 지원기준·방법 및 절차 등에 관하여 필요한 사항은 대통령령으로 정한다. 이 경우 제1항제1호가목 및 다목의 지원은 최저생계비를 한도로 한다.

③ 시장·군수·구청장은 제1항제1호라목에 따른 사회복지시설 이용 지원을 하는 경우 관할 사회복지시설의 장에게 지원을 요청할 수 있다. 이 경우 지원요청을 받은 사회복지시설의 장은 정당한 사유가 없으면 해당 시설의 입소기준에도 불구하고 긴급지원대상자가 제10조에 따른 기간에 그 시설을 이용할 수 있도록 조치하여야 한다.

[전문개정 2009.5.28]

제10조(긴급지원의 기간 등) ① 제9조제1항제1호가목·다목·라목 및 바목에 따른 긴급지원은 1개월간의 생계유지 등에 필요한 지원으로 한다. 다만, 시장·군수·구청장이 긴급지원대상자의 위기상황이 계속된다고 판단하는 경우에는 1개월씩 두 번의 범위에서 기간을 연장할 수 있다.

② 제9조제1항제1호나목에 따른 지원은 위기상황의 원인이 되는 질병 또는 부상을 검사·치료하기 위한 범위에서 한 번 실시하며, 같은 호 마목에 따른 지원도 한 번 실시한다.

③ 시장·군수·구청장은 제1항 및 제2항에 따른 지원에도 불구하고 위기상황이 계속되는 경우에는 제12조에 따른 긴급지원심의위원회의 심의를 거쳐 지원을 연장할 수 있다. 이 경우 제9조제1항제1호가목·다목·라목 및 바목에 따른 지원은 제1항에 따른 지원기간을 합하여 총 6개월을 초과하여서는 아니되고, 같은 호 나목 및 마목에 따른 지원은 제2항에 따른 지원횟수를 합하여 총 두 번을 초과하여서는 아니 된다.

④ 제3항에 따른 지원연장에 관한 긴급지원심의위원회의 심의 시기 및 절차는 보건복지부령으로 정한다. <개정 2010.1.18>

[전문개정 2009.5.28]

제11조(담당기구 설치 등) ① 보건복지부장관은 위기상황에 처한 사람에게 상담·정보제공 및 관련 기관·단체 등과의 연계서비스를 제공하기 위하여 담당기구를 설치·운영할 수 있다. <개정 2010.1.18>

② 보건복지부장관은 긴급지원사업을 원활하게 수행하기 위하여 「대한적십자사 조직법」에 따른 대한적십자사, 「사회복지공동모금회법」에 따른 사회복지공동모금회 등 민간의 긴급지원 관련 기관·단체가 참여하는 협의회를 설치·운영할 수 있다. <개정 2010.1.18>

③ 시장·군수·구청장은 긴급지원사업을 원활하게 수행하기 위하여 「사회복지사업법」 제7조의2에 따른 지역사회복지협의체를 통하여 사회복지·보건의료 관련 기관·단체 간의 연계·협력을 강화하여야 한다.

[전문개정 2009.5.28]

제12조(긴급지원심의위원회) ① 다음 각 호의 사항을 심의·의결하기 위하여 시(「제주특별자치도 설치 및 국제자유도시 조성을 위한 특별법」 제15조제2항에 따른 행정시를 포함한다. 이하 같다)·군·구(자치구를 말한다. 이하 같다)에 긴급지원심의위원회를 둔다.

1. 제10조제3항에 따른 긴급지원연장 결정
2. 제14조제1항에 따른 긴급지원의 적정성 심사
3. 제15조제1항에 따른 긴급지원의 중단 또는 지원비용의 환수 결정
4. 그 밖에 긴급지원심의위원회의 위원장이 회의에 부치는 사항

② 긴급지원심의위원회는 위원장 1명을 포함한 15명 이내의 위원으로 구성한다.

③ 위원장은 시장·군수·구청장이 되고, 위원은 다음 각 호의 어느 하나에 해당하는 사람 중에서 시장·군수·구청장이 임명하거나 위촉한다. 이 경우 제1호 및 제2호에 해당하는 사람이 2분의 1 이상 되도록 구성하여야 한다.

1. 사회보장에 관한 학식과 경험이 있는 사람
2. 「비영리민간단체 지원법」 제2조에 따른 비영리민간단체에서 추천한 사람
3. 해당 시·군·구 또는 관계 행정기관 소속의 공무원
4. 해당 시·군·구 지방의회가 추천하는 사람

④ 시·군·구에 「국민기초생활 보장법」 제

20조제1항 본문에 따른 생활보장위원회가 있는 경우 그 위원회는 조례로 정하는 바에 따라 긴급지원심의위원회의 기능을 대신할 수 있다.
[전문개정 2009.5.28]

제13조(사후조사) ① 시장·군수·구청장은 제8조제3항에 따라 지원을 받았거나 받고 있는 긴급지원대상자에 대하여 소득 또는 재산 등 대통령령으로 정하는 기준에 따라 긴급지원이 적정한지를 조사하여야 한다.
② 시장·군수·구청장은 제1항에 따른 조사를 위하여 금융·국세·지방세·건강보험·국민연금 및 고용보험 등 관련 전산망을 이용하려는 경우에는 해당 법률에서 정하는 바에 따라 관계 기관의 장에게 협조를 요청할 수 있다. 이 경우 관계 기관의 장은 정당한 사유가 없으면 그 요청에 따라야 한다.
③ 보건복지부장관은 제1항에 따른 조사를 위하여 「금융실명거래 및 비밀보장에 관한 법률」 제4조제1항과 「신용정보의 이용 및 보호에 관한 법률」 제32조제1항에도 불구하고 긴급지원대상자 및 가구구성원이 제8조의2에 따라 제출한 동의 서면을 전자적 형태로 바꾼 문서에 따라 금융기관등(「금융실명거래 및 비밀보장에 관한 법률」 제2조제1호에 따른 금융회사등, 「신용정보의 이용 및 보호에 관한 법률」 제25조에 따른 신용정보집중기관을 말한다. 이하 같다)의 장에게 금융정보·신용정보 또는 보험정보(이하 "금융정보등"이라 한다)의 제공을 요청할 수 있다. <개정 2010.1.18, 2011.7.14>
④ 제3항에 따라 금융정보등의 제공을 요청받은 금융기관등의 장은 「금융실명거래 및 비밀보장에 관한 법률」 제4조와 「신용정보의 이용 및 보호에 관한 법률」 제32조에도 불구하고 명의인의 금융정보등을 제공하여야 한다.
⑤ 제4항에 따라 금융정보 또는 보험정보를 제공한 「금융실명거래 및 비밀보장에 관한 법률」 제2조제1호에 따른 금융회사등의 장은 그 정보의 제공사실을 명의인에게 통보하여야 한다. 다만, 명의인의 동의가 있는 경우에는 같은 법 제4조의2제1항에도 불구하고 통보하지 아니할 수 있다. <개정 2011.7.14>
⑥ 제3항 및 제4항에 따른 금융정보등의 제공요청 및 제공은 「정보통신망 이용촉진 및 정보보호 등에 관한 법률」 제2조제1항제1호에 따른 정보통신망을 이용하여야 한다. 다만, 정보통신망의 손상 등 불가피한 경우에는 그러하지 아니하다.
⑦ 긴급지원담당공무원 또는 긴급지원담당공무원이었던 사람은 제2항 또는 제3항에 따라 얻은 정보와 자료를 이 법에서 정한 지원 목적 외에 다른 용도로 사용하거나 다른 사람 또는 기관에 제공하여서는 아니 된다.
⑧ 제3항·제4항 및 제6항에 따른 금융정보등의 제공요청 등에 관하여 필요한 사항은 대통령령으로 정한다.
[전문개정 2009.5.28]

제14조(긴급지원의 적정성 심사) ① 제12조에 따른 긴급지원심의위원회는 제13조제1항에 따라 시장·군수·구청장이 한 사후조사 결과를 참고하여 긴급지원의 적정성을 심사한다.
② 긴급지원심의위원회는 긴급지원대상자가 「국민기초생활 보장법」 또는 「의료급여법」에 따른 수급권자로 결정된 경우에는 제1항에 따른 심사를 하지 아니할 수 있다.
③ 시장·군수·구청장은 제1항에 따른 심사결과 긴급지원대상자에 대한 지원이 적정하지 아니한 것으로 결정된 경우에도 긴급지원담당공무원의 고의 또는 중대한 과실이 없으면 이를 이유로 긴급지원담당공무원에 대하여 불리한 처분이나 대우를 하여서는 아니 된다.
[전문개정 2009.5.28]

제15조(지원중단 또는 비용환수) ① 시장·군수·구청장은 제14조제1항에 따른 심사결과 거짓이나 그 밖의 부정한 방법으로 제8조제3항에 따른 지원을 받은 것으로 결정된 사람에게는 긴급지원심의위원회의 결정에 따라 지체 없이 지원을 중단하고 지원한 비용의 전부 또는 일부를 반환하게 하여야 한다.
② 시장·군수·구청장은 제14조제1항에 따른 심사결과 긴급지원이 적정하지 아니한 것으로 결정된 사람에게는 지원을 중단하고 지원한 비용의 전부 또는 일부를 반환하게 할 수 있다.
③ 시장·군수·구청장은 제9조제2항에 따른 지원기준을 초과하여 지원받은 사람에게는 그 초과 지원 상당분을 반환하게 할 수 있다.

④ 시장·군수·구청장은 제1항 또는 제2항에 따른 반환명령에 따르지 아니하는 사람에게는 지방세 체납처분의 예에 따라 징수한다.
[전문개정 2009.5.28]

제16조(이의신청) ① 제8조제3항에 따른 결정이나 제15조제1항 또는 제2항에 따른 반환명령에 이의가 있는 사람은 그 처분을 고지받은 날부터 30일 이내에 해당 시장·군수·구청장을 거쳐 특별시장·광역시장·도지사·특별자치도지사(이하 "시·도지사"라 한다)에게 서면으로 이의신청할 수 있다. 이 경우 시장·군수·구청장은 이의신청을 받은 날부터 10일 이내에 의견서와 관련 서류를 첨부하여 시·도지사에게 송부하여야 한다.
② 시·도지사는 제1항에 따른 송부를 받은 날부터 15일 이내에 이를 검토하고 처분이 위법·부당하다고 인정되는 때는 시정, 그 밖에 필요한 조치를 하여야 한다.
[전문개정 2009.5.28]

제17조(예산분담) 국가 및 지방자치단체는 긴급지원 업무를 수행하기 위하여 필요한 비용을 분담하여야 한다.
[전문개정 2009.5.28]

제18조(압류 등의 금지) ① 이 법에 따라 긴급지원대상자에게 지급되는 금전 또는 현물은 압류할 수 없다.
② 긴급지원대상자는 이 법에 따라 지급되는 금전 또는 현물을 생계유지 등의 목적 외의 다른 용도로 사용하기 위하여 양도하거나 담보로 제공할 수 없다.
[전문개정 2009.5.28]

제19조(벌칙) 제13조제7항을 위반한 사람은 3년 이하의 징역 또는 1천만원 이하의 벌금에 처한다.
[전문개정 2009.5.28]

장애인복지법

[시행 2012.7.27] [법률 제11240호, 2012.1.26, 일부개정]
보건복지부(장애인정책과), 02-2023-8199

제1장 총 칙

제1조(목적) 이 법은 장애인의 인간다운 삶과 권리보장을 위한 국가와 지방자치단체 등의 책임을 명백히 하고, 장애발생 예방과 장애인의 의료·교육·직업재활·생활환경개선 등에 관한 사업을 정하여 장애인복지대책을 종합적으로 추진하며, 장애인의 자립생활·보호 및 수당지급 등에 관하여 필요한 사항을 정하여 장애인의 생활안정에 기여하는 등 장애인의 복지와 사회활동 참여증진을 통하여 사회통합에 이바지함을 목적으로 한다.

제2조(장애인의 정의 등) ① "장애인"이란 신체적·정신적 장애로 오랫동안 일상생활이나 사회생활에서 상당한 제약을 받는 자를 말한다.

② 이 법을 적용받는 장애인은 제1항에 따른 장애인 중 다음 각 호의 어느 하나에 해당하는 장애가 있는 자로서 대통령령으로 정하는 장애의 종류 및 기준에 해당하는 자를 말한다.

1. "신체적 장애"란 주요 외부 신체 기능의 장애, 내부기관의 장애 등을 말한다.
2. "정신적 장애"란 발달장애 또는 정신 질환으로 발생하는 장애를 말한다.

제3조(기본이념) 장애인복지의 기본이념은 장애인의 완전한 사회 참여와 평등을 통하여 사회통합을 이루는 데에 있다.

제4조(장애인의 권리) ① 장애인은 인간으로서 존엄과 가치를 존중받으며, 그에 걸맞은 대우를 받는다.

② 장애인은 국가·사회의 구성원으로서 정치·경제·사회·문화, 그 밖의 모든 분야의 활동에 참여할 권리를 가진다.

③ 장애인은 장애인 관련 정책결정과정에 우선적으로 참여할 권리가 있다.

제5조(장애인 및 보호자 등에 대한 의견수렴과 참여) 국가 및 지방자치단체는 장애인 정책의 결정과 그 실시에 있어서 장애인 및 장애인의 부모, 배우자, 그 밖에 장애인을 보호하는 자의 의견을 수렴하여야 한다. 이 경우 당사자의 의견수렴을 위한 참여를 보장하여야 한다.

제6조(중증장애인의 보호) 국가와 지방자치단체는 장애 정도가 심하여 자립하기가 매우 곤란한 장애인(이하 "중증장애인"이라 한다)이 필요한 보호 등을 평생 받을 수 있도록 알맞은 정책을 강구하여야 한다.

제7조(여성장애인의 권익보호 등) 국가와 지방자치단체는 여성장애인의 권익을 보호하고 사회참여를 확대하기 위하여 기초학습과 직업교육 등 필요한 시책을 강구하여야 한다.

제8조(차별금지 등) ① 누구든지 장애를 이유로 정치·경제·사회·문화 생활의 모든 영역에서 차별을 받지 아니하고, 누구든지 장애를 이유로 정치·경제·사회·문화 생활의 모든 영역에서 장애인을 차별하여서는 아니 된다.

② 누구든지 장애인을 비하·모욕하거나 장애인을 이용하여 부당한 영리행위를 하여서는 아니 되며, 장애인의 장애를 이해하기 위하여 노력하여야 한다.

제9조(국가와 지방자치단체의 책임) ① 국가와 지방자치단체는 장애 발생을 예방하고, 장애의 조기 발견에 대한 국민의 관심을 높이며, 장애인의 자립을 지원하고, 보호가 필요한 장애인을 보호하여 장애인의 복지를 향상시킬 책임을 진다.

② 국가와 지방자치단체는 여성 장애인의 권익을 보호하기 위하여 정책을 강구하여야 한다.

③ 국가와 지방자치단체는 장애인복지정책을 장애인과 그 보호자에게 적극적으로 홍보하여야 하며, 국민이 장애인을 올바르게 이해하도록 하는 데에 필요한 정책을 강구하여야 한다.

제10조(국민의 책임) 모든 국민은 장애 발생의 예방과 장애의 조기 발견을 위하여 노력하여야 하며, 장애인의 인격을 존중하고 사회통합의 이념에 기초하여 장애인의 복지 향상에 협력하여야 한다.

제10조의2(장애인정책종합계획) ① 보건복

지부장관은 장애인의 권익과 복지증진을 위하여 관계 중앙행정기관의 장과 협의하여 5년마다 장애인정책종합계획(이하 "종합계획"이라 한다)을 수립·시행하여야 한다.
② 종합계획에는 다음 각 호의 사항이 포함되어야 한다.
1. 장애인의 복지에 관한 사항
2. 장애인의 교육문화에 관한 사항
3. 장애인의 경제활동에 관한 사항
4. 장애인의 사회참여에 관한 사항
5. 그 밖에 장애인의 권익과 복지증진을 위하여 필요한 사항

③ 관계 중앙행정기관의 장은 장애인의 권익과 복지증진을 위하여 관련 업무에 대한 사업계획을 매년 수립·시행하여야 하고, 그 사업계획과 전년도의 사업계획 추진실적을 매년 보건복지부장관에게 제출하여야 한다.
④ 보건복지부장관은 제3항에 따라 제출된 사업계획과 추진실적을 종합하여 종합계획을 수립하되, 제11조에 따른 장애인정책조정위원회의 심의를 미리 거쳐야 한다. 종합계획을 변경하는 경우에도 또한 같다.
⑤ 보건복지부장관은 종합계획의 추진성과를 매년 평가하고, 그 결과를 종합계획에 반영할 필요가 있는 경우에는 제4항 후단에 따라 종합계획을 변경하거나 다음 종합계획을 수립할 때에 반영하여야 한다.
⑥ 제1항부터 제5항까지에서 규정한 사항 외에 종합계획의 수립 시기, 절차 및 방법 등에 관하여 필요한 사항은 대통령령으로 정한다.
[본조신설 2012.1.26]

제11조(장애인정책조정위원회) ① 장애인 종합정책을 수립하고 관계 부처 간의 의견을 조정하며 그 정책의 이행을 감독·평가하기 위하여 국무총리 소속하에 장애인정책조정위원회(이하 "위원회"라 한다)를 둔다.
②위원회는 다음 각 호의 사항을 심의·조정한 다.
1. 장애인복지정책의 기본방향에 관한 사항
2. 장애인복지 향상을 위한 제도개선과 예산지원에 관한 사항
3. 중요한 특수교육정책의 조정에 관한 사항
4. 장애인 고용촉진정책의 중요한 조정에 관한 사항
5. 장애인 이동보장 정책조정에 관한 사항
6. 장애인정책 추진과 관련한 재원조달에 관한 사항
7. 장애인복지에 관한 관련 부처의 협조에 관한 사항
8. 그 밖에 장애인복지와 관련하여 대통령령으로 정하는 사항

③ 위원회는 필요하다고 인정되면 관계 행정기관에 그 직원의 출석·설명과 자료 제출을 요구할 수 있다.
④ 위원회는 제2항의 사항을 미리 검토하고 관계 기관 사이의 협조 사항을 정리하기 위하여 위원회에 장애인정책조정실무위원회(이하 "실무위원회"라 한다)를 둔다.
⑤ 위원회와 실무위원회의 구성·운영에 관하여 필요한 사항은 대통령령으로 정한다.

제12조(장애인정책책임관의 지정 등) ① 중앙행정기관의 장은 해당 기관의 장애인정책을 효율적으로 수립·시행하기 위하여 소속공무원 중에서 장애인정책책임관을 지정할 수 있다.
② 제1항에 따른 장애인정책책임관의 지정 및 임무 등에 관하여 필요한 사항은 대통령령으로 정한다.

제13조(지방장애인복지위원회) ① 장애인복지 관련 사업의 기획·조사·실시 등을 하는 데에 필요한 사항을 심의하기 위하여 지방자치단체에 지방장애인복지위원회를 둔다.
② 제1항의 지방장애인복지위원회를 조직·운영하는 데에 필요한 사항은 대통령령으로 정하는 기준에 따라 지방자치단체의 조례로 정한다.

제14조(장애인의 날) ① 장애인에 대한 국민의 이해를 깊게 하고 장애인의 재활의욕을 높이기 위하여 매년 4월 20일을 장애인의 날로 하며, 장애인의 날부터 1주간을 장애인 주간으로 한다.
② 국가와 지방자치단체는 장애인의 날의 취지에 맞는 행사 등 사업을 하도록 노력하여야 한다.

제15조(다른 법률과의 관계) 제2조에 따른 장애인 중 「정신보건법」과 「국가유공자 등 예우 및 지원에 관한 법률」 등 대통령령으로 정하는 다른 법률을 적용 받는 장애인에 대하여는 대통령령으로 정하는 바에

따라 이 법의 적용을 제한할 수 있다.

제16조(법제와 관련된 조치 등) 국가와 지방자치단체는 이 법의 목적을 달성하기 위하여 필요한 법제(法制)·재정과 관련된 조치를 강구하여야 한다.

제 2 장 기본정책의 강구

제17조(장애발생 예방) ① 국가와 지방자치단체는 장애의 발생 원인과 예방에 관한 조사 연구를 촉진하여야 하며, 모자보건사업의 강화, 장애의 원인이 되는 질병의 조기 발견과 조기 치료, 그 밖에 필요한 정책을 강구하여야 한다.

② 국가와 지방자치단체는 교통사고·산업재해·약물중독 및 환경오염 등에 의한 장애발생을 예방하기 위하여 필요한 조치를 강구하여야 한다.

제18조(의료와 재활치료) 국가와 지방자치단체는 장애인이 생활기능을 익히거나 되찾을 수 있도록 필요한 기능치료와 심리치료 등 재활의료를 제공하고 장애인의 장애를 보완할 수 있는 장애인보조기구를 제공하는 등 필요한 정책을 강구하여야 한다.

제19조(사회적응 훈련) 국가와 지방자치단체는 장애인이 재활치료를 마치고 일상생활이나 사회생활을 원활히 할 수 있도록 사회적응 훈련을 실시하여야 한다.

제20조(교육) ① 국가와 지방자치단체는 사회통합의 이념에 따라 장애인이 연령·능력·장애의 종류 및 정도에 따라 충분히 교육받을 수 있도록 교육 내용과 방법을 개선하는 등 필요한 정책을 강구하여야 한다.

② 국가와 지방자치단체는 장애인의 교육에 관한 조사·연구를 촉진하여야 한다.

③ 국가와 지방자치단체는 장애인에게 전문 진로교육을 실시하는 제도를 강구하여야 한다.

④ 각급 학교의 장은 교육을 필요로 하는 장애인이 그 학교에 입학하려는 경우 장애를 이유로 입학 지원을 거부하거나 입학시험 합격자의 입학을 거부하는 등의 불리한 조치를 하여서는 아니 된다.

⑤ 모든 교육기관은 교육 대상인 장애인의 입학과 수학(修學) 등에 편리하도록 장애의 종류와 정도에 맞추어 시설을 정비하거나 그 밖에 필요한 조치를 강구하여야 한다.

제21조(직업) ① 국가와 지방자치단체는 장애인이 적성과 능력에 맞는 직업에 종사할 수 있도록 직업 지도, 직업능력 평가, 직업 적응훈련, 직업훈련, 취업 알선, 고용 및 취업 후 지도 등 필요한 정책을 강구하여야 한다.

② 국가와 지방자치단체는 장애인 직업재활훈련이 원활히 이루어질 수 있도록 장애인에게 적합한 직종과 재활사업에 관한 조사·연구를 촉진하여야 한다.

제22조(정보에의 접근) ① 국가와 지방자치단체는 장애인이 정보에 원활하게 접근하고 자신의 의사를 표시할 수 있도록 전기통신·방송시설 등을 개선하기 위하여 노력하여야 한다.

② 국가와 지방자치단체는 방송국의 장 등 민간 사업자에게 뉴스와 국가적 주요 사항의 중계 등 대통령령으로 정하는 방송 프로그램에 청각장애인을 위한 수화 또는 폐쇄자막과 시각장애인을 위한 화면해설 또는 자막해설 등을 방영하도록 요청하여야 한다.

③ 국가와 지방자치단체는 국가적인 행사, 그 밖의 교육·집회 등 대통령령으로 정하는 행사를 개최하는 경우에는 청각장애인을 위한 수화통역 및 시각장애인을 위한 점자 또는 점자·음성변환용 코드가 삽입된 자료 등을 제공하여야 하며 민간이 주최하는 행사의 경우에는 수화통역과 점자 또는 점자·음성변환용 코드가 삽입된 자료 등을 제공하도록 요청할 수 있다. <개정 2012.1.26>

④ 제2항과 제3항의 요청을 받은 방송국의 장 등 민간 사업자와 민간 행사 주최자는 정당한 사유가 없으면 그 요청에 따라야 한다.

⑤ 국가와 지방자치단체는 시각장애인이 정보에 쉽게 접근할 수 있도록 점자도서와 음성도서 등을 보급하기 위하여 노력하여야 한다.

⑥ 국가와 지방자치단체는 장애인의 특성을 고려하여 정보통신망 및 정보통신기기의 접근·이용에 필요한 지원 및 도구의 개발·보급 등 필요한 시책을 강구하여야 한다.

제23조(편의시설) ① 국가와 지방자치단체

는 장애인이 공공시설과 교통수단 등을 안전하고 편리하게 이용할 수 있도록 편의시설의 설치와 운영에 필요한 정책을 강구하여야 한다.

② 국가와 지방자치단체는 공공시설 등 이용편의를 위하여 수화통역·안내보조 등 인적서비스 제공에 관하여 필요한 시책을 강구하여야 한다.

제24조(안전대책 강구) 국가와 지방자치단체는 추락사고 등 장애로 인하여 일어날 수 있는 안전사고와 비상재해 등에 대비하여 시각·청각 장애인과 이동이 불편한 장애인을 위하여 피난용 통로를 확보하고, 점자·음성·문자 안내판을 설치하며, 긴급 통보체계를 마련하는 등 장애인의 특성을 배려한 안전대책 등 필요한 조치를 강구하여야 한다.

제25조(사회적 인식개선) ① 국가와 지방자치단체는 학생, 공무원, 근로자, 그 밖의 일반국민 등을 대상으로 장애인에 대한 인식개선을 위한 교육 및 공익광고 등 홍보사업을 실시하여야 한다.

② 국가는 「초·중등교육법」에 따른 학교에서 사용하는 교과용도서에 장애인에 대한 인식개선을 위한 내용이 포함되도록 하여야 한다.

③ 제1항 및 제2항의 사업에 관하여 필요한 사항은 대통령령으로 정한다.

제26조(선거권 행사를 위한 편의 제공) 국가와 지방자치단체는 장애인이 선거권을 행사하는 데에 불편함이 없도록 편의시설·설비를 설치하고, 선거권 행사에 관하여 홍보하며, 선거용 보조기구를 개발·보급하는 등 필요한 조치를 강구하여야 한다.

제27조(주택 보급) ① 국가와 지방자치단체는 공공주택등 주택을 건설할 경우에는 장애인에게 장애 정도를 고려하여 우선 분양 또는 임대할 수 있도록 노력하여야 한다.

② 국가와 지방자치단체는 주택의 구입자금·임차자금 또는 개·보수비용의 지원 등 장애인의 일상생활에 적합한 주택의 보급·개선에 필요한 시책을 강구하여야 한다.

제28조(문화환경 정비 등) 국가와 지방자치단체는 장애인의 문화생활과 체육활동을 늘리기 위하여 관련 시설 및 설비, 그 밖의 환경을 정비하고 문화생활과 체육활동 등을 지원하도록 노력하여야 한다.

제29조(복지 연구 등의 진흥) ① 국가와 지방자치단체는 장애인복지의 종합적이고 체계적인 조사·연구·평가 및 장애인 체육활동 등 장애인정책개발 등을 위하여 필요한 정책을 강구하여야 한다.

② 제1항에 따른 장애인 관련 조사·연구 수행 및 정책개발·복지진흥·재활체육진흥 등을 위하여 재단법인 한국장애인개발원(이하 "개발원"이라 한다)을 설립한다.

③ 개발원의 사업과 활동은 정관으로 정한다.

④ 국가와 지방자치단체는 개발원 운영에 필요한 비용을 보조할 수 있으며, 「조세특례제한법」에서 정하는 바에 따라 조세를 감면하고 개발원에 기부된 재산에는 소득계산의 특례를 적용한다.

제30조(경제적 부담의 경감) ① 국가와 지방자치단체, 「공공기관의 운영에 관한 법률」 제4조에 따른 공공기관, 「지방공기업법」에 따른 지방공사 또는 지방공단은 장애인과 장애인을 부양하는 자의 경제적 부담을 줄이고 장애인의 자립을 촉진하기 위하여 세제상의 조치, 공공시설 이용료 감면, 그 밖에 필요한 정책을 강구하여야 한다.

② 국가와 지방자치단체, 「공공기관의 운영에 관한 법률」 제4조에 따른 공공기관, 「지방공기업법」에 따른 지방공사 또는 지방공단이 운영하는 운송사업자는 장애인과 장애인을 부양하는 자의 경제적 부담을 줄이고 장애인의 자립을 돕기 위하여 장애인과 장애인을 보호하기 위하여 동행하는 자의 운임 등을 감면하는 정책을 강구하여야 한다.

제3장 복지 조치

제31조(실태조사) ① 보건복지부장관은 장애인 복지정책의 수립에 필요한 기초 자료로 활용하기 위하여 3년마다 장애실태조사를 실시하여야 한다.

② 제1항에 따른 장애실태조사의 방법, 대상 및 내용 등에 관하여 필요한 사항은 대통령령으로 정한다.

[전문개정 2012.1.26]

제32조(장애인 등록) ① 장애인, 그 법정대리인 또는 대통령령이 정하는 보호자는 장애 상태와 그 밖에 보건복지부령이 정하는 사항을 특별자치도지사·시장·군수 또는 구청장(자치구의 구청장을 말한다. 이하 같다)에게 등록하여야 하며, 특별자치도지사·시장·군수·구청장은 등록을 신청한 장애인이 제2조에 따른 기준에 맞으면 장애인등록증(이하 "등록증"이라 한다)을 내주어야 한다. <개정 2008.2.29, 2010.1.18, 2010.5.27>

② 제1항에 따라 등록증을 받은 자와 그 법정대리인 또는 대통령령이 정하는 보호자는 해당 장애인이 제2조에 따른 기준에 맞지 아니하게 되거나 사망하면 그 등록증을 반환하여야 한다.

③ 특별자치도지사·시장·군수·구청장은 장애 상태의 변화에 따른 장애 등급 조정을 위하여 장애 진단을 받게 하는 등 필요한 조치를 할 수 있으며, 장애 진단 명령 등 필요한 조치를 거부하거나 제2항 또는 제5항을 위반한 경우에는 등록증을 반환하게 할 수 있다. <개정 2010.5.27>

④ 장애인의 장애 인정과 등급 사정(査定)에 관한 업무를 담당하게 하기 위하여 보건복지부에 장애판정위원회를 둘 수 있다. <개정 2008.2.29, 2010.1.18>

⑤ 등록증은 양도하거나 대여하지 못하며, 등록증과 비슷한 명칭이나 표시를 사용하여서는 아니 된다.

⑥ 특별자치도지사·시장·군수·구청장은 제1항에 따른 장애인 등록 및 제3항에 따른 장애 상태의 변화에 따른 장애 등급을 조정함에 있어 장애인의 장애 인정과 장애 등급 사정이 적정한지를 확인하기 위하여 필요한 경우 「국민연금법」 제24조에 따른 국민연금공단에 장애 정도에 관한 정밀심사를 의뢰할 수 있다. <신설 2010.5.27>

⑦ 제1항부터 제6항까지에서 규정한 사항 외에 장애인의 등록, 등록증의 교부와 반환, 장애 진단 및 장애 정도에 관한 정밀심사, 장애판정위원회 등에 관하여 필요한 사항은 보건복지부령으로 정한다. <개정 2008.2.29, 2010.1.18, 2010.5.27>

제32조의2(재외동포 및 외국인의 장애인 등록) ① 재외동포 및 외국인 중 다음 각 호의 어느 하나에 해당하는 사람은 제32조에 따라 장애인 등록을 할 수 있다.

1. 「재외동포의 출입국과 법적 지위에 관한 법률」 제6조에 따라 국내거소신고를 한 사람
2. 「출입국관리법」 제31조에 따라 외국인등록을 한 사람으로서 같은 법 제10조제1항에 따른 체류자격 중 대한민국에 영주할 수 있는 체류자격을 가진 사람
3. 「재한외국인 처우 기본법」 제2조제3호에 따른 결혼이민자

② 국가와 지방자치단체는 제1항에 따라 등록한 장애인에 대하여는 예산 등을 고려하여 장애인복지사업의 지원을 제한할 수 있다.

[본조신설 2012.1.26]

[시행일 : 2013.1.27] 제32조의2

제33조(장애인복지상담원) ① 장애인 복지 향상을 위한 상담 및 지원 업무를 맡기기 위하여 시·군·구(자치구를 말한다. 이하 같다)에 장애인복지상담원을 둔다.

② 장애인복지상담원은 그 업무를 할 때 개인의 인격을 존중하고, 업무상 알게 된 개인의 신상에 관한 비밀을 누설하여서는 아니 된다.

③ 장애인복지상담원의 임용·직무·보수와 그 밖에 필요한 사항은 대통령령으로 정한다.

제34조(재활상담 등의 조치) ① 보건복지부장관, 특별시장·광역시장·도지사·특별자치도지사 또는 시장·군수·구청장(이하 "장애인복지실시기관"이라 한다)은 장애인에 대한 검진 및 재활상담을 하고, 필요하다고 인정되면 다음 각 호의 조치를 하여야 한다. <개정 2008.2.29, 2010.1.18>

1. 국·공립병원, 보건소, 보건지소, 그 밖의 의료기관(이하 "의료기관"이라 한다)에 의뢰하여 의료와 보건지도를 받게 하는 것
2. 국가 또는 지방자치단체가 설치한 장애인복지시설에서 주거편의·상담·치료·훈련 등의 필요한 서비스를 받도록 하는 것
3. 제59조에 따라 설치된 장애인복지시설에 위탁하여 그 시설에서 주거편의·상담·치료·훈련 등의 필요한 서비스를 받도록 하는 것
4. 공공직업능력개발훈련시설이나 사업장 내

직업훈련시설에서 하는 직업훈련 또는 취업알선을 필요로 하는 자를 관련 시설이나 직업안정업무기관에 소개하는 것

② 장애인복지실시기관은 제1항의 재활 상담을 하는 데에 필요하다고 인정되면 제33조에 따른 장애인복지상담원을 해당 장애인의 가정 또는 장애인이 주거편의·상담·치료·훈련 등의 서비스를 받는 시설이나 의료기관을 방문하여 상담하게 하거나 필요한 지도를 하게 할 수 있다.

[제목개정 2011.3.30]

제35조(장애 유형 · 장애 정도별 재활 및 자립지원 서비스 제공 등) 국가와 지방자치단체는 장애인의 일상생활을 편리하게 하고 사회활동 참여를 높이기 위하여 장애 유형·장애 정도별로 재활 및 자립지원 서비스를 제공하는 등 필요한 정책을 강구하여야 하며, 예산의 범위 안에서 지원할 수 있다.

제36조(의료비 지급) ① 장애인복지실시기관은 의료비를 부담하기 어렵다고 인정되는 장애인에게 장애 정도와 경제적 능력 등을 고려하여 장애 정도에 따라 의료에 소요되는 비용을 지급할 수 있다.

② 제1항에 따른 의료비 지급 대상·기준 및 방법 등에 관하여 필요한 사항은 보건복지부령으로 정한다. <개정 2008.2.29, 2010.1.18>

제37조(산후조리도우미 지원 등) ① 국가 및 지방자치단체는 임산부인 여성장애인과 신생아의 건강관리를 위하여 경제적 부담능력 등을 감안하여 여성장애인의 가정을 방문하여 산전·산후 조리를 돕는 도우미(이하 "산후조리도우미"라 한다)를 지원할 수 있다.

② 국가 및 지방자치단체는 제1항의 규정에 따른 산후조리도우미 지원사업에 대하여 보건복지부령이 정하는 바에 따라 정기적으로 모니터링(산후조리도우미 지원사업의 실효성 등을 확보하기 위한 정기적인 점검활동을 말한다)을 실시하여야 한다. <개정 2008.2.29, 2010.1.18>

③ 산후조리도우미 지원의 기준 및 방법 등에 관하여 필요한 사항은 대통령령으로 정한다.

제38조(자녀교육비 지급) ① 장애인복지실시기관은 경제적 부담능력 등을 고려하여 장애인이 부양하는 자녀 또는 장애인인 자녀의 교육비를 지급할 수 있다.

② 제1항에 따른 교육비 지급 대상·기준 및 방법 등에 관하여 필요한 사항은 보건복지부령으로 정한다. <개정 2008.2.29, 2010.1.18>

제39조(장애인이 사용하는 자동차 등에 대한 지원 등) ① 국가와 지방자치단체, 그 밖의 공공단체는 장애인이 이동수단인 자동차 등을 편리하게 사용할 수 있도록 하고 경제적 부담을 줄여 주기 위하여 조세감면 등 필요한 지원정책을 강구하여야 한다.

② 시장·군수·구청장은 장애인이 이용하는 자동차 등을 지원하는 데에 편리하도록 장애인이 사용하는 자동차 등임을 알아 볼 수 있는 표지(이하 "장애인사용자동차등표지"라 한다)를 발급하여야 한다.

③ 장애인사용자동차등표지를 대여하거나 보건복지부령이 정하는 자 외의 자에게 양도하는 등 부당한 방법으로 사용하여서는 아니 되며, 이와 비슷한 표지·명칭 등을 사용하여서는 아니 된다. <개정 2008.2.29, 2010.1.18>

④ 장애인사용자동차등표지의 발급 대상과 발급 절차 등에 관하여 필요한 사항은 보건복지부령으로 정한다. <개정 2008.2.29, 2010.1.18>

제40조(장애인 보조견의 훈련 · 보급 지원 등) ① 국가와 지방자치단체는 장애인의 복지 향상을 위하여 장애인을 보조할 장애인 보조견(補助犬)의 훈련·보급을 지원하는 방안을 강구하여야 한다.

② 보건복지부장관은 장애인 보조견에 대하여 장애인 보조견표지(이하 "보조견표지"라 한다)를 발급할 수 있다. <개정 2008.2.29, 2010.1.18>

③ 누구든지 보조견표지를 붙인 장애인 보조견을 동반한 장애인이 대중교통수단을 이용하거나 공공장소, 숙박시설 및 식품접객업소 등 여러 사람이 다니거나 모이는 곳에 출입하려는 때에는 정당한 사유 없이 거부하여서는 아니 된다. 제4항에 따라 지정된 전문훈련기관에 종사하는 장애인 보조견 훈련자 또는 장애인 보조견 훈련 관련 자원봉사자가 보조견표지를 붙인 장애인 보조견을 동반한 경우에도 또한 같다. <개정 2012.1.26>

④ 보건복지부장관은 장애인보조견의 훈련·보급을 위하여 전문훈련기관을 지정할 수 있다. <개정 2008.2.29, 2010.1.18>
⑤ 보조견표지의 발급대상, 발급절차 및 전문훈련기관의 지정에 관하여 필요한 사항은 보건복지부령으로 정한다. <개정 2008.2.29, 2010.1.18>

제41조(자금 대여 등) 국가와 지방자치단체는 장애인이 사업을 시작하거나 필요한 지식과 기능을 익히는 것 등을 지원하기 위하여 대통령령으로 정하는 바에 따라 자금을 대여할 수 있다.

제42조(생업 지원) ① 국가와 지방자치단체, 그 밖의 공공단체는 소관 공공시설 안에 식료품·사무용품·신문 등 일상생활용품을 판매하는 매점이나 자동판매기의 설치를 허가하거나 위탁할 때에는 장애인이 신청하면 우선적으로 반영하도록 노력하여야 한다.
② 시장·군수 또는 구청장은 장애인이 「담배사업법」에 따라 담배소매인으로 지정받기 위하여 신청하면 그 장애인을 우선적으로 지정하도록 노력하여야 한다.
③ 장애인이 우편법령에 따라 국내 우표류 판매업 계약 신청을 하면 우편관서는 그 장애인이 우선적으로 계약할 수 있도록 노력하여야 한다.
④ 제1항부터 제3항까지의 규정에 따른 허가·위탁 또는 지정 등을 받은 자는 특별한 사유가 없으면 직접 그 사업을 하여야 한다.
⑤ 제1항에 따른 설치 허가권자는 매점·자동판매기 설치를 허가하기 위하여 설치 장소와 판매할 물건의 종류 등을 조사하고 그 결과를 장애인에게 알리는 조치를 강구하여야 한다.

제43조(자립훈련비 지급) ① 장애인복지실시기관은 제34조제1항제2호 또는 제3호에 따라 장애인복지시설에서 주거편의·상담·치료·훈련 등을 받도록 하거나 위탁한 장애인에 대하여 그 시설에서 훈련을 효과적으로 받는 데 필요하다고 인정되면 자립훈련비를 지급할 수 있으며, 특별한 사정이 있으면 훈련비 지급을 대신하여 물건을 지급할 수 있다.
② 제1항에 따른 자립훈련비의 지급과 물건의 지급 등에 관하여 필요한 사항은 보건복지부령으로 정한다. <개정 2008.2.29, 2010.1.18>

제44조(생산품 구매) 국가, 지방자치단체 및 그 밖의 공공단체는 장애인복지시설과 장애인복지단체에서 생산한 물품의 우선 구매에 필요한 조치를 마련하여야 한다.
[전문개정 2012.1.26]

제45조(생산품 인증) ① 보건복지부장관은 장애인복지시설, 장애인복지단체에서 생산한 물품의 판매촉진·품질향상 및 소비자와 구매자 보호를 위하여 인증제도를 실시할 수 있다. <개정 2008.2.29, 2010.1.18>
② 제1항에 따른 인증의 신청·기준·절차·표시방법 및 대상품목의 선정 등에 관하여 필요한 사항은 보건복지부령으로 정한다. <개정 2008.2.29, 2010.1.18>

제46조(고용 촉진) 국가와 지방자치단체는 직접 경영하는 사업에 능력과 적성이 맞는 장애인을 고용하도록 노력하여야 하며, 장애인에게 적합한 사업을 경영하는 자에게 장애인의 능력과 적성에 따라 장애인을 고용하도록 권유할 수 있다.

제47조(공공시설의 우선 이용) 국가와 지방자치단체, 그 밖의 공공단체는 장애인의 자립을 지원하는 데에 필요하다고 인정되면 그 공공시설의 일부를 장애인이 우선 이용하게 할 수 있다.

제48조(국유·공유 재산의 우선매각이나 유상·무상 대여) ① 국가와 지방자치단체는 이 법에 따른 장애인복지시설을 설치하거나 장애인복지단체가 장애인복지사업과 관련한 시설을 설치하는 데에 필요할 경우 국유·공유 토지와 시설 등을 우선 매각하거나 임대 또는 무상으로 대부할 수 있다.
② 국가와 지방자치단체는 제1항에 따라 국가나 지방자치단체로부터 토지와 시설을 매수·임차하거나 대부받은 자가 그 매수·임차 또는 대부한 날부터 2년 이내에 장애인복지시설을 설치하지 아니하거나 장애인복지단체의 장애인복지사업 관련 시설을 설치하지 아니할 때에는 토지와 시설을 환수하거나 임차계약을 취소할 수 있다.

제49조(장애수당) ① 국가와 지방자치단체는 장애인의 장애 정도와 경제적 수준을 고려하여 장애로 인한 추가적 비용을 보전(補塡)하게 하기 위하여 장애수당을 지급할 수 있다.

다만, 「국민기초생활 보장법」에 따른 생계급여를 받는 장애인에게는 장애수당을 반드시 지급하여야 한다. <개정 2012.1.26>

② 제1항에도 불구하고 「장애인연금법」 제2조제1호에 따른 중증장애인에게는 제1항에 따른 장애수당을 지급하지 아니한다. <신설 2010.4.12>

③ 제1항에 따른 장애수당의 지급 대상·기준 및 방법 등에 관하여 필요한 사항은 대통령령으로 정한다. <개정 2010.4.12>

제50조(장애아동수당과 보호수당) ① 국가와 지방자치단체는 장애아동에게 보호자의 경제적 생활수준 및 장애아동의 장애 정도를 고려하여 장애로 인한 추가적 비용을 보전(補塡)하게 하기 위하여 장애아동수당을 지급할 수 있다.

② 국가와 지방자치단체는 장애인을 보호하는 보호자에게 그의 경제적 수준과 장애인의 장애 정도를 고려하여 장애로 인한 추가적 비용을 보전하게 하기 위하여 보호수당을 지급할 수 있다.

③ 제1항과 제2항에 따른 장애아동수당과 보호수당의 지급 대상·기준 및 방법 등에 관하여 필요한 사항은 대통령령으로 정한다.

제50조의2(자녀교육비 및 장애수당 등의 지급 신청) ① 제38조에 따른 자녀교육비(이하 "자녀교육비"라 한다), 제49조 및 제50조에 따른 장애수당, 장애아동수당 및 보호수당(이하 "장애수당등"이라 한다)을 지급받으려는 사람은 보건복지부령으로 정하는 바에 따라 특별자치도지사·시장·군수·구청장에게 자녀교육비 및 장애수당등의 지급을 신청할 수 있다.

② 제1항에 따라 신청을 할 때에 신청인과 그 가구원(「국민기초생활 보장법」 제2조제7호에 따른 개별가구의 가구원을 말한다. 이하 같다)은 대통령령으로 정하는 바에 따라 다음 각 호의 자료 또는 정보의 제공에 동의한다는 서면을 제출하여야 한다.

1. 「금융실명거래 및 비밀보장에 관한 법률」 제2조제2호 및 제3호에 따른 금융자산 및 금융거래의 내용에 대한 자료 또는 정보 중 예금의 평균잔액과 그 밖에 대통령령으로 정하는 자료 또는 정보(이하 "금융정보"라 한다)
2. 「신용정보의 이용 및 보호에 관한 법률」 제2조제1호에 따른 신용정보 중 채무액과 그 밖에 대통령령으로 정하는 자료 또는 정보(이하 "신용정보"라 한다)
3. 「보험업법」 제4조제1항 각 호에 따른 보험에 가입하여 납부한 보험료와 그 밖에 대통령령으로 정하는 자료 또는 정보(이하 "보험정보"라 한다)

[본조신설 2012.1.26]

제50조의3(금융정보등의 제공) ① 보건복지부장관은 「금융실명거래 및 비밀보장에 관한 법률」 제4조와 「신용정보의 이용 및 보호에 관한 법률」 제32조에도 불구하고 제50조의2제2항에 따라 신청인과 그 가구원이 제출한 동의 서면을 전자적 형태로 바꾼 문서로 「금융실명거래 및 비밀보장에 관한 법률」 제2조제1호에 따른 금융회사등이나 「신용정보의 이용 및 보호에 관한 법률」 제2조제6호에 따른 신용정보집중기관(이하 "금융기관등"이라 한다)의 장에게 금융정보·신용정보 또는 보험정보(이하 "금융정보등"이라 한다)의 제공을 요청할 수 있다.

② 보건복지부장관은 자녀교육비 및 장애수당등을 받고 있는 사람(이하 "수급자"라 한다)에 대한 그 지급의 적정성을 확인하기 위하여 필요하다고 인정하는 경우 「금융실명거래 및 비밀보장에 관한 법률」 제4조와 「신용정보의 이용 및 보호에 관한 법률」 제32조에도 불구하고 대통령령으로 정하는 기준에 따라 인적 사항을 기재한 문서(전자문서를 포함한다)로 금융기관등의 장에게 수급자와 그 가구원의 금융정보등의 제공을 요청할 수 있다.

③ 제1항 및 제2항에 따라 금융정보등의 제공을 요청받은 금융기관등의 장은 「금융실명거래 및 비밀보장에 관한 법률」 제4조와 「신용정보의 이용 및 보호에 관한 법률」 제32조에도 불구하고 명의인의 금융정보등을 제공하여야 한다.

④ 제3항에 따라 금융정보등을 제공한 금융기관등의 장은 금융정보등의 제공 사실을 명의인에게 통보하여야 한다. 다만, 명의인이 동의하는 경우에는 「금융실명거래 및 비밀보장에 관한 법률」 제4조의2제1항과 「신용정보의 이용 및 보호에 관한 법률」

제32조제5항에도 불구하고 통보하지 아니할 수 있다.
⑤ 제1항부터 제3항까지의 규정에 따른 금융정보등의 제공 요청 및 제공은 「정보통신망 이용촉진 및 정보보호 등에 관한 법률」 제2조제1항제1호에 따른 정보통신망을 이용하여야 한다. 다만, 정보통신망이 손상되는 등 불가피한 경우에는 그러하지 아니하다.
⑥ 제1항부터 제3항까지의 규정에 따른 업무에 종사하거나 종사하였던 사람은 업무를 수행하면서 취득한 금융정보등을 이 법에서 정한 목적 외의 다른 용도로 사용하거나 다른 사람 또는 기관에 제공하거나 누설하여서는 아니 된다.
⑦ 제1항부터 제3항까지 및 제5항에 따른 금융정보등의 제공 요청 및 제공 등에 필요한 사항은 대통령령으로 정한다.
[본조신설 2012.1.26]

제51조(자녀교육비 및 장애수당등의 환수) ① 특별자치도지사·시장·군수·구청장은 자녀교육비 및 장애수당등을 받은 사람이 다음 각 호의 어느 하나에 해당하면 그가 받은 자녀교육비 및 장애수당등의 전부 또는 일부를 환수하여야 한다.
1. 거짓이나 그 밖의 부정한 방법으로 자녀교육비 및 장애수당등을 받은 경우
2. 자녀교육비 및 장애수당등을 받은 후 그 자녀교육비 및 장애수당등을 받게 된 사유가 소급하여 소멸된 경우
3. 잘못 지급된 경우

② 특별자치도지사·시장·군수·구청장은 자녀교육비 및 장애수당등을 받은 사람이 제1항 각 호의 사유에 해당하여 일정한 기간을 정하여 반환요청을 하였으나 그 기간 내에 반환하지 아니하면 국세 또는 지방세 체납처분의 예에 따라 징수할 수 있다.
③ 특별자치도지사·시장·군수·구청장은 제2항에 따라 자녀교육비 및 장애수당등을 징수할 때 반환하여야 할 사람이 행방불명되거나 재산이 없거나 그 밖에 대통령령으로 정하는 사유가 있어 환수가 불가능하다고 인정할 때에는 결손처분할 수 있다.
④ 제3항에 따른 결손처분의 대상, 방법, 그 밖의 필요한 사항은 대통령령으로 정한다.
[전문개정 2012.1.26]

제52조(장애인의 재활 및 자립생활의 연구) ① 국가와 지방자치단체는 장애인 재활 및 자립생활에 대하여 종합적이고 체계적으로 조사·연구·평가하기 위하여 전문 연구기관에 장애예방·의료·교육·직업재활 및 자립생활 등에 관한 연구 과제를 선정하여 의뢰할 수 있다.
② 국가와 지방자치단체는 제1항에 따른 연구과제를 수행하는 데에 들어가는 비용을 예산의 범위 안에서 보조할 수 있다.

제4장 자립생활의 지원

제53조(자립생활지원) 국가와 지방자치단체는 중증장애인의 자기결정에 의한 자립생활을 위하여 활동보조인의 파견 등 활동보조서비스 또는 장애인보조기구의 제공, 그 밖의 각종 편의 및 정보제공 등 필요한 시책을 강구하여야 한다.

제54조(중증장애인자립생활지원센터) ① 국가와 지방자치단체는 중증장애인의 자립생활을 실현하기 위하여 중증장애인자립생활지원센터를 통하여 필요한 각종 지원서비스를 제공한다.
② 제1항의 규정에 따른 중증장애인자립생활지원센터에 관하여 필요한 사항은 보건복지부령으로 정한다. <개정 2008.2.29, 2010.1.18>

제55조(활동지원급여의 지원) ① 국가와 지방자치단체는 중증장애인이 일상생활 또는 사회생활을 원활히 할 수 있도록 활동지원급여를 지원할 수 있다. <개정 2011.1.4>
② 국가 및 지방자치단체는 임신 등으로 인하여 이동이 불편한 여성장애인에게 임신 및 출산과 관련한 진료 등을 위하여 경제적 부담능력 등을 감안하여 활동보조인의 파견 등 활동보조서비스를 지원할 수 있다.
③ 삭제 <2011.1.4>
[제목개정 2011.1.4]

제56조(장애동료간 상담) ① 국가와 지방자치단체는 장애인이 장애를 극복하는 데 도움이 되도록 장애동료 간 상호대화나 상담의 기회를 제공하도록 노력하여야 한다.
② 제1항에 따른 장애동료 간의 대화나 상

담의 기회를 제공하기 위한 구체적인 사업 등에 관하여 필요한 사항은 보건복지부령으로 정한다. <개정 2008.2.29, 2010.1.18>

제5장 복지시설과 단체

제57조(장애인복지시설의 이용 등) ① 국가와 지방자치단체는 장애인이 제58조에 따른 장애인복지시설의 이용을 통하여 기능회복과 사회적 향상을 도모할 수 있도록 필요한 정책을 강구하여야 한다.
② 국가와 지방자치단체는 제58조에 따른 장애인복지시설을 이용하는 장애인의 인권을 보호하기 위하여 필요한 정책을 마련하고 관련 프로그램을 실시할 수 있는 기반을 조성하여야 한다.
③ 장애인복지실시기관은 제58조에 따른 장애인복지시설에 대한 장애인의 선택권을 최대한 보장하여야 한다.
④ 장애인복지실시기관은 장애인의 선택권을 보장하기 위하여 제58조에 따른 장애인복지시설을 이용하려는 장애인에게 시설의 선택에 필요한 정보를 충분히 제공하여야 한다.
⑤ 제58조에 따른 장애인복지시설의 선택에 필요한 정보 제공과 서비스 제공 시에는 장애인의 성별·연령 및 장애의 유형과 정도를 고려하여야 한다.
[전문개정 2011.3.30]

제58조(장애인복지시설) ① 장애인복지시설의 종류는 다음 각 호와 같다. <개정 2011.3.30>
1. 장애인 거주시설: 거주공간을 활용하여 일반가정에서 생활하기 어려운 장애인에게 일정 기간 동안 거주·요양·지원 등의 서비스를 제공하는 동시에 지역사회생활을 지원하는 시설
2. 장애인 지역사회재활시설 : 장애인을 전문적으로 상담·치료·훈련하거나 장애인의 일상생활, 여가활동 및 사회참여활동 등을 지원하는 시설
3. 장애인 직업재활시설 : 일반 작업환경에서는 일하기 어려운 장애인이 특별히 준비된 작업환경에서 직업훈련을 받거나 직업 생활을 할 수 있도록 하는 시설
4. 장애인 의료재활시설: 장애인을 입원 또는 통원하게 하여 상담, 진단·판정, 치료 등 의료재활서비스를 제공하는 시설
5. 그 밖에 대통령령으로 정하는 시설

② 제1항 각 호에 따른 장애인복지시설의 구체적인 종류와 사업 등에 관한 사항은 보건복지부령으로 정한다. <개정 2008.2.29, 2010.1.18>

제59조(장애인복지시설 설치) ① 국가와 지방자치단체는 장애인복지시설을 설치할 수 있다.
② 제1항에 규정된 자 외의 자가 장애인복지시설을 설치·운영하려면 해당 시설 소재지 관할 시장·군수·구청장에게 신고하여야 하며, 신고한 사항 중 보건복지부령으로 정하는 중요한 사항을 변경할 때에도 신고하여야 한다. 다만, 제62조에 따른 폐쇄 명령을 받고 1년이 지나지 아니한 자는 시설의 설치·운영 신고를 할 수 없다. <개정 2008.2.29, 2010.1.18>
③ 제58조제1항제1호에 따른 장애인 거주시설의 정원은 30명을 초과할 수 없다. 다만, 특수한 서비스를 위하여 일정 규모 이상이 필요한 시설 등 대통령령으로 정하는 경우에는 그러하지 아니하다. <신설 2011.3.30>
④ 제58조제1항제4호에 따른 의료재활시설의 설치는 「의료법」에 따른다. <개정 2011.3.30>
⑤ 제2항에 따른 장애인복지시설의 시설기준·신고·변경신고 및 이용 등에 관하여 필요한 사항은 보건복지부령으로 정한다. <개정 2008.2.29, 2010.1.18, 2011.3.30>

제59조의2(장애인 대상 성범죄의 신고) ① 누구든지 장애인 대상 성범죄(「성폭력범죄의 처벌 등에 관한 특례법」 제2조제1항에 따른 성폭력범죄 또는 「아동·청소년의 성보호에 관한 법률」 제2조제2호에 따른 아동·청소년대상 성범죄를 말한다. 이하 같다)의 발생 사실을 알게 된 때에는 수사기관에 신고할 수 있다.
② 장애인복지시설의 운영자와 해당 시설의 종사자는 직무상 장애인 대상 성범죄의 발생 사실을 알게 된 때에는 즉시 수사기관에 신고하여야 한다.
③ 다른 법률에 규정이 있는 경우를 제외하고는 누구든지 장애인 대상 성범죄 신고자

의 인적사항이나 사진 등 그 신원을 알 수 있는 정보나 자료를 출판물에 게재하거나 방송 또는 정보통신망을 통하여 공개하여서는 아니 된다.
④ 장애인복지시설의 운영자는 보건복지부령으로 정하는 절차와 방식에 따라 해당 시설의 종사자에게 장애인 대상 성범죄 예방 및 신고의무와 관련한 교육을 실시하여야 한다.
[본조신설 2012.1.26]

제59조의3(성범죄자의 취업제한 등) ① 성범죄(「성폭력범죄의 처벌 등에 관한 특례법」 제2조제1항에 따른 성폭력범죄 또는 「아동·청소년의 성보호에 관한 법률」 제2조제2호에 따른 아동·청소년대상 성범죄를 말한다. 이하 같다)로 형 또는 치료감호를 선고받아 확정된 사람은 그 형 또는 치료감호의 전부 또는 일부의 집행을 종료하거나 집행이 유예·면제된 날부터 10년 동안 장애인복지시설을 운영하거나 장애인복지시설에 취업 또는 사실상 노무를 제공할 수 없다.
② 시장·군수·구청장은 제59조제2항에 따라 장애인복지시설을 운영하려는 자에 대하여 본인의 동의를 받아 관계 기관의 장에게 성범죄의 경력 조회를 요청하여야 한다.
③ 장애인복지시설 운영자는 그 시설에 취업 중이거나 사실상 노무를 제공 중인 사람 또는 취업하려 하거나 사실상 노무를 제공하려는 사람에 대하여 성범죄의 경력을 확인하여야 한다. 이 경우 본인의 동의를 받아 관계 기관의 장에게 성범죄의 경력 조회를 요청하여야 한다.
④ 시장·군수·구청장은 성범죄로 유죄판결이 확정된 사람이 장애인복지시설에 취업하였는지를 직접 또는 관계 기관 조회 등의 방법으로 확인·점검할 수 있다. 이 경우 시장·군수·구청장은 제1항을 위반하여 장애인복지시설에 취업하거나 사실상 노무를 제공하는 사람이 있으면 장애인복지시설 운영자에게 그의 해임을 요구할 수 있다.
⑤ 제2항부터 제4항까지의 규정에 따라 성범죄의 경력 조회를 요청받은 관계 기관의 장은 정당한 사유가 없는 한 이에 따라야 한다.
⑥ 제2항부터 제4항까지에 따른 성범죄경력 조회의 요청 절차·범위 등에 관하여 필요한 사항은 대통령령으로 정한다.
[본조신설 2012.1.26]

제60조(장애인복지시설 운영의 개시 등) ① 제59조제2항에 따라 신고한 자는 지체 없이 시설 운영을 시작하여야 한다.
② 시설 운영자가 시설 운영을 중단 또는 재개하거나 시설을 폐지하려는 때에는 보건복지부령이 정하는 바에 따라 미리 시장·군수·구청장에게 신고하여야 한다. <개정 2008.2.29, 2010.1.18, 2011.3.30>
③ 시설 운영자가 제2항에 따라 시설 운영을 중단하거나 시설을 폐지할 때에는 보건복지부령이 정하는 바에 따라 시설 이용자의 권익을 보호하기 위하여 다음 각 호의 조치를 하여야 한다. <개정 2008.2.29, 2010.1.18, 2011.3.30>
1. 시장·군수·구청장의 협조를 받아 시설 이용자가 다른 시설을 선택할 수 있도록 하고 그 이행을 확인하는 조치
2. 시설 이용자가 이용료·사용료 등의 비용을 부담하는 경우 납부한 비용 중 사용하지 아니한 금액을 반환하게 하고 그 이행을 확인하는 조치
3. 보조금·후원금 등의 사용 실태 확인과 이를 재원으로 조성한 재산 중 남은 재산의 회수조치
4. 그 밖에 시설 이용자의 권익 보호를 위하여 필요하다고 인정되는 조치
④ 시설 운영자가 제2항에 따라 시설운영을 재개하려고 할 때에는 보건복지부령으로 정하는 바에 따라 시설 이용자의 권익을 보호하기 위하여 다음 각 호의 조치를 하여야 한다. <신설 2011.3.30>
1. 운영 중단 사유의 해소
2. 향후 안정적 운영계획의 수립
3. 그 밖에 시설 이용자의 권익 보호를 위하여 보건복지부장관이 필요하다고 인정하는 조치
⑤ 제1항과 제2항에 따른 시설 운영의 개시·중단·재개 및 시설 폐지의 신고 등에 관하여 필요한 사항은 보건복지부령으로 정한다. <개정 2008.2.29, 2010.1.18, 2011.3.30>
[제목개정 2011.3.30]

제60조의2(장애인 거주시설 이용절차) ①

장애인 거주시설을 이용하려는 자와 그 친족, 그 밖의 관계인은 보건복지부령으로 정하는 서류를 갖추어 시장·군수·구청장에게 장애인의 시설 이용을 신청하여야 한다.
② 제1항에 따라 시설 이용을 신청받은 시장·군수·구청장은 이용 신청자의 시설 이용 적격성 여부를 심사하여, 그 결과에 따라 시설 이용 여부를 결정하여야 한다.
③ 시장·군수·구청장은 제2항에 따른 이용 신청자의 시설 이용 적격성 및 제79조제2항에 따른 본인부담금을 결정하여 이용 신청자와 시설 운영자에게 통보한다.
④ 시설 이용자가 제1항부터 제3항까지의 절차를 거치지 아니하고 시설을 이용하는 경우, 시설 운영자는 보건복지부령으로 정하는 바에 따라 해당 사례를 시장·군수·구청장에게 보고하여야 하며, 시장·군수·구청장은 이용 적격성 여부의 확인 등 필요한 조치를 취하여야 한다.
⑤ 시설 운영자는 이용 신청자와 서비스 이용조건, 본인부담금 등의 사항을 포함하여 계약을 체결하고, 그 결과를 시장·군수·구청장에게 보고하여야 하며, 계약에 관한 세부적인 사항은 보건복지부령으로 정한다.
⑥ 제5항에 따른 계약은 시설을 이용할 장애인 본인이 체결하는 것을 원칙으로 하되, 지적 능력 등의 이유로 장애인 본인이 계약을 체결하기 어려운 경우에 한하여, 대통령령으로 정하는 자가 계약절차의 전부 또는 일부를 대행할 수 있다.
⑦ 시설 이용자가 시설 이용을 중단하려는 경우에는 보건복지부령으로 정하는 기간 전에 시설 이용을 중단할 의사를 시설 운영자에게 밝혀야 한다. 이 경우 시설 운영자는 이용 중단과 관련하여 필요한 조치를 하여야 하고, 이용 중단 희망자에 대하여 이용 중단에 따른 어떠한 불이익한 처분이나 차별도 하여서는 아니 된다.
[본조신설 2011.3.30]

제60조의3(장애인 거주시설의 서비스 최저기준) ① 보건복지부장관은 장애인 거주시설에서 제공하여야 하는 서비스의 최저기준을 마련하여야 하며, 장애인복지실시기관은 그 기준이 충족될 수 있도록 필요한 조치를 취하여야 한다.
② 시설 운영자는 제1항에 따른 서비스의 최저기준 이상으로 서비스의 수준을 유지하여야 한다.
③ 제1항에 따른 서비스 최저기준의 구체적인 내용과 시행에 관하여 필요한 사항은 보건복지부령으로 정한다.
[본조신설 2011.3.30]

제60조의4(장애인 거주시설 운영자의 의무) ① 시설 운영자는 시설 이용자의 인권을 보호하고, 인권이 침해된 경우에는 즉각적인 회복조치를 취하여야 한다.
② 시설 운영자는 시설 이용자의 거주, 요양, 생활지원, 지역사회생활 지원 등을 위하여 필요한 서비스를 제공하여야 한다.
③ 시설운영자는 시설 이용자의 사생활 및 자기결정권의 보장을 위하여 노력하여야 한다.
[본조신설 2011.3.30]

제61조(감독) ① 장애인복지실시기관은 장애인복지시설을 설치·운영하는 자의 소관업무 및 시설이용자의 인권실태 등을 지도·감독하며, 필요한 경우 그 시설에 관한 보고 또는 관련 서류 제출을 명하거나 소속 공무원에게 그 시설의 운영상황·장부, 그 밖의 서류를 조사·검사하거나 질문하게 할 수 있다.
② 제1항에 따라 관계 공무원이 그 직무를 할 때에는 권한을 표시하는 증표를 관계인에게 내보여야 한다.

제62조(시설의 개선, 사업의 정지, 폐쇄 등) ① 장애인복지실시기관은 장애인복지시설이 다음 각 호의 어느 하나에 해당하는 때에는 그 시설의 개선, 사업의 정지, 시설의 장의 교체를 명하거나 해당 시설의 폐쇄를 명할 수 있다. <개정 2011.3.30>
1. 제59조제5항에 따른 시설기준에 미치지 못한 때
2. 정당한 사유 없이 제61조에 따른 보고를 하지 아니하거나 거짓으로 보고한 때 또는 조사·검사 및 질문을 거부·방해하거나 기피한 때
3. 사회복지법인이나 비영리법인이 설치·운영하는 시설인 경우 그 사회복지법인이나 비영리법인의 설립 허가가 취소된 때
4. 시설의 회계 부정이나 시설이용자에 대한

인권침해 등 불법행위, 그 밖의 부당행위 등이 발견된 때

5. 설치 목적을 이루었거나 그 밖의 사유로 계속하여 운영할 필요가 없다고 인정되는 때
6. 이 법 또는 이 법에 따른 명령이나 처분을 위반한 경우

② 장애인복지시설시기관은 제58조제1항제1호에 따른 장애인 거주시설이 제60조의3에 따른 서비스 최저기준을 유지하지 못할 때에는 그 시설의 개선, 사업의 정지, 시설의 장의 교체를 명하거나 해당 시설의 폐쇄를 명할 수 있다. <신설 2011.3.30>

第63조(단체의 보호 · 육성) ① 국가와 지방자치단체는 장애인의 복지를 향상하고 자립을 돕기 위하여 장애인복지단체를 보호·육성하도록 노력하여야 한다.

② 국가와 지방자치단체는 예산의 범위 안에서 제1항에 따른 단체의 사업 또는 활동이나 그 시설에 필요한 경비의 전부 또는 일부를 보조할 수 있다.

第64조(장애인복지단체협의회) ① 장애인복지단체의 활동을 지원하고 장애인의 복지를 향상하기 위하여 장애인복지단체협의회(이하 "협의회"라 한다)를 설립할 수 있다.

② 협의회는 「사회복지사업법」에 따른 사회복지법인으로 하되, 「사회복지사업법」 제23조제1항은 적용하지 아니한다.

③ 협의회의 조직과 운영 등에 관하여 필요한 사항은 정관으로 정한다.

제 6 장 장애인보조기구

第65조(장애인보조기구) ① "장애인보조기구"란 장애인이 장애의 예방·보완과 기능 향상을 위하여 사용하는 의지(義肢)·보조기 및 그 밖에 보건복지부장관이 정하는 보장구와 일상생활의 편의 증진을 위하여 사용하는 생활용품을 말한다. <개정 2008.2.29, 2010.1.18>

② 보건복지부장관은 제1항에 따른 장애인보조기구의 품질향상 등을 위하여 장애인보조기구의 품목·기준 및 규격을 정하여 고시할 수 있다. <개정 2008.2.29, 2010.1.18>

第66조(장애인보조기구의 교부 등) ① 국가와 지방자치단체는 장애인의 신청이 있을 때에는 예산의 범위 안에서 장애인보조기구를 교부·대여 또는 수리하거나 장애인보조기구 구입 또는 수리에 필요한 비용을 지급할 수 있다.

② 제1항에 따른 비용의 지급은 장애인보조기구의 교부 또는 수리가 곤란하다고 인정되는 경우에만 한다.

③ 제1항에 따른 신청을 할 수 있는 자의 범위, 장애인보조기구의 교부·대여·수리 및 비용 지급의 기준과 방법 등에 관하여 필요한 사항은 보건복지부령으로 정한다. <개정 2008.2.29, 2010.1.18>

第67조(장애인보조기구업체의 육성 · 연구 지원 등) ① 국가와 지방자치단체는 장애인보조기구의 개발·보급을 촉진하기 위하여 장애인보조기구를 생산하는 업체(이하 "장애인보조기구업체"라 한다)에 대한 생산장려금 지급, 기술지원, 연구개발의 장려 등 필요한 조치를 강구하여야 한다.

② 국가와 지방자치단체는 장애인보조기구업체의 육성을 위하여 장애인보조기구업체 중 우수업체를 지정하여 자금을 융자하거나 보조할 수 있다.

③ 국가와 지방자치단체는 제2항에 따라 지정된 우수업체가 지정의 필요성을 상실하였다고 인정될 경우 그 지정을 취소할 수 있다.

④ 제1항부터 제3항까지의 규정에 따른 생산장려금 지급, 기술지원, 우수업체 지정 및 취소, 자금 융자와 보조 등에 관하여 필요한 사항은 보건복지부령으로 정한다. <개정 2008.2.29, 2010.1.18>

第68조(장애인보조기구 연구개발의 지원 등) ① 보건복지부장관은 장애인보조기구의 품질 향상 등을 위하여 장애인보조기구에 관한 연구개발을 장려하고 보호·육성하기 위한 정책을 강구하여야 한다. <개정 2008.2.29, 2010.1.18>

② 국가와 지방자치단체는 장애인보조기구에 관한 연구개발활동에 대하여 자금의 보조 등 필요한 지원정책을 강구하여야 한다.

第69조(의지 · 보조기제조업의 개설사실의 통보 등) ① 의지·보조기를 제조·개조·수리하거나 신체에 장착하는 사업(이하 "의지·보

조기제조업"이라 한다)을 하는 자는 그 제조업소를 개설한 후 7일 이내에 보건복지부령이 정하는 바에 따라 시장·군수·구청장에게 제조업소의 개설사실을 알려야 한다. 제조업소의 소재지 변경 등 보건복지부령이 정하는 중요 사항을 변경한 때에도 또한 같다. <개정 2008.2.29, 2010.1.18>

② 의지·보조기 제조업자는 제72조에 따른 의지·보조기 기사(補助器 技士)를 1명 이상 두어야 한다. 다만, 의지·보조기 제조업자 자신이 의지·보조기 기사인 경우에는 따로 기사를 두지 아니하여도 된다.

③ 의지·보조기 제조업자가 제70조에 따른 폐쇄 명령을 받은 후 6개월이 지나지 아니하면 같은 장소에서 같은 제조업을 하여서는 아니 된다.

④ 의지·보조기 제조업자는 의사의 처방에 따라 의지·보조기를 제조하거나 개조하여야 한다.

제70조(의지 · 보조기 제조업소의 폐쇄 등) ① 시장·군수·구청장은 의지·보조기 제조업자가 다음 각 호의 어느 하나에 해당하는 경우에는 그 제조업소의 폐쇄를 명할 수 있다.

1. 제69조제2항을 위반하여 의지·보조기 기사를 두지 아니하고 의지·보조기제조업을 한 경우
2. 영업정지처분 기간에 영업을 하거나 3회 이상 영업정지처분을 받은 경우

② 시장·군수·구청장은 의지·보조기제조업자가 의지·보조기 제조업을 하면서 고의나 중대한 과실로 의지·보조기를 착용하는 사람의 신체에 손상을 입힌 사실이 있는 때에는 6개월의 범위 안에서 보건복지부령으로 정하는 바에 따라 영업정지를 명할 수 있다. <개정 2008.2.29, 2010.1.18>

제7장 장애인복지 전문인력

제71조(장애인복지 전문인력 양성 등) ① 국가와 지방자치단체 그 밖의 공공단체는 수화통역사, 점역(點譯)·교정사 등 장애인복지 전문인력, 그 밖에 장애인복지에 관한 업무에 종사하는 자를 양성·훈련하는 데에 노력해야 한다.

② 제1항에 따른 장애인복지전문인력의 범위 등에 관한 사항은 보건복지부령으로 정한다. <개정 2008.2.29, 2010.1.18>

③ 국가와 지방자치단체는 제1항에 따른 장애인복지전문인력의 양성업무를 관계 전문기관 등에 위탁할 수 있다.

④ 국가와 지방자치단체는 제1항에 따른 장애인복지전문인력의 양성에 소요되는 비용을 예산의 범위 안에서 보조할 수 있다.

제71조(장애인복지 전문인력 양성 등) ① 국가와 지방자치단체 그 밖의 공공단체는 의지·보조기 기사, 언어재활사, 수화통역사, 점역(點譯)·교정사 등 장애인복지 전문인력, 그 밖에 장애인복지에 관한 업무에 종사하는 자를 양성·훈련하는 데에 노력해야 한다. <개정 2011.8.4>

② 제1항에 따른 장애인복지전문인력의 범위 등에 관한 사항은 보건복지부령으로 정한다. <개정 2008.2.29, 2010.1.18>

③ 국가와 지방자치단체는 제1항에 따른 장애인복지전문인력의 양성업무를 관계 전문기관 등에 위탁할 수 있다.

④ 국가와 지방자치단체는 제1항에 따른 장애인복지전문인력의 양성에 소요되는 비용을 예산의 범위 안에서 보조할 수 있다.

[시행일 : 2012.8.5] 제71조

제72조(의지 · 보조기 기사자격증 교부 등) ① 보건복지부장관은 다음 각 호의 어느 하나에 해당하는 자로서 제73조에 따른 국가시험에 합격한 자(이하 "의지·보조기 기사"라 한다)에게 의지·보조기 기사자격증을 내주어야 한다. <개정 2008.2.29, 2010.1.18>

1. 「고등교육법」에 따른 전문대학이나 교육인적자원부장관이 이와 같은 수준 이상의 학력이 있다고 인정하는 학교에서 보건복지부령으로 정하는 의지·보조기 관련 교과목을 이수하고 졸업한 자
2. 보건복지부장관이 인정하는 외국에서 제1호에 해당하는 학교와 같은 수준 이상의 교육과정을 마치고 외국의 해당 의지·보조기 기사자격증을 받은 자

② 의지·보조기 기사자격증을 분실하거나 훼손한 자에게는 신청에 따라 자격증을 재교부한다.

③ 의지·보조기 기사자격증은 다른 자에게

대여하지 못한다.
④ 제1항과 제2항에 따른 자격증의 교부·재교부 절차와 그 밖에 그 관리에 관하여 필요한 사항은 보건복지부령으로 정한다. <개정 2008.2.29, 2010.1.18>

제72조의2(언어재활사 자격증 교부 등) ① 보건복지부장관은 제2항에 따른 자격요건을 갖춘 사람으로서 제73조에 따른 국가시험에 합격한 사람(이하 "언어재활사"라 한다)에게 언어재활사 자격증을 내주어야 한다.
② 언어재활사의 종류 및 국가시험 응시자격 요건은 다음 각 호의 구분과 같다. 이 경우 외국의 대학원·대학·전문대학에서 언어재활 분야의 학위를 취득한 사람으로서 등급별 자격기준과 동등한 학력이 있다고 보건복지부장관이 인정하는 경우에는 해당 등급의 응시자격을 갖춘 것으로 본다.
1. 1급 언어재활사: 2급 언어재활사 자격증을 가진 사람으로서 다음 각 목의 어느 하나에 해당하는 사람
가. 「고등교육법」에 따른 대학원에서 언어재활 분야의 박사학위 또는 석사학위를 취득한 사람으로서 언어재활기관에 1년 이상 재직한 사람
나. 「고등교육법」에 따른 대학에서 언어재활 관련 학과의 학사학위를 취득한 사람으로서 언어재활기관에 3년 이상 재직한 사람
2. 2급 언어재활사: 「고등교육법」에 따른 대학원·대학·전문대학의 언어재활 관련 교과목을 이수하고 관련 학과의 석사학위·학사학위·전문학사학위를 취득한 사람
③ 언어재활사 자격증을 분실하거나 훼손한 사람에게는 신청에 따라 자격증을 재교부한다.
④ 언어재활사 자격증은 다른 사람에게 대여하지 못한다.
⑤ 제1항과 제3항에 따른 자격증의 교부·재교부 절차와 관리 및 제2항에 따른 언어재활기관의 범위, 대학원·대학·전문대학의 언어재활 관련 학과와 언어재활사로서 이수하여야 하는 관련 교과목의 범위 등에 필요한 사항은 보건복지부령으로 정한다.
[본조신설 2011.8.4]
[시행일 : 2012.8.5] 제72조의2

제73조(의지 · 보조기 기사 국가시험의 실시 등) ① 의지·보조기 기사 국가시험은 보건복지부장관이 실시하되, 실시시기·실시방법·시험과목, 그 밖에 시험 실시에 관하여 필요한 사항은 대통령령으로 정한다. <개정 2008.2.29, 2010.1.18>
② 보건복지부장관은 제1항에 따른 국가시험의 실시에 관한 업무를 대통령령으로 정하는 바에 따라 시험관리 능력이 있다고 인정되는 관계 전문기관에 위탁할 수 있다. <개정 2008.2.29, 2010.1.18>

제73조(국가시험의 실시 등) ① 의지·보조기 기사 및 언어재활사(이하 "의지·보조기 기사등"이라 한다)의 국가시험은 보건복지부장관이 실시하되, 실시시기·실시방법·시험과목, 그 밖에 시험 실시에 관하여 필요한 사항은 대통령령으로 정한다. <개정 2008.2.29, 2010.1.18, 2011.8.4>
② 보건복지부장관은 제1항에 따른 국가시험의 실시에 관한 업무를 대통령령으로 정하는 바에 따라 시험관리 능력이 있다고 인정되는 관계 전문기관에 위탁할 수 있다. <개정 2008.2.29, 2010.1.18>
[제목개정 2011.8.4]
[시행일 : 2012.8.5] 제73조

제74조(응시자격 제한 등) ① 다음 각 호의 어느 하나에 해당하는 자는 제73조에 따른 국가시험에 응시할 수 없다. <개정 2007.10.17>
1. 「정신보건법」 제3조제1호에 따른 정신질환자. 다만, 전문의가 의지·보조기 기사로서 적합하다고 인정하는 사람은 그러하지 아니하다.
2. 마약·대마 또는 향정신성의약품 중독자
3. 금치산자·한정치산자
4. 이 법이나 「형법」 제234조·제317조제1항, 「의료법」, 「국민건강보험법」, 종전의 「국민의료보험법」, 「의료보험법」, 「의료보호법」, 「보건범죄단속에 관한 특별조치법」, 「마약법」, 「대마관리법」, 「향정신성의약품 관리법」 또는 「후천성면역결핍증 예방법」을 위반하여 금고 이상의 형을 선고받고 그 형의 집행이 끝나지 아니하였거나 집행을 받지 아니하기로 확정되지 아니한 자
② 부정한 방법으로 제73조에 따른 국가시

험에 응시한 자나 국가시험에 관하여 부정행위를 한 자는 그 수험을 정지시키거나 합격을 무효로 한다.

③ 제2항에 따라 수험이 정지되거나 합격이 무효가 된 자는 그 후 2회에 한하여 제73조에 따른 국가시험에 응시할 수 없다.

제74조(응시자격 제한 등) ① 다음 각 호의 어느 하나에 해당하는 자는 제73조에 따른 국가시험에 응시할 수 없다. <개정 2007.10.17, 2011.8.4>

1. 「정신보건법」 제3조제1호에 따른 정신질환자. 다만, 전문의가 의지·보조기 기사등으로서 적합하다고 인정하는 사람은 그러하지 아니하다.
2. 마약·대마 또는 향정신성의약품 중독자
3. 금치산자·한정치산자
4. 이 법이나 「형법」 제234조·제317조제1항, 「의료법」, 「국민건강보험법」, 종전의 「국민의료보험법」, 「의료보험법」, 「의료보호법」, 「보건범죄단속에 관한 특별조치법」, 「마약법」, 「대마관리법」, 「향정신성의약품 관리법」 또는 「후천성면역결핍증 예방법」을 위반하여 금고 이상의 형을 선고받고 그 형의 집행이 끝나지 아니하였거나 집행을 받지 아니하기로 확정되지 아니한 자

② 부정한 방법으로 제73조에 따른 국가시험에 응시한 자나 국가시험에 관하여 부정행위를 한 자는 그 수험을 정지시키거나 합격을 무효로 한다.

③ 제2항에 따라 수험이 정지되거나 합격이 무효가 된 자는 그 후 2회에 한하여 제73조에 따른 국가시험에 응시할 수 없다.

[시행일 : 2012.8.5] 제74조

제75조(보수교육) ① 보건복지부장관은 의지·보조기 기사에 대하여 자질 향상을 위하여 필요한 보수(補修) 교육을 받도록 명할 수 있다. <개정 2008.2.29, 2010.1.18>

② 제1항에 따른 보수교육의 실시 시기와 방법 등 필요한 사항은 보건복지부령으로 정한다. <개정 2008.2.29, 2010.1.18>

제75조(보수교육) ① 보건복지부장관은 의지·보조기 기사등에 대하여 자질 향상을 위하여 필요한 보수(補修) 교육을 받도록 명할 수 있다. <개정 2008.2.29, 2010.1.18, 2011.8.4>

② 제1항에 따른 보수교육의 실시 시기와 방법 등 필요한 사항은 보건복지부령으로 정한다. <개정 2008.2.29, 2010.1.18>

[시행일 : 2012.8.5] 제75조

제76조(자격취소) 보건복지부장관은 의지·보조기 기사가 다음 각 호의 어느 하나에 해당한 때에는 그 자격을 취소해야 한다. <개정 2008.2.29, 2010.1.18>

1. 제72조제3항을 위반해서 타인에게 의지·보조기 기사자격증을 대여한 때
2. 제74조제1항 각 호의 어느 하나에 해당하게 된 때
3. 제77조에 따른 자격정지처분 기간에 그 업무를 하거나 자격정지 처분을 3회 받은 때

제76조(자격취소) 보건복지부장관은 의지·보조기 기사등이 다음 각 호의 어느 하나에 해당한 때에는 그 자격을 취소해야 한다. <개정 2008.2.29, 2010.1.18, 2011.8.4>

1. 제72조제3항을 위반해서 타인에게 의지·보조기 기사자격증을 대여한 때

1의2. 제72조의2제4항을 위반하여 타인에게 언어재활사 자격증을 대여하였을 때

2. 제74조제1항 각 호의 어느 하나에 해당하게 된 때
3. 제77조에 따른 자격정지처분 기간에 그 업무를 하거나 자격정지 처분을 3회 받은 때

[시행일 : 2012.8.5] 제76조

제77조(자격정지) 보건복지부장관은 의지·보조기 기사가 다음 각 호의 어느 하나에 해당하면 6개월 이내의 범위 안에서 보건복지부령으로 정하는 바에 따라 자격을 정지시킬 수 있다. <개정 2008.2.29, 2010.1.18>

1. 의지·보조기 기사의 업무를 하면서 고의 또는 중대한 과실로 의지·보조기 착용자의 신체에 손상을 입힌 사실이 있는 때
2. 제75조에 따른 보수교육을 연속하여 2회 이상 받지 아니한 때

제77조(자격정지) 보건복지부장관은 의지·보조기 기사등이 다음 각 호의 어느 하나에 해당하면 6개월 이내의 범위 안에서 보건복지부령으로 정하는 바에 따라 자격을 정지시킬 수 있다. <개정 2008.2.29, 2010.1.18, 2011.8.4>

1. 의지·보조기 기사의 업무를 하면서 고의 또는 중대한 과실로 의지·보조기 착용자의 신체에 손상을 입힌 사실이 있는 때

1의2. 언어재활사의 업무를 하면서 고의 또는 중대한 과실로 언어재활 대상자의 기능에 손상을 입힌 사실이 있을 때

2. 제75조에 따른 보수교육을 연속하여 2회 이상 받지 아니한 때

[시행일 : 2012.8.5] 제77조

제78조(수수료) 의지·보조기 기사 국가시험에 응시하려고 하거나 의지·보조기 기사자격증을 교부 또는 재교부받으려 하는 자는 보건복지부령으로 정하는 바에 따라 수수료를 내야 한다. <개정 2008.2.29, 2010.1.18>

제78조(수수료) 의지·보조기 기사등의 국가시험에 응시하려고 하거나 의지·보조기 기사등의 자격증을 교부 또는 재교부받으려 하는 자는 보건복지부령으로 정하는 바에 따라 수수료를 내야 한다. <개정 2008.2.29, 2010.1.18, 2011.8.4>

[시행일 : 2012.8.5] 제78조

제8장 보 칙

제79조(비용 부담) ① 제36조제1항, 제38조제1항, 제43조제1항, 제49조제1항, 제50조제1항·제2항, 제55조제1항, 제66조제1항 및 제67조제1항·제2항에 따른 조치와 제59조제1항에 따른 장애인복지시설의 설치·운영에 드는 비용은 예산의 범위 안에서 대통령령으로 정하는 바에 따라 장애인복지실시기관이 부담하게 할 수 있다. <개정 2011.3.30>

② 국가와 지방자치단체는 장애인이 제58조의 장애인복지시설을 이용하는 데 드는 비용의 전부 또는 일부를 부담할 수 있으며, 시설 이용자의 자산과 소득을 고려하여 본인부담금을 부과할 수 있다. 이 경우 본인부담금에 관한 사항은 대통령령으로 정한다. <신설 2011.3.30>

제80조(비용 수납) ① 제34조제1항제1호에 따른 조치에 필요한 비용을 부담한 장애인복지실시기관은 해당 장애인 또는 그 부양의무자로부터 대통령령으로 정하는 바에 따라 장애인복지실시기관이 부담한 비용의 전부 또는 일부를 받을 수 있다.

② 삭제 <2011.3.30>

제80조의2(한국언어재활사협회) ① 언어재활사는 언어재활에 관한 전문지식과 기술을 개발·보급하고 언어재활사의 자질향상을 위한 교육훈련 및 언어재활사의 복지증진을 도모하기 위하여 한국언어재활사협회(이하 "협회"라 한다)를 설립할 수 있다.

② 제1항에 따른 협회는 법인으로 한다.

③ 협회에 관하여 이 법에서 규정한 것을 제외하고는 「민법」 중 사단법인에 관한 규정을 준용한다.

[본조신설 2011.8.4]

[시행일 : 2012.8.5] 제80조의2

제81조(비용 보조) 국가와 지방자치단체는 대통령령으로 정하는 바에 따라 장애인복지시설의 설치·운영에 필요한 비용의 전부 또는 일부를 보조할 수 있다.

제82조(압류 금지) 이 법에 따라 장애인에게 지급되는 금품은 압류하지 못한다.

제83조(조세감면) ① 이 법에 따라 지급되는 금품, 제58조에 따른 장애인복지시설 및 제63조에 따른 장애인복지단체에서 장애인이 제작한 물품에는 「조세특례제한법」과 「지방세특례제한법」, 그 밖의 조세 관계법령이 정하는 바에 따라 조세를 감면한다. <개정 2010.3.31>

② 삭제 <2012.1.26>

제83조의2(청문) 장애인복지실시기관은 다음 각 호의 어느 하나에 해당하는 조치를 하려면 청문을 하여야 한다.

1. 제62조에 따른 장애인복지시설의 폐쇄 명령
2. 제70조제1항에 따른 의지·보조기 제조업소의 폐쇄 명령
3. 제76조에 따른 의지·보조기 기사의 자격 취소

[본조신설 2012.1.26]

제84조(심사청구) ① 장애인, 장애인의 법정대리인 또는 대통령령으로 정하는 보호자는 이 법에 따른 복지조치에 이의가 있으면 해당 장애인복지실시기관에 심사를 청구할 수 있다.

② 장애인복지실시기관은 제1항에 따른 심사청구를 받은 때에는 1개월 이내에 심사·결정하여 청구인에게 통보하여야 한다.

③ 제2항에 따른 심사·결정에 이의가 있는 자는 「행정심판법」에 따라 행정심판을 제기할 수 있다.

제85조(권한위임 등) ① 이 법에 따른 보건복지부장관 및 특별시장·광역시장·도지사·특별자치도지사(이하 이 조에서 "시·도지사"라 한다)의 권한은 대통령령으로 정하는 바에 따라 국립재활원장, 시·도지사 또는 시장·군수·구청장에게 그 일부를 위임할 수 있다.

② 이 법에 따른 보건복지부장관 및 시·도지사의 업무는 대통령령으로 정하는 바에 따라 장애인 관련 단체 또는 법인에 그 일부를 위탁할 수 있다.

[전문개정 2012.1.26]

제9장 벌 칙

제86조(벌칙) ① 제50조의3제6항을 위반하여 금융정보 또는 보험정보를 이 법에서 정한 목적 외의 다른 용도로 사용하거나 다른 사람 또는 기관에 제공 또는 누설한 사람은 5년 이하의 징역 또는 3천만원 이하의 벌금에 처한다.

② 제50조의3제6항을 위반하여 신용정보를 이 법에서 정한 목적 외의 다른 용도로 사용하거나 다른 사람 또는 기관에 제공 또는 누설한 사람은 3년 이하의 징역 또는 2천만원 이하의 벌금에 처한다.

[본조신설 2012.1.26]

[종전 제86조는 제87조로 이동 <2012.1.26>]

제87조(벌칙) 다음 각 호의 어느 하나에 해당하는 자는 1년 이하의 징역이나 500만원 이하의 벌금에 처한다. <개정 2011.3.30>

1. 제8조제2항을 위반하여 장애인을 이용하여 부당한 영리행위를 한 자
2. 제32조제5항을 위반하여 등록증을 양도 또는 대여하거나 양도 또는 대여를 받은 자 및 유사한 명칭 또는 표시를 사용한 자
3. 제33조제2항을 위반하여 업무상 알게 된 개인의 신상에 관한 비밀을 누설한 자
4. 제59조제2항에 따른 신고 또는 변경신고를 하지 아니하고 장애인복지시설을 설치·운영한 자
5. 제60조제3항에 따른 시설 이용자의 권익보호조치를 위반한 시설 운영자
6. 정당한 사유 없이 제61조제1항에 따른 보고를 하지 아니하거나 거짓의 보고를 한 자, 자료를 제출하지 아니하거나 거짓 자료를 제출한 자, 조사·검사·질문을 거부·방해 또는 기피한 자
7. 제62조에 따른 명령 등을 받고 이행하지 아니한 자
8. 제69조제2항을 위반하여 의지·보조기 기사를 두지 아니하고 의지·보조기제조업을 한 자
9. 제69조제3항을 위반하여 폐쇄 명령을 받은 후 6개월이 지나지 아니하였음에도 불구하고 같은 장소에서 같은 제조업을 한 자
10. 제70조제1항에 따른 제조업소 폐쇄 명령을 받고도 영업을 한 자

[제86조에서 이동, 종전 제87조는 제88조로 이동 <2012.1.26>]

제88조(벌칙) 다음 각 호의 어느 하나에 해당하는 자는 300만원 이하의 벌금에 처한다.

1. 제20조제4항을 위반하여 장애인의 입학 지원을 거부하거나 입학시험 합격자의 입학을 거부하는 등 불리한 조치를 한 자
2. 제72조제3항을 위반하여 타인에게 의지·보조기 기사자격증을 대여한 자
3. 삭제 <2012.1.26>

[제87조에서 이동, 종전 제88조는 제89조로 이동 <2012.1.26>]

제89조(양벌규정) ① 법인의 대표자, 대리인, 사용인, 그 밖의 종업원이 그 법인의 업무에 관하여 제86조 또는 제87조의 위반행위를 하면 그 행위자를 벌할 뿐만 아니라 그 법인에도 해당 조문의 벌금형을 과(科)한다.

② 개인의 대리인, 사용인, 그 밖의 종업원이 그 개인의 업무에 관하여 제86조 또는 제87조의 위반행위를 하면 그 행위자를 벌할 뿐만 아니라 그 개인에게도 해당 조문의 벌금형을 과한다.

[제88조에서 이동, 종전 제89조는 제90조로 이동 <2012.1.26>]

제89조(양벌규정) 법인의 대표자나 법인 또는 개인의 대리인, 사용인, 그 밖의 종업원

이 그 법인 또는 개인의 업무에 관하여 제86조부터 제88조까지의 어느 하나에 해당하는 위반행위를 하면 그 행위자를 벌하는 외에 그 법인 또는 개인에게도 해당 조문의 벌금형을 과(科)한다. 다만, 법인 또는 개인이 그 위반행위를 방지하기 위하여 해당 업무에 관하여 상당한 주의와 감독을 게을리하지 아니한 경우에는 그러하지 아니하다. <개정 2012.1.26>

[전문개정 2011.8.4]

[제88조에서 이동, 종전 제89조는 제90조로 이동 <2012.1.26>]

[시행일 : 2012.8.5] 제89조

제90조(과태료) ① 장애인복지시설의 운영자가 제59조의3제4항에 따른 해임요구를 정당한 사유 없이 거부하거나 1개월 이내에 이행하지 아니하는 경우에는 1천만원 이하의 과태료를 부과한다. <신설 2012.1.26>

② 장애인복지시설의 운영자가 제59조의3제3항을 위반하여 해당 장애인복지시설에 취업 중이거나 사실상 노무를 제공 중인 사람 또는 취업하려 하거나 사실상 노무를 제공하려는 사람에 대하여 성범죄 경력을 확인하지 아니한 경우에는 500만원 이하의 과태료를 부과한다. <신설 2012.1.26>

③ 다음 각 호의 어느 하나에 해당하는 자에게는 300만원 이하의 과태료를 부과한다. <개정 2008.2.29, 2010.1.18, 2012.1.26>

1. 제32조제3항에 따른 등록증 반환 명령을 거부한 자
2. 제39조제3항을 위반하여 장애인사용자동차등표지를 대여하거나 보건복지부령으로 정하는 자 외의 자에게 양도한 자 또는 부당하게 사용하거나 이와 비슷한 표지·명칭 등을 사용한 자
3. 제40조제3항을 위반하여 보조견표지를 붙인 장애인 보조견을 동반한 장애인, 장애인 보조견 훈련자 또는 장애인 보조견 훈련 관련 자원봉사자의 출입을 정당한 사유 없이 거부한 자

3의2. 제59조의2제2항을 위반하여 직무상 장애인 대상 성범죄 발생사실을 알고도 수사기관에 신고하지 아니한 장애인복지시설의 운영자와 해당 시설의 종사자

3의3. 제59조의2제4항을 위반하여 장애인 대상 성범죄 예방 및 신고의무와 관련한 교육을 실시하지 아니한 장애인복지시설의 운영자

4. 제60조제1항에 따른 시설 운영 개시 의무를 위반한 자
5. 제60조제2항에 따른 시설의 운영 중단·재운영·시설폐지 등의 신고의무를 위반한 자
6. 제69조제1항을 위반하여 의지·보조기 제조업소의 개설 또는 변경 사실을 통보하지 아니한 자
7. 제69조제4항을 위반하여 의사의 처방에 의하지 아니하고 의지·보조기를 제조하거나 개조한 의지·보조기 제조업자

④ 제1항부터 제3항까지의 과태료는 대통령령으로 정하는 바에 따라 특별자치도지사 또는 시장·군수·구청장이 부과·징수한다. <개정 2012.1.26>

⑤ 삭제 <2012.1.26>

[제89조에서 이동 <2012.1.26>]

아동복지법

[시행 2012.1.1] [법률 제10582호, 2011.4.12, 타법개정]
보건복지부(아동복지과), 02-2023-8782

제1조(목적) 이 법은 아동이 건강하게 출생하여 행복하고 안전하게 자라나도록 그 복지를 보장함을 목적으로 한다.

제2조(용어의 정의) 이 법에서 사용하는 용어의 정의는 다음과 같다. <개정 2005.7.13>

1. "아동"이라 함은 18세 미만의 자를 말한다.
2. "보호를 필요로 하는 아동"이라 함은 보호자가 없거나 보호자로부터 이탈된 아동, 또는 보호자가 아동을 학대하는 경우 등 그 보호자가 아동을 양육하기에 부적당하거나 양육할 능력이 없는 경우의 아동을 말한다.
3. "보호자"라 함은 친권자, 후견인, 아동을 보호·양육·교육하거나 그 의무가 있는 자 또는 업무·고용 등의 관계로 사실상 아동을 보호·감독하는 자를 말한다.
4. "아동학대"라 함은 보호자를 포함한 성인에 의하여 아동의 건강·복지를 해치거나 정상적 발달을 저해할 수 있는 신체적·정신적·성적 폭력 또는 가혹행위 및 아동의 보호자에 의하여 이루어지는 유기와 방임을 말한다.
5. "아동복지시설"이라 함은 제14조의 규정에 의하여 설치된 시설을 말한다.
6. "아동복지시설 종사자"라 함은 아동복지시설에서 아동의 상담·지도·치료·양육 기타 아동의 복지에 관한 업무를 담당하는 자를 말한다.
7. "가정위탁"이라 함은 보호를 필요로 하는 아동을 보호하기에 적합한 가정에 일정기간 위탁하는 것을 말한다.

제3조(기본이념) ① 아동은 자신 또는 부모의 성별, 연령, 종교, 사회적 신분, 재산, 장애유무, 출생지역, 인종 등에 따른 어떠한 종류의 차별도 받지 아니하고 자라나야 한다. <개정 2006.9.27>

② 아동은 완전하고 조화로운 인격발달을 위하여 안정된 가정환경에서 행복하게 자라나야 한다.

③ 아동에 관한 모든 활동에 있어서 아동의 이익이 최우선적으로 고려되어야 한다.

제4조(책임) ① 국가와 지방자치단체는 아동의 건강과 복지증진에 노력하여야 하며 이를 위한 시책을 시행하여야 한다.

② 아동의 보호자는 아동을 가정안에서 그의 성장시기에 맞추어 건강하고 안전하게 양육하여야 한다.

③ 모든 국민은 아동의 권익과 안전을 존중하여야 하며, 아동을 건강하게 양육하여야 한다.

④ 국가와 지방자치단체는 장애아동의 권익을 보호하기 위하여 필요한 시책을 강구하여야 한다.

⑤ 국가와 지방자치단체는 아동이 자신 또는 부모의 성별, 연령, 종교, 사회적 신분, 재산, 장애유무, 출생지역 또는 인종 등에 따른 어떠한 종류의 차별도 받지 아니하도록 필요한 시책을 강구하여야 한다. <신설 2006.9.27>

제4조의2(아동정책조정위원회) ① 아동의 권리증진과 건강한 출생 및 성장을 위하여 종합적인 아동정책을 수립하고 관계부처의 의견을 조정하며, 그 정책의 이행을 감독하고 평가하기 위하여 국무총리소속하에 아동정책조정위원회(이하 "위원회"라 한다)를 둔다.

② 위원회는 다음 각호의 사항을 심의·조정한다.

1. 아동정책 및 아동의 권리증진의 기본방향에 관한 사항
2. 아동정책의 개선과 예산지원에 관한 사항
3. 아동정책에 관한 관련 부처간 협조 사항
4. 아동관련 국제조약의 이행 및 평가·조정에 관한 사항
5. 그 밖에 위원장이 부의하는 사항

③ 위원회는 위원장을 포함한 25인 이내의 위원으로 구성하되, 위원장은 국무총리가 되고 위원은 다음 각호의 자가 된다. <개정 2005.3.24, 2008.2.29, 2010.1.18, 2010.6.4>

1. 기획재정부장관·교육과학기술부장관·법무부장관·행정안전부장관·문화체육관광부장

관·지식경제부장관·보건복지부장관·고용노동부장관·여성가족부장관
2. 아동관련 단체의 장이나 아동에 대한 학식과 경험이 풍부한 자중 위원장이 위촉하는 15인 이내의 위원

④ 위원회는 제2항제4호의 규정에 의한 국제조약의 이행확인을 위하여 필요한 업무를 관계 전문기관 또는 단체에게 위탁할 수 있다.

⑤ 위원회는 필요하다고 인정하는 때에는 관계행정기관에 대하여 그 소속직원의 출석·설명과 자료의 제출을 요구할 수 있다.

⑥ 제1항 내지 제3항에서 정한 것외에 위원회의 구성 및 운영 등에 관하여 필요한 사항은 대통령령으로 정한다.

[본조신설 2004.1.29]

제5조(어린이날 및 어린이주간) 어린이에 대한 사랑과 보호의 정신을 높임으로써 이들을 옳고 아름답고 슬기로우며 씩씩하게 자라나도록 하기 위하여 매년 5월 5일을 어린이날로 하며, 5월 1일부터 5월 7일까지를 어린이주간으로 한다.

[전문개정 2004.1.29]

제6조(아동위원) ① 시·군·구(자치구를 말한다. 이하 같다)에 아동위원을 둔다.

② 아동위원은 그 관할구역 안의 아동에 대하여 항상 그 생활상태 및 가정환경을 상세히 파악하고 아동복지에 관하여 필요한 원조와 지도를 행하며 아동복지지도원 및 관계 행정기관과 협력하여야 한다.

③ 아동위원은 그 업무의 원활한 수행을 위하여 적절한 교육을 받을 수 있다.

④ 아동위원은 명예직으로 하되, 아동위원에 대하여는 수당을 지급할 수 있다.

⑤ 아동위원에 관하여 필요한 사항은 당해 시·군·구의 조례로 정한다.

제7조(아동복지지도원) ① 아동복지에 관한 다음 각호의 사항을 수행하게 하기 위하여 특별시·광역시·도(이하 "시·도"라 한다) 및 시·군·구에 아동복지지도원을 둔다.
1. 보호를 필요로 하는 아동에 대한 적절한 보호조치
2. 아동 및 그 가족 또는 관계인에 대한 상담
3. 아동지도에 필요한 가정환경의 조사
4. 아동에 관한 전문적·기술적 지도를 필요로 하는 경우의 개별지도·집단지도 및 그 알선
5. 아동복지시설 또는 보호를 필요로 하는 아동에 대한 조사·지도 및 감독
6. 아동을 위한 지역사회자원의 활용알선
7. 지역사회의 학교 부적응아, 비행청소년에 대한 예방·지도 및 원조
8. 기타 아동의 복지증진 및 육성에 관한 업무

② 아동복지지도원은 사회복지전담공무원으로 하고 자격 기타 필요한 사항은 대통령령으로 정한다.

제8조(보건소) 보건소는 이 법에 의하여 다음 각호의 업무를 행한다. <개정 2010.3.26>
1. 아동의 전염병 예방조치
2. 아동의 건강상담, 신체검사와 보건위생에 관한 지도
3. 아동의 영양관리

제9조(아동의 건강 및 안전) ① 아동의 보호자는 아동의 건강유지와 향상을 위하여 최선의 주의와 노력을 하여야 한다.

② 국가는 대통령령이 정하는 바에 따라 아동복지시설과 아동용품에 대한 안전기준을 정하고 아동용품을 제작·설치·관리하는 자에게 이를 준수하도록 하여야 한다.

③ 아동복지시설, 영유아어린이집, 유치원, 초·중·고등학교의 장은 대통령령이 정하는 바에 따라 교통안전, 실종·유괴의 예방과 방지, 약물오남용 예방, 재난대비 안전 및 성폭력 예방교육을 실시하여야 한다. <개정 2006.9.27, 2008.6.13, 2011.6.7>

제9조의2(아동보호구역에서의 폐쇄회로 텔레비전 설치 등) ① 국가와 지방자치단체는 유괴 등 범죄의 위험으로부터 아동을 보호하기 위하여 필요하다고 인정하는 때에는 다음 각 호의 어느 하나에 해당되는 시설의 주변구역을 아동보호구역으로 지정하여 폐쇄회로 텔레비전을 설치하거나 그 밖의 필요한 조치를 할 수 있다. <개정 2011.6.7>
1. 「유아교육법」 제2조에 따른 유치원, 「초·중등교육법」 제38조 및 제55조에 따른 초등학교 또는 특수학교
2. 「영유아보육법」 제10조에 따른 어린이집
3. 「도시공원 및 녹지 등에 관한 법률」 제

15조에 따른 도시공원

② 제1항에 따른 아동보호구역의 지정기준 및 절차 등에 관하여 필요한 사항은 대통령령으로 정한다.

③ 이 법으로 정한 것 외에 폐쇄회로 텔레비전의 설치 등에 관한 사항은 「개인정보 보호법」에 따른다. <개정 2011.3.29>

[본조신설 2008.6.13]

제10조(보호조치) ① 서울특별시장·광역시장·도지사(이하 "시·도지사"라 한다) 또는 시장·군수·구청장(자치구의 구청장을 말한다. 이하 같다)은 그 관할구역 안에서 보호를 필요로 하는 아동을 발견하거나 보호자의 의뢰를 받은 때에는 아동의 최상의 이익을 위하여 대통령령이 정하는 바에 따라 다음 각 호의 필요한 보호조치를 하여야 한다. <개정 2004.1.29, 2005.7.13, 2006.9.27>

1. 아동복지지도원 또는 아동위원에게 보호를 필요로 하는 아동 또는 그 보호자에 대한 상담·지도를 행하게 하는 것
2. 보호자 또는 대리양육을 원하는 연고자에 대하여 그 가정에서 보호양육 할 수 있도록 필요한 조치를 하는 것
3. 아동의 보호를 희망하는 자에게 가정위탁하는 것
4. 보호를 필요로 하는 아동에 적합한 아동복지시설에 입소시키는 것
5. 약물 및 알콜중독·정서장애·발달장애·성폭력피해 등으로 특수한 치료나 요양 등의 보호를 필요로 하는 아동에 대하여 전문치료기관 또는 요양소에 입원 또는 입소시키는 것

② 시·도지사 또는 시장·군수·구청장은 제1항제3호 내지 제5호의 규정에 의한 조치를 할 때까지 필요한 경우에는 적당하다고 인정하는 자에게 일시 위탁하여 그 보호를 필요로 하는 아동을 보호하게 할 수 있다.

③ 시·도지사 또는 시장·군수·구청장은 제1항제3호 내지 제5호의 조치를 함에 있어 당해 보호를 필요로 하는 아동의 의사를 존중하여야 하며 보호자가 있을 경우에는 그 의견을 들어야 한다.

④ 시·도지사 또는 시장·군수·구청장은 제1항제1호 내지 제3호의 보호조치가 적합하지 아니한 자에 대하여 제1항제4호의 보호조치를 할 수 있다. 이 경우 시설의 장은 당해 보호를 필요로 하는 아동의 개별보호·관리계획을 세워 보호하여야 하며, 보호를 필요로 하는 아동의 보호자를 참여시킬 수 있다.

⑤ 시·도지사 또는 시장·군수·구청장은 그 관할구역안에서 약물 및 알콜중독, 정서장애, 발달장애 등의 문제발생 가능성이 있는 아동의 가정에 대하여 예방차원에서의 적절한 조치를 강구하여야 한다.

제11조(시설보호아동에 대한 퇴소조치 등) ① 제10조의 규정에 의하여 아동복지시설에 입소한 보호를 필요로 하는 아동의 연령이 18세에 달하였거나, 보호의 목적을 달성하였다고 인정될 때에는 당해 시설의 장은 그 보호중인 아동을 퇴소시켜야 한다.

② 제1항의 규정에도 불구하고 아동이 다음 각 호의 어느 하나에 해당하는 경우에는 시설의 장이 보호기간을 연장할 수 있다. <개정 2006.9.27>

1. 「고등교육법」 제2조의 규정에 따른 대학 이하의 학교에 재학 중인 경우
2. 제16조제1항제4호의 아동직업훈련시설 또는 「근로자직업능력 개발법」 제2조 제3호의 직업능력개발훈련시설에서 교육·훈련 중인 경우
3. 그 밖에 시설에서 계속 보호·양육이 필요하다고 인정하여 대통령령이 정하는 경우

제12조(친권상실 선고등의 청구) ① 시·도지사 또는 시장·군수·구청장은 아동의 친권자가 그 친권을 남용하거나 현저한 비행 기타 친권을 행사할 수 없는 중대한 사유가 있는 것을 발견한 경우 아동의 복지를 위하여 필요하다고 인정할 때에는 법원에 친권행사의 제한 또는 친권상실의 선고를 청구하여야 한다.

② 제24조제1항의 규정에 따른 아동보호전문기관의 장은 제1항의 사유에 해당하는 경우 시·도지사 또는 시장·군수·구청장에 대하여 친권행사 제한 또는 친권상실의 선고를 청구하도록 요청할 수 있다. <신설 2006.9.27>

제13조(아동의 후견인 선임청구) ① 시·도지사 또는 시장·군수·구청장은 친권자 또는 후견인이 없는 아동을 발견한 경우 그 복지

를 위하여 필요하다고 인정할 때에는 법원에 후견인의 선임 또는 그 해임을 청구하여야 한다. 이 경우 당해 아동의 의견을 존중하여야 한다.
② 아동복지시설에 입소중인 보호를 필요로 하는 아동에 대하여는 "보호시설에있는미성년자의후견직무에관한법률"을 적용한다.

제14조(아동복지시설의 설치) ① 국가 또는 지방자치단체는 아동복지시설을 설치할 수 있다.
② 국가 또는 지방자치단체외의 자는 관할 시장·군수·구청장에게 신고하고 아동복지시설을 설치할 수 있다.
③ 아동복지시설의 시설기준 및 설치 등에 관하여 필요한 사항은 보건복지부령으로 정한다. <개정 2008.2.29, 2010.1.18>

제15조(휴지 · 폐지 등의 신고) 제14조제2항의 규정에 의하여 신고한 아동복지시설을 폐지 또는 휴지하거나 그 운영을 재개하고자 하는 자는 보건복지부령이 정하는 바에 따라 미리 시장·군수·구청장에게 신고하여야 한다. <개정 2008.2.29, 2010.1.18>

제16조(아동복지시설의 종류) ① 아동복지시설의 종류는 다음과 같다. <개정 2004.1.29>

1. 아동양육시설 : 보호를 필요로 하는 아동을 입소시켜 보호, 양육하는 것을 목적으로 하는 시설
2. 아동일시보호시설 : 보호를 필요로 하는 아동을 일시보호하고 아동에 대한 향후의 양육대책수립 및 보호조치를 행하는 것을 목적으로 하는 시설
3. 아동보호치료시설 : 불량행위를 하거나 불량행위를 할 우려가 있는 아동으로서 보호자가 없거나 친권자나 후견인이 입소를 신청한 아동 또는 가정법원, 지방법원소년부지원에서 보호위탁된 아동을 입소시켜 그들을 선도하여 건전한 사회인으로 육성하는 것을 목적으로 하는 시설
4. 아동직업훈련시설 : 아동복지시설에 입소되어 있는 만15세이상의 아동과 생활이 어려운 가정의 아동에 대하여 자활에 필요한 지식과 기능을 습득시키는 것을 목적으로 하는 시설
5. 자립지원시설 : 아동복지시설에서 퇴소한 자에게 취업준비기간 또는 취업후 일정기간 보호함으로써 자립을 지원하는 것을 목적으로 하는 시설
6. 아동단기보호시설 : 일반가정에 아동을 보호하기 곤란한 일시적 사정이 있는 경우 아동을 단기간 보호하며 가정의 복지에 필요한 지원조치를 하는 것을 목적으로 하는 시설
7. 아동상담소 : 아동과 그 가족의 문제에 관한 상담, 치료, 예방 및 연구 등을 목적으로 하는 시설
8. 아동전용시설 : 어린이공원, 어린이놀이터, 아동회관, 체육, 연극, 영화, 과학실험전시시설, 아동휴게숙박시설, 야영장 등 아동에게 건전한 놀이·오락 기타 각종 편의를 제공하여 심신의 건강유지와 복지증진에 필요한 서비스를 제공하는 것을 목적으로 하는 시설
9. 아동복지관 : 지역사회 아동의 건전육성을 위하여 심신의 건강유지와 복지증진에 필요한 서비스를 제공하는 것을 목적으로 하는 시설
10. 공동생활가정 : 보호를 필요로 하는 아동에게 가정과 같은 주거여건과 보호를 제공하는 것을 목적으로 하는 시설
11. 지역아동센터 : 지역사회 아동의 보호·교육, 건전한 놀이와 오락의 제공, 보호자와 지역사회의 연계 등 아동의 건전육성을 위하여 종합적인 아동복지서비스를 제공하는 시설

② 제1항의 규정에 의한 아동복지시설은 종합시설로 설치할 수 있다.
③ 아동복지시설은 각 시설의 고유업무외에도 다음 각호의 사업을 실시할 수 있다.

1. 아동가정지원사업 : 지역사회아동의 건전한 발달을 위하여 아동, 가정, 지역주민에게 상담, 조언 및 정보를 제공해 주는 사업
2. 아동주간보호사업 : 부득이한 사유로 가정에서 낮동안 보호를 받을 수 없는 아동을 대상으로 개별적인 보호와 교육을 통하여 아동의 건전한 성장을 도모하는 사업
3. 아동전문상담사업 : 학교부적응아동 등을

대상으로 올바른 인격형성을 위한 상담, 치료 및 학교폭력예방을 실시하는 사업
4. 학대아동보호사업 : 학대아동의 발견, 보호, 치료 및 아동학대의 예방 등을 전문적으로 실시하는 사업
5. 공동생활가정사업 : 보호를 필요로 하는 아동에게 가정과 같은 주거여건과 보호를 제공하는 것을 목적으로 하는 사업
6. 방과후 아동지도사업: 저소득층 아동을 대상으로 방과후 개별적인 보호와 교육을 통하여 건전한 인격형성을 목적으로 하는 사업

제17조(아동전용시설의 설치) ① 국가와 지방자치단체는 아동이 항상 이용할 수 있는 아동전용시설을 설치하도록 노력하여야 한다.
② 아동이 이용할 수 있는 문화·오락시설·교통 기타 서비스시설 등을 설치·운영하는 자는 대통령령이 정하는 바에 의하여 아동의 이용편의를 고려한 편익설비를 갖추고 아동에 대한 입장료와 이용료 등을 감면할 수 있다.
③ 아동전용시설의 설치기준 등에 관하여 필요한 사항은 보건복지부령으로 정한다. <개정 2008.2.29, 2010.1.18>

제18조(시설의 장의 의무) 아동복지시설의 장은 보호아동의 권리를 최대한 보장하여야 하며 친권자가 있는 경우 보호아동의 가정복귀를 위하여 적절한 상담과 지도를 병행하여야 한다.

제19조(아동복지시설종사자) ① 아동복지시설에는 필요한 전문인력을 배치하여야 한다.
② 아동복지시설종사자의 직종과 수, 그 자격 및 배치기준은 대통령령으로 정한다.

제20조(아동복지시설종사자의 교육훈련) ① 보건복지부장관은 아동복지시설종사자의 양성 및 자질향상을 위한 교육·훈련을 실시하여야 한다. <개정 2008.2.29, 2010.1.18>
② 보건복지부장관은 제1항의 교육훈련을 대학(전문대학을 포함한다) 또는 아동복지단체 기타 교육훈련시설(이하 "교육훈련시설"이라 한다)에 위탁하여 실시할 수 있다. <개정 2008.2.29, 2010.1.18>

제21조(시설의 개선, 사업의 정지, 폐쇄 등) 보건복지부장관, 시·도지사 또는 시장·군수·구청장은 제14조제2항의 규정에 의하여 설치된 아동복지시설, 제20조제2항의 규정에 의한 교육훈련시설(대학 및 전문대학을 제외한다)이 다음 각호의 1에 해당하는 때에는 소관에 따라 그 시설의 개선, 사업의 정지, 위탁의 취소 또는 시설의 장의 교체를 명하거나 시설의 폐쇄를 명할 수 있다. <개정 2008.2.29, 2010.1.18>
1. 시설이 설치기준에 미달하게 된 때
2. 사회복지법인 또는 비영리법인이 설치·운영하는 시설의 경우 그 사회복지법인 또는 비영리법인의 설립허가가 취소된 때
3. 설치목적의 달성 기타의 사유로 계속하여 운영될 필요가 없다고 인정할 때
4. 기타 이 법 또는 이 법에 의한 명령에 위반한 때

제22조(청문) 보건복지부장관, 시·도지사 또는 시장·군수·구청장은 제21조의 규정에 의한 위탁의 취소 또는 시설의 폐쇄명령을 하고자 하는 경우에는 청문을 실시하여야 한다. <개정 2008.2.29, 2010.1.18>

제23조(아동학대의 예방과 방지의무) ① 국가와 지방자치단체는 아동학대의 예방과 방지를 위하여 다음 각 호의 조치를 취하여야 한다.
1. 아동학대의 예방과 방지를 위한 각종 정책의 수립 및 시행
2. 아동학대의 예방과 방지를 위한 연구·교육·홍보 및 아동학대 실태조사
3. 아동학대에 관한 신고체제의 구축·운영
4. 그 밖에 대통령령으로 정하는 아동학대의 예방과 방지를 위한 사항

② 국가와 지방자치단체는 아동학대를 예방하고 수시로 신고를 받을 수 있도록 긴급전화를 설치하여야 한다. 이 경우 그 설치·운영에 관하여 필요한 사항은 대통령령으로 정한다.
③ 국가와 지방자치단체는 아동학대의 실태를 파악하고, 아동학대의 예방 및 방지에 관한 정책 수립을 위하여 5년마다 아동학대 실태조사를 실시하고 그 결과를 발표하여야 한다. 이 경우 아동학대 실태조사를 위하여 필요한 사항은 보건복지부령으로 정한다. <개정 2010.1.18>
④ 국가와 지방자치단체는 제24조에 따른

아동보호전문기관의 장이 학대받은 아동의 보호, 치료 등의 업무를 수행함에 있어서 학대받은 아동, 그 보호자 또는 아동학대행위자에 대한 신분조회 등 필요한 조치의 협조를 요청할 경우 정당한 사유가 없는 한 이에 적극 응하여야 한다.
[전문개정 2008.6.13]

제24조(아동보호전문기관의 설치 등) ① 국가는 아동학대예방사업을 활성화하고 지역간 연계체계를 구축하기 위하여 중앙아동보호전문기관을 둔다.
② 지방자치단체는 학대받은 아동의 발견, 보호, 치료에 대한 신속처리 및 아동학대예방을 담당하는 지역아동보호전문기관을 시·도 및 시·군·구에 둔다.
③ 보건복지부장관, 시·도지사 및 시장·군수·구청장은 아동학대예방사업을 목적으로 하는 비영리법인을 지정하여 제1항 및 제2항에 따른 중앙아동보호전문기관, 지역아동보호전문기관의 운영을 위탁할 수 있다. <개정 2010.1.18>
④ 아동보호전문기관의 설치기준과 운영, 상담원의 자격과 배치기준, 제3항에 따른 지정의 요건 등에 관하여 필요한 사항은 대통령령으로 정한다.
[전문개정 2008.6.13]

제25조(아동보호전문기관의 업무) ① 중앙아동보호전문기관은 다음 각 호의 업무를 수행한다.
1. 지역아동보호전문기관에 대한 지원
2. 아동학대예방사업과 관련된 연구 및 자료발간
3. 효율적인 아동학대예방사업을 위한 연계체제 구축
4. 아동학대예방사업을 위한 프로그램 개발 및 평가
5. 상담원 직무교육, 아동학대예방 관련 교육 및 홍보
6. 아동보호전문기관 전산시스템 구축 및 운영
7. 그 밖에 대통령령으로 정하는 아동학대예방사업과 관련된 업무

② 지역아동보호전문기관은 다음 각 호의 업무를 수행한다.
1. 아동학대 신고접수, 현장조사 및 응급보호
2. 학대받은 아동, 아동학대행위자를 위한 상담 및 교육
3. 아동학대예방 교육 및 홍보
4. 학대가정의 사후관리
5. 아동학대사례판정위원회 설치·운영 및 자체사례회의 운영
6. 그 밖에 대통령령으로 정하는 아동학대예방사업과 관련된 업무

[전문개정 2008.6.13]

제26조(아동학대 신고의무와 절차) ① 누구든지 아동학대를 알게 된 때에는 아동보호전문기관 또는 수사기관에 신고할 수 있다.
② 다음 각호의 1에 해당하는 자는 그 직무상 아동학대를 알게 된 때에는 즉시 아동보호전문기관 또는 수사기관에 신고하여야 한다. <개정 2002.12.18, 2004.3.22, 2005.7.13, 2006.9.27, 2007.10.17, 2011.4.12, 2011.6.7>
1. 「초·중등교육법」 제19조의 규정에 따른 교원
2. 「의료법」 제3조의 규정에 따른 의료기관에서 의료업을 행하는 의료인
3. 아동복지시설의 종사자 및 그 장
4. 「장애인복지법」 제48조의 규정에 따른 장애인복지시설에서 장애아동에 대한 상담·치료·훈련 또는 요양을 행하는 자
5. 「영유아보육법」 제10조의 규정에 따른 보육교직원
6. 「유아교육법」 제7조의 규정에 따른 유치원의 장, 교직원 및 종사자
7. 「학원의 설립·운영 및 과외교습에 관한 법률」 제6조의 규정에 따른 학원의 운영자·강사·직원·종사자 및 동법 제14조의 규정에 따른 교습소의 운영자·교습자·직원·종사자
8. 「소방기본법」 제35조의 규정에 따른 구급대의 대원
9. 「성매매방지 및 피해자보호 등에 관한 법률」 제5조 및 제10조의 규정에 따른 지원시설 및 성매매피해상담소의 장이나 그 종사자
10. 「한부모가족지원법」 제19조에 따른 한부모가족복지시설의 종사자
11. 「가정폭력방지 및 피해자보호 등에 관

한 법률」 제5조 및 제7조의 규정에 따른 가정폭력 관련 상담소의 상담원 및 가정폭력 피해자보호시설의 종사자
12. 아동복지지도원 및 「사회복지사업법」 제14조의 규정에 따른 사회복지전담공무원

③ 신고인의 신분은 보호되어야 하며 그 의사에 반하여 신원이 노출되어서는 아니된다.

제26조의2(아동학대 신고의무자 교육) 관계중앙행정기관의 장은 제26조제2항 각 호의 어느 하나에 해당하는 자의 자격취득 교육과정에 있어 아동학대예방 및 신고의무와 관련된 교육내용을 포함하도록 하여야 한다.
[본조신설 2005.7.13]

제27조(응급조치의무등) ① 아동학대신고를 접수한 아동보호전문기관 직원이나 사법경찰관리는 지체없이 아동학대의 현장에 출동하여야 하며, 아동학대행위자로부터의 격리 또는 치료가 필요한 때에는 아동보호전문기관 또는 치료기관의 인도에 필요한 조치를 하여야 한다.

② 아동학대의 신고를 접수한 아동보호전문기관이나 수사기관은 대통령령이 정하는 바에 따라 학대받은 아동의 보호와 학대의 방지를 위하여 제10조제1항제2호 내지 제4호의 규정에 의한 조치등을 의뢰할 수 있다.

제28조(보조인의 선임등) ① 법원의 심리과정에서 변호사, 법정대리인, 직계친족,형제자매, 아동보호전문기관의 상담원은 학대아동사건의 심리에 있어서 보조인이 될 수 있다. 다만, 변호사가 아닌 경우에는 법원의 허가를 받아야 한다.

② 법원은 아동학대의 피해자를 증인으로 신문하는 경우 검사, 피해자 또는 아동보호전문기관의 신청이 있는 때에는 피해자와 신뢰관계에 있는 자의 동석을 허가할 수 있다.

③ 수사기관이 피해자를 조사하는 경우에도 제1항 및 제2항과 같다.

제28조의2(가정위탁지원센터의 설치 등) ① 국가는 가정위탁사업을 활성화하고 지역간 연계체계를 구축하기 위하여 중앙가정위탁지원센터(이하 "중앙가정위탁지원센터"라 한다)를 둔다.

② 지방자치단체(시·도에 한한다. 이하 이 조에서 같다)는 보호를 필요로 하는 아동에 대한 가정위탁사업을 활성화하기 위하여 지역가정위탁지원센터(이하 "지역가정위탁지원센터"라 한다)를 둔다.

③ 보건복지부장관 및 시·도지사는 가정위탁지원을 목적으로 하는 비영리법인을 지정하여 제1항 및 제2항의 규정에 따른 중앙가정위탁지원센터 및 지역가정위탁지원센터(이하 "가정위탁지원센터"라 한다)의 운영을 위탁할 수 있다. <개정 2008.2.29, 2010.1.18>

④ 가정위탁지원센터의 상담원의 자격 및 배치기준 등 설치기준과 운영, 제3항의 규정에 따른 지정의 요건 등에 관하여 필요한 사항은 대통령령으로 정한다.
[본조신설 2005.7.13]

제28조의3(가정위탁지원센터의 업무) ① 중앙가정위탁지원센터는 다음 각 호의 업무를 수행한다.
1. 지역가정위탁지원센터에 대한 지원
2. 효과적인 가정위탁사업을 위한 연계체계 구축
3. 가정위탁사업과 관련된 연구 및 자료발간
4. 가정위탁사업을 위한 프로그램의 개발 및 평가
5. 상담원에 대한 교육 등 가정위탁에 관한 교육 및 홍보
6. 가정위탁사업을 위한 정보기반 구축 및 정보제공
7. 그 밖에 대통령령이 정하는 가정위탁사업과 관련된 업무

② 지역가정위탁지원센터는 다음 각 호의 업무를 수행한다.
1. 가정위탁사업의 홍보 및 위탁가정의 발굴
2. 가정위탁을 하고자 하는 가정 및 가정위탁 대상 아동의 조사
3. 가정위탁 부모의 교육
4. 가정위탁을 하는 가정의 사후관리
5. 그 밖에 대통령령이 정하는 가정위탁사업과 관련된 업무

[본조신설 2005.7.13]

제29조(금지행위) 누구든지 다음 각호의 1에 해당하는 행위를 하여서는 아니된다.
1. 아동의 신체에 손상을 주는 학대행위
2. 아동에게 성적 수치심을 주는 성희롱, 성폭행 등의 학대행위

3. 아동의 정신건강 및 발달에 해를 끼치는 정서적 학대행위
4. 자신의 보호·감독을 받는 아동을 유기하거나 의식주를 포함한 기본적 보호·양육 및 치료를 소홀히 하는 방임행위
5. 아동을 타인에게 매매하는 행위
6. 아동에게 음행을 시키거나 음행을 매개하는 행위
7. 장애를 가진 아동을 공중에 관람시키는 행위
8. 아동에게 구걸을 시키거나 아동을 이용하여 구걸하는 행위
9. 공중의 오락 또는 흥행을 목적으로 아동의 건강 또는 안전에 유해한 곡예를 시키는 행위
10. 정당한 권한을 가진 알선기관외의 자가 아동의 양육을 알선하고 금품을 취득하는 행위
11. 아동을 위하여 증여 또는 급여된 금품을 그 목적외의 용도에 사용하는 행위

제30조(조사등) ① 보건복지부장관, 시·도지사 또는 시장·군수·구청장은 필요하다고 인정할 때에는 관계공무원, 아동복지지도원으로 하여금 아동복지시설과 아동의 주소·거소, 아동의 고용장소 또는 제29조의 금지행위를 위반할 우려가 있는 장소에 출입하여 아동 또는 관계인에 대하여 필요한 조사를 하거나 질문을 하게 할 수 있다. <개정 2008.2.29, 2010.1.18>

② 제1항의 경우 관계공무원, 아동복지지도원은 그 권한을 증명하는 증표를 제시하여야 한다.

제31조(비용보조) 국가 및 지방자치단체는 대통령령이 정하는 바에 의하여 다음 각호의 1에 해당하는 비용의 전부 또는 일부를 보조할 수 있다. <개정 2005.7.13>

1. 아동복지시설의 설치 및 운영과 프로그램의 운용에 필요한 비용 또는 수탁보호중인 아동의 양육 및 보호관리에 필요한 비용
2. 보호를 필요로 하는 아동의 대리양육이나 가정위탁보호에 따른 비용
3. 아동복지사업의 지도·감독, 계몽 및 선전에 필요한 비용
4. 아동보호전문기관의 설치·운영에 소요되는 비용

4의2. 가정위탁지원센터의 설치·운영에 소요되는 비용

5. 제37조의 규정에 의한 아동복지단체의 지도·육성에 필요한 비용

제32조(비용의 징수) 시·도지사, 시장·군수·구청장 또는 아동복지시설의 장은 제10조제1항제3호 내지 제5호, 동조 제2항의 보호조치 또는 제25조제1호의 학대받은 아동의 보호 및 치료에 필요한 비용의 전부 또는 일부를 대통령령이 정하는 바에 의하여 각각 그 본인 또는 그 부양의무자로부터 징수할 수 있다.

제33조(보조금의 반환명령) 국가 또는 지방자치단체는 아동복지시설의 장 등 보호수탁자, 가정위탁지원센터의 장, 대리양육자 및 제37조의 규정에 의한 아동복지단체의 장이 다음 각호의 1에 해당한 때에는 이미 교부한 보조금의 전부 또는 일부의 반환을 명할 수 있다. <개정 2005.7.13>

1. 보조금의 교부조건에 위반한 때
2. 사위 기타 부정한 방법으로 보조금의 교부를 받은 때
3. 아동복지시설 또는 가정위탁지원센터의 경영에 관하여 개인의 영리를 도모하는 행위를 한 때
4. 이 법 또는 이 법에 의한 명령에 위반한 때
5. 보조금의 사용잔액이 있을 때

제34조(국유재산의 무상대여) ① 국가는 이 법에 의한 아동복지시설을 설치·운영하는 법인에 대하여 이 법에 의하여 위탁한 업무의 처리를 위하여 필요하다고 인정할 때에는 국유재산을 무상으로 대여할 수 있다.

② 제1항의 규정에 의한 대여의 대상·조건 및 절차에 관하여는 국유재산법의 규정을 적용한다.

제35조(면세) 아동복지시설에서 그 보호아동을 위하여 사용하는 건물 및 토지, 시설설치 및 운영에 소요되는 비용에 대하여는 조세특례제한법 기타 관계 법령이 정하는 바에 의하여 조세 기타의 공과금을 면제할 수 있다.

제36조(압류금지) 이 법에 의하여 지급된 금품과 이를 받을 권리는 압류하지 못한다.

제37조(아동복지단체의 육성) 국가 및 지방자치단체는 아동의 권리를 보장하고 복지증진을 목적으로 설립된 기관 및 단체(이하 "아동복지단체"라고 한다)를 지도·육성할 수 있다.

제38조(비밀누설의 금지) 아동복지사업 또는 아동보호전문기관을 포함하여 아동복지업무에 종사하였거나 종사하는 자는 그 직무상 지득한 비밀을 누설하지 못한다.

제39조(권한의 위임) 이 법에 의한 보건복지부장관 또는 시·도지사의 권한은 그 일부를 대통령령이 정하는 바에 의하여 시장·군수·구청장에게 위임할 수 있다. <개정 2008.2.29, 2010.1.18>

제40조(벌칙) 제29조의 규정을 위반한 자는 다음 각 호의 구분에 따라 처벌한다. <개정 2005.7.13>

1. 제5호 또는 제6호에 해당하는 행위를 한 자는 10년 이하의 징역 또는 5천만원 이하의 벌금에 처한다.
2. 제1호 내지 제4호, 제7호 및 제8호에 해당하는 행위를 한 자는 5년 이하의 징역 또는 3천만원 이하의 벌금에 처한다.
3. 제10호 또는 제11호에 해당하는 행위를 한 자는 3년 이하의 징역 또는 2천만원 이하의 벌금에 처한다.
4. 제9호에 해당하는 행위를 한 자는 1년 이하의 징역 또는 500만원 이하의 벌금에 처한다.

제40조의2(상습범) 상습으로 제40조 각호의 죄를 범한 자는 그 죄에 정한 형의 2분의 1까지 가중한다.
[본조신설 2004.1.29]

제41조(벌칙) 다음 각 호의 어느 하나에 해당하는 자는 1년 이하의 징역 또는 500만원 이하의 벌금에 처한다. <개정 2005.7.13>

1. 제14조제2항의 규정에 의한 신고를 하지 아니하고 아동복지시설을 설치한 자
2. 제30조제1항의 규정에 의한 조사를 거부·방해 또는 기피하거나 질문에 대하여 답변을 거부·기피 또는 허위답변을 하거나, 아동에게 답변을 거부·기피 또는 허위답변을 하게 하거나 그 답변을 방해한 자
3. 허위서류를 작성하여 제19조제2항의 규정에 의한 아동복지시설종사자의 자격을 인정받은 자
4. 제21조의 규정에 의하여 시설폐쇄명령, 위탁의 취소 또는 사업의 정지명령을 받고 사업을 계속한 자
5. 제38조의 규정을 위반한 자

제42조(미수범) 제40조제1호의 미수범은 처벌한다.

제43조(양벌규정) 법인의 대표자 또는 법인이나 개인의 대리인, 사용인 기타의 종업원이 그 법인 또는 개인의 업무에 관하여 제40조 또는 제41조의 위반행위를 한 때에는 그 행위자를 벌하는 외에 그 법인 또는 개인에 대하여도 각 해당조의 벌금형을 과한다.
[단순위헌, 2010헌가94, 2010. 12. 28. 아동복지법(2000. 1. 12. 법률 제6151호로 개정된 것) 제43조 본문 중 "개인의 대리인, 사용인 기타의 종업원이 그 개인의 업무에 관하여 제40조 제2호의 위반행위를 한 때에는 그 개인에 대하여도 해당 조의 벌금형을 과한다."는 부분은 헌법에 위반된다.]

노인복지법

[시행 2012.2.5] [법률 제11013호, 2011.8.4, 타법개정]
보건복지부(노인정책과), 02-2023-8525

제1장 총 칙

제1조(목적) 이 법은 노인의 질환을 사전예방 또는 조기발견하고 질환상태에 따른 적절한 치료·요양으로 심신의 건강을 유지하고, 노후의 생활안정을 위하여 필요한 조치를 강구함으로써 노인의 보건복지증진에 기여함을 목적으로 한다.

제1조의2(정의) 이 법에서 사용하는 용어의 정의는 다음과 같다. <개정 2007.1.3, 2011.8.4>

1. "부양의무자"라 함은 배우자(사실상의 혼인관계에 있는 자를 포함한다)와 직계비속 및 그 배우자(사실상의 혼인관계에 있는 자를 포함한다)를 말한다.
2. "보호자"라 함은 부양의무자 또는 업무·고용 등의 관계로 사실상 노인을 보호하는 자를 말한다.
3. "치매"란 「치매관리법」 제2조제1호에 따른 치매를 말한다.
4. "노인학대"라 함은 노인에 대하여 신체적·정신적·정서적·성적 폭력 및 경제적 착취 또는 가혹행위를 하거나 유기 또는 방임을 하는 것을 말한다.

[본조신설 2004.1.29]

제2조(기본이념) ① 노인은 후손의 양육과 국가 및 사회의 발전에 기여하여 온 자로서 존경받으며 건전하고 안정된 생활을 보장받는다.

② 노인은 그 능력에 따라 적당한 일에 종사하고 사회적 활동에 참여할 기회를 보장받는다.

③ 노인은 노령에 따르는 심신의 변화를 자각하여 항상 심신의 건강을 유지하고 그 지식과 경험을 활용하여 사회의 발전에 기여하도록 노력하여야 한다.

제3조(가족제도의 유지 · 발전) 국가와 국민은 경로효친의 미풍양속에 따른 건전한 가족제도가 유지·발전되도록 노력하여야 한다.

제4조(보건복지증진의 책임) ① 국가와 지방자치단체는 노인의 보건 및 복지증진의 책임이 있으며, 이를 위한 시책을 강구하여 추진하여야 한다.

② 국가와 지방자치단체는 제1항의 규정에 의한 시책을 강구함에 있어 제2조에 규정된 기본이념이 구현되도록 노력하여야 한다.

③ 노인의 일상생활에 관련되는 사업을 경영하는 자는 그 사업을 경영함에 있어 노인의 보건복지가 증진되도록 노력하여야 한다.

제5조(노인실태조사) ① 보건복지부장관은 노인의 보건 및 복지에 관한 실태조사를 3년마다 실시하고 그 결과를 공표하여야 한다. <개정 2008.2.29, 2010.1.18>

② 제1항의 규정에 따른 조사의 방법과 내용 등에 관하여 필요한 사항은 보건복지부령으로 정한다. <개정 2008.2.29, 2010.1.18>

[본조신설 2007.1.3]

제6조(노인의 날 등) ① 노인에 대한 사회적 관심과 공경의식을 높이기 위하여 매년 10월 2일을 노인의 날로, 매년 10월을 경로의 달로 한다.

② 부모에 대한 효사상을 앙양하기 위하여 매년 5월 8일을 어버이날로 한다.

③ 삭제 <2011.8.4>

제7조(노인복지상담원) ① 노인의 복지를 담당하게 하기 위하여 특별자치도와 시·군·구(자치구를 말한다. 이하 같다)에 노인복지상담원을 둔다. <개정 2007.8.3>

② 노인복지상담원의 임용 또는 위촉, 직무 및 보수 등에 관하여 필요한 사항은 대통령령으로 정한다. <개정 1999.2.8>

제8조(노인전용주거시설) 국가 또는 지방자치단체는 노인의 주거에 적합한 기능 및 설비를 갖춘 주거용시설의 공급을 조장하여야 하며, 그 주거용시설의 공급자에 대하여 적절한 지원을 할 수 있다.

제2장 삭제 〈2007.4.25〉

제9조 삭제 <2007.4.25>
제10조 삭제 <2007.4.25>
제11조 삭제 <2007.4.25>

제12조 삭제 <2007.4.25>
제13조 삭제 <2007.4.25>
제14조 삭제 <2007.4.25>
제15조 삭제 <2007.4.25>
제16조 삭제 <2007.4.25>
제17조 삭제 <2007.4.25>
제18조 삭제 <2007.4.25>
제19조 삭제 <2007.4.25>
제20조 삭제 <2007.4.25>
제21조 삭제 <2007.4.25>
제22조 삭제 <2007.4.25>

제3장 보건 · 복지조치

제23조(노인사회참여 지원) ① 국가 또는 지방자치단체는 노인의 사회참여 확대를 위하여 노인의 지역봉사 활동기회를 넓히고 노인에게 적합한 직종의 개발과 그 보급을 위한 시책을 강구하며 근로능력있는 노인에게 일할 기회를 우선적으로 제공하도록 노력하여야 한다.
② 국가 또는 지방자치단체는 노인의 지역봉사 활동 및 취업의 활성화를 기하기 위하여 노인지역봉사기관, 노인취업알선기관 등 노인복지관계기관에 대하여 필요한 지원을 할 수 있다.
제23조의2(노인일자리전담기관의 설치 · 운영 등) ① 노인의 능력과 적성에 맞는 일자리지원사업을 전문적·체계적으로 수행하기 위한 전담기관(이하 "노인일자리전담기관"이라 한다)은 다음 각 호의 기관으로 한다. <개정 2011.4.7>
1. 노인인력개발기관: 노인일자리개발·보급사업, 조사사업, 교육·홍보 및 협력사업, 프로그램인증·평가사업 등을 지원하는 기관
2. 노인일자리지원기관: 지역사회 등에서 노인일자리의 개발·지원, 창업·육성 및 노인에 의한 재화의 생산·판매 등을 직접 담당하는 기관
3. 노인취업알선기관: 노인에게 취업 상담 및 정보를 제공하거나 노인일자리를 알선하는 기관

② 국가 또는 지방자치단체는 노인일자리전담기관을 설치·운영하거나 그 운영의 전부 또는 일부를 법인·단체 등에 위탁할 수 있다. <신설 2011.4.7>
③ 노인일자리전담기관의 설치·운영 또는 위탁에 관하여 필요한 사항은 대통령령으로 정한다. <개정 2011.4.7>
[본조신설 2005.7.13]
제24조(지역봉사지도원 위촉 및 업무) ① 국가 또는 지방자치단체는 사회적 신망과 경험이 있는 노인으로서 지역봉사를 희망하는 경우에는 이를 지역봉사지도원으로 위촉할 수 있다.
② 제1항의 규정에 의한 지역봉사지도원의 업무는 다음 각호와 같다.
1. 국가 또는 지방자치단체가 행하는 업무중 민원인에 대한 상담 및 조언
2. 도로의 교통정리, 주·정차단속의 보조, 자연보호 및 환경침해 행위단속의 보조와 청소년 선도
3. 충효사상, 전통의례 등 전통문화의 전수교육
4. 문화재의 보호 및 안내
5. 기타 대통령령이 정하는 업무

제25조(생업지원) 국가 또는 지방자치단체 기타 공공단체가 설치·운영하는 공공시설안에 식료품·사무용품·신문 등 일상생활용품의 판매를 위한 매점이나 자동판매기의 설치를 허가 또는 위탁할 때에는 65세 이상의 자의 신청이 있는 경우 이를 우선적으로 반영하여야 한다.
제26조(경로우대) ① 국가 또는 지방자치단체는 65세 이상의 자에 대하여 대통령령이 정하는 바에 의하여 국가 또는 지방자치단체의 수송시설 및 고궁·능원·박물관·공원 등의 공공시설을 무료로 또는 그 이용요금을 할인하여 이용하게 할 수 있다.
② 국가 또는 지방자치단체는 노인의 일상생활에 관련된 사업을 경영하는 자에게 65세 이상의 자에 대하여 그 이용요금을 할인하여 주도록 권유할 수 있다.
③ 국가 또는 지방자치단체는 제2항의 규정에 의하여 노인에게 이용요금을 할인하여 주는 자에 대하여 적절한 지원을 할 수 있다.
제27조(건강진단 등) ① 국가 또는 지방자치단체는 대통령령이 정하는 바에 의하여

65세 이상의 자에 대하여 건강진단과 보건교육을 실시할 수 있다.
② 국가 또는 지방자치단체는 제1항의 규정에 의한 건강진단 결과 필요하다고 인정한 때에는 그 건강진단을 받은 자에 대하여 필요한 지도를 하여야 한다.
제27조의2(홀로 사는 노인에 대한 지원) ① 국가 또는 지방자치단체는 홀로 사는 노인에 대하여 방문요양서비스 등의 서비스와 안전확인 등의 보호조치를 취하여야 한다.
② 제1항의 서비스 및 보호조치의 구체적인 내용 등에 관하여는 보건복지부장관이 정한다.
[본조신설 2007.8.3]
제28조(상담 · 입소 등의 조치) ① 보건복지부장관, 특별시장·광역시장·도지사·특별자치도지사(이하 "시·도지사"라 한다), 시장·군수·구청장(자치구의 구청장을 말한다. 이하 같다)은 노인에 대한 복지를 도모하기 위하여 필요하다고 인정한 때에는 다음 각 호의 조치를 하여야 한다. <개정 1999.2.8, 2007.8.3, 2008.2.29, 2010.1.18>

1. 65세 이상의 자 또는 그를 보호하고 있는 자를 관계공무원 또는 노인복지상담원으로 하여금 상담·지도하게 하는 것
2. 65세 이상의 자로서 신체적·정신적·경제적 이유 또는 환경상의 이유로 거택에서 보호받기가 곤란한 자를 노인주거복지시설 또는 재가노인복지시설에 입소시키거나 입소를 위탁하는 것
3. 65세 이상의 자로서 신체 또는 정신상의 현저한 결함으로 인하여 항상 보호를 필요로 하고 경제적 이유로 거택에서 보호받기가 곤란한 자를 노인의료복지시설에 입소시키거나 입소를 위탁하는 것

② 보건복지부장관, 시·도지사 또는 시장·군수·구청장(이하 "복지실시기관"이라 한다)은 65세 미만의 자에 대하여도 그 노쇠현상이 현저하여 특별히 보호할 필요가 있다고 인정할 때에는 제1항 각호의 조치를 할 수 있다. <개정 2008.2.29, 2010.1.18>
③ 복지실시기관은 제1항 또는 제2항의 규정에 의하여 입소조치된 자가 사망한 경우에 그 자에 대한 장례를 행할 자가 없을 때에는 그 장례를 행하거나 당해 시설의 장으로 하여금 그 장례를 행하게 할 수 있다.
제29조 삭제 <2011.8.4>
제29조의2 삭제 <2011.8.4>
제30조(노인재활요양사업) ① 국가 또는 지방자치단체는 신체적·정신적으로 재활요양을 필요로 하는 노인을 위한 재활요양사업을 실시할 수 있다.
② 제1항의 노인재활요양사업의 내용 및 기타 필요한 사항은 보건복지부령으로 정한다. <개정 2008.2.29, 2010.1.18>

제4장 노인복지시설의 설치 · 운영

제31조(노인복지시설의 종류) 노인복지시설의 종류는 다음 각호와 같다. <개정 2004.1.29>

1. 노인주거복지시설
2. 노인의료복지시설
3. 노인여가복지시설
4. 재가노인복지시설
5. 노인보호전문기관

제31조의2(「사회복지사업법」에 따른 신고와의 관계) 제33조제2항, 제35조제2항, 제37조제2항 및 제39조제2항에 따라 노인복지시설의 설치신고를 한 경우 「사회복지사업법」 제34조제2항에 따른 사회복지시설 설치신고를 한 것으로 본다. <개정 2011.6.7>
[본조신설 2007.8.3]
제32조(노인주거복지시설) ① 노인주거복지시설은 다음 각 호의 시설로 한다. <개정 2007.8.3>

1. 양로시설 : 노인을 입소시켜 급식과 그 밖에 일상생활에 필요한 편의를 제공함을 목적으로 하는 시설
2. 노인공동생활가정 : 노인들에게 가정과 같은 주거여건과 급식, 그 밖에 일상생활에 필요한 편의를 제공함을 목적으로 하는 시설
3. 노인복지주택 : 노인에게 주거시설을 분양 또는 임대하여 주거의 편의·생활지도·상담 및 안전관리 등 일상생활에 필요한 편의를 제공함을 목적으로 하는 시설

② 노인주거복지시설의 입소대상·입소절차·입소비용 및 분양·임대 등에 관하여 필요한 사항은 보건복지부령으로 정한다. <개정 2007.8.3, 2008.2.29, 2010.1.18>

③ 노인복지주택의 설치·관리 및 공급 등에 관하여 이 법에서 규정된 사항을 제외하고는 「주택법」의 관련규정을 준용한다. <신설 1999.2.8, 2003.5.29, 2007.8.3>

제33조(노인주거복지시설의 설치) ① 국가 또는 지방자치단체는 노인주거복지시설을 설치할 수 있다.

② 국가 또는 지방자치단체외의 자가 노인주거복지시설을 설치하고자 하는 경우에는 특별자치도지사·시장·군수·구청장(이하 "시장·군수·구청장"이라 한다)에게 신고하여야 한다. <개정 2005.3.31, 2007.8.3>

③ 노인주거복지시설의 시설, 인력 및 운영에 관한 기준과 설치신고, 설치·운영자가 준수하여야 할 사항, 그 밖에 필요한 사항은 보건복지부령으로 정한다. <개정 1999.2.8, 2007.8.3, 2008.2.29, 2010.1.18>

제33조의2(노인복지주택의 입소자격 등) ① 노인복지주택에 입소할 수 있는 자는 60세 이상의 노인(이하 "입소자격자"라 한다)으로 한다. 다만, 입소자격자의 배우자는 60세 미만의 자라 하더라도 입소자격자와 함께 입소할 수 있다.

② 노인복지주택을 설치하거나 설치하려는 자가 노인복지주택을 분양 또는 임대하려는 경우 입소자격자에게 분양 또는 임대하여야 한다.

③ 제2항에 따라 노인복지주택을 분양받거나 임차한 자는 해당 노인주거시설을 입소자격자가 아닌 자에게 양도(매매·증여나 그 밖에 소유권변동을 수반하는 일체의 행위를 포함한다. 이하 같다) 또는 임대할 수 없다.

④ 제3항에도 불구하고 노인복지주택을 상속받은 경우 입소자격자가 아닌 자도 노인복지주택을 취득할 수 있다. 다만, 상속에 의하여 노인복지주택을 취득한 자라도 입소자격자가 아닌 자는 노인복지주택에 입소할 수 없으며 입소자격자가 아닌 자에게 해당 노인복지주택을 양도 또는 임대할 수 없다.

⑤ 시장·군수·구청장은 지역 내 노인 인구, 노인주거복지시설의 수요와 공급실태 및 노인복지주택의 효율적인 이용 등을 고려하여 노인복지주택의 공급가구수와 가구별 건축면적(주거의 용도로만 쓰이는 면적에 한한다)을 일정규모 이하로 제한할 수 있다.

⑥ 제33조제2항에 따라 노인복지주택을 설치한 자는 당해 노인복지주택의 전부 또는 일부 시설을 시장·군수·구청장의 확인을 받아 대통령령으로 정하는 자에게 위탁하여 운영할 수 있다.

[본조신설 2007.8.3]

제33조의3(입소자격이 없는 자에 대한 노인복지주택의 처분명령) 시장·군수·구청장은 입소자격이 없는 자로서 노인복지주택을 소유한 자(상속받은 자를 제외한다)에 대하여 상당한 기간을 정하여 해당 노인복지주택을 입소자격자에게 처분하도록 명할 수 있다.

[본조신설 2007.8.3]

제34조(노인의료복지시설) ① 노인의료복지시설은 다음 각 호의 시설로 한다. <개정 2007.8.3>

1. 노인요양시설 : 치매·중풍 등 노인성질환 등으로 심신에 상당한 장애가 발생하여 도움을 필요로 하는 노인을 입소시켜 급식·요양과 그 밖에 일상생활에 필요한 편의를 제공함을 목적으로 하는 시설
2. 노인요양공동생활가정 : 치매·중풍 등 노인성질환 등으로 심신에 상당한 장애가 발생하여 도움을 필요로 하는 노인에게 가정과 같은 주거여건과 급식·요양, 그 밖에 일상생활에 필요한 편의를 제공함을 목적으로 하는 시설
3. 삭제 <2011.6.7>

② 노인의료복지시설의 입소대상·입소비용 및 입소절차와 설치·운영자의 준수사항 등에 관하여 필요한 사항은 보건복지부령으로 정한다. <개정 2007.8.3, 2008.2.29, 2010.1.18>

제35조(노인의료복지시설의 설치) ① 국가 또는 지방자치단체는 노인의료복지시설을 설치할 수 있다.

② 국가 또는 지방자치단체외의 자가 노인의료복지시설을 설치하고자 하는 경우에는 시장·군수·구청장에게 신고하여야 한다. <개정 2005.3.31, 2011.6.7>

③ 노인의료복지시설의 시설, 인력 및 운영에 관한 기준과 설치신고 및 설치허가 등에 관하여 필요한 사항은 보건복지부령으로 정한다. <개정 1999.2.8, 2007.4.11, 2008.2.29, 2010.1.18, 2011.6.7>

④ 삭제 <2011.6.7>

제36조(노인여가복지시설) ① 노인여가복지시설은 다음 각 호의 시설로 한다. <개정 2007.8.3>

1. 노인복지관 : 노인의 교양·취미생활 및 사회참여활동 등에 대한 각종 정보와 서비스를 제공하고, 건강증진 및 질병예방과 소득보장·재가복지, 그 밖에 노인의 복지증진에 필요한 서비스를 제공함을 목적으로 하는 시설
2. 경로당 : 지역노인들이 자율적으로 친목도모·취미활동·공동작업장 운영 및 각종 정보교환과 기타 여가활동을 할 수 있도록 하는 장소를 제공함을 목적으로 하는 시설
3. 노인교실 : 노인들에 대하여 사회활동 참여욕구를 충족시키기 위하여 건전한 취미생활·노인건강유지·소득보장 기타 일상생활과 관련한 학습프로그램을 제공함을 목적으로 하는 시설
4. 삭제 <2011.6.7>

② 노인여가복지시설의 이용대상 및 이용절차 등에 관하여 필요한 사항은 보건복지부령으로 정한다. <개정 2008.2.29, 2010.1.18>

제37조(노인여가복지시설의 설치) ① 국가 또는 지방자치단체는 노인여가복지시설을 설치할 수 있다.

② 국가 또는 지방자치단체외의 자가 노인여가복지시설을 설치하고자 하는 경우에는 시장·군수·구청장에게 신고하여야 한다.

③ 국가 또는 지방자치단체는 경로당의 활성화를 위하여 지역별·기능별 특성을 갖춘 표준 모델 및 프로그램을 개발·보급하여야 한다. <신설 2011.6.7>

④ 노인여가복지시설의 시설, 인력 및 운영에 관한 기준과 설치신고 등에 관하여 필요한 사항은 보건복지부령으로 정한다. <개정 1999.2.8, 2008.2.29, 2010.1.18, 2011.6.7>

제37조의2(경로당에 대한 양곡구입비 등의 보조) ① 국가 또는 지방자치단체는 경로당에 대하여 예산의 범위에서 「양곡관리법」에 따른 정부관리양곡 구입비의 전부 또는 일부를 보조할 수 있다.

② 국가 또는 지방자치단체는 예산의 범위에서 경로당의 냉난방 비용의 전부 또는 일부를 보조할 수 있다.

[본조신설 2012.2.1]

제37조의3(경로당에 대한 공과금 감면) ① 「전기사업법」에 따른 전기판매사업자, 「전기통신사업법」에 따른 전기통신사업자 및 「도시가스사업법」에 따른 도시가스사업자는 경로당에 대하여 각각 전기요금·전기통신요금 및 도시가스요금을 감면할 수 있다.

② 「수도법」에 따른 수도사업자(수도사업자가 지방자치단체인 경우에는 해당 지방자치단체의 장을 말한다)는 경로당에 대하여 수도요금을 감면할 수 있다.

[본조신설 2012.2.1]

제38조(재가노인복지시설) ① 재가노인복지시설은 다음 각 호의 어느 하나 이상의 서비스를 제공함을 목적으로 하는 시설을 말한다.

1. 방문요양서비스 : 가정에서 일상생활을 영위하고 있는 노인(이하 "재가노인"이라 한다)으로서 신체적·정신적 장애로 어려움을 겪고 있는 노인에게 필요한 각종 편의를 제공하여 지역사회안에서 건전하고 안정된 노후를 영위하도록 하는 서비스
2. 주·야간보호서비스 : 부득이한 사유로 가족의 보호를 받을 수 없는 심신이 허약한 노인과 장애노인을 주간 또는 야간 동안 보호시설에 입소시켜 필요한 각종 편의를 제공하여 이들의 생활안정과 심신기능의 유지·향상을 도모하고, 그 가족의 신체적·정신적 부담을 덜어주기 위한 서비스
3. 단기보호서비스 : 부득이한 사유로 가족의 보호를 받을 수 없어 일시적으로 보호가 필요한 심신이 허약한 노인과 장애노인을 보호시설에 단기간 입소시켜 보호함으로써 노인 및 노인가정의 복지증진을 도모하기 위한 서비스
4. 방문 목욕서비스 : 목욕장비를 갖추고 재가노인을 방문하여 목욕을 제공하는 서비스
5. 그 밖의 서비스 : 그 밖에 재가노인에게 제공하는 서비스로서 보건복지부령이 정하는 서비스

② 제1항에 따른 재가노인복지시설의 이용대상·비용부담 및 이용절차 등에 관하여 필요한 사항은 보건복지부령으로 정한다. <개정 2010.1.18>
[전문개정 2007.8.3]

제39조(재가노인복지시설의 설치) ① 국가 또는 지방자치단체는 재가노인복지시설을 설치할 수 있다.
② 국가 또는 지방자치단체외의 자가 재가노인복지시설을 설치하고자 하는 경우에는 시장·군수·구청장에게 신고하여야 한다.
③ 재가노인복지시설의 시설, 인력 및 운영에 관한 기준과 설치신고 등에 관하여 필요한 사항은 보건복지부령으로 정한다. <개정 1999.2.8, 2008.2.29, 2010.1.18>

제39조의2(요양보호사의 직무 · 자격증의 교부 등) ① 노인복지시설의 설치·운영자는 보건복지부령으로 정하는 바에 따라 노인등의 신체활동 또는 가사활동 지원 등의 업무를 전문적으로 수행하는 요양보호사를 두어야 한다. <개정 2008.2.29, 2010.1.18>
② 요양보호사가 되려는 사람은 제39조의3에 따라 요양보호사를 교육하는 기관(이하 "요양보호사교육기관"이라 한다)에서 교육과정을 마치고 시·도지사가 실시하는 요양보호사 자격시험에 합격하여야 한다. <개정 2010.1.25>
③ 시·도지사는제2항에 따라 요양보호사 자격시험에 합격한 사람에게 요양보호사 자격증을 교부하여야 한다. <개정 2010.1.25>
④ 시·도지사는 제2항에 따라 요양보호사 자격시험에 응시하고자 하는 사람과 제3항에 따라 자격증을 교부 또는 재교부 받고자 하는 사람에게 보건복지부령으로 정하는 바에 따라 수수료를 납부하게 할 수 있다. <신설 2010.1.25>
⑤ 요양보호사의 교육과정, 요양보호사 자격시험 실시 및 자격증 교부 등에 관하여 필요한 사항은 보건복지부령으로 정한다. <개정 2010.1.25>
[전문개정 2007.8.3]

제39조의3(요양보호사교육기관의 지정 등) ① 시·도지사는 요양보호사의 양성을 위하여 보건복지부령으로 정하는 지정기준에 적합한 시설을 요양보호사교육기관으로 지정·운영하여야 한다. <개정 2010.1.25>
② 시·도지사는 요양보호사교육기관이 다음 각 호의 어느 하나에 해당하는 경우 사업의 정지를 명하거나 그 지정을 취소할 수 있다. 다만, 제1호에 해당하는 경우 지정을 취소하여야 한다. <신설 2010.1.25>
1. 거짓이나 그 밖의 부정한 방법으로 요양보호사교육기관으로 지정을 받은 경우
2. 제1항에 따른 지정기준에 적합하지 아니하게 된 경우
3. 교육과정을 1년 이상 운영하지 아니하는 경우
4. 정당한 사유 없이 제42조에 따른 보고 또는 자료제출을 하지 아니하거나 거짓으로 한 경우 또는 조사·검사를 거부·방해하거나 기피한 경우

③ 시·도지사는 제2항에 따라 지정취소를 하는 경우 청문을 실시하여야 한다. <신설 2010.1.25>
④ 제1항에 따른 요양보호사교육기관의 지정절차, 제2항에 따른 행정처분의 세부적인 기준 및 절차 등에 관하여 필요한 사항은 보건복지부령으로 정한다. <개정 2010.1.25>
[전문개정 2007.8.3]
[제목개정 2010.1.25]

제39조의4(긴급전화의 설치 등) ① 국가및 지방자치단체는 노인학대를 예방하고 수시로 신고를 받을 수 있도록 긴급전화를 설치하여야 한다.
② 제1항의 규정에 의한 긴급전화의 설치·운영에 관하여 필요한 사항은 대통령령으로 정한다.
[본조신설 2004.1.29]

제39조의5(노인보호전문기관의 설치 등) ① 국가는 지역 간의 연계체계를 구축하고 노인학대를 예방하기 위하여 다음 각 호의 업무를 담당하는 중앙노인보호전문기관을 설치·운영하여야 한다.
1. 노인인권보호 관련 정책제안
2. 노인인권보호를 위한 연구 및 프로그램의 개발
3. 노인학대 예방의 홍보, 교육자료의 제작 및 보급
4. 노인보호전문사업 관련 실적 취합, 관리 및 대외자료 제공

5. 지역노인보호전문기관의 관리 및 업무지원
6. 지역노인보호전문기관 상담원의 심화교육
7. 관련 기관 협력체계의 구축 및 교류
8. 그 밖에 노인의 보호를 위하여 대통령령으로 정하는 사항

② 학대받는 노인의 발견·보호·치료 등을 신속히 처리하고 노인학대를 예방하기 위하여 다음 각 호의 업무를 담당하는 지역노인보호전문기관을 특별시·광역시·도·특별자치도(이하 "시·도"라 한다)에 둔다.

1. 노인학대 신고전화의 운영 및 사례접수
2. 노인학대 의심사례에 대한 현장조사
3. 피해노인 및 노인학대자에 대한 상담
4. 피해노인가족 관련자와 관련 기관에 대한 상담
5. 상담 및 서비스제공에 따른 기록과 보관
6. 일반인을 대상으로 한 노인학대 예방교육
7. 노인학대행위자를 대상으로 한 재발방지 교육
8. 그 밖에 노인의 보호를 위하여 보건복지부령으로 정하는 사항

③ 보건복지부장관 및 시·도지사는 노인학대 예방사업을 목적으로 하는 비영리법인을 지정하여 제1항에 따른 중앙노인보호전문기관과 제2항에 따른 지역노인보호전문기관의 운영을 위탁할 수 있다.

④ 제1항에 따른 중앙노인보호전문기관과 제2항에 따른 지역노인보호전문기관의 설치기준과 운영, 상담원의 자격과 배치기준 및 제3항에 따른 위탁기관의 지정 등에 필요한 사항은 대통령령으로 정한다.

[전문개정 2011.6.7]

제39조의6(노인학대 신고의무와 절차) ① 누구든지 노인학대를 알게 된 때에는 노인보호전문기관 또는 수사기관에 신고할 수 있다. <개정 2007.4.11>

② 다음 각호의 1에 해당하는 자는 그 직무상 노인학대를 알게 된 때에는 즉시 노인보호전문기관 또는 수사기관에 신고하여야 한다. <개정 2011.6.7>

1. 의료법 제3조제1항의 의료기관에서 의료업을 행하는 의료인
2. 제31조에 따른 노인복지시설의 장과 그 종사자 및 제7조에 따른 노인복지상담원
3. 「장애인복지법」 제58조의 규정에 의한 장애인복지시설에서 장애노인에 대한 상담·치료·훈련 또는 요양업무를 수행하는 사람
4. 「가정폭력방지 및 피해자보호 등에 관한 법률」 제5조 및 제7조에 따른 가정폭력 관련 상담소 및 가정폭력피해자 보호시설의 장과 그 종사자
5. 「사회복지사업법」 제14조에 따른 사회복지전담공무원 및 같은 법 제34조에 따른 사회복지관, 부랑인 및 노숙인보호를 위한 시설의 장과 그 종사자
6. 「노인장기요양보험법」 제31조에 따른 장기요양기관 및 제32조에 따른 재가장기요양기관의 장과 그 종사자
7. 「119구조·구급에 관한 법률」 제10조에 따른 119구급대의 구급대원
8. 「건강가정기본법」 제35조에 따른 건강가정지원센터의 장과 그 종사자

③ 신고인의 신분은 보장되어야 하며 그 의사에 반하여 신분이 노출되어서는 아니된다.

[본조신설 2004.1.29]

제39조의7(응급조치의무 등) ① 제39조의6의 규정에 의하여 노인학대신고를 접수한 노인보호전문기관의 직원이나 사법경찰관리는 지체없이 노인학대의 현장에 출동하여야 한다.

② 제1항의 규정에 의하여 현장에 출동한 자는 학대받은 노인을 노인학대행위자로부터 분리하거나 치료가 필요하다고 인정할 때에는 노인보호전문기관 또는 의료기관에 인도하여야 한다.

③ 노인학대행위자 등 노인학대행위와 관련되어 있는 자는 노인학대 현장에 출동한 자에 대하여 현장조사를 거부하거나 업무를 방해하여서는 아니 된다. <신설 2011.6.7>

[본조신설 2004.1.29]

제39조의8(보조인의 선임 등) ① 학대받은 노인의 법정대리인, 직계친족, 형제자매, 노인보호전문기관의 상담원 또는 변호사는 노인학대사건의 심리에 있어서 보조인이 될 수 있다. 다만, 변호사가 아닌 경우에는 법원의 허가를 받아야 한다.

② 법원은 학대받은 노인을 증인으로 신문하는 경우 본인·검사 또는 노인보호전문기관

의 신청이 있는 때에는 본인과 신뢰관계에 있는 자의 동석을 허가할 수 있다.
③ 수사기관이 학대받은 노인을 조사하는 경우에도 제1항 및 제2항의 절차를 준용한다.
[본조신설 2004.1.29]
제39조의9(금지행위) 누구든지 다음 각호의 1에 해당하는 행위를 하여서는 아니된다.
1. 노인의 신체에 폭행을 가하거나 상해를 입히는 행위
2. 노인에게 성적 수치심을 주는 성폭행·성희롱 등의 행위
3. 자신의 보호·감독을 받는 노인을 유기하거나 의식주를 포함한 기본적 보호 및 치료를 소홀히 하는 방임행위
4. 노인에게 구걸을 하게 하거나 노인을 이용하여 구걸하는 행위
5. 노인을 위하여 증여 또는 급여된 금품을 그 목적외의 용도에 사용하는 행위

[본조신설 2004.1.29]
제39조의10(실종노인에 관한 신고의무 등) ① 누구든지 정당한 사유 없이 사고 또는 치매 등의 사유로 인하여 보호자로부터 이탈된 노인(이하 "실종노인"이라 한다)을 경찰관서 또는 지방자치단체의 장에게 신고하지 아니하고 보호하여서는 아니 된다.
② 제31조에 따른 노인복지시설(「사회복지사업법」 제2조제4호에 따른 사회복지시설 및 사회복지시설에 준하는 시설로서 인가·신고 등을 하지 아니하고 노인을 보호하는 시설을 포함한다. 이하 "보호시설"이라 한다)의 장 또는 그 종사자는 그 직무를 수행하면서 실종노인임을 알게 된 때에는 지체 없이 보건복지부령으로 정하는 신상카드를 작성하여 지방자치단체의 장과 제3항제2호의 업무를 수행하는 기관의 장에게 제출하여야 한다. <개정 2011.8.4>
③ 보건복지부장관은 실종노인의 발생예방, 조속한 발견과 복귀를 위하여 다음 각 호의 업무를 수행하여야 한다. 이 경우 보건복지부장관은 노인복지 관련 법인이나 단체에 그 업무의 전부 또는 일부를 위탁할 수 있다.
1. 실종노인과 관련된 조사 및 연구
2. 실종노인의 데이터베이스 구축·운영
3. 그 밖에 실종노인의 보호 및 지원에 필요한 사항

④ 경찰청장은 실종노인의 조속한 발견과 복귀를 위하여 다음 각 호의 사항을 시행하여야 한다. 이 경우 제2호 및 제3호는 치매노인에 한정한다. <신설 2011.6.7>
1. 실종노인에 대한 신고체계의 구축 및 운영
2. 실종노인의 발견을 위한 수색 및 수사
3. 실종노인의 발견을 위한 노인과 그 가족의 유전자검사의 실시
4. 그 밖에 실종노인의 발견과 복귀를 위하여 필요한 사항

⑤ 제4항제3호에 따른 유전자검사의 실시와 그 밖에 실종노인의 발견 등에 관하여는 「실종아동등의 보호 및 지원에 관한 법률」 제11조부터 제16조까지 및 제18조(제1호는 제외한다)를 준용한다. 이 경우 "실종아동등"은 "실종노인"으로 본다. <신설 2011.6.7>
[본조신설 2007.8.3]
[종전 제39조의10은 제39조의11로 이동 <2007.8.3>]
제39조의11(조사 등) ① 보건복지부장관, 시·도지사 또는 시장·군수·구청장은 필요하다고 인정하는 때에는 관계공무원 또는 노인복지상담원으로 하여금 노인복지시설과 노인의 주소·거소, 노인의 고용장소 또는 제39조의9의 금지행위를 위반할 우려가 있는 장소에 출입하여 노인 또는 관계인에 대하여 필요한 조사를 하거나 질문을 하게 할 수 있다.
② 경찰청장, 시·도지사 또는 시장·군수·구청장은 실종노인의 발견을 위하여 필요한 때에는 보호시설의 장 또는 그 종사자에게 필요한 보고 또는 자료제출을 명하거나 소속공무원으로 하여금 보호시설에 출입하여 관계인 또는 노인에 대하여 필요한 조사 또는 질문을 하게 할 수 있다. <신설 2007.8.3>
③ 제1항 및 제2항의 경우 관계공무원, 노인복지상담원은 그 권한을 표시하는 증표를 지니고 이를 노인 또는 관계인에게 내보여야 한다. <개정 2007.8.3>
④ 제3항에 따른 증표의 내용·형식 등에 관하여 필요한 사항은 보건복지부령으로 정한다. <개정 2007.8.3>

[본조신설 2004.1.29]
[제39조의10에서 이동, 종전의 제39조의11은 제39조의12로 이동 <2007.8.3>]

제39조의12(비밀누설의 금지) 이 법에 의한 학대노인의 보호와 관련된 업무에 종사하였거나 종사하는 자는 그 직무상 알게 된 비밀을 누설하지 못한다.
[본조신설 2004.1.29]
[제39조의11에서 이동 <2007.8.3>]

제39조의13(요양보호사의 결격사유) 다음 각 호의 어느 하나에 해당하는 사람은 요양보호사가 될 수 없다.
1. 「정신보건법」 제3조제1호에 따른 정신질환자. 다만, 전문의가 요양보호사로서 적합하다고 인정하는 사람은 그러하지 아니하다.
2. 마약·대마 또는 향정신성의약품 중독자
3. 금치산자·한정치산자
4. 금고 이상의 형을 선고받고 그 형의 집행이 종료되지 아니하였거나 그 집행을 받지 아니하기로 확정되지 아니한 사람
5. 법원의 판결에 따라 자격이 정지 또는 상실된 사람
6. 요양보호사의 자격이 취소된 날부터 1년이 경과되지 아니한 사람

[본조신설 2010.1.25]

제39조의14(요양보호사 자격의 취소) ① 시·도지사는 요양보호사가 다음 각 호의 어느 하나에 해당하는 경우 그 자격을 취소할 수 있다. 다만, 제1호부터 제3호까지의 경우 자격을 취소하여야 한다.
1. 제39조의13 각 호의 어느 하나에 해당하게 된 경우
2. 제39조의9를 위반하여 제55조의2부터 제55조의4까지의 규정에 따른 처벌을 받은 경우
3. 거짓이나 그 밖의 부정한 방법으로 자격증을 취득한 경우
4. 영리를 목적으로 노인 등에게 불필요한 요양서비스를 알선·유인하거나 이를 조장한 경우
5. 자격증을 대여·양도 또는 위조·변조한 경우

② 시·도지사는 제1항에 따라 요양보호사의 자격을 취소하는 경우 청문을 실시하여야 한다.
③ 제1항의 자격취소의 절차 등에 관하여 필요한 사항은 보건복지부령으로 정한다.
[본조신설 2010.1.25]

제40조(변경 · 폐지 등) ① 제33조제2항의 규정에 의하여 노인주거복지시설을 설치한 자 또는 제35조제2항의 규정에 의하여 노인의료복지시설을 설치한 자가 그 설치신고사항중 보건복지부령이 정하는 사항을 변경하거나 그 시설을 폐지 또는 휴지하고자 할 때에는 대통령령이 정하는 바에 의하여 시장·군수·구청장에게 미리 신고하여야 한다. <개정 1999.2.8, 2005.3.31, 2008.2.29, 2010.1.18, 2011.6.7>
② 삭제 <2011.6.7>
③ 제37조제2항에 의하여 노인여가복지시설을 설치한 자 또는 제39조제2항의 규정에 의하여 재가노인복지시설을 설치한 자가 그 설치신고사항중 보건복지부령이 정하는 사항을 변경하거나 그 시설을 폐지 또는 휴지하고자 할 때에는 대통령령이 정하는 바에 의하여 시장·군수·구청장에게 미리 신고하여야 한다. <개정 1999.2.8, 2008.2.29, 2010.1.18>
④ 삭제 <2010.1.25>
[제목개정 1999.2.8]

제41조(수탁의무) 제32조제1항의 규정에 의한 양로시설, 노인공동생활가정 및 노인복지주택, 제34조제1항의 규정에 의한 노인요양시설 및 노인요양공동생활가정 또는 제38조제1항의 규정에 의한 재가노인복지시설을 설치·운영하는 자가 복지실시기관으로부터 제28조제1항제2호 및 제3호, 동조제2항 또는 제3항의 규정에 의하여 노인의 입소·장례를 위탁받은 때에는 정당한 이유없이 이를 거부하여서는 아니된다. <개정 2007.8.3>

제42조(감독) ① 복지실시기관은 제31조의 규정에 의한 노인복지시설 또는 제39조의3제1항에 따른 요양보호사교육기관을 설치·운영하는 자로 하여금 당해 시설 또는 사업에 관하여 필요한 보고를 하게 하거나 관계공무원으로 하여금 당해 시설 또는 사업의 운영상황을 조사하게 하거나 장부 기타 관계서류를 검사하게 할 수 있다. <개정 1999.2.8, 2007.8.3>
② 제31조의 규정에 의한 노인복지시설을 설

치·운영하는 자는 보건복지부령이 정하는 바에 따라 매년도 입소자 또는 이용자 현황 등에 관한 자료를 복지실시기관에 제출하여야 한다. <신설 1999.2.8, 2008.2.29, 2010.1.18>

③ 제1항의 규정에 의하여 조사·검사를 행하는 자는 그 권한을 표시하는 증표를 지니고 이를 관계인에게 내보여야 한다.

제43조(사업의 정지 등) ① 시·도지사 또는 시장·군수·구청장은 노인주거복지시설 또는 노인의료복지시설이 다음 각 호의 어느 하나에 해당하는 때에는 그 사업의 정지 또는 폐지를 명할 수 있다. <개정 1999.2.8, 2005.3.31, 2007.8.3, 2010.1.25>

1. 제33조제3항 또는 제35조제3항에 따른 시설 등에 관한 기준에 미달하게 된 때
2. 제41조의 규정에 위반하여 수탁을 거부한 때
3. 정당한 이유없이 제42조의 규정에 의한 보고 또는 자료제출을 하지 아니하거나 허위로 한 때 또는 조사·검사를 거부·방해하거나 기피한 때
4. 제46조제5항의 규정에 위반한 때
5. 삭제 <2007.8.3>

② 시장·군수·구청장은 노인여가복지시설 또는 재가노인복지시설이 다음 각 호의 어느 하나에 해당하는 때에는 그 사업의 정지 또는 폐지를 명할 수 있다. <개정 1999.2.8, 2007.8.3>

1. 제37조제3항 또는 제39조제3항의 시설 등에 관한 기준에 미달하게 된 때
2. 제41조의 규정에 위반하여 수탁을 거부한 때(재가노인복지시설의 경우에 한한다)
3. 정당한 이유없이 제42조의 규정에 의한 보고 또는 자료제출을 하지 아니하거나 허위로 한 때 또는 조사·검사를 거부·방해하거나 기피한 때
4. 제46조제7항의 규정에 위반한 때
5. 삭제 <2007.8.3>

③ 제1항 내지 제2항의 규정에 의한 행정처분의 세부적인 기준은 위반의 정도 등을 참작하여 보건복지부령으로 정한다. <개정 2008.2.29, 2010.1.18>

제44조(청문) 시장·군수·구청장은 제43조의 규정에 의한 사업의 폐지를 명하고자 하는 경우에는 청문을 실시하여야 한다. <개정 2005.3.31>

제5장 비 용

제45조(비용의 부담) ① 삭제 <2007.4.25>

② 다음 각 호의 어느 하나에 해당하는 비용은 대통령령이 정하는 바에 따라 국가 또는 지방자치단체가 부담한다. <개정 2005.7.13, 2011.4.7>

1. 제23조의2제2항에 따른 노인일자리전담기관의 설치·운영 또는 위탁에 소요되는 비용
2. 제27조 및 제28조의 규정에 따른 건강진단 등과 상담·입소 등의 조치에 소요되는 비용
3. 제33조제1항·제35조제1항·제37조제1항 및 제39조제1항의 규정에 따른 노인복지시설의 설치·운영에 소요되는 비용

제46조(비용의 수납 및 청구) ① 제27조 및 제28조의 규정에 의한 복지조치에 필요한 비용을 부담한 복지실시기관은 당해 노인 또는 그 부양의무자로부터 대통령령이 정하는 바에 의하여 그 부담한 비용의 전부 또는 일부를 수납하거나 청구할 수 있다.

② 부양의무가 없는 자가 제28조의 규정에 의한 복지조치에 준하는 보호를 행하는 경우 즉시 그 사실을 부양의무자 및 복지실시기관에 알려야 한다.

③ 제2항의 보호를 행한 자는 부양의무자에게 보호비용의 전부 또는 일부를 청구할 수 있다.

④ 제1항 또는 제3항의 규정에 의한 부담비용의 청구 등에 관하여 필요한 사항은 보건복지부령으로 정한다. <개정 2008.2.29, 2010.1.18>

⑤ 제32조제1항에 따른 양로시설, 노인공동생활가정 및 노인복지주택, 제34조제1항에 따른 노인요양시설 및 노인요양공동생활가정을 설치한 자는 그 시설에 입소하거나 그 시설을 이용하는 기초수급권자외의 자로부터 그에 소요되는 비용을 수납하고자 할 때에는 시장·군수·구청장에게 신고하여야 한다. 다만, 보건복지부령이 정한 비용수납 한도액의 범위 안에서 수납할 때에는 그러하지 아

니하다. <개정 1999.2.8, 2005.3.31, 2007.8.3, 2008.2.29, 2010.1.18>
⑥ 삭제 <1999.2.8>
⑦ 제36조제1항의 규정에 의한 노인여가복지시설 또는 제38조제1항의 규정에 의하여 재가노인복지시설을 설치한 자 또는 편의를 제공하는 자가 그 시설을 이용하는 자로부터 그에 소요되는 비용을 수납하고자 할 때에는 미리 시장·군수·구청장에게 신고하여야 한다.

제47조(비용의 보조) 국가 또는 지방자치단체는 대통령령이 정하는 바에 의하여 노인복지시설의 설치·운영에 필요한 비용을 보조할 수 있다.

제48조(유류물품의 처분) 복지실시기관 또는 노인복지시설의 장은 제28조제3항의 규정에 의한 장례를 행함에 있어서 사망자가 유류한 금전 또는 유가증권을 그 장례에 필요한 비용에 충당할 수 있으며, 부족이 있을 때에는 유류물품을 처분하여 그 대금을 이에 충당할 수 있다.

제49조(조세감면) 제31조의 규정에 의한 노인복지시설에서 노인을 위하여 사용하는 건물·토지 등에 대하여는 조세감면규제법 등 관계법령이 정하는 바에 의하여 조세 기타 공과금을 감면할 수 있다. <개정 2007.4.25>

제6장 보 칙

제50조(심사청구 등) ① 노인 또는 그 부양의무자는 이 법에 의한 복지조치에 대하여 이의가 있을 때에는 당해 복지실시기관에 심사를 청구할 수 있다.
② 복지실시기관은 제1항의 심사청구를 받은 때에는 30일 이내에 이를 심사·결정하여 청구인에게 통보하여야 한다.
③ 제2항의 심사·결정에 이의가 있는 자는 그 통보를 받은 날부터 90일 이내에 행정심판을 제기할 수 있다. <개정 1999.2.8>
④ 제46조제3항의 규정에 의하여 부양의무자가 부담하여야 할 보호비용에 대하여 보호를 행한 자와 부양의무자 사이에 합의가 이루어지지 아니하는 경우로서 시장·군수·구청장은 당사자로부터 조정요청을 받은 경우에는 이를 조정할 수 있다. <개정 2004.1.29>
⑤ 시장·군수·구청장은 제4항의 조정을 위하여 필요하다고 인정하는 경우 부양의무자에게 소득·재산 등에 관한 자료의 제출을 요구할 수 있다.

제51조(노인복지명예지도원) ① 복지실시기관은 양로시설, 노인공동생활가정, 노인복지주택, 노인요양시설 및 노인요양공동생활가정의 입소노인의 보호를 위하여 노인복지명예지도원을 둘 수 있다. <개정 2007.8.3>
② 노인복지명예지도원의 위촉방법·업무범위 등 기타 필요한 사항은 대통령령으로 정한다.

제52조 삭제 <1999.2.8>

제53조(권한의 위임 · 위탁) ① 보건복지부장관 또는 시·도지사는 이 법에 의한 권한의 일부를 대통령령이 정하는 바에 의하여 각각 시·도지사 또는 시장·군수·구청장에게 위임할 수 있다. <개정 2008.2.29, 2010.1.18>
② 보건복지부장관, 시·도지사 또는 시장·군수·구청장은 이 법에 의한 업무의 일부를 대통령령이 정하는 바에 의하여 법인 또는 단체에 위탁할 수 있다. <개정 2008.2.29, 2010.1.18>

제54조(국 · 공유재산의 대부 등) 국가 또는 지방자치단체는 노인보건복지관련 연구시설이나 사업의 육성을 위하여 필요하다고 인정하는 경우에는 국유재산법 또는 지방재정법의 규정에 불구하고 국·공유재산을 무상으로 대부하거나 사용·수익하게 할 수 있다.

제55조(「건축법」에 대한 특례) ① 이 법에 의한 재가노인복지시설, 노인공동생활가정 및 노인요양공동생활가정은 「건축법」 제19조의 규정에 불구하고 단독주택 또는 공동주택에 설치할 수 있다. <개정 2007.8.3, 2008.3.21>
② 이 법에 의한 노인복지주택의 건축물의 용도는 건축관계법령에 불구하고 노유자시설로 본다. <신설 1999.2.8, 2007.8.3>
[제목개정 2007.8.3]

제7장 벌 칙

제55조의2(벌칙) 제39조의9제1호(상해에 한한다)의 행위를 한 자는 7년 이하의 징역 또는 2천만원 이하의 벌금에 처한다.

[본조신설 2004.1.29]

제55조의3(벌칙) 다음 각 호의 어느 하나에 해당하는 자는 5년 이하의 징역 또는 1천500만원 이하의 벌금에 처한다.

1. 제39조의9제1호(폭행에 한한다)부터 제4호까지에 해당하는 행위를 한 자
2. 제39조의10제1항을 위반하여 정당한 사유 없이 신고하지 아니 하고 실종노인을 보호한 자

[전문개정 2007.8.3]

제55조의4(벌칙) 다음 각 호의 어느 하나에 해당하는 자는 3년 이하의 징역 또는 1천만원 이하의 벌금에 처한다.

1. 제39조의9제5호에 해당하는 행위를 한 자
2. 위계 또는 위력을 행사하여 제39조의11제2항에 따른 관계 공무원의 출입 또는 조사를 거부하거나 방해한 자

[전문개정 2007.8.3]

제56조(벌칙) ① 제33조의2제2항을 위반하여 입소자격자 아닌 자에게 노인복지주택을 분양 또는 임대한 자는 2년 이하의 징역에 처하거나 위법하게 분양 또는 임대한 세대의 수에 1천만원을 곱한 금액 이하의 벌금에 처한다.

② 제33조제2항 및 제35조제2항에 따른 신고를 하지 아니하고 양로시설, 노인공동생활가정, 노인복지주택, 노인요양시설 또는 노인요양공동생활가정을 설치하거나 운영한 자는 2년 이하의 징역 또는 1천만원 이하의 벌금에 처한다.

[전문개정 2007.8.3]

제56조의2(벌칙) 다음 각 호의 어느 하나에 해당하는 자는 1년 이하의 징역 또는 1천만원 이하의 벌금에 처한다.

1. 제33조의2제3항을 위반하여 양도 또는 임대한 자
2. 제33조의2제4항을 위반하여 입소·양도 또는 임대한 상속자

[본조신설 2007.8.3]

제57조(벌칙) 다음 각호의 1에 해당하는 자는 1년 이하의 징역 또는 300만원 이하의 벌금에 처한다. <개정 2007.8.3, 2010.1.25, 2011.6.7>

1. 제33조제2항·제35조제2항·제37조제2항 또는 제39조제2항에 따른 신고를 하지 아니하고 양로시설·노인공동생활가정·노인복지주택·노인요양시설·노인요양공동생활가정·노인여가복지시설 또는 재가노인복지시설을 설치하거나 운영한 자
2. 제39조의3제1항에 따른 지정을 받지 아니하고 요양보호사교육기관을 설치하거나 운영한 자
3. 제39조의6제3항에 따른 신고인의 신분보호 및 신원 노출 금지 의무를 위반한 자
4. 제39조의11의 규정을 위반하여 직무상 알게 된 비밀을 누설한 자

[전문개정 2004.1.29]

제58조 삭제 <2007.4.25>

제59조(벌칙) 제41조를 위반하여 수탁을 거부한 자는 50만원 이하의 벌금에 처한다. <개정 2007.8.3>

1. 삭제 <2007.8.3>
2. 삭제 <2007.8.3>

제60조(양벌규정) 법인의 대표자나 법인 또는 개인의 대리인, 사용인, 그 밖의 종업원이 그 법인 또는 개인의 업무에 관하여 제55조의3·제56조·제57조 또는 제59조의 위반행위를 하면 그 행위자를 벌하는 외에 그 법인 또는 개인에게도 해당 조문의 벌금형을 과(科)한다. 다만, 법인 또는 개인이 그 위반행위를 방지하기 위하여 해당 업무에 관하여 상당한 주의와 감독을 게을리하지 아니한 경우에는 그러하지 아니하다.

[전문개정 2010.1.25]

제61조 삭제 <2007.4.25>

제61조의2(과태료) ① 제39조의11제2항에 따른 명령을 위반하여 보고 또는 자료제출을 하지 아니하거나 거짓으로 보고하거나 거짓 자료를 제출한 자 또는 정당한 사유 없이 관계 공무원의 출입 또는 조사·질문을 거부·기피·방해하거나 거짓의 답변을 한 자에게는 500만원 이하의 과태료를 부과한다.

② 다음 각 호의 어느 하나에 해당하는 자는 200만원 이하의 과태료를 부과한다. <개정 2011.6.7>

1. 제39조의7제3항을 위반하여 현장조사를 거부하거나 업무를 방해한 자
2. 제39조의10제2항을 위반하여 신상카드를

제출하지 아니한 자
3. 제40조를 위반하여 신고하지 아니하고 노인복지시설을 폐지 또는 휴지한 자

③ 제1항 및 제2항에 따른 과태료는 대통령령으로 정하는 바에 따라 보건복지부장관, 시·도지사, 시장·군수·구청장이 부과·징수한다.

④ 제3항에 따른 과태료 처분에 불복하는 자는 그 처분을 고지받은 날부터 30일 이내에 보건복지부장관, 시·도지사, 시장·군수·구청장에게 이의를 제기할 수 있다.

⑤ 제3항에 따른 과태료 처분을 받은 자가 제4항에 따라 이의를 제기한 때에는 보건복지부장관, 시·도지사, 시장·군수·구청장은 지체 없이 관할 법원에 그 사실을 통보하여야 하며, 그 통보를 받은 관할 법원은 「비송사건절차법」에 따른 과태료 재판을 한다.

⑥ 제4항에 따른 기간 이내에 이의를 제기하지 아니하고 과태료를 납부하지 아니한 때에는 국세 또는 지방세 체납처분의 예에 따라 징수한다.

[본조신설 2007.8.3]

제62조(이행강제금) ① 시장·군수·구청장은 제33조의3에 따른 명령을 이행하지 아니한 자에 대하여 당해 명령의 이행에 필요한 상당한 이행기한을 정하여 그 기한까지 명령을 이행하지 아니하는 경우 이행강제금을 부과할 수 있다. 이 경우 이행강제금의 금액은 「지방세법」에 따라 해당 노인복지주택에 적용되는 1제곱미터당 시가표준액의 100분의 10에 상당하는 금액에 위반면적(주거의 용도로만 쓰이는 면적을 말한다)을 곱한 금액 또는 「부동산 가격공시 및 감정평가에 관한 법률」에 따라 해당 노인복지주택에 적용되는 주택가격의 공시금액의 100분의 10에 상당하는 금액으로 한다.

② 시장·군수·구청장은 제1항에 따라 이행강제금을 부과하기 전에 이행강제금을 부과·징수한다는 뜻을 미리 문서로 계고하여야 한다.

③ 시장·군수·구청장은 제1항에 따른 이행강제금을 부과하는 경우 이행강제금의 금액, 부과사유, 납부기한 및 수납기관, 이의제기 방법 및 이의제기기관 등을 명시한 문서로 행하여야 한다.

④ 시장·군수·구청장은 최초의 명령이 있은 날을 기준으로 하여 1년에 2회 이내의 범위 안에서 당해 명령이 이행될 때까지 반복하여 제1항에 따른 이행강제금을 부과·징수할 수 있다.

⑤ 시장·군수·구청장은 제33조의3에 따라 명령을 받은 자가 명령을 이행한 경우 새로운 이행강제금의 부과를 즉시 중지하고, 이미 부과된 이행강제금은 징수하여야 한다.

⑥ 시장·군수·구청장은 제3항에 따라 이행강제금 부과처분을 받은 자가 이행강제금을 기한 이내에 납부하지 아니하는 때에는 지방세 체납처분의 예에 따라 징수한다.

[본조신설 2007.8.3]

노숙인 등의 복지 및 자립지원에 관한 법률

[시행 2012.6.8] [법률 제10784호, 2011.6.7, 제정]
보건복지부(민생안전과), 02-2023-8231

제1장 총 칙

제1조(목적) 이 법은 노숙인(露宿人) 등의 인간다운 생활을 할 권리를 보호하고 재활 및 자립을 위한 기반을 조성하여 이들의 건전한 사회복귀와 복지증진에 이바지하는 것을 목적으로 한다.

제2조(정의) 이 법에서 사용하는 용어의 정의는 다음과 같다.

1. "노숙인 등"이란 다음 각 목의 어느 하나에 해당하는 사람 중 보건복지부령으로 정하는 사람을 말한다.
가. 상당한 기간 동안 일정한 주거 없이 생활하는 사람
나. 노숙인시설을 이용하거나 상당한 기간 동안 노숙인시설에서 생활하는 사람
다. 상당한 기간 동안 주거로서의 적절성이 현저히 낮은 곳에서 생활하는 사람
2. "노숙인시설"이란 이 법에 따른 노숙인 등을 위한 노숙인복지시설, 노숙인종합지원센터를 말한다.
3. "노숙인시설 종사자"란 노숙인시설에서 노숙인 등의 보호, 상담, 복지서비스 연계 및 노숙인 등의 복지에 관한 업무를 담당하는 사람으로서 노숙인시설의 장 및 그 종사자를 말한다.

제3조(국가와 지방자치단체의 책임) ① 국가와 지방자치단체는 노숙 등을 예방하고, 노숙인 등의 권익을 보장하며, 보호와 재활 및 자활을 지원하기 위한 정책을 마련하여 노숙인 등의 사회복귀 및 복지를 향상시킬 책임을 진다.
② 국가와 지방자치단체는 노숙인 등을 위한 지원사업을 원활히 추진하기 위하여 관련 민간단체와 협력하여야 한다.

제4조(노숙인 등의 권리와 책임) ① 노숙인 등은 국가와 지방자치단체로부터 적절한 주거와 보호 등을 제공받을 수 있으며, 스스로 생활수준을 향상시키기 위하여 성실히 노력하여야 한다.
② 노숙인 등은 제14조에 따른 응급상황 발생 시 경찰 또는 노숙인 등 관련 업무 종사자의 응급조치에 응하여야 한다.

제5조(중복지원의 제한) 다른 법률에 따라 이 법에서 정한 복지서비스의 내용과 유사한 보호 또는 지원을 받고 있는 노숙인 등에 대하여는 대통령령으로 정하는 바에 따라 이 법에 따른 복지서비스를 제한할 수 있다.

제6조(다른 법률과의 관계) 이 법에서 특별히 규정하지 아니한 사항에 대하여는 「사회복지사업법」에서 정하는 바에 따른다.

제2장 노숙인 등을 위한 종합계획의 수립 등

제7조(노숙인 등의 복지 및 자립지원 종합계획의 수립 등) ① 보건복지부장관은 노숙인 등의 보호 및 자립 등을 지원하기 위하여 5년마다 다음 각 호의 사항을 포함하는 노숙인 등의 복지 및 자립지원 종합계획(이하 "종합계획"이라 한다)을 수립·시행하여야 한다.

1. 노숙인 등에 대한 정책의 목표와 방향
2. 노숙인 등의 발생예방·사후관리 및 감소방안
3. 정책성과 지표와 재정계획
4. 노숙인시설의 설치·확보 및 주거지원·복지서비스 등에 관한 사항
5. 민간협력에 관한 사항
6. 노숙인 등의 보호와 자립을 위한 관계 중앙행정기관의 장과의 협력에 관한 사항
7. 그 밖에 대통령령으로 정하는 노숙인 등 정책에 관한 사항

② 보건복지부장관은 종합계획을 수립할 때 미리 관계 중앙행정기관의 장과 협의하여야 한다.
③ 종합계획은 「사회보장기본법」 제16조에 따른 사회보장심의위원회의 심의를 거쳐 확정한다. 종합계획을 변경하려는 경우에도 또한 같다.
④ 보건복지부장관은 확정·변경된 종합계획을 관계 중앙행정기관의 장 및 특별시장·광

역시장·도지사·특별자치도지사(이하 "시·도지사"라 한다)에게 알려야 한다.
⑤ 보건복지부장관, 관계 중앙행정기관의 장 및 시·도지사는 종합계획 및 제8조에 따른 시행계획을 수립·시행하기 위하여 필요한 경우에는 관계 공공기관·사회단체 및 그 밖의 민간기업의 장에게 필요한 자료의 제출 등 협조를 요청할 수 있다.
⑥ 제5항에 따라 협조를 요청받은 자는 정당한 사유가 없는 한 이에 응하여야 한다.
제8조(시행계획의 수립 · 시행 등) ① 보건복지부장관, 관계 중앙행정기관의 장 및 시·도지사는 종합계획에 따라 노숙인 등 정책에 관한 시행계획(이하 "시행계획"이라 한다)을 매년 수립·시행하여야 한다.
② 관계 중앙행정기관의 장 및 시·도지사는 다음 연도 시행계획 및 전년도 시행계획에 따른 추진실적을 대통령령으로 정하는 바에 따라 매년 보건복지부장관에게 제출하여야 한다.
③ 보건복지부장관은 매년 시행계획에 따른 추진실적을 평가하여야 한다.
④ 시행계획의 수립·시행 및 추진실적의 평가 등에 필요한 사항은 대통령령으로 정한다.
제9조(실태조사) ① 보건복지부장관은 이 법의 적절한 시행을 위하여 노숙인 등의 현황과 이들에 대한 공공 및 민간의 지원상황에 대하여 5년마다 실태조사를 실시하여야 한다.
② 제1항에 따른 실태조사의 시기·방법과 내용 등에 필요한 사항은 보건복지부령으로 정한다.

제 3 장 복지서비스 제공

제10조(주거지원) ① 국가와 지방자치단체는 노숙인 등의 적절한 주거생활을 위하여 다음 각 호의 어느 하나에 해당하는 주거지원을 할 수 있다.
1. 제16조에 따른 노숙인복지시설에 의한 보호
2. 「사회복지사업법」 제2조에 따른 사회복지시설 및 다른 법률에 따른 보호시설에 의한 보호
3. 임대주택의 공급
4. 임시주거비 지원
5. 그 밖에 대통령령으로 정하는 주거지원

② 제1항에 따른 주거지원의 기준·방법·절차 등에 필요한 사항은 대통령령으로 정한다.
제11조(급식지원) ① 국가와 지방자치단체는 노숙인 등에게 필요한 급식서비스를 제공하기 위하여 노숙인급식시설을 설치·운영할 수 있다.
② 국가와 지방자치단체 외의 자가 노숙인급식시설을 설치·운영하려면 보건복지부령으로 정하는 바에 따라 시장·군수·구청장(자치구의 구청장을 말한다. 이하 같다)에게 신고하여야 한다.
③ 노숙인급식시설의 설치·운영·지원기준 등 급식지원에 필요한 사항은 보건복지부령으로 정한다.
제12조(의료지원) ① 국가와 지방자치단체는 노숙인 등에게 필요한 의료서비스를 제공하기 위하여 노숙인진료시설을 설치·운영할 수 있다.
② 국가와 지방자치단체는 국공립병원, 보건소 또는 민간의료기관을 노숙인진료시설로 지정할 수 있다.
③ 국가와 지방자치단체는 전문적인 처치와 수술 등을 필요로 하는 노숙인 등에 대한 전문 의료서비스의 제공을 국공립병원, 보건소 또는 민간의료기관에 의뢰하거나 위탁할 수 있다.
④ 국가와 지방자치단체 외의 자는 보건복지부령으로 정하는 바에 따라 노숙인진료시설을 설치·운영할 수 있다.
⑤ 노숙인진료시설의 설치·운영 및 지정기준 등 노숙인 등에 대한 의료지원에 필요한 사항은 보건복지부령으로 정한다.
제13조(고용지원) ① 국가와 지방자치단체는 노숙인 등의 고용을 지원하고 촉진하기 위하여 고용정보의 제공, 직업지원, 취업알선, 직업능력개발 등 필요한 조치를 할 수 있다.
② 국가와 지방자치단체는 노숙인 등의 고용을 촉진하기 위하여 공공일자리 제공 등 자활지원사업을 실시할 수 있다.
③ 국가와 지방자치단체 외의 자가 자활지원사업을 실시하려면 보건복지부령으로 정

하는 바에 따라 시장·군수·구청장에게 신고하여야 한다.
④ 제1항 및 제2항에 따른 노숙인 등에 대한 고용지원에 필요한 사항은 대통령령으로 정한다.
제14조(응급조치의 의무) ① 경찰 또는 노숙인 등 관련 업무 종사자는 중대한 질병, 동사(凍死) 등 노숙인 등에 관한 응급상황을 신고받거나 발견한 때에는 지체 없이 필요한 조치를 하여야 한다.
② 제1항에 따른 응급상황, 필요한 조치의 내용 및 노숙인 등 관련 업무 종사자의 범위 등에 필요한 사항은 대통령령으로 정한다.

제4장 노숙인시설

제15조(노숙인시설의 설치 · 운영 등) ① 국가와 지방자치단체는 노숙인 등의 자립과 사회복귀 등을 지원하기 위하여 노숙인시설을 설치·운영하거나 사회복지법인 또는 비영리법인에 위탁하여 운영할 수 있다.
② 국가와 지방자치단체 외의 자가 노숙인복지시설을 설치·운영하고자 하는 때에는 보건복지부령으로 정하는 바에 따라 시장·군수·구청장에게 신고하여야 한다.
③ 노숙인시설의 설치·운영 기준 등에 필요한 사항은 보건복지부령으로 정한다.
제16조(노숙인복지시설의 종류) ① 노숙인복지시설의 종류는 다음 각 호와 같다.
1. 노숙인일시보호시설: 노숙인 등에게 일시보호 및 복지서비스 연계 등을 제공하는 시설
2. 노숙인자활시설: 노숙인 등의 자립을 지원하기 위하여 전문적인 직업상담·훈련 등의 복지서비스를 제공하는 시설
3. 노숙인재활시설: 신체 및 정신장애 등으로 자립이 어려운 노숙인 등에게 치료 및 재활서비스를 제공하는 시설
4. 노숙인요양시설: 건강상의 문제 등으로 단기간 내 가정 및 사회복귀가 어려운 노숙인 등에게 요양서비스를 제공하는 시설
5. 노숙인급식시설: 제11조에 따른 급식시설
6. 노숙인진료시설: 제12조에 따른 진료시설
7. 그 밖에 보건복지부령으로 정하는 시설

② 제1항에 따른 노숙인복지시설의 구체적인 사업내용 및 기준에 관하여 필요한 사항은 보건복지부령으로 정한다.
제17조(노숙인복지시설의 입소 · 퇴소 등) ① 노숙인복지시설에 입소 또는 퇴소하려는 노숙인 등은 노숙인복지시설의 장에게 입소를 신청하거나 퇴소를 요청할 수 있다.
② 시장·군수·구청장, 경찰관서의 장(지구대·파출소 및 출장소를 포함한다)은 보건복지부령으로 정하는 바에 따라 노숙인 등의 입소를 의뢰할 수 있다.
③ 시장·군수·구청장은 노숙인 등의 입소·퇴소 결정 및 다른 사회복지시설로의 전원(轉院) 등 필요한 조치를 위하여 입소·퇴소심사위원회를 둘 수 있다.
④ 제1항과 제2항에 따른 노숙인복지시설의 입소·퇴소의 기준·방법·절차 등에 필요한 사항과 제3항에 따른 입소·퇴소심사위원회의 구성과 운영 등에 필요한 사항은 보건복지부령으로 정한다.
제18조(노숙인복지시설의 서비스) ① 노숙인복지시설의 장은 입소자에게 자활 및 재활에 필요한 프로그램을 제공하고 입소자의 건강관리 등을 위하여 필요한 조치를 취하여야 한다.
② 제1항에 따른 자활 및 재활프로그램 운영, 건강관리 등에 필요한 사항은 보건복지부령으로 정한다.
제19조(노숙인종합지원센터) 노숙인종합지원센터는 다음 각 호의 업무를 수행한다.
1. 제10조, 제12조 및 제13조에 따른 주거·의료·고용 지원을 위한 상담 및 복지서비스 연계
2. 제14조에 따른 응급조치
3. 복지서비스 이력 관리
4. 심리상담
5. 그 밖에 보건복지부령으로 정하는 사항

제20조(인권교육) ① 노숙인시설의 종사자는 노숙인 등에 대한 인권침해를 예방하기 위한 교육을 받아야 한다.
② 제1항에 따른 교육의 실시에 필요한 사항은 보건복지부령으로 정한다.

제21조(금지행위) 노숙인시설의 종사자는 다음 각 호의 어느 하나에 해당하는 행위를 하여서는 아니 된다.

1. 노숙인 등을 유기하거나 의식주를 포함한 기본적 보호 및 치료를 소홀히 하는 방임행위
2. 노숙인 등에게 구걸을 하게 하거나 영리를 목적으로 노숙인 등 또는 노숙인시설을 이용하여 부당이익을 취하는 행위
3. 노숙인 등을 위하여 증여 또는 급여로 지급받은 금품을 그 목적 외의 용도에 사용하는 행위
4. 정당한 사유 없이 노숙인 등의 입소·퇴소 및 전원조치를 지연하거나 노숙인 등을 강압적으로 시설에 입소·퇴소시키는 행위

제5장 보 칙

제22조(비용의 보조) 국가와 지방자치단체는 대통령령으로 정하는 바에 따라 노숙인시설의 설치·운영에 필요한 비용을 보조할 수 있다.

제23조(비밀누설의 금지) 노숙인시설에 종사하였거나 종사하고 있는 사람은 직무상 알게 된 다른 사람의 비밀을 누설하여서는 아니 된다.

제24조(유사명칭의 사용 금지) 이 법에 따른 노숙인시설이 아니면 노숙인시설 또는 이와 유사한 명칭을 사용하지 못한다.

제25조(권한의 위임 · 위탁) ① 이 법에 따른 보건복지부장관의 권한은 그 일부를 대통령령으로 정하는 바에 따라 시·도지사 또는 시장·군수·구청장에게 위임할 수 있다.

② 보건복지부장관, 시·도지사 또는 시장·군수·구청장은 이 법에 따른 업무의 일부를 대통령령으로 정하는 바에 따라 관련 단체 또는 법인에 위탁할 수 있다.

제6장 벌 칙

제26조(벌칙) ① 제21조를 위반하여 금지행위를 한 사람은 3년 이하의 징역 또는 1천500만원 이하의 벌금에 처한다.

② 제23조를 위반하여 직무상 알게 된 비밀을 누설한 사람은 2년 이하의 징역 또는 1천만원 이하의 벌금에 처한다.

③ 제15조제2항을 위반하여 신고하지 아니하고 노숙인복지시설(노숙인급식시설은 제외한다)을 설치·운영한 자는 1년 이하의 징역 또는 1천만원 이하의 벌금에 처한다.

제27조(양벌규정) 법인의 대표자나 법인 또는 개인의 대리인, 사용인, 그 밖의 종업원이 그 법인 또는 개인의 업무에 관하여 제26조의 위반행위를 하면 그 행위자를 벌하는 외에 그 법인 또는 개인에게도 해당 조문의 벌금형을 과(科)한다. 다만, 법인 또는 개인이 그 위반 행위를 방지하기 위하여 해당 업무에 관하여 상당한 주의와 감독을 게을리하지 아니한 경우에는 그러하지 아니하다.

제28조(과태료) ① 제11조제2항 또는 제13조제3항에 따른 신고의무를 위반한 자와 제24조에 따른 유사명칭을 사용한 자에게는 500만원 이하의 과태료를 부과한다.

② 제1항에 따른 과태료는 대통령령으로 정하는 바에 따라 보건복지부장관, 시·도지사 또는 시장·군수·구청장이 부과·징수한다.

농어촌주민의 보건복지증진을 위한 특별법

[시행 2011.12.8] [법률 제10789호, 2011.6.7, 타법개정]
보건복지부(사회차별시정과), 02-2023-8235

제1장 총 칙

제1조(목적) 이 법은 농어촌주민의 보건복지증진을 위한 시책을 강화하고 이에 관한 국가 및 지방자치단체의 책임을 명확히 하며 농어촌에 보건의료 및 사회복지시설을 확충함으로써 농어촌주민의 인간다운 삶을 보장함을 목적으로 한다.

제2조(정의) 이 법에서 사용하는 용어의 정의는 다음과 같다. <개정 2007.4.11>

1. "농어촌"이라 함은 지방자치법 제2조제1항제2호의 규정에 의한 시와 군의 지역중 다음 각목의 1에 해당하는 지역을 말한다.
가. 읍·면의 전지역
나. 동(洞)의 지역중 국토의계획및이용에관한법률 제36조제1항제1호의 규정에 따라 지정된 주거지역·상업지역 및 공업지역을 제외한 지역
2. "농어촌주민"이라 함은 농어촌에 거주하는 자를 말한다.
3. "농어민"이라 함은 농업·농촌기본법 제3조제2호의 규정에 의한 농업인과 「수산업법」 제2조제11호의 규정에 의한 어업인을 말한다.

제3조(적용범위) 이 법은 농어촌·농어촌주민 및 농어민에 대하여 적용한다.

제4조(다른 법률과의 관계) 이 법은 농어촌 보건복지사업에 관하여 다른 법률의 규정에 우선하여 적용한다.

제5조(국가 및 지방자치단체의 책무) 국가 및 지방자치단체는 농어촌주민들에게 보건의료 및 사회복지 영역에서 실질적인 혜택이 돌아갈 수 있도록 관련제도와 여건을 조성하여야 한다.

제2장 농어촌보건복지기본계획의 수립 등

제6조(실태조사의 실시) ① 보건복지부장관은 농어촌의 보건복지수준에 관한 실태조사를 5년마다 실시하여 공표하여야 한다. <개정 2008.2.29, 2010.1.18>
② 제1항의 규정에 의한 실태조사의 항목·방법·절차 및 공표 등에 관하여 필요한 사항은 보건복지부령으로 정한다. <개정 2008.2.29, 2010.1.18>

제7조(농어촌보건복지기본계획의 수립) ① 보건복지부장관은 제6조의 규정에 의한 실태조사를 토대로 농어촌보건복지기본계획(이하 "기본계획"이라 한다)을 5년마다 수립하여야 한다. <개정 2008.2.29, 2010.1.18>
② 기본계획에는 다음 각호의 사항이 포함되어야 한다. <개정 2008.2.29, 2010.1.18>

1. 농어촌보건복지정책의 기본목표 및 추진방향
2. 주요 추진과제 및 추진방법
3. 재원조달 방법
4. 농어촌보건복지의 전달체계
5. 그 밖에 농어촌보건복지증진을 위하여 특히 필요하다고 보건복지부장관이 인정하는 사항

제8조(추진계획 등의 수립) ① 보건복지부장관 및 광역시장·도지사(이하 "시·도지사"라 한다)는 기본계획에 따라 농어촌보건복지와 관련된 소관 주요시책의 추진계획(이하 "추진계획"이라 한다)을 매년 수립·시행하여야 한다. <개정 2008.2.29, 2010.1.18>
② 시장 및 군수는 추진계획에 따라 농어촌보건복지와 관련된 소관 주요추진계획의 실천계획(이하 "실천계획"이라 한다)을 매년 수립·시행하여야 한다.

제9조(계획수립의 협조) 보건복지부장관, 시·도지사 및 시장·군수는 기본계획·추진계획 및 실천계획의 수립·시행을 위하여 필요한 경우에는 관계 공공기관·민간기관 또는 단체에 협조를 요청할 수 있다. <개정 2008.2.29, 2010.1.18>

제3장 농어촌 보건의료의 기반조성

제10조(공공보건의료기관의 우선 지원) 국

가 및 지방자치단체는 공공보건의료에관한법률 제2조제2호의 규정에 의한 공공보건의료기관중 농어촌에 있는 공공보건의료기관에 대하여 인력·시설 및 장비를 우선적으로 지원할 수 있다.

제10조(공공보건의료기관의 우선 지원) 국가 및 지방자치단체는 「공공보건의료에 관한 법률」 제2조제3호에 따른 공공보건의료기관중 농어촌에 있는 공공보건의료기관에 대하여 인력·시설 및 장비를 우선적으로 지원할 수 있다. <개정 2012.2.1>

[시행일 : 2013.2.2] 제10조

제11조(보건진료소의 통합 등에 관한 지역주민의 의견수렴) ① 지방자치단체의 장은 농어촌등보건의료를위한특별조치법 제2조제4호의 규정에 의한 보건진료소를 통합하거나 폐지하고자 하는 경우에는 해당 지역주민의 의견을 수렴하여야 한다.

② 제1항의 규정에 의한 지역주민의 의견수렴의 방법 및 절차에 관하여 필요한 사항은 보건복지부령으로 정한다. <개정 2008.2.29, 2010.1.18>

제12조(응급의료체계의 구축) ① 국가 및 지방자치단체는 응급의료에관한법률 제13조의2의 규정에 의한 응급의료기본계획 및 지역응급의료시행계획에 다음 각호의 사항을 반영하여야 한다.

1. 농어촌 응급의료 이용실태의 조사·분석
2. 농어촌 응급의료 취약지의 해소를 위한 응급의료기관의 설치·지정
3. 농어촌 응급의료기관의 인력·장비 및 시설 개선
4. 농어촌 응급환자 이송수단의 확보

② 국가 및 지방자치단체는 제1항의 규정에 의한 응급의료기본계획 및 지역응급의료시행계획을 시행하기 위하여 농어촌의 응급의료기관 및 공공보건의료기관에 필요한 재정지원을 할 수 있다.

제13조(민간의료기관에 대한 보건의료의 제공에 관한 협조요청 등) ① 국가 및 지방자치단체는 농어촌주민의 의료수요충족을 위하여 필요한 경우에는 농어촌에 있는 민간의료기관에 대하여 공공보건의료에관한법률 제5조 각호에 해당하는 보건의료의 제공에 관한 협조를 요청할 수 있다.

② 국가 및 지방자치단체는 제1항의 규정에 따라 보건의료를 제공하는 민간의료기관에 대하여 인력 및 재정지원을 할 수 있다.

제13조(민간의료기관에 대한 보건의료의 제공에 관한 협조요청 등) ① 국가 및 지방자치단체는 농어촌주민의 의료수요충족을 위하여 필요한 경우에는 농어촌에 있는 민간의료기관에 대하여 「공공보건의료에 관한 법률」 제7조제1항 각 호에 해당하는 보건의료의 제공에 관한 협조를 요청할 수 있다. <개정 2012.2.1>

② 국가 및 지방자치단체는 제1항의 규정에 따라 보건의료를 제공하는 민간의료기관에 대하여 인력 및 재정지원을 할 수 있다.

[시행일 : 2013.2.2] 제13조

제14조(농어촌민간의료기관의 육성) ① 국가 또는 지방자치단체는 농어촌주민의 보건향상과 국민보건의료의 균형있는 발전을 위하여 농어촌민간의료기관을 육성하여야 한다.

② 국가 또는 지방자치단체가 제1항의 규정에 의한 농어촌민간의료기관의 육성을 위하여 농어촌민간의료기관에 대하여 융자를 하는 경우에는 보건복지부장관이 관계행정기관의 장과 협의하여 정하는 융자금리와 융자기간을 적용할 수 있다. <개정 2008.2.29, 2010.1.18>

③ 국가 또는 지방자치단체는 농어촌민간의료기관의 육성을 위하여 농어촌민간의료기관이 종전의 「재정융자특별회계법」에 따라 2003년 12월 31일 이전에 도입한 차관에 대하여 보건복지부장관이 관계행정기관의 장과 정하는 바에 따라 상환기간의 연장, 금리의 인하 등 조정된 상환조건을 적용할 수 있다. <개정 2006.12.30, 2008.2.29, 2010.1.18>

제15조(암검진사업의 우선 실시) ① 국가는 「암관리법」 제11조에 따른 암검진사업을 농어촌에 우선적으로 무상실시하기 위한 시책을 강구하여야 한다. <개정 2010.5.31>

② 제1항의 규정에 의한 암검진항목 및 대상등에 관하여 필요한 사항은 보건복지부령으로 정한다. <개정 2008.2.29, 2010.1.18>

[제목개정 2010.5.31]

제16조(정신보건사업의 우선 실시) ① 국가

및 지방자치단체는 정신보건법 제10조의 규정에 의한 정신요양시설 및 동법 제15조의 규정에 의한 사회복귀시설중 농어촌에 있는 시설의 설치·운영 및 시설개선에 필요한 비용의 전부 또는 일부를 우선적으로 지원할 수 있다.
② 국가 및 지방자치단체는 농어촌주민의 정신건강증진 및 정신질환의 치료·재활을 위하여 정신보건법 제13조의 규정에 의한 지역사회정신보건사업을 농어촌에 우선적으로 실시하여야 하며, 정신보건센터의 설치·운영 등 동 사업에 필요한 비용의 전부 또는 일부를 지원할 수 있다.
제17조(구강보건사업의 우선 실시) ① 국가 및 지방자치단체는 구강보건법 제7조의 규정에 따라 구강보건사업을 시행함에 있어서 대통령령이 정하는 저소득층 농어촌주민에 대하여 노인의치사업 등의 구강보건사업을 우선적으로 실시하기 위한 시책을 강구하여야 한다.
② 제1항의 규정에 의한 구강보건사업에 소요되는 비용은 국가 및 지방자치단체가 부담한다.
③ 제1항의 규정에 의한 구강보건사업의 항목·대상과 제2항의 규정에 의한 국가 및 지방자치단체간의 비용부담비율 등에 관하여 필요한 사항은 보건복지부령으로 정한다. <개정 2008.2.29, 2010.1.18>
제18조(한방산업의 육성지원) ① 국가 및 지방자치단체는 농어민 또는 대통령령이 정하는 자가 한의약육성법 제2조제4호의 규정에 의한 한약재를 재배·가공 또는 유통(이하 "한약재재배등"이라 한다)하고자 하는 경우에는 소요비용의 일부를 예산의 범위안에서 지원할 수 있다.
② 국가는 제1항의 규정에 의한 한약재재배등의 지원신청 절차 및 신청에 대한 심사기준 등에 관한 사항은 보건복지부령으로 정한다. <개정 2008.2.29, 2010.1.18>

제4장 농어촌 사회복지의 증진

제19조(국민기초생활보장법상 수급권자 선정기준의 특례) ① 국가는 국민기초생활보장법 제2조제1호의 규정에 의한 수급권자(이하 "수급권자"라 한다)를 선정하기 위하여 농어민가구의 소득평가액을 산정하는 경우에 동법 제2조제8호의 규정에 불구하고 농어민 가구의 특성을 반영한 지출요인을 추가하여 인정할 수 있다.
② 국가는 농어민가구의 재산의 소득환산액을 산정하는 경우에 국민기초생활보장법 제2조제9호의 규정에 불구하고 경작농지 등 농어업과 직접 관련되는 재산에 대하여 소득환산기준의 일부를 완화하여 적용할 수 있다.
③ 제1항의 규정에 의한 지출요인의 추가인정사항과 제2항의 규정에 의한 재산의 범위 및 재산가액의 산정기준에 관하여 필요한 사항은 보건복지부령으로 정한다. <개정 2008.2.29, 2010.1.18>
제20조(자활지원시책의 시행) 국가 및 지방자치단체는 수급권자 및 이와 생활수준이 유사한 농어촌주민의 자활을 지원하고 삶의 질을 향상시키기 위한 시책을 마련하여야 한다.
제21조(사회복지시설의 우선 지원) 국가 및 지방자치단체는 사회복지사업법 제2조의 규정에 의한 사회복지시설의 개선사업을 실시함에 있어서 농어촌에 있는 사회복지시설에 우선적으로 재정지원을 할 수 있다.
제22조(영유아의 보육지원 등) ① 국가 및 지방자치단체는 농어촌의 보육여건 개선을 위하여 국·공립 어린이집을 우선 설치하거나 그 밖에 어린이집이 설치될 수 있도록 필요한 조치를 하여야 한다. <개정 2011.6.7>
② 국가 및 지방자치단체는 제1항의 규정에 의한 어린이집의 설치·운영과 영유아의 보육에 있어 농어촌의 특성으로 인하여 추가로 소요되는 비용을 지원할 수 있다. <개정 2011.6.7>
제23조(아동가정보호사업의 지원 확대) ① 국가 및 지방자치단체는 보호가 필요한 농어촌아동에 대한 보호를 활성화하기 위하여 다음 각호의 가정에 대하여 지원시책을 우선적으로 강구하여야 한다.
1. 소년소녀가 가장인 가정
2. 아동복지법 제10조제1항제3호의 규정에 따라 아동의 보호를 위탁받은 가정
3. 입양촉진및절차에관한특례법 제2조제2호

의 규정에 의한 요보호아동(要保護兒童)을 입양한 가정

② 제1항의 규정에 의한 지원내용 및 범위등에 관하여 필요한 사항은 대통령령으로 정한다.

제23조(아동가정보호사업의 지원 확대) ① 국가 및 지방자치단체는 보호가 필요한 농어촌아동에 대한 보호를 활성화하기 위하여 다음 각호의 가정에 대하여 지원시책을 우선적으로 강구하여야 한다. <개정 2011.8.4>

1. 소년소녀가 가장인 가정
2. 「아동복지법」 제15조제1항제3호에 따라 보호대상아동을 위탁받은 가정
3. 「입양특례법」 제2조제2호에 따른 요보호아동(要保護兒童)을 입양한 가정

② 제1항의 규정에 의한 지원내용 및 범위등에 관하여 필요한 사항은 대통령령으로 정한다.

[시행일 : 2012.8.5] 제23조

제24조(복합노인복지시설의 설치 · 운영) ① 국가 및 지방자치단체는 농어촌에 거주하는 노인에 대하여 주거·건강증진·여가·문화 등 다양한 복지서비스를 무료 또는 실비로 지원하기 위하여 노인복지법 제31조 각호의 노인복지시설을 종합적으로 배치한 복합노인복지시설을 설치·운영할 수 있다.

② 제1항의 규정에 의한 복합노인복지시설의 설치·운영에 관하여 필요한 사항은 보건복지부령으로 정한다. <개정 2008.2.29, 2010.1.18>

제25조(저소득층 노인의 요양지원) ① 국가 및 지방자치단체는 대통령령이 정하는 농어촌의 저소득층노인에게 간병·수발, 일상생활지원, 재활 등의 필요한 서비스를 제공하여야 한다.

② 제1항의 규정에 의한 서비스의 내용 및 방법 등에 관하여 필요한 사항은 보건복지부령으로 정한다. <개정 2008.2.29, 2010.1.18>

③ 국가 및 지방자치단체는 간병이 필요한 노인을 부양하고 있는 대통령령이 정하는 저소득층 농어민 가구에 대하여는 간병비용 또는 물품 등을 예산의 범위안에서 보건복지부령이 정하는 바에 따라 지원할 수 있다. <개정 2008.2.29, 2010.1.18>

제26조(한부모가족 선정기준의 특례) 국가는 농어촌의 한부모가족을 선정하는 경우에는 「한부모가족지원법」 제5조의 규정에 불구하고 보건복지부령이 정하는 바에 따라 달리 정할 수 있다. <개정 2007.10.17, 2010.1.18>

[제목개정 2007.10.17]

제27조(건강보험료의 지원) ① 국가는 농어민이 국민건강보험법 제62조의 규정에 따라 부담하여야 하는 보험료중 100분의 50 이내의 금액(동법 제66조의2제1호의 규정에 따라 경감되는 보험료를 포함한다)을 예산의 범위안에서 지원할 수 있다. <개정 2006.12.30>

② 제1항의 규정에 의한 보험료의 지원율등에 관하여 필요한 사항은 대통령령으로 정한다.

제27조(건강보험료의 지원) ① 국가는 농어민이 「국민건강보험법」 제69조에 따라 부담하여야 하는 보험료중 100분의 50 이내의 금액(같은 법 제75조제1항제1호에 따라 경감되는 보험료를 포함한다)을 예산의 범위안에서 지원할 수 있다. <개정 2006.12.30, 2011.12.31>

② 제1항의 규정에 의한 보험료의 지원율등에 관하여 필요한 사항은 대통령령으로 정한다.

[시행일 : 2012.9.1] 제27조

제28조(부과표준소득의 산정에 관한 특례) ① 국민건강보험공단(이하 "공단"이라 한다)은 농어민에 대하여 국민건강보험법 제62조제4항의 규정에 의한 보험료부과점수를 산정하는 경우에 동법 제64조제1항의 규정에 불구하고 휴·폐경지 등 대통령령이 정하는 농어민의 재산에 대하여는 다른 재산과 달리 적용할 수 있다. <개정 2006.12.30>

② 제1항의 규정에 따라 농어민의 재산에 적용할 보험료부과점수의 산정방법 및 기준등에 관하여 필요한 사항은 대통령령으로 정한다. <개정 2006.12.30>

제28조(부과표준소득의 산정에 관한 특례) ① 국민건강보험공단(이하 "공단"이라 한다)은 농어민에 대하여 「국민건강보험법」 제69조제5항에 따른 보험료부과점수를 산정하는 경우에 같은 법 제72조제1항에도 불구하고 휴·폐경지 등 대통령령이 정하는 농어민의 재산에 대하여는 다른 재산과 달리 적용할 수

있다. <개정 2006.12.30, 2011.12.31>
② 제1항의 규정에 따라 농어민의 재산에 적용할 보험료부과점수의 산정방법 및 기준 등에 관하여 필요한 사항은 대통령령으로 정한다. <개정 2006.12.30>
[시행일 : 2012.9.1] 제28조

제29조(보험료 등의 결손처분에 관한 특례) 공단은 국민건강보험법 제72조의 규정에 따라 농어민의 보험료 등을 결손처분하는 경우에는 대통령령이 정하는 바에 따라 그 대상 및 방법을 달리 적용할 수 있다.

제29조(보험료 등의 결손처분에 관한 특례) 공단은 「국민건강보험법」 제84조에 따라 농어민의 보험료 등을 결손처분하는 경우에는 대통령령이 정하는 바에 따라 그 대상 및 방법을 달리 적용할 수 있다. <개정 2011.12.31>
[시행일 : 2012.9.1] 제29조

제30조(보험료 등 납부기한의 유예) ① 공단은 농어민이 재산에 심한 손실을 받은 경우 등 보건복지부령이 정하는 부득이한 사유가 있는 경우에는 국민건강보험법 제69조의 규정에 의한 보험료의 납부기한을 유예할 수 있다. <개정 2008.2.29, 2010.1.18>
② 농어민은 제1항의 규정에 따라 보험료의 납부기한을 유예받고자 하는 때에는 보건복지부령이 정하는 바에 따라 공단에 신청하여야 한다. 다만, 공단은 농어민이 신청하기 어렵다고 인정되는 경우에는 직권으로 보험료의 납부기한을 유예할 수 있다. <개정 2008.2.29, 2010.1.18>
③ 공단은 제1항의 규정에 따라 보험료의 납부기한을 유예하는 때에는 보건복지부령이 정하는 바에 의하여 농어민에게 보험료 납부기한의 유예기간 등 필요한 사항을 통지하여야 한다. <개정 2008.2.29, 2010.1.18>
④ 공단은 제1항의 규정에 의한 보험료 납부기한의 유예기간이 종료되었으나 납부하기 어려운 사유가 있다고 인정되는 경우에는 보건복지부령이 정하는 바에 따라 분할하여 납부하게 할 수 있다. <개정 2008.2.29, 2010.1.18>

제30조(보험료 등 납부기한의 유예) ① 공단은 농어민이 재산에 심한 손실을 받은 경우 등 보건복지부령이 정하는 부득이한 사유가 있는 경우에는 「국민건강보험법」 제78조에 따른 보험료의 납부기한을 유예할 수 있다. <개정 2008.2.29, 2010.1.18, 2011.12.31>
② 농어민은 제1항의 규정에 따라 보험료의 납부기한을 유예받고자 하는 때에는 보건복지부령이 정하는 바에 따라 공단에 신청하여야 한다. 다만, 공단은 농어민이 신청하기 어렵다고 인정되는 경우에는 직권으로 보험료의 납부기한을 유예할 수 있다. <개정 2008.2.29, 2010.1.18>
③ 공단은 제1항의 규정에 따라 보험료의 납부기한을 유예하는 때에는 보건복지부령이 정하는 바에 의하여 농어민에게 보험료 납부기한의 유예기간 등 필요한 사항을 통지하여야 한다. <개정 2008.2.29, 2010.1.18>
④ 공단은 제1항의 규정에 의한 보험료 납부기한의 유예기간이 종료되었으나 납부하기 어려운 사유가 있다고 인정되는 경우에는 보건복지부령이 정하는 바에 따라 분할하여 납부하게 할 수 있다. <개정 2008.2.29, 2010.1.18>
[시행일 : 2012.9.1] 제30조

제31조(국민연금보험료의 지원) 국가는 농어민이 「국민연금법」 제88조제3항에 따라 부담하여야 하는 국민연금 보험료중 100분의 50 이내의 금액을 동법이 정하는 바에 따라 예산의 범위안에서 지원할 수 있다. <개정 2007.7.23>

제32조(농어촌특별세의 우선 지원) 국가는 이 법에 따라 시행하는 농어촌보건복지사업에 대하여 농어촌특별세로 조성된 재원을 우선하여 지원할 수 있다.

제33조(준농어촌에 대한 특례) 농어촌 외의 지역으로서 다음 각 호의 어느 하나에 해당하는 지역은 이를 농어촌으로 보아 해당 지역에 거주하는 주민에 한하여 대통령령으로 정하는 바에 따라 필요한 지원을 할 수 있다. <개정 2007.4.11, 2008.1.17>
1. 「농지법」 제28조의 규정에 따라 지정된 농업진흥지역
2. 「개발제한구역의 지정 및 관리에 관한 특별조치법」 제3조의 규정에 따라 지정된 개발제한구역
3. 「개발제한구역의 지정 및 관리에 관한 특

별조치법」 제3조에 따라 개발제한구역에서 해제된 지역으로서 대통령령으로 정하는 지역. 다만, 해당 지역 주변에 소재하는 농경지가 개발제한구역으로 존치하는 지역에 한한다.
[전문개정 2006.4.28]

한부모가족지원법

[시행 2012.7.1] [법률 제10582호, 2011.4.12, 일부개정]
여성가족부(가족지원과), 02-2075-8716

제1장 총 칙 〈개정 2007.10.17〉

제1조(목적) 이 법은 한부모가족이 건강하고 문화적인 생활을 영위할 수 있도록 함으로써 한부모가족의 생활 안정과 복지 증진에 이바지함을 목적으로 한다.
[전문개정 2007.10.17]

제2조(국가 등의 책임) ① 국가와 지방자치단체는 한부모가족의 복지를 증진할 책임을 진다.
② 국가와 지방자치단체는 한부모가족의 권익을 보호하기 위하여 노력하여야 한다. <신설 2011.4.12>
③ 모든 국민은 한부모가족의 복지 증진에 협력하여야 한다. <개정 2011.4.12>

제3조(한부모가족의 권리와 책임) ① 한부모가족의 모(母) 또는 부(父)는 임신과 출산 및 양육을 사유로 합리적인 이유 없이 교육·고용 등에서 차별을 받지 아니한다. <신설 2011.4.12>
② 한부모가족의 모 또는 부와 아동은 그가 가지고 있는 자산과 노동능력 등을 최대한으로 활용하여 자립과 생활 향상을 위하여 노력하여야 한다. <개정 2011.4.12>
[전문개정 2007.10.17]
[제목개정 2011.4.12]

제4조(정의) 이 법에서 사용하는 용어의 뜻은 다음과 같다. <개정 2008.2.29, 2010.1.18, 2011.4.12>
1. "모" 또는 "부"란 다음 각 목의 어느 하나에 해당하는 자로서 아동인 자녀를 양육하는 자를 말한다.
가. 배우자와 사별 또는 이혼하거나 배우자로부터 유기(遺棄)된 자
나. 정신이나 신체의 장애로 장기간 노동능력을 상실한 배우자를 가진 자
다. 미혼자{ 사실혼(事實婚) 관계에 있는 자는 제외한다}
라. 가목부터 다목까지에 규정된 자에 준하는 자로서 여성가족부령으로 정하는 자
1의2. "청소년 한부모"란 24세 이하의 모 또는 부를 말한다.
2. "한부모가족"이란 모자가족 또는 부자가족을 말한다.
3. "모자가족"이란 모가 세대주{세대주가 아니더라도 세대원(世代員)을 사실상 부양하는 자를 포함한다}인 가족을 말한다.
4. "부자가족"이란 부가 세대주{세대주가 아니더라도 세대원을 사실상 부양하는 자를 포함한다}인 가족을 말한다.
5. "아동"이란 18세 미만(취학 중인 경우에는 22세 미만을 말한다)의 자를 말한다.
6. "보호기관"이란 이 법에 따른 보호를 행하는 국가나 지방자치단체를 말한다.
7. "한부모가족복지단체"란 한부모가족의 복지 증진을 목적으로 설립된 기관이나 단체를 말한다.

[전문개정 2007.10.17]

제5조(보호대상자의 범위) ① 이 법에 따른 보호대상자는 제4조제1호·제1호의2 및 제2호부터 제5호까지의 규정에 해당하는 자로서 여성가족부령으로 정하는 자로 한다. <개정 2008.2.29, 2010.1.18, 2011.4.12>
② 제1항에 따른 보호대상자 중 아동의 연령을 초과하는 자녀가 있는 한부모가족의 경우 그 자녀를 제외한 나머지 가족구성원을 보호대상자로 한다. <신설 2011.4.12>
[전문개정 2007.10.17]

제5조의2(보호대상자의 범위에 대한 특례) ① 출산 후 해당 아동을 양육하지 아니하는 미혼모는 제5조에도 불구하고 제19조제1항제3호의 미혼모자가족복지시설을 이용할 때에는 이 법에 따른 보호대상자가 된다. <개정 2011.4.12>
② 다음 각 호의 어느 하나에 해당하는 아동과 그 아동을 양육하는 조부 또는 조모로서 여성가족부령으로 정하는 자는 제5조에도 불구하고 이 법에 따른 보호대상자가 된다. <개정 2008.2.29, 2010.1.18, 2011.4.12>
1. 부모가 사망하거나 생사가 분명하지 아니한 아동
2. 부모가 정신 또는 신체의 장애·질병으로

장기간 노동능력을 상실한 아동
3. 부모의 장기복역 등으로 부양을 받을 수 없는 아동
4. 부모가 이혼하거나 유기하여 부양을 받을 수 없는 아동
5. 제1호부터 제4호까지에 규정된 자에 준하는 자로서 여성가족부령으로 정하는 아동

③ 국내에 체류하고 있는 외국인 중 대한민국 국민과 혼인하여 대한민국 국적의 아동을 양육하고 있는 사람으로서 대통령령으로 정하는 사람이 제5조에 해당하면 이 법에 따른 보호대상자가 된다.
[전문개정 2007.10.17]

제5조의3 삭제 <2007.10.17>

제6조(실태조사 등) ① 여성가족부장관은 한부모가족 지원을 위한 정책수립에 활용하기 위하여 3년마다 한부모가족에 대한 실태조사를 실시하고 그 결과를 공표하여야 한다.
② 여성가족부장관은 제1항에 따른 실태조사를 위하여 관계 공공기관 또는 관련 법인·단체에 대하여 필요한 자료의 제출 등 협조를 요청할 수 있으며, 요청받은 관계 공공기관 또는 관련 법인·단체는 특별한 사유가 없으면 이에 협조하여야 한다.
③ 제1항에 따른 실태조사의 대상 및 방법, 그 밖에 필요한 사항은 여성가족부령으로 정한다.
[본조신설 2011.4.12]

제7조 삭제 <2011.4.12>

제8조 삭제 <2011.4.12>

제9조(한부모가족복지단체의 육성)국가나 지방자치단체는 한부모가족복지단체를 지원·육성할 수 있다.
[전문개정 2007.10.17]

제2장 복지의 내용과 실시 〈개정 2007.10.17〉

제10조(보호대상자의 조사 등) ① 특별자치도지사·시장·군수·구청장(자치구의 구청장을 말한다. 이하 같다)은 매년 1회 이상 관할구역 보호대상자의 가족상황, 생활실태 등을 조사하여야 한다. <개정 2010.5.17, 2011.4.12>
② 특별자치도지사·시장·군수·구청장은 제1항에 따른 조사 결과를 대장(臺帳)으로 작성·비치하여야 한다. 다만, 「사회복지사업법」 제6조의2제2항에 따른 정보시스템을 활용할 때에는 전자적으로 작성하여 관리할 수 있다. <개정 2011.4.12>
③ 제1항 및 제2항에 따른 조사 및 대장의 작성·관리에 필요한 사항은 여성가족부령으로 정한다. <개정 2011.4.12>
④ 삭제 <2011.4.12>
⑤ 삭제 <2011.4.12>
[전문개정 2007.10.17]
[제목개정 2011.4.12]

제11조(복지 급여의 신청) ① 보호대상자 또는 그 친족이나 그 밖의 이해관계인은 제12조에 따른 복지 급여를 관할 특별자치도지사·시장·군수·구청장에게 신청할 수 있다. <개정 2010.5.17>
② 제1항에 따라 복지 급여를 신청하는 방법·절차 및 이해관계인의 범위 등에 필요한 사항은 여성가족부령으로 정한다. <개정 2008.2.29, 2010.1.18>
[전문개정 2007.10.17]

제12조(복지 급여의 내용) ① 국가나 지방자치단체는 제11조에 따른 복지 급여의 신청이 있으면 다음 각 호의 복지 급여를 실시하여야 한다. 다만, 이 법에 따른 보호대상자가 「국민기초생활 보장법」 등 다른 법령에 따라 보호를 받고 있는 경우에는 그 범위에서 이 법에 따른 급여를 하지 아니한다. <개정 2011.4.12>
1. 생계비
2. 아동교육지원비
3. 삭제 <2011.4.12>
4. 아동양육비
5. 그 밖에 대통령령으로 정하는 비용

② 제1항제4호의 아동양육비를 지급할 때에 미혼모나 미혼부가 5세 이하의 아동을 양육하거나 청소년 한부모가 아동을 양육하면 예산의 범위에서 추가적인 복지 급여를 실시하여야 한다. 이 경우 모 또는 부의 직계존속이 5세 이하의 아동을 양육하는 경우에도 또한 같다. <개정 2011.4.12>
③ 국가나 지방자치단체는 이 법에 따른 보호대상자의 신청이 있는 경우에는 예산의 범위에서 직업훈련비와 훈련기간 중 생계비

를 추가적으로 지급할 수 있다. <신설 2011.4.12>
④ 제1항부터 제3항까지의 규정에 따른 복지 급여의 기준 및 절차, 그 밖에 필요한 사항은 여성가족부령으로 정한다. <개정 2011.4.12>
[전문개정 2007.10.17]

제13조(복지 자금의 대여) ① 국가나 지방자치단체는 한부모가족의 생활안정과 자립을 촉진하기 위하여 다음 각 호의 어느 하나의 자금을 대여할 수 있다.
1. 사업에 필요한 자금
2. 아동교육비
3. 의료비
4. 주택자금
5. 그 밖에 대통령령으로 정하는 한부모가족의 복지를 위하여 필요한 자금

② 제1항에 따른 대여 자금의 한도, 대여 방법 및 절차, 그 밖에 필요한 사항은 대통령령으로 정한다.
[전문개정 2007.10.17]

제14조(고용의 촉진) ① 국가 또는 지방자치단체는 한부모가족의 모 또는 부와 아동의 직업능력을 개발하기 위하여 능력 및 적성 등을 고려한 직업능력개발훈련을 실시하여야 한다.
② 국가 또는 지방자치단체는 한부모가족의 모 또는 부와 아동의 고용을 촉진하기 위하여 적합한 직업을 알선하고 각종 사업장에 모 또는 부와 아동이 우선 고용되도록 노력하여야 한다.
[전문개정 2007.10.17]

제14조의2(고용지원 연계) ① 국가 및 지방자치단체는 한부모가족의 모 또는 부와 아동의 취업기회를 확대하기 위하여 한부모가족 관련 시설 및 기관과 「직업안정법」 제2조의2제1호에 따른 직업안정기관간 효율적인 연계를 도모하여야 한다. <개정 2009.10.9>
② 고용노동부장관은 한부모가족의 모 또는 부와 아동을 위한 취업지원사업 등이 효율적으로 추진될 수 있도록 여성가족부장관과 긴밀히 협조하여야 한다. <개정 2008.2.29, 2010.1.18, 2010.6.4>
[본조신설 2007.10.17]

제15조(공공시설에 매점 및 시설 설치) 국가나 지방자치단체가 운영하는 공공시설의 장은 그 공공시설에 각종 매점 및 시설의 설치를 허가하는 경우 이를 한부모가족 또는 한부모가족복지단체에 우선적으로 허가할 수 있다.
[전문개정 2007.10.17]

제16조(시설 우선이용) 국가나 지방자치단체는 한부모가족의 아동이 공공의 아동 편의시설과 그 밖의 공공시설을 우선적으로 이용할 수 있도록 노력하여야 한다.
[전문개정 2007.10.17]

제17조(가족지원서비스) 국가나 지방자치단체는 한부모가족에게 다음 각 호의 가족지원서비스를 제공하도록 노력하여야 한다. <개정 2011.4.12>
1. 아동의 양육 및 교육 서비스
2. 장애인, 노인, 만성질환자 등의 부양 서비스
3. 취사, 청소, 세탁 등 가사 서비스
4. 교육·상담 등 가족 관계 증진 서비스
5. 인지청구 및 자녀양육비 청구 등을 위한 법률상담, 소송대리 등 법률구조서비스
6. 그 밖에 대통령령으로 정하는 한부모가족에 대한 가족지원서비스

[전문개정 2007.10.17]

제17조의2(청소년 한부모에 대한 교육 지원) ① 국가나 지방자치단체는 청소년 한부모가 학업을 할 수 있도록 청소년 한부모의 선택에 따라 다음 각 호의 어느 하나에 해당하는 지원을 할 수 있다.
1. 「초·중등교육법」 제2조에 따른 학교에서의 학적 유지를 위한 지원 및 교육비 지원 또는 검정고시 지원
2. 「평생교육법」 제31조제2항에 따른 학력인정 평생교육시설에 대한 교육비 지원
3. 「초·중등교육법」 제28조에 따른 교육 지원
4. 그 밖에 청소년 한부모의 교육 지원을 위하여 여성가족부령으로 정하는 사항

② 제1항제3호에 따른 교육 지원을 위하여 특별시·광역시·도·특별자치도의 교육감은 제19조에 따른 한부모가족복지시설에 순회교육 실시를 위한 지원을 할 수 있다.
③ 여성가족부장관은 청소년 한부모가 학업을 계속할 수 있도록 교육과학기술부장관에

게 협조를 요청하여야 한다.
[본조신설 2011.4.12]

제18조(국민주택의 분양 및 임대) 국가나 지방자치단체는 「주택법」에서 정하는 바에 따라 국민주택을 분양하거나 임대할 때에는 한부모가족에게 일정 비율이 우선 분양될 수 있도록 노력하여야 한다.
[전문개정 2007.10.17]

제3장 한부모가족복지시설 〈개정 2007.10.17〉

제19조(한부모가족복지시설) ① 한부모가족복지시설은 다음 각 호의 시설로 한다.
1. 모자가족복지시설: 모자가족에게 다음 각 목의 어느 하나 이상의 편의를 제공하는 시설
가. 기본생활지원: 생계가 어려운 모자가족에게 일정 기간 동안 주거와 생계를 지원
나. 공동생활지원: 독립적인 생활이 어려운 모자가족에게 일정 기간 동안 공동생활을 통하여 자립을 준비할 수 있도록 주거 등을 지원
다. 자립생활지원: 자립욕구가 강한 모자가족에게 일정 기간 동안 주거를 지원
2. 부자가족복지시설: 부자가족에게 다음 각 목의 어느 하나 이상의 편의를 제공하는 시설
가. 기본생활지원: 생계가 어려운 부자가족에게 일정 기간 동안 주거와 생계를 지원
나. 공동생활지원: 독립적인 생활이 어려운 부자가족에게 일정 기간 동안 공동생활을 통하여 자립을 준비할 수 있도록 주거 등을 지원
다. 자립생활지원: 자립욕구가 강한 부자가족에게 일정 기간 동안 주거를 지원
3. 미혼모자가족복지시설: 미혼모자가족과 출산 미혼모 등에게 다음 각 목의 어느 하나 이상의 편의를 제공하는 시설
가. 기본생활지원: 미혼 여성의 임신·출산 시 안전 분만 및 심신의 건강 회복과 출산 후의 아동의 양육 지원을 위하여 일정 기간 동안 주거와 생계를 지원
나. 공동생활지원: 출산 후 해당 아동을 양육하지 아니하는 미혼모 또는 미혼모와 그 출산 아동으로 구성된 미혼모자가족에게 일정 기간 동안 공동생활을 통하여 자립을 준비할 수 있도록 주거 등을 지원
4. 일시지원복지시설: 배우자(사실혼 관계에 있는 사람을 포함한다)가 있으나 배우자의 물리적·정신적 학대로 아동의 건전한 양육이나 모의 건강에 지장을 초래할 우려가 있을 경우 일시적 또는 일정 기간 동안 모와 아동 또는 모에게 주거와 생계를 지원하는 시설
5. 한부모가족복지상담소: 한부모가족에 대한 위기·자립 상담 또는 문제해결 지원 등을 목적으로 하는 시설

② 제1항제1호부터 제4호까지의 규정에 따른 복지시설의 보호기간 및 그 기간의 연장 등에 필요한 사항은 여성가족부령으로 정한다.
[전문개정 2011.4.12]

제20조(한부모가족복지시설의 설치) ① 국가나 지방자치단체는 한부모가족복지시설을 설치할 수 있다.
② 제19조에 따른 한부모가족복지시설의 장은 청소년 한부모가 입소를 요청하는 경우에는 우선 입소를 위한 조치를 취하여야 한다. <신설 2011.4.12>
③ 국가나 지방자치단체 외의 자가 한부모가족복지시설을 설치·운영하려면 특별자치도지사·시장·군수·구청장에게 신고하여야 한다. 신고한 사항 중 여성가족부령으로 정하는 중요 사항을 변경하려는 경우에도 또한 같다. <개정 2010.5.17, 2011.4.12>
④ 「입양촉진 및 절차에 관한 특례법」 제10조에 따른 입양기관을 운영하는 자는 제19조제1항제3호가목에 해당하는 편의제공시설을 설치·운영할 수 없다. <신설 2011.4.12>
⑤ 한부모가족복지시설의 시설 설치·운영 기준, 시설 종사자의 직종(職種)과 수(數) 및 자격기준, 그 밖에 설치신고에 필요한 사항은 여성가족부령으로 정한다. <개정 2011.4.12>
[전문개정 2007.10.17]

제21조(폐지 또는 휴지) 제20조제3항에 따라 한부모가족복지시설의 설치 신고를 한 자가 그 시설을 폐지하거나 그 시설의 운영

을 일시적으로 중단하려면 여성가족부령으로 정하는 바에 따라 미리 특별자치도지사·시장·군수·구청장에게 신고하여야 한다. <개정 2008.2.29, 2010.1.18, 2010.5.17, 2011.4.12>
[전문개정 2007.10.17]

제22조(수탁 의무) 한부모가족복지시설을 설치·운영하는 자는 시·도지사 또는 시장·군수·구청장으로부터 한부모가족복지시설에 한부모가족을 입소보호하도록 위탁받으면 정당한 사유 없이 이를 거부하지 못한다.
[전문개정 2007.10.17]

제23조(감독) ① 여성가족부장관, 시·도지사 또는 시장·군수·구청장은 한부모가족복지시설을 설치·운영하는 자에게 그 시설에 관하여 필요한 보고를 하게 하거나, 관계 공무원에게 시설의 운영 상황을 조사하게 하거나 장부 등 그 밖의 서류를 검사하게 할 수 있다. <개정 2008.2.29, 2010.1.18>
② 제1항에 따라 그 직무를 수행하는 관계 공무원은 그 권한을 표시하는 증표를 지니고 이를 관계인에게 내보여야 한다.
[전문개정 2007.10.17]

제24조(시설 폐쇄 등) 특별자치도지사·시장·군수·구청장은 한부모가족복지시설이 다음 각 호의 어느 하나에 해당하면 그 사업의 정지나 폐지를 명하거나 시설을 폐쇄할 수 있다. <개정 2010.5.17, 2011.4.12>
1. 제20조제5항의 시설 기준에 미달하게 된 경우
2. 제22조를 위반한 경우
3. 정당한 이유 없이 제23조제1항에 따른 보고를 하지 아니하거나 거짓으로 한 경우 또는 조사·검사를 거부하거나 기피한 경우

[전문개정 2007.10.17]

제24조의2(청문) 특별자치도지사·시장·군수·구청장은 제24조에 따라 사업의 폐지를 명하거나 시설을 폐쇄하려면 청문을 하여야 한다. <개정 2010.5.17>
[전문개정 2007.10.17]

제4장 비 용 〈개정 2007.10.17〉

제25조(비용의 보조) 국가나 지방자치단체는 대통령령으로 정하는 바에 따라 한부모가족복지사업에 드는 비용을 보조할 수 있다.
[전문개정 2007.10.17]

제25조의2(부정수급자에 대한 비용의 징수) ① 거짓이나 그 밖의 부정한 방법으로 복지 급여를 받거나 타인으로 하여금 복지 급여를 받게 한 경우 복지 급여를 지급한 보호기관은 그 비용의 전부 또는 일부를 그 복지 급여를 받은 자 또는 복지 급여를 받게 한 자(이하 "부정수급자"라 한다)로부터 징수할 수 있다.
② 제1항에 따라 징수할 금액은 부정수급자에게 통지하여 징수하고, 부정수급자가 이에 응하지 아니하는 경우 국세 또는 지방세 체납처분의 예에 따라 징수한다.
[본조신설 2007.10.17]

제26조(보조금 등의 반환명령) ① 국가나 지방자치단체는 한부모가족복지시설의 장이나 한부모가족복지단체의 장이 다음 각 호의 어느 하나에 해당하면 이미 내준 보조금의 전부 또는 일부의 반환을 명할 수 있다.
1. 보조금의 교부 조건을 위반한 경우
2. 거짓이나 그 밖의 부정한 방법으로 보조금을 받은 경우
3. 한부모가족복지시설을 경영하면서 개인의 영리를 도모하는 행위를 한 경우
4. 이 법 또는 이 법에 따른 명령을 위반한 경우

② 보호기관은 복지 급여의 변경 또는 복지 급여의 정지·중지에 따라 보호대상자에게 이미 지급한 복지 급여 중 과잉지급분이 발생한 경우에는 즉시 보호대상자에 대하여 그 전부 또는 일부의 반환을 명하여야 한다. 다만, 이를 소비하였거나 그 밖에 보호대상자에게 부득이한 사유가 있는 경우에는 그 반환을 면제할 수 있다.
[전문개정 2007.10.17]

제5장 보 칙 〈개정 2007.10.17〉

제27조(양도 · 담보 및 압류 금지) 이 법에 따라 지급된 복지급여와 이를 받을 권리는 다른 사람에게 양도하거나 담보로 제공할 수 없으며, 다른 사람은 이를 압류할 수 없

다.
[전문개정 2011.4.12]

제28조(심사 청구) ① 보호대상자 또는 그 친족이나 그 밖의 이해관계인은 이 법에 따른 복지 급여 등에 대하여 이의가 있으면 그 결정을 통지받은 날부터 90일 이내에 서면으로 해당 복지실시기관에 심사를 청구할 수 있다.
② 복지실시기관은 제1항의 심사 청구를 받으면 30일 이내에 이를 심사·결정하여 청구인에게 통보하여야 한다.
[전문개정 2007.10.17]

제29조(벌칙) ① 다음 각 호의 어느 하나에 해당하는 자는 1년 이하의 징역 또는 300만원 이하의 벌금에 처한다. <개정 2011.4.12>
1. 제20조제3항에 따른 신고를 하지 아니하고 한부모가족복지시설을 설치한 자
2. 제24조에 따라 시설의 폐쇄, 사업의 정지 또는 폐지의 명령을 받고 사업을 계속한 자

② 거짓이나 그 밖의 부정한 방법으로 복지 급여를 받거나 타인으로 하여금 복지 급여를 받게 한 자는 1년 이하의 징역, 500만원 이하의 벌금, 구류 또는 과료에 처한다.
③ 삭제 <2010.5.17>
[전문개정 2007.10.17]

제30조(양벌규정) 법인의 대표자나 법인 또는 개인의 대리인, 사용인, 그 밖의 종업원이 그 법인 또는 개인의 업무에 관하여 제29조의 위반행위를 하면 그 행위자를 벌하는 외에 그 법인 또는 개인에게도 해당 조문의 벌금 또는 과료의 형을 과(科)한다. 다만, 법인 또는 개인이 그 위반행위를 방지하기 위하여 해당 업무에 관하여 상당한 주의와 감독을 게을리하지 아니한 경우에는 그러하지 아니하다.
[전문개정 2010.5.17]

제30조의2(과태료) ① 다음 각 호의 어느 하나에 해당하는 자에게는 300만원 이하의 과태료를 부과할 수 있다. <개정 2011.4.12>
1. 제22조를 위반하여 정당한 사유 없이 수탁을 거부한 자
2. 정당한 이유 없이 제23조제1항에 따른 보고를 하지 아니하거나 거짓으로 한 자 또는 조사·검사를 거부하거나 기피한 자

② 제1항에 따른 과태료는 대통령령으로 정하는 바에 따라 여성가족부장관이 부과·징수한다.
[본조신설 2010.5.17]

제31조(권한의 위임) 여성가족부장관이나 시·도지사는 대통령령으로 정하는 바에 따라 이 법에 따른 권한의 일부를 시장·군수·구청장에게 위임할 수 있다. <개정 2008.2.29, 2010.1.18>
[전문개정 2007.10.17]

입양촉진 및 절차에 관한 특례법

[시행 2010.3.19] [법률 제9932호, 2010.1.18, 타법개정]
보건복지부(아동권리과), 02-2023-8733

제1장 총 칙

제1조(목적) 이 법은 요보호아동의 입양을 촉진하고 양자로 되는 자의 보호와 복지증진을 도모하기 위하여 필요한 사항을 규정함을 목적으로 한다.

제2조(정의) 이 법에서 사용하는 용어의 정의는 다음과 같다. <개정 2000.1.12, 2005.3.31>

1. "아동"이라 함은 18세미만의 자를 말한다.
2. "요보호아동"이라 함은 아동복지법 제2조제2호의 규정에 의한 보호를 필요로 하는 아동을 말한다.
3. "입양아동"이라 함은 이 법에 의하여 입양된 아동을 말한다.
4. "부양의무자"라 함은 「국민기초생활 보장법」 제2조제5호의 규정에 의한 부양의무자를 말한다.

제3조(책임) ① 모든 아동은 그가 태어난 가정에서 건전하게 양육되어야 한다.

② 국가 및 지방자치단체는 태어난 가정에서 아동이 건전하게 양육될 수 있도록 지원하고 태어난 가정에서 양육이 곤란한 아동에게는 건전하게 양육될 수 있는 다른 가정을 제공하기 위하여 필요한 조치와 지원을 하여야 한다. <개정 2005.3.31>

③ 모든 국민은 입양아동의 건전한 양육에 협력하여야 한다.

④ 국가 및 지방자치단체는 요보호아동의 입양 활성화 및 입양 후 가정생활의 원만한 적응을 위하여 다음 각호의 사항을 실시하여야 한다. <신설 2005.3.31, 2008.2.29, 2010.1.18>

1. 입양정책의 수립 및 시행
2. 입양에 관한 실태조사 및 연구
3. 입양 및 사후관리 절차의 구축 및 운영
4. 입양 및 가족 지원
5. 입양 후 원만한 적응을 위한 상담 및 사회복지서비스 제공
6. 입양에 대한 교육 및 홍보
7. 입양 모범사례 발굴
8. 그 밖에 보건복지부령이 정하는 필요한 사항

제3조의2(입양의 날) ① 건전한 입양문화의 정착과 국내입양의 활성화를 위하여 5월 11일을 입양의 날로 하고, 입양의 날부터 1주일을 입양주간으로 한다.

② 국가 및 지방자치단체는 제1항의 규정에 의한 입양의 날 취지에 적합한 행사 등 사업을 실시하도록 노력하여야 한다.

[본조신설 2005.3.31]

제2장 입양의 요건

제4조(양자될 자격) 이 법에 의하여 양자가 될 자는 요보호아동으로서 다음 각호의 1에 해당하는 자이어야 한다. <개정 1999.9.7>

1. 보호자로부터 이탈된 자로서 특별시장·광역시장·도지사(이하 "시·도지사"라 한다) 또는 시장·군수·구청장(자치구의 구청장에 한한다. 이하 같다)이 부양의무자를 확인할 수 없어 국민기초생활보장법에 의한 보장시설(이하 "보장시설"이라 한다)에 보호의뢰한 자
2. 부모(부모가 사망 기타 사유로 동의할 수 없는 경우에는 다른 직계존속) 또는 후견인이 입양을 동의하여 보장시설 또는 제10조의 규정에 의한 입양기관에 보호의뢰한 자
3. 법원에 의하여 친권상실의 선고를 받은 자의 자로서 시·도지사 또는 시장·군수·구청장이 보장시설에 보호의뢰한 자
4. 기타 부양의무자를 알 수 없는 경우로서 시·도지사 또는 시장·군수·구청장이 보장시설에 보호의뢰한 자

제5조(양친될 자격등) ① 이 법에 의하여 양친이 될 자는 다음 각호의 요건을 갖춘 자이어야 한다. <개정 1997.12.13, 2008.2.29, 2010.1.18>

1. 양자를 부양함에 충분한 재산이 있을 것
2. 양자에 대하여 종교의 자유를 인정하고 사회의 일원으로서 그에 상응한 양육과

교육을 할 수 있을 것
3. 가정이 화목하고 정신적·신체적으로 양자를 부양함에 현저한 장애가 없을 것
4. 양친이 될 자가 대한민국 국민이 아닌 경우 본국법에 의하여 양친이 될 수 있는 자격이 있을 것
5. 기타 양자로 될 자의 복지를 위하여 보건복지부령이 정하는 필요한 요건을 갖출 것

② 양친은 양자를 천한 직업 기타 인권유린의 우려가 있는 직업에 종사하지 아니하도록 하여야 한다.

제6조(입양의 동의) ① 제4조 각호의 1에 해당하는 자를 양자로 하고자 할 때에는 부모의 동의를 얻어야 하고, 부모가 사망 기타 사유로 동의할 수 없는 경우에는 다른 직계존속의 동의를 얻어야 하며, 부모나 다른 직계존속을 알 수 없는 경우에는 후견인의 동의를 얻어야 한다. 다만, 제4조제2호에 해당하는 자를 양자로 하고자 할 때에는 보호의뢰시의 입양동의로써 입양의 동의로 갈음할 수 있다.

② 15세이상인 자를 양자로 하고자 할 때에는 제1항의 규정에 의한 입양동의외에 양자로 될 자의 동의를 얻어야 한다.

③ 후견인은 가정법원의 허가를 받지 아니하고 제1항의 규정에 의한 입양의 동의를 할 수 있다.

④ 제1항 내지 제3항의 규정에 의한 입양의 동의는 서면에 의하되, 동의에 필요한 서류 기타 필요한 사항은 보건복지부령으로 정한다. <신설 1999.1.21, 2008.2.29, 2010.1.18>

제 3 장 입양절차

제7조(입양의 효력발생) ① 이 법에 의한 입양은 「가족관계의 등록 등에 관한 법률」이 정하는 바에 의하여 신고함으로써 그 효력이 생긴다. <개정 2007.5.17>

② 제1항의 신고는 양친이 될 자가 양자로 될 자의 후견인과 함께 서면으로 하되, 다음 각호의 서류를 첨부하여야 한다.
1. 양자로 될 자가 제4조 각호의 1에 해당하는 자임을 증명하는 서류
2. 제5조제1항의 규정에 의한 양친이 될 자의 가정상황에 관한 서류
3. 제6조의 규정에 의하여 입양을 동의한 사실을 증명하는 서류

③ 제2항제1호 및 제2호의 규정에 의한 서류는 대통령령이 정하는 기관이 당해서류의 작성에 필요한 조사·확인을 한 후 이를 발급하되, 당해서류의 신청절차 기타 서류의작성 등에 관하여 필요한 사항은 보건복지부령으로 정한다. <신설 1999.1.21, 2008.2.29, 2010.1.18>

제8조(양자) ① 이 법에 의하여 양자로 되는 자는 양친이 원하는 때에는 양친의 성과 본을 따른다.

② 제1항의 규정에 의하여 양친의 성과 본을 따른 양자가 입양이 취소되거나 파양된 경우에는 본래의 성과 본을 따른다. 이 경우 그 양자이었던 자는 본인이 제4조 각호의 1에 해당하였던 자임을 증명하는 서류를 갖추어 「가족관계의 등록 등에 관한 법률」이 정하는 바에 의하여 신고하여야 한다. <개정 2007.5.17>

제9조(입양취소청구의 소의 제한) 이 법에 의하여 입양되어 6월이 경과된 때에는 양자·양친·친부모 기타 관계인은 다음 각호의 1에 해당하는 때를 제외하고는 입양취소청구의 소를 제기할 수 없다. <개정 2005.3.31>
1. 약취 또는 유인에 의하여 보호자로부터 이탈되었던 자가 양자로 된 때
2. 사기 또는 강박으로 인하여 입양의 의사표시를 한 때

제 4 장 입양기관

제10조(입양기관) ① 입양기관을 운영하고자 하는 자는 사회복지사업법에 의한 사회복지법인으로서 보건복지부장관의 허가를 받아야 한다. 다만, 국내입양만을 알선하고자 하는 자는 시·도지사의 허가를 받아야 한다. <개정 1997.12.13, 2008.2.29, 2010.1.18>

② 제1항의 규정에 의하여 허가받은 사항중 대통령령이 정하는 중요한 사항을 변경하고자 하는 경우에는 신고하여야 한다. <개정 1999.1.21>

③ 외국인은 입양기관의 장이 될 수 없다.

④ 입양기관의 장이 입양을 원하는 국가나

그 국가의 공인받은 입양기관과 입양업무에 관한 협약을 체결한 때에는 보건복지부령이 정하는 사항을 보건복지부장관에게 보고하여야 한다. <개정 1997.12.13, 1999.1.21, 2008.2.29, 2010.1.18>

⑤ 입양업무에 관한 협약에 포함되어야 할 사항은 대통령령으로, 입양기관의 시설 및 종사자의 기준과 허가 및 변경신고등에 관하여 필요한 사항은 보건복지부령으로 정한다. <개정 1999.1.21, 2008.2.29, 2010.1.18>

제11조 삭제 <1999.1.21>

제12조(입양기관의 의무) ① 입양기관의 장은 입양의뢰된 자의 권익을 보호하고, 대통령령이 정하는 바에 의하여 부모에게 충분한 입양상담을 제공하며, 부모를 알 수 없는 경우에는 우선 부모 등 직계존속을 찾는 노력을 다하여야 한다. <개정 2005.3.31>

② 입양기관의 장은 입양알선을 행함에 있어 그 양친이 될 자에 대하여 제5조제1항 각호의 사실을 조사하여야 한다.

③ 입양기관에 종사하는 자 또는 종사하였던 자는 그 업무에 관하여 알게 된 비밀을 누설하여서는 아니된다.

④ 입양기관의 장은 양친이 될 자에게 입양전에 아동양육에 관한 교육을 실시하여야 하며, 입양성립후에는 보건복지부령이 정하는 바에 의하여 입양아동과 그에 관한 기록등을 양친 또는 양친이 될 자에게 인도하고 그 결과를 시장·군수·구청장에게 보고하여야 한다. <개정 1999.1.21, 2008.2.29, 2010.1.18>

⑤ 입양기관의 장은 입양성립후 6월까지 양친과 양자의 상호적응상태에 대하여 보건복지부령이 정하는 사후관리를 하여야 한다. 다만, 국외로 입양되는 자의 사후관리는 그 국가의 국적을 취득할 때까지로 한다. <개정 1997.12.13, 2008.2.29, 2010.1.18>

⑥ 입양기관의 장은 국외로 입양된 자를 위하여 입양된 자가 그 국가의 국적을 취득한 후에도 모국방문사업등 대통령령이 정하는 사업을 시행하여야 한다. <개정 1999.1.21>

제13조(입양기관의 장의 후견직무) 입양기관의 장은 입양을 알선하기 위하여 보장시설의 장, 부모, 다른 직계존속 또는 후견인으로부터 입양될 자를 인수한 때에는 그 인수한 날부터 입양이 완료될 때까지 후견인으로서의 직무를 행한다. <개정 1999.9.7>

제14조(가족관계등록창설) 입양기관의 장은 입양될 아동을 가족관계등록이 되어 있지 아니한 상태에서 인수한 때에는 그 아동에 대한 가족관계등록창설절차를 거친다.
[전문개정 2007.5.17]

제15조(입양알선이 곤란한 자등의 보호) ① 입양기관의 장은 다음 각호의 1에 해당하는 자가 있는 경우에는 시·도지사 또는 시장·군수·구청장에게 이를 보고하여야 한다.

1. 제4조제2호의 규정에 의하여 보호의뢰된 자로서 입양알선이 곤란한 자
2. 이 법에 의한 입양이 취소되거나 파양선고를 받은 자로서 그 보호자가 입양기관에 보호를 요청한 자

② 시·도지사 또는 시장·군수·구청장은 제1항의 규정에 의한 보고를 받은 자에 대하여 아동복지법 제10조의 규정에 의한 보호조치를 지체없이 취하여야 한다. <개정 2000.1.12>

제16조(국내에서의 국외입양) 외국인이 국내에서 제4조 각호의 1에 해당하는 자를 양자로 하고자 할 때에는 그 외국인은 후견인과 함께 양자로 될 자의 등록기준지 또는 주소지를 관할하는 가정법원에 보건복지부령이 정하는 바에 의하여 다음 각호의 서류를 갖추어 입양인가의 신청을 하여야 한다. <개정 1999.1.21, 2007.5.17, 2008.2.29, 2010.1.18>

1. 제7조제2항 각호의 서류
2. 양자로 될 자가 제4조제1호·제3호 또는 제4호에 해당하는 자인 경우에는 부양의무자를 확인하기 위한 공고사실이 있었음을 증명하는 서류

제17조(외국에서의 국외입양) ① 외국인으로부터 입양알선을 의뢰받은 입양기관의 장이 입양알선을 하고자 할 때에는 제16조 각호의 서류를 갖추어 보건복지부장관에게 그 양자로 될 자의 해외이주에 관한 허가(이하 "해외이주허가"라 한다)를 신청하여야 한다. <개정 1997.12.13, 2008.2.29, 2010.1.18>

② 양자로 될 자가 해외이주허가를 받고 출국하여 그 국가의 국적을 취득하는 때에는 입양기관의 장은 보건복지부령이 정하는 바에 의하여 지체없이 이를 법무부장관에게 보고하고, 법무부장관은 직권으로 그의 대한민국 국적을

말소할 것을 등록기준지 관할 가족관계등록관서에 통지하여야 한다. <개정 1999.1.21, 2007.5.17, 2008.2.29, 2010.1.18>

③ 제1항의 규정에 의한 신청을 받은 보건복지부장관은 다음 각호의 1에 해당하는 경우에는 해외이주허가를 하지 아니할 수 있다. <개정 1997.12.13, 2008.2.29, 2010.1.18>

1. 양자로 될 자가 미아 기타 보건복지부령이 정하는 자인 경우
2. 입양기관의 장이 입양을 원하는 국가나 그 국가의 공인받은 입양기관과 입양업무에 관한 협약을 체결하지 아니한 경우
3. 입양을 원하는 국가가 대한민국과 전쟁상태 또는 적대상태에 있는 국가인 경우

제18조(지도 · 감독등) ① 보건복지부장관, 시·도지사 또는 시장·군수·구청장은 입양기관을 운영하는 자에 대하여 소관업무에 관하여 필요한 지도·감독을 하며, 필요한 경우 그 업무에 관하여 보고 또는 관계서류의 제출을 명하거나 소속공무원으로 하여금 입양기관의 사무소 또는 시설에 출입하여 검사 또는 질문하게 할 수 있다. <개정 2008.2.29, 2010.1.18>

② 제1항의 규정에 의하여 검사 또는 질문을 하는 관계공무원은 그 권한을 표시하는 증표를 지니고 이를 관계인에게 내보여야 한다.

[전문개정 1999.1.21]

제19조(허가의 취소등) ① 보건복지부장관 또는 시·도지사는 입양기관이 다음 각호의 1에 해당하는 때에는 6월이내의 기간을 정하여 업무의 정지를 명하거나 제10조제1항의 규정에 의한 허가를 취소할 수 있다. <개정 1997.12.13, 2008.2.29, 2010.1.18>

1. 제10조제5항의 규정에 의한 시설 및 종사자의 기준에 미달하게 된 때
2. 제12조제1항의 규정에 위반하여 입양의뢰된 자의 권익을 해할 행위를 한 때
3. 정당한 사유없이 제18조의 규정에 의한 보고를 하지 아니하거나 허위로 한 때 또는 조사를 거부·방해하거나 기피한 때
4. 이 법 또는 이 법에 의한 명령에 위반한 때

② 제1항의 규정에 의한 행정처분의 세부적인 기준은 그 행정처분의 사유와 위반의 정도등을 감안하여 보건복지부령으로 정한다. <개정 1997.12.13, 2008.2.29, 2010.1.18>

제20조(비용의 수납 및 보조) ① 제10조제1항의 규정에 의한 입양기관은 대통령령이 정하는 바에 의하여 양친이 될 자로부터 입양알선에 실제 소요되는 비용의 일부를 수납할 수 있다.

② 국가 및 지방자치단체는 양친이 될 자에게 제1항의 입양알선에 실제 소요되는 비용의 전부 또는 일부를 보조할 수 있다.

[전문개정 2005.3.31]

제5장 입양아동등에 대한 복지시책

제21조(요보호아동의 발생예방) 국가 및 지방자치단체는 요보호아동의 발생예방에 관한 필요한 시책을 강구하여야 한다.

제22조(사회복지서비스) 국가 및 지방자치단체는 입양기관의 알선을 받아 아동을 입양한 가정에 대하여 입양아동의 건전한 양육에 필요한 상담, 사회복지시설의 이용등의 사회복지서비스를 제공하여야 한다.

제23조(양육보조금등의 지급) ① 국가 및 지방자치단체는 입양기관의 알선을 받아 입양된 장애아동등 입양아동의 건전한 양육을 위하여 필요한 경우에는 대통령령이 정하는 범위안에서 양육수당·의료비 그 밖의 필요한 양육보조금을 지급할 수 있다. <개정 2004.3.5>

② 국가 및 지방자치단체는 입양기관의 운영비와 국민기초생활보장법에 의하여 지급되는 수급품외에 가정위탁보호비용을 보조할 수 있다. <개정 1999.1.21, 1999.9.7>

③ 제1항의 규정에 의한 양육보조금의 지급과 제2항의 규정에 의한 입양기관의 운영비 및 가정위탁보호비용의 보조에 관하여 필요한 사항은 대통령령으로 정한다. <개정 1999.1.21>

제6장 보 칙

제24조(청문) 보건복지부장관 또는 시·도지사는 제19조제1항의 규정에 의하여 허가를 취소하고자 하는 경우에는 청문을 실시하여야 한다. <개정 2008.2.29, 2010.1.18>

[전문개정 1997.12.13]

제25조(권한의 위임) 이 법에 의한 보건복지부장관 또는 시·도지사의 권한은 그 일부를 대통령령이 정하는 바에 의하여 시·도지사 또는 시장·군수·구청장에게 위임할 수 있다. <개정 1997.12.13, 2008.2.29, 2010.1.18>

제26조(민법과의 관계) 입양에 관하여 이 법에 특별히 규정되어 있는 사항을 제외하고는 민법이 정하는 바에 의한다.

제7장 벌 칙

제27조(벌칙) ① 제10조제1항의 규정에 의한 허가를 받지 아니하고 입양알선업무를 행한 자는 3년이하의 징역 또는 2천만원이하의 벌금에 처한다. <개정 1999.1.21>

② 제10조제2항 또는 제12조제3항의 규정에 위반한 자는 1년이하의 징역 또는 300만원이하의 벌금에 처한다.

제28조(양벌규정) 법인의 대표자, 법인 또는 개인의 대리인·사용인 기타의 종사자가 그 법인 또는 개인의 업무에 관하여 제27조의 위반행위를 한 때에는 행위자를 벌하는 외에 그 법인 또는 개인에 대하여도 동조의 벌금형을 과한다.

다문화가족지원법

[시행 2011.10.5] [법률 제10534호, 2011.4.4, 일부개정]
여성가족부(다문화가족정책과), 02-2075-8722

제1조(목적) 이 법은 다문화가족 구성원이 안정적인 가족생활을 영위할 수 있도록 함으로써 이들의 삶의 질 향상과 사회통합에 이바지함을 목적으로 한다.

제2조(정의) 이 법에서 사용하는 용어의 뜻은 다음과 같다. <개정 2011.4.4>

1. "다문화가족"이란 다음 각 목의 어느 하나에 해당하는 가족을 말한다.
가. 「재한외국인 처우 기본법」 제2조제3호의 결혼이민자와 「국적법」 제2조부터 제4조까지의 규정에 따라 대한민국 국적을 취득한 자로 이루어진 가족
나. 「국적법」 제3조 및 제4조에 따라 대한민국 국적을 취득한 자와 같은 법 제2조부터 제4조까지의 규정에 따라 대한민국 국적을 취득한 자로 이루어진 가족
2. "결혼이민자등"이란 다문화가족의 구성원으로서 다음 각 목의 어느 하나에 해당하는 자를 말한다.
가. 「재한외국인 처우 기본법」 제2조제3호의 결혼이민자
나. 「국적법」 제4조에 따라 귀화허가를 받은 자

제3조(국가와 지방자치단체의 책무) ① 국가와 지방자치단체는 다문화가족 구성원이 안정적인 가족생활을 영위할 수 있도록 필요한 제도와 여건을 조성하고 이를 위한 시책을 수립·시행하여야 한다.
② 국가와 지방자치단체는 이 법에 따른 시책 중 외국인정책 관련 사항에 대하여는 「재한외국인 처우 기본법」 제5조부터 제9조까지의 규정에 따른다.

제3조의2(다문화가족 지원을 위한 기본계획의 수립) ① 여성가족부장관은 다문화가족 지원을 위하여 5년마다 다문화가족정책에 관한 기본계획(이하 "기본계획"이라 한다)을 수립하여야 한다.
② 기본계획에는 다음 각 호의 사항을 포함하여야 한다.
1. 다문화가족 지원 정책의 기본 방향
2. 다문화가족 지원을 위한 분야별 발전시책과 평가에 관한 사항
3. 다문화가족 지원을 위한 제도 개선에 관한 사항
4. 다문화가족 지원을 위한 재원 확보 및 배분에 관한 사항
5. 그 밖에 다문화가족 지원을 위하여 필요한 사항

③ 여성가족부장관은 기본계획을 수립할 때에는 미리 관계 중앙행정기관의 장과 협의하여야 한다.
④ 기본계획은 제3조의4에 따른 다문화가족정책위원회의 심의를 거쳐 확정한다. 이 경우 여성가족부장관은 확정된 기본계획을 관계 중앙행정기관의 장과 특별시장·광역시장·도지사·특별자치도지사(이하 "시·도지사"라 한다)에게 알려야 한다.
⑤ 여성가족부장관은 기본계획을 수립하기 위하여 필요하다고 인정하는 경우 관계 기관의 장에게 기본계획의 수립에 필요한 자료의 제출을 요구할 수 있다.
⑥ 제5항에 따라 자료의 제출을 요구받은 관계 기관의 장은 정당한 사유가 없으면 이에 따라야 한다.
[본조신설 2011.4.4]

제3조의3(연도별 시행계획의 수립·시행) ① 여성가족부장관, 관계 중앙행정기관의 장과 시·도지사는 매년 기본계획에 따라 다문화가족정책에 관한 시행계획(이하 "시행계획"이라 한다)을 수립·시행하여야 한다.
② 관계 중앙행정기관의 장과 시·도지사는 전년도의 시행계획에 따른 추진실적 및 다음 연도의 시행계획을 대통령령으로 정하는 바에 따라 매년 여성가족부장관에게 제출하여야 한다.
③ 시행계획의 수립·시행 및 추진실적의 평가 등에 필요한 사항은 대통령령으로 정한다.
[본조신설 2011.4.4]

제3조의4(다문화가족정책위원회의 설치) ① 다문화가족의 삶의 질 향상과 사회통합에 관한 중요 사항을 심의·조정하기 위하

여 국무총리 소속으로 다문화가족정책위원회(이하 "정책위원회"라 한다)를 둔다.
② 정책위원회는 다음 각 호의 사항을 심의·조정한다.
1. 제3조의2에 따른 다문화가족정책에 관한 기본계획의 수립 및 추진에 관한 사항
2. 제3조의3에 따른 다문화가족정책의 시행계획의 수립, 추진실적 점검 및 평가에 관한 사항
3. 다문화가족과 관련된 각종 조사, 연구 및 정책의 분석·평가에 관한 사항
4. 각종 다문화가족 지원 관련 사업의 조정 및 협력에 관한 사항
5. 다문화가족정책과 관련된 국가 간 협력에 관한 사항
6. 그 밖에 다문화가족의 사회통합에 관한 중요 사항으로 위원장이 필요하다고 인정하는 사항
③ 정책위원회는 위원장 1명을 포함한 20명 이내의 위원으로 구성하고, 위원장은 국무총리가 되며, 위원은 다음 각 호의 사람이 된다.
1. 대통령령으로 정하는 중앙행정기관의 장
2. 다문화가족정책에 관하여 학식과 경험이 풍부한 사람 중에서 위원장이 위촉하는 사람
④ 정책위원회에서 심의·조정할 사항을 미리 검토하고 대통령령에 따라 위임된 사항을 다루기 위하여 정책위원회에 실무위원회를 둔다.
⑤ 그 밖에 정책위원회 및 실무위원회의 구성 및 운영 등에 필요한 사항은 대통령령으로 정한다.
[본조신설 2011.4.4]

제4조(실태조사 등) ① 여성가족부장관은 다문화가족의 현황 및 실태를 파악하고 다문화가족 지원을 위한 정책수립에 활용하기 위하여 3년마다 다문화가족에 대한 실태조사를 실시하고 그 결과를 공표하여야 한다. <개정 2010.1.18>
② 여성가족부장관은 제1항에 따른 실태조사를 위하여 관계 공공기관 또는 관련 법인·단체에 대하여 필요한 자료의 제출 등 협조를 요청할 수 있다. 이 경우 자료의 제출 등 협조를 요청받은 관계 공공기관 또는 관련 법인·단체 등은 특별한 사유가 없는 한 이에 협조하여야 한다. <개정 2010.1.18>
③ 여성가족부장관은 제1항에 따른 실태조사를 실시함에 있어서 외국인정책 관련 사항에 대하여는 법무부장관과, 다문화가족 구성원인 아동의 교육에 관한 사항에 대하여는 교육과학기술부장관과 협의를 거쳐 실시한다. <개정 2010.1.18, 2011.4.4>
④ 제1항에 따른 실태조사의 대상 및 방법 등에 필요한 사항은 여성가족부령으로 정한다. <개정 2010.1.18>

제5조(다문화가족에 대한 이해증진) ① 국가와 지방자치단체는 다문화가족에 대한 사회적 차별 및 편견을 예방하고 사회구성원이 문화적 다양성을 인정하고 존중할 수 있도록 다문화 이해교육과 홍보 등 필요한 조치를 하여야 한다. <개정 2011.4.4>
② 교육과학기술부장관과 특별시·광역시·도·특별자치도의 교육감은 「유아교육법」 제2조, 「초·중등교육법」 제2조 또는「고등교육법」 제2조에 따른 학교에서 다문화가족에 대한 이해를 돕는 교육을 실시하기 위한 시책을 수립·시행하여야 한다. <신설 2011.4.4>

제6조(생활정보 제공 및 교육 지원) ① 국가와 지방자치단체는 결혼이민자등이 대한민국에서 생활하는데 필요한 기본적 정보를 제공하고, 사회적응교육과 직업교육·훈련 및 언어소통 능력 향상을 위한 한국어교육 등을 받을 수 있도록 필요한 지원을 할 수 있다. <개정 2011.4.4>
② 국가와 지방자치단체는 제1항에 따른 교육을 실시함에 있어 거주지 및 가정환경 등으로 인하여 서비스에서 소외되는 결혼이민자등이 없도록 방문교육이나 원격교육 등 다양한 방법으로 교육을 지원하고, 교재와 강사 등의 전문성을 강화하기 위한 시책을 수립·시행하여야 한다. <신설 2011.4.4>
③ 그 밖에 제1항에 따른 정보제공 및 교육에 필요한 사항은 대통령령으로 정한다. <개정 2011.4.4>

제7조(평등한 가족관계의 유지를 위한 조치) 국가와 지방자치단체는 다문화가족이 민주적이고 양성평등한 가족관계를 누릴 수 있도록 가족상담, 부부교육, 부모교육, 가족

생활교육 등을 추진하여야 한다. 이 경우 문화의 차이 등을 고려한 전문적인 서비스가 제공될 수 있도록 노력하여야 한다.

제8조(가정폭력 피해자에 대한 보호 · 지원) ① 국가와 지방자치단체는 「가정폭력방지 및 피해자보호 등에 관한 법률」에 따라 다문화가족 내 가정폭력을 예방하기 위하여 노력하여야 한다. <개정 2011.4.4>

② 국가와 지방자치단체는 가정폭력으로 피해를 입은 결혼이민자등을 보호·지원할 수 있다. <신설 2011.4.4>

③ 국가와 지방자치단체는 가정폭력의 피해를 입은 결혼이민자등에 대한 보호 및 지원을 위하여 외국어 통역 서비스를 갖춘 가정폭력 상담소 및 보호시설의 설치를 확대하도록 노력하여야 한다. <개정 2011.4.4>

④ 국가와 지방자치단체는 결혼이민자등이 가정폭력으로 혼인관계를 종료하는 경우 의사소통의 어려움과 법률체계 등에 관한 정보의 부족 등으로 불리한 입장에 놓이지 아니하도록 의견진술 및 사실확인 등에 있어서 언어통역, 법률상담 및 행정지원 등 필요한 서비스를 제공할 수 있다. <개정 2011.4.4>

제9조(의료 및 건강관리를 위한 지원) ① 국가와 지방자치단체는 결혼이민자등이 건강하게 생활할 수 있도록 영양·건강에 대한 교육, 산전·산후 도우미 파견, 건강검진 등의 의료서비스를 지원할 수 있다. <개정 2011.4.4>

② 국가와 지방자치단체는 결혼이민자등이 제1항에 따른 의료서비스를 제공받을 경우 외국어 통역 서비스를 제공할 수 있다. <신설 2011.4.4>

[제목개정 2011.4.4]

제10조(아동 보육 · 교육) ① 국가와 지방자치단체는 아동 보육·교육을 실시함에 있어서 다문화가족 구성원인 아동을 차별하여서는 아니 된다.

② 국가와 지방자치단체는 다문화가족 구성원인 아동이 학교생활에 신속히 적응할 수 있도록 교육지원대책을 마련하여야 하고, 특별시·광역시·도·특별자치도의 교육감은 다문화가족 구성원인 아동에 대하여 학과 외 또는 방과 후 교육 프로그램 등을 지원할 수 있다.

③ 국가와 지방자치단체는 다문화가족 구성원인 아동의 초등학교 취학 전 보육 및 교육 지원을 위하여 노력하고, 그 아동의 언어발달을 위하여 한국어교육을 위한 교재지원 및 학습지원 등 언어능력 제고를 위하여 필요한 지원을 할 수 있다.

제11조(다국어에 의한 서비스 제공) 국가와 지방자치단체는 제5조부터 제10조까지의 규정에 따른 지원정책을 추진함에 있어서 결혼이민자등의 의사소통의 어려움을 해소하고 서비스 접근성을 제고하기 위하여 다국어에 의한 서비스 제공이 이루어지도록 노력하여야 한다.

제12조(다문화가족지원센터의 지정 등) ① 여성가족부장관은 다문화가족 지원 정책의 시행을 위하여 필요한 경우에는 다문화가족 지원에 필요한 전문인력과 시설을 갖춘 법인이나 단체를 다문화가족지원센터(이하 "지원센터"라 한다)로 지정할 수 있다. <개정 2010.1.18>

② 지원센터는 다음 각 호의 업무를 수행한다. <개정 2011.4.4>

1. 다문화가족을 위한 교육·상담 등 지원사업의 실시

1의2. 결혼이민자등에 대한 한국어교육

2. 다문화가족 지원서비스 정보제공 및 홍보
3. 다문화가족 지원 관련 기관·단체와의 서비스 연계
4. 일자리에 관한 정보제공 및 일자리의 알선
5. 다문화가족을 위한 통역·번역 지원사업
6. 그 밖에 다문화가족 지원을 위하여 필요한 사업

③ 지원센터에는 다문화가족에 대한 교육·상담 등의 업무를 수행하기 위하여 관련 분야에 대한 학식과 경험을 가진 전문인력을 두어야 한다.

④ 국가와 지방자치단체는 제1항에 따라 지정한 지원센터에 대하여 예산의 범위에서 제2항 각 호의 업무를 수행하는 데에 필요한 비용의 전부 또는 일부를 보조할 수 있다.

⑤ 지원센터의 지정기준, 지정기간, 지정절차 등에 필요한 사항은 대통령령으로, 제3항

에 따른 전문인력의 기준 등에 필요한 사항은 여성가족부령으로 각각 정한다. <개정 2010.1.18>

제13조(다문화가족 지원업무 관련 공무원의 교육) 국가와 지방자치단체는 다문화가족 지원 관련 업무에 종사하는 공무원의 다문화가족에 대한 이해증진과 전문성 향상을 위하여 교육을 실시할 수 있다.

제14조(사실혼 배우자 및 자녀의 처우) 제5조부터 제12조까지의 규정은 대한민국 국민과 사실혼 관계에서 출생한 자녀를 양육하고 있는 다문화가족 구성원에 대하여 준용한다.

제15조(권한의 위임과 위탁) ① 여성가족부장관은 이 법에 따른 권한의 일부를 대통령령으로 정하는 바에 따라 시·도지사 또는 시장·군수·구청장(자치구의 구청장을 말한다)에게 위임할 수 있다. <개정 2010.1.18, 2011.4.4>

② 국가와 지방자치단체는 이 법에 따른 업무의 일부를 대통령령령으로 정하는 바에 따라 비영리법인이나 단체에 위탁할 수 있다.

제16조(민간단체 등의 지원) ① 국가와 지방자치단체는 다문화가족 지원 사업을 수행하는 단체나 개인에 대하여 필요한 비용의 전부 또는 일부를 보조하거나 그 업무수행에 필요한 행정적 지원을 할 수 있다.

② 국가와 지방자치단체는 결혼이민자등이 상부상조하기 위한 단체의 구성·운영 등을 지원할 수 있다.

성매매방지 및 피해자보호 등에 관한 법률

[시행 2011.10.1] [법률 제10520호, 2011.3.30, 일부개정]
여성가족부(권익지원과), 02-2075-8762

제1조(목적) 이 법은 성매매를 방지하고, 성매매피해자 및 성을 파는 행위를 한 사람의 보호와 자립을 지원하는 것을 목적으로 한다.
[전문개정 2008.12.19]

제2조(정의) 이 법에서 사용하는 용어의 뜻은 다음과 같다. <개정 2011.3.30>
1. "성매매"란 「성매매알선 등 행위의 처벌에 관한 법률」 제2조제1항제1호에 규정된 행위를 말한다.
2. "성매매알선등행위"란 「성매매알선 등 행위의 처벌에 관한 법률」 제2조제1항제2호에 규정된 행위를 말한다.
3. "성매매 목적의 인신매매"란 「성매매알선 등 행위의 처벌에 관한 법률」 제2조제1항제3호에 규정된 행위를 말한다.
4. "성매매피해자"란 「성매매알선 등 행위의 처벌에 관한 법률」 제2조제1항제4호에 규정된 사람을 말한다.
5. "성접대"란 거래나 업무 관계에 있는 상대방에게 거래나 업무행위에 대한 대가로서 성을 제공하거나 알선·권유하는 행위를 말한다.

[전문개정 2008.12.19]

제3조(국가 등의 책임) ① 국가와 지방자치단체는 성매매를 방지하고, 성매매피해자 및 성을 파는 행위를 한 사람(이하 "성매매피해자등"이라 한다)의 보호와 자립을 지원하기 위하여 다음 각 호의 사항에 대한 법적·제도적 장치를 마련하고 필요한 행정적·재정적 조치를 하여야 한다.
1. 성매매, 성매매알선등행위 및 성매매 목적의 인신매매를 방지하기 위한 조사·연구·교육·홍보
2. 성매매피해자등의 보호와 자립을 지원하기 위한 시설(외국인여성을 위한 시설을 포함한다)의 설치·운영

② 국가는 성매매 목적의 인신매매 방지를 위한 국제협력을 증진하기 위하여 노력하여야 한다.
[전문개정 2008.12.19]

제3조의2(성매매 실태조사) ① 여성가족부장관은 3년마다 국내외 성매매 실태조사(성접대 실태조사를 포함한다. 이하 같다)를 실시하여 성매매 실태에 관한 종합보고서를 발간하고, 이를 성매매의 예방을 위한 정책수립에 기초자료로 활용하여야 한다. <개정 2010.1.18, 2011.3.30>
② 여성가족부장관은 제1항에 따른 실태조사를 위하여 필요하다고 인정하는 경우에는 관계 중앙행정기관의 장, 지방자치단체의 장 및 관련 단체의 장에게 자료 제출 또는 조사업무의 수행에 필요한 협조를 요청할 수 있다. 이 경우 자료 제출 또는 협조 요청을 받은 자는 특별한 사유가 없는 한 이에 따라야 한다. <개정 2010.1.18>
③ 제1항에 따른 성매매 실태조사의 방법과 내용 등에 필요한 사항은 여성가족부령으로 정한다. <개정 2010.1.18>
[본조신설 2008.3.21]

제4조(성매매 예방교육) ① 국가기관, 지방자치단체 및 초·중·고등학교의 장, 그 밖에 대통령령으로 정하는 공공단체의 장은 성에 대한 건전한 가치관 함양과 성매매 방지 및 인권보호를 위하여 성매매 예방교육을 실시하고, 그 결과를 여성가족부장관에게 제출하여야 한다. <개정 2010.1.18>
② 제1항에 따른 성매매 예방교육의 내용과 방법, 결과 제출 절차 등에 필요한 사항은 대통령령으로 정한다.
[전문개정 2008.12.19]

제5조(지원시설의 종류) ① 성매매피해자등을 위한 지원시설(이하 "지원시설"이라 한다)의 종류는 다음 각 호와 같다.
1. 일반 지원시설: 성매매피해자등을 대상으로 1년 이내의 범위에서 숙식을 제공하고 자립을 지원하는 시설
2. 청소년 지원시설: 청소년인 성매매피해자등을 대상으로 1년 이내의 범위에서 숙식을 제공하고, 취학·교육 등을 통하여 자립을 지원하는 시설
3. 외국인여성 지원시설: 외국인여성인 성매

매피해자등을 대상으로 3개월(「성매매알선 등 행위의 처벌에 관한 법률」 제11조에 해당하는 외국인여성에 대하여는 그 해당 기간) 이내의 범위에서 숙식을 제공하고, 귀국을 지원하는 시설
4. 자활지원센터: 성매매피해자등을 대상으로 자활에 필요한 지원을 제공하는 이용시설

② 일반 지원시설의 장은 6개월 이내의 범위에서 여성가족부령으로 정하는 바에 따라 지원기간을 연장할 수 있다. <개정 2010.1.18>

③ 청소년 지원시설의 장은 청소년이 19세가 될 때까지 여성가족부령으로 정하는 바에 따라 지원기간을 연장할 수 있다. <개정 2010.1.18>

[전문개정 2008.12.19]

제6조(지원시설의 설치) ① 국가나 지방자치단체는 지원시설을 설치·운영할 수 있다.

② 국가나 지방자치단체 외의 자가 지원시설을 설치·운영하려면 특별자치도지사, 시장·군수·구청장(자치구의 구청장을 말한다. 이하 같다)에게 신고하여야 한다.

③ 지원시설의 설치기준·신고절차 및 종사자의 자격기준·수 등에 필요한 사항은 여성가족부령으로 정한다. <개정 2010.1.18>

[전문개정 2008.12.19]

제7조(지원시설의 업무) ① 일반 지원시설은 다음 각 호의 업무를 수행한다. <개정 2010.1.18>

1. 숙식 제공
2. 심리적 안정과 사회 적응을 위한 상담 및 치료
3. 질병치료와 건강관리를 위하여 의료기관에 인도(引渡)하는 등의 의료지원
4 수사기관의 조사와 법원의 증인신문(證人訊問)에의 동행
5. 법률구조기관 등에 필요한 협조와 지원 요청
6. 자립자활교육의 실시와 취업정보 제공
7. 「국민기초생활 보장법」 등 사회보장 관련 법령에 따른 급부(給付)의 수령 지원
8. 기술교육(위탁교육을 포함한다)
9. 다른 법률에서 지원시설에 위탁한 사항
10. 그 밖에 여성가족부령으로 정하는 사항

② 청소년 지원시설은 제1항 각 호의 업무 외에 진학을 위한 교육을 제공하거나 교육기관에 취학을 연계하는 업무를 수행한다.

③ 외국인여성 지원시설은 제1항제1호부터 제5호까지 및 제9호의 업무와 귀국을 지원하는 업무를 수행한다.

④ 자활지원센터는 다음 각 호의 업무를 수행한다. <개정 2010.1.18>

1. 자활공동체 등의 운영
2. 취업 및 기술교육(위탁교육을 포함한다)
3. 취업 및 창업을 위한 정보의 제공
4. 그 밖에 사회 적응을 위하여 필요한 지원으로서 여성가족부령으로 정하는 사항

[전문개정 2008.12.19]

제8조(지원시설 입소 등) ① 지원시설에 들어가려는 사람은 해당 지원시설의 입소규정을 지켜야 한다.

② 지원시설에서 제공하는 프로그램을 이용하려는 사람은 해당 지원시설의 이용규정을 지켜야 한다.

③ 지원시설의 장은 입소규정이나 이용규정을 지키지 아니하거나 그 밖에 단체생활을 현저히 해치는 행위를 하는 입소자나 이용자에 대하여는 퇴소 또는 이용 중단 등 필요한 조치를 할 수 있다.

④ 지원시설의 입소절차, 이용절차, 입소규정 및 이용규정 등에 필요한 사항은 여성가족부령으로 정한다. <개정 2010.1.18>

[전문개정 2008.12.19]

제9조(지원시설의 운영) ① 지원시설의 장은 입소자 또는 이용자의 인권을 최대한 보장하여야 한다.

② 지원시설의 장은 입소자 및 이용자의 사회 적응능력 등을 기를 수 있는 상담, 교육, 정보 제공 및 신변 보호 등에 필요한 지원을 하여야 한다.

③ 지원시설의 장은 입소자의 건강관리를 위하여 입소 후 1개월 이내에 건강진단을 실시하고, 건강에 이상이 발견된 경우에는 「의료급여법」에 따른 의료급여를 받게 하는 등 필요한 조치를 하여야 하며, 필요한 경우 의료기관에 질병치료 등을 의뢰할 수 있다.

④ 지원시설의 운영방법·운영기준 등에 필요한 사항은 여성가족부령으로 정한다. <개정 2010.1.18>

[전문개정 2008.12.19]

제10조(상담소의 설치) ① 국가나 지방자치단체는 성매매피해상담소(이하 "상담소"라 한다)를 설치·운영할 수 있다.

② 국가나 지방자치단체 외의 자가 상담소를 설치·운영하려면 특별자치도지사, 시장·군수·구청장에게 신고하여야 한다.

③ 상담소에는 상담실을 두어야 하며, 이용자를 임시로 보호하기 위한 보호실을 운영할 수 있다.

④ 상담소의 설치기준·신고절차·운영기준, 상담원 등 종사자의 자격기준 및 수 등에 필요한 사항은 여성가족부령으로 정한다. <개정 2010.1.18>

[전문개정 2008.12.19]

제11조(상담소의 업무 등) 상담소는 다음 각 호의 업무를 수행한다. <개정 2010.1.18>

1. 상담 및 현장 방문
2. 지원시설 이용에 관한 고지 및 지원시설에의 인도 또는 연계
3. 성매매피해자의 구조(救助)
4. 제7조제1항제3호부터 제5호까지의 업무
5. 다른 법률에서 상담소에 위탁한 사항
6. 성매매피해자등의 보호를 위한 조치로서 여성가족부령으로 정하는 사항

[전문개정 2008.12.19]

제11조의2(성매매방지중앙지원센터의 설치 등) ① 국가는 성매매방지활동 및 성매매피해자등에 대한 지원서비스 전달체계의 효율적인 연계·조정 등을 위하여 성매매방지중앙지원센터(이하 "중앙지원센터"라 한다)를 설치·운영할 수 있다.

② 중앙지원센터는 다음 각 호의 업무를 수행한다. <개정 2010.1.18>

1. 지원시설 및 상담소간 종합 연계망 구축
2. 성매매피해자 구조체계 구축·운영 및 성매매피해자 구조활동의 지원
3. 법률·의료 지원단 운영 및 법률·의료 지원체계 확립
4. 성매매피해자등의 자활·자립 프로그램 개발·보급
5. 성매매피해자등에 대한 지원대책 연구 및 홍보활동
6. 성매매 실태조사 및 성매매 방지대책 연구
7. 성매매 예방교육프로그램의 개발
8. 상담원의 교육 및 양성, 상담기법의 개발 및 보급
9. 그 밖에 여성가족부령으로 정하는 사항

③ 중앙지원센터의 운영은 여성가족부령으로 정하는 바에 따라 민간에 위탁할 수 있다 <개정 2010.1.18>

④ 그 밖에 중앙지원센터의 조직·운영 및 종사자의 자격기준 등에 관하여 필요한 사항은 대통령령으로 정한다.

[본조신설 2008.6.13]

제11조의3(보수교육의 실시) ① 여성가족부장관 또는 특별시장·광역시장·도지사·특별자치도지사(이하 "시·도지사"라 한다)는 지원시설 및 상담소 종사자의 자질을 향상시키기 위하여 보수교육을 실시하여야 한다.

② 여성가족부장관 또는 시·도지사는 제1항에 따른 보수교육에 관한 업무를 중앙지원센터 또는 대통령령으로 정하는 전문기관에 위탁할 수 있다.

③ 제1항에 따른 보수교육의 내용·기간 및 방법 등에 필요한 사항은 여성가족부령으로 정한다.

[본조신설 2010.2.4]

제12조(수사기관의 협조) 상담소의 장은 성매매피해자를 긴급히 구조할 필요가 있는 경우에는 관할 국가경찰관서의 장에게 그 소속 직원의 동행을 요청할 수 있으며, 요청을 받은 국가경찰관서의 장은 특별한 사유가 없으면 이에 따라야 한다.

[전문개정 2008.12.19]

제13조(성매매피해자등의 의사 존중) 지원시설의 장과 상담소의 장은 성매매피해자등이 밝힌 의사에 반(反)하여 지원시설에 들어가게 하거나 제10조제3항의 보호를 할 수 없다.

[전문개정 2008.12.19]

제14조(의료비의 지원) ① 국가나 지방자치단체는 제9조제3항에 따라 지원시설의 장이 의료기관에 질병치료 등을 의뢰한 경우에는 「의료급여법」상의 급여가 지급되지 아니하는 치료항목에 대한 의료비용의 전부 또는 일부를 지원할 수 있다.

② 제1항에 따른 의료비용의 지원범위와 지원절차 등에 필요한 사항은 여성가족부령으

로 정한다. <개정 2010.1.18>
[전문개정 2008.12.19]

제14조의2(전담의료기관의 지정 등) ① 여성가족부장관 또는 특별자치도지사, 시장·군수·구청장은 「성폭력방지 및 피해자보호 등에 관한 법률」 제27조제1항에 따라 지정받은 전담의료기관 등 필요한 의료기관을 성매매피해자등의 치료를 위한 전담의료기관으로 지정할 수 있다. <개정 2010.1.18, 2010.4.15>
② 제1항에 따라 지정된 전담의료기관은 지원시설의 장이나 상담소의 장의 요청이 있을 때에는 다음 각 호의 의료 등을 제공하여야 한다.
1. 성매매피해자등의 보건 상담 및 지도
2. 성매매피해의 치료
3. 그 밖에 대통령령으로 정하는 신체적·정신적 치료

[전문개정 2008.12.19]

제15조(비용의 보조) ① 국가나 지방자치단체는 지원시설과 상담소의 설치·운영에 드는 비용을 보조할 수 있다.
② 국가나 지방자치단체는 해외 성매매피해자(해외에서 발생한 성매매피해자를 말한다)에 대한 보호·지원 활동을 하는 비영리법인이나 단체에 예산의 범위에서 그 경비를 보조할 수 있다.
③ 제1항에 따른 비용의 보조범위 등에 필요한 사항은 대통령령으로 정한다.
[전문개정 2008.12.19]

제15조의2(지원시설과 상담소의 평가) ① 여성가족부장관은 3년마다 지원시설과 상담소의 운영실적을 평가하고, 그 결과를 감독 및 지원 등에 반영할 수 있다.
② 제1항에 따른 평가의 기준과 방법 등에 필요한 사항은 여성가족부령으로 정한다.
[본조신설 2010.2.4]

제16조(지도 · 감독) ① 여성가족부장관, 시·도지사 또는 시장·군수·구청장은 지원시설의 장이나 상담소의 장으로 하여금 필요한 보고를 하도록 명하거나 자료를 제출하게 할 수 있으며, 관계 공무원으로 하여금 지원시설이나 상담소에 출입하여 관계 서류 등을 검사하게 할 수 있다. <개정 2010.1.18, 2010.2.4>
② 제1항에 따라 출입·검사를 하는 공무원은 출입하기 전에 방문 및 검사의 목적·일시 등을 지원시설의 장이나 상담소의 장에게 알려야 하며, 출입 시에는 그 권한을 표시하는 증표를 지니고 이를 관계인에게 내보여야 한다.
[전문개정 2008.12.19]

제17조(폐지 · 휴지 등의 신고) 제6조제2항 또는 제10조제2항에 따라 신고한 지원시설이나 상담소를 폐지 또는 휴지(休止)하거나 그 운영을 재개(再開)하려는 자는 여성가족부령으로 정하는 바에 따라 특별자치도지사, 시장·군수·구청장에게 신고하여야 한다. <개정 2010.1.18>
[전문개정 2008.12.19]

제18조(영리목적 운영의 금지) 이 법에 따른 지원시설이나 상담소는 영리를 목적으로 설치·운영하여서는 아니 된다.
[전문개정 2008.12.19]

제19조(비밀엄수 등의 의무) 지원시설의 장 또는 상담소의 장이나 이를 보좌하는 자 또는 그 직에 있었던 자는 직무상 알게 된 비밀을 누설하여서는 아니 된다.
[전문개정 2008.12.19]

제20조(지원시설 및 상담소의 폐쇄 등) ① 여성가족부장관, 시·도지사 또는 시장·군수·구청장은 지원시설 또는 상담소가 다음 각 호의 어느 하나에 해당하는 경우에는 업무정지 또는 폐지를 명하거나 지원시설 및 상담소를 폐쇄할 수 있다. <개정 2010.1.18, 2010.4.15, 2011.8.4>
1. 지원시설이나 상담소가 제6조제3항 또는 제10조제4항에 따른 설치기준에 미달하게 된 경우
2. 정당한 사유 없이 제16조제1항에 따른 보고를 하지 아니하거나 거짓으로 보고한 경우
3. 제18조를 위반한 경우
4. 지원시설·상담소의 장 또는 그 종사자들이 입소자·이용자에 대하여 「성폭력범죄의 처벌 등에 관한 특례법」 제2조제1항의 범죄를 범한 경우
5. 「사회복지사업법」 제40조제1항제3호 및 제4호에 해당하는 경우
6. 이 법 또는 이 법에 따른 명령을 위반한

경우
② 제1항에 따라 업무정지 또는 폐지를 명하거나 지원시설 및 상담소를 폐쇄하려면 청문을 하여야 한다.
③ 제1항에 따른 처분의 세부종류 및 기준에 필요한 사항은 여성가족부령으로 정한다. <개정 2010.1.18>
[전문개정 2008.12.19]

제21조(권한의 위임) 여성가족부장관 또는 시·도지사는 이 법에 따른 권한의 일부를 대통령령으로 정하는 바에 따라 시·도지사 또는 시장·군수·구청장에게 위임할 수 있다. <개정 2010.1.18>
[전문개정 2008.12.19]

제22조(벌칙) 다음 각 호의 어느 하나에 해당하는 자는 1년 이하의 징역 또는 500만원 이하의 벌금에 처한다.
1. 제6조제2항에 따른 신고를 하지 아니하고 지원시설을 설치·운영한 자
2. 제10조제2항에 따른 신고를 하지 아니하고 상담소를 설치·운영한 자
3. 제18조 또는 제19조를 위반한 자
4. 제20조에 따른 명령을 위반한 자

[전문개정 2008.12.19]

제23조(양벌규정) 법인의 대표자나 법인 또는 개인의 대리인, 사용인, 그 밖의 종사자가 그 법인 또는 개인의 업무에 관하여 제22조의 위반행위를 하면 그 행위자를 벌하는 외에 그 법인 또는 개인에게도 해당 조문의 벌금형을 과(科)한다. 다만, 법인 또는 개인이 그 위반행위를 방지하기 위하여 해당 업무에 관하여 상당한 주의와 감독을 게을리하지 아니한 경우에는 그러하지 아니하다.
[전문개정 2008.12.19]

제24조(과태료) ① 다음 각 호의 어느 하나에 해당하는 자에게는 300만원 이하의 과태료를 부과한다.
1. 제16조제1항에 따른 관계 공무원의 출입·검사를 거부·방해 또는 기피한 자
2. 제17조를 위반한 자

② 제1항에 따른 과태료는 대통령령으로 정하는 바에 따라 여성가족부장관, 시·도지사 또는 시장·군수·구청장이 부과·징수한다. <개정 2010.1.18>
[전문개정 2008.12.19]

성폭력방지 및 피해자보호 등에 관한 법률

[시행 2011.10.1] [법률 제10521호, 2011.3.30, 일부개정]
여성가족부(권익지원과), 02-2075-8765

제1장 총 칙

제1조(목적) 이 법은 성폭력을 예방하고 성폭력피해자를 보호·지원함을 목적으로 한다.

제2조(정의) 이 법에서 사용하는 용어의 뜻은 다음과 같다.

1. "성폭력"이란 「성폭력범죄의 처벌 등에 관한 특례법」 제2조제1항에 규정된 죄에 해당하는 행위를 말한다.
2. "성폭력행위자"란 「성폭력범죄의 처벌 등에 관한 특례법」 제2조제1항에 해당하는 죄를 범한 사람을 말한다.
3. "성폭력피해자"란 성폭력으로 인하여 직접적으로 피해를 입은 사람을 말한다.

제3조(국가 등의 책무) ① 국가와 지방자치단체는 성폭력을 방지하고 성폭력피해자(이하 "피해자"라 한다)를 보호·지원하기 위하여 다음 각 호의 조치를 하여야 한다.

1. 성폭력 신고체계의 구축·운영
2. 성폭력 예방을 위한 조사·연구, 교육 및 홍보
3. 피해자를 보호·지원하기 위한 시설의 설치·운영
4. 피해자에 대한 주거지원, 직업훈련 및 법률구조 등 사회복귀 지원
5. 피해자에 대한 보호·지원을 원활히 하기 위한 관련 기관 간 협력체계의 구축·운영
6. 성폭력 예방을 위한 유해환경 개선
7. 피해자 보호·지원을 위한 관계 법령의 정비와 각종 정책의 수립·시행 및 평가

② 국가와 지방자치단체는 제1항에 따른 책무를 다하기 위하여 이에 따른 예산상의 조치를 하여야 한다.

제4조(성폭력 실태조사) ① 여성가족부장관은 성폭력의 실태를 파악하고 성폭력 방지에 관한 정책을 수립하기 위하여 3년마다 성폭력 실태조사를 하고 그 결과를 발표하여야 한다.

② 제1항에 따른 성폭력 실태조사의 내용과 방법 등에 필요한 사항은 여성가족부령으로 정한다.

제5조(성폭력 예방교육) ① 국가와 지방자치단체는 청소년을 건전하게 육성하기 위하여 청소년에 대한 성교육 및 성폭력 예방에 필요한 교육을 실시하여야 한다.

② 「유아교육법」 제7조에 따른 유치원의 장, 「영유아보육법」 제10조에 따른 보육시설의 장 및 「초·중등교육법」 제2조에 따른 각급 학교의 장은 대통령령으로 정하는 바에 따라 성에 대한 건전한 가치관 함양과 성폭력 예방에 필요한 교육을 실시하여야 한다. <개정 2011.3.30>

③ 제2항에 따른 교육의 내용과 방법 등에 필요한 사항은 대통령령으로 정한다.

제6조(성폭력 추방 주간)성폭력에 대한 사회적 경각심을 높이고 성폭력을 예방하기 위하여 대통령령으로 정하는 바에 따라 1년 중 1주간을 성폭력 추방 주간으로 한다.

제7조(피해자등에 대한 취학 및 취업 지원) ① 국가와 지방자치단체는 피해자나 피해자의 가족구성원(이하 "피해자등"이라 한다)이 「초·중등교육법」 제2조에 따른 각급학교의 학생인 경우 주소지 외의 지역에서 취학(입학, 재입학, 전학 및 편입학을 포함한다. 이하 이 조에서 같다)할 필요가 있을 때에는 그 취학이 원활히 이루어지도록 지원하여야 한다. 이 경우 취학을 지원하는 관계자는 피해자등의 사생활이 침해되지 아니하도록 유의하여야 한다.

② 출석일수 산입 등 제1항에 따른 취학 지원에 필요한 사항은 대통령령으로 정한다.

③ 국가와 지방자치단체는 피해자를 보호하는 자에 대한 직업훈련 및 취업을 알선할 수 있다. <신설 2011.3.30>

④ 취업 지원 대상의 범위 등 제3항에 따른 취업 지원에 필요한 사항은 여성가족부령으로 정한다. <신설 2011.3.30>

[제목개정 2011.3.30]

제8조(피해자에 대한 불이익처분의 금지) 누구든지 피해자를 고용하고 있는 자는 성

폭력과 관련하여 피해자를 해고하거나 그 밖의 불이익을 주어서는 아니 된다.

제9조(신고의무) 19세 미만의 미성년자(19세에 도달하는 해의 1월 1일을 맞이한 미성년자는 제외한다)를 보호하거나 교육 또는 치료하는 시설의 장 및 관련 종사자는 자기의 보호·지원을 받는 자가 「성폭력범죄의 처벌 등에 관한 특례법」 제3조부터 제9조까지, 「형법」 제301조 및 제301조의2의 피해자인 사실을 알게 된 때에는 즉시 수사기관에 신고하여야 한다.

제2장 피해자 보호 · 지원 시설 등의 설치 · 운영

제10조(상담소의 설치 · 운영) ① 국가 또는 지방자치단체는 성폭력피해상담소(이하 "상담소"라 한다)를 설치·운영할 수 있다.

② 국가 또는 지방자치단체 외의 자가 상담소를 설치·운영하려면 특별자치도지사 또는 시장·군수·구청장(자치구의 구청장을 말한다. 이하 같다)에게 신고하여야 한다.

③ 상담소의 설치·운영 기준, 상담소에 두는 상담원 등 종사자의 수 및 신고 등에 필요한 사항은 여성가족부령으로 정한다.

제11조(상담소의 업무) 상담소는 다음 각 호의 업무를 한다. <개정 2011.3.30>

1. 성폭력피해의 신고접수와 이에 관한 상담
2. 성폭력피해로 인하여 정상적인 가정생활 또는 사회생활이 곤란하거나 그 밖의 사정으로 긴급히 보호할 필요가 있는 사람과 제12조에 따른 성폭력피해자보호시설 등의 연계
3. 피해자등의 질병치료와 건강관리를 위하여 의료기관에 인도하는 등 의료 지원
4. 피해자에 대한 수사기관의 조사와 법원의 증인신문(證人訊問) 등에의 동행
5. 성폭력행위자에 대한 고소와 피해배상청구 등 사법처리 절차에 관하여 「법률구조법」 제8조에 따른 대한법률구조공단 등 관계 기관에 필요한 협조 및 지원 요청
6. 성폭력 예방을 위한 홍보 및 교육
7. 그 밖에 성폭력 및 성폭력피해에 관한 조사·연구

제12조(보호시설의 설치 · 운영) ① 국가 또는 지방자치단체는 성폭력피해자보호시설(이하 "보호시설"이라 한다)을 설치·운영할 수 있다. 이 경우 필요하다고 인정하면 장애인 등을 위한 보호시설을 별도로 설치·운영할 수 있다.

② 「사회복지사업법」에 따른 사회복지법인이나 그 밖의 비영리법인은 특별자치도지사 또는 시장·군수·구청장의 인가를 받아 보호시설을 설치·운영할 수 있다. 이 경우 필요하다고 인정하면 특별자치도지사 또는 시장·군수·구청장의 인가를 받아 장애인 등을 위한 보호시설을 별도로 설치·운영할 수 있다.

③ 보호시설의 설치·운영 기준, 보호시설에 두는 상담원 등 종사자의 수 및 인가 절차 등에 필요한 사항은 여성가족부령으로 정한다.

제13조(보호시설의 업무 등) ① 보호시설은 다음 각 호의 업무를 한다. <개정 2011.3.30>

1. 피해자등의 보호 및 숙식 제공
2. 피해자등의 심리적 안정과 사회 적응을 위한 상담 및 치료
3. 자립·자활 교육의 실시와 취업정보의 제공
4. 제11조제3호·제4호 및 제5호의 업무
5. 다른 법률에 따라 보호시설에 위탁된 업무
6. 그 밖에 피해자등을 보호하기 위하여 필요한 업무

② 장애인을 위한 보호시설을 설치·운영하는 자가 제1항 각 호의 업무를 할 때에는 장애인의 특성을 고려하여 적절하게 보호·지원될 수 있도록 하여야 한다.

제14조(보호시설에 대한 보호비용 지원) ① 국가 또는 지방자치단체는 보호시설에 입소한 피해자등의 보호를 위하여 필요한 경우 다음 각 호의 보호비용을 보호시설의 장 또는 피해자에게 지원할 수 있다. 다만, 보호시설에 입소한 피해자등이 「국민기초생활보장법」 등 다른 법령에 따라 보호를 받고 있는 경우에는 그 범위에서 이 법에 따른 지원을 하지 아니한다.

1. 생계비
2. 아동교육지원비
3. 아동양육비

4. 그 밖에 대통령령으로 정하는 비용

② 제1항에 따른 보호비용의 지원 방법 및 절차 등에 필요한 사항은 여성가족부령으로 정한다.

제15조(보호시설의 입소) ① 피해자등이 다음 각 호의 어느 하나에 해당하는 경우에는 보호시설에 입소할 수 있다.

1. 본인이 입소를 희망하거나 입소에 동의하는 경우
2. 미성년자 또는 지적장애인 등 의사능력이 불완전한 사람으로서 성폭력행위자가 아닌 보호자가 입소에 동의하는 경우

② 제12조제2항에 따라 인가받은 보호시설의 장은 제1항에 따라 보호시설에 입소한 사람의 인적사항 및 입소사유 등을 특별자치도지사 또는 시장·군수·구청장에게 지체 없이 보고하여야 한다.

③ 보호시설의 장은 친족에 의한 피해자나 지적장애인 등 의사능력이 불완전한 피해자로서 상담원의 상담 결과 입소가 필요하나 보호자의 입소 동의를 받는 것이 적절하지 못하다고 인정하는 경우에는 제1항에도 불구하고 보호시설에 입소하게 할 수 있다. 이 경우 제12조제2항에 따라 인가받은 보호시설의 장은 지체 없이 관할 특별자치도지사 또는 시장·군수·구청장의 승인을 받아야 한다.

④ 제3항에 따른 입소 및 승인에 있어서 보호시설의 장과 특별자치도지사 또는 시장·군수·구청장은 피해자의 권익 보호를 최우선적으로 고려하여야 한다.

제16조(보호시설의 입소기간) ① 보호시설에 입소한 사람의 보호기간은 6개월 이내로 한다.

② 제1항에도 불구하고 보호시설의 장은 입소한 사람을 보호하기 위하여 필요하다고 인정하면 특별자치도지사 또는 시장·군수·구청장의 승인을 받아 1년 6개월의 범위에서 보호기간을 연장할 수 있다. 다만, 입소한 사람이 미성년자로서 친족에 의한 피해자인 경우에는 특별자치도지사 또는 시장·군수·구청장의 승인을 받아 18세까지 연장할 수 있다.

제17조(보호시설의 퇴소) ① 제15조제1항에 따라 보호시설에 입소한 사람은 본인의 의사 또는 같은 항 제2호에 따라 입소 동의를 한 보호자의 요청에 따라 보호시설에서 퇴소할 수 있다.

② 보호시설의 장은 입소한 사람이 다음 각 호의 어느 하나에 해당하면 퇴소를 명할 수 있다.

1. 보호 목적이 달성된 경우
2. 제16조에 따른 보호기간이 끝난 경우
3. 입소자가 거짓이나 그 밖의 부정한 방법으로 입소한 경우
4. 그 밖에 보호시설 안에서 현저한 질서문란 행위를 한 경우

제18조(피해자를 위한 통합지원센터의 설치·운영) ① 국가와 지방자치단체는 성폭력 피해상담, 치료, 그 밖에 피해구제를 위한 지원업무를 종합적으로 수행하기 위하여 성폭력피해자통합지원센터(이하 "통합지원센터"라 한다)를 설치·운영할 수 있다.

② 국가와 지방자치단체는 대통령령으로 정하는 기관 또는 단체로 하여금 통합지원센터를 설치·운영하게 할 수 있다.

③ 통합지원센터에 두는 상담원 등 종사자의 수 등에 필요한 사항은 여성가족부령으로 정한다.

제19조(상담원 등의 자격기준) ① 다음 각 호의 어느 하나에 해당하는 사람은 상담소, 보호시설 및 통합지원센터의 장 또는 상담원이 될 수 없다.

1. 미성년자, 금치산자 또는 한정치산자
2. 파산선고를 받고 복권되지 아니한 사람
3. 금고 이상의 형을 선고받고 그 집행이 종료(집행이 종료된 것으로 보는 경우를 포함한다)되지 아니하였거나 그 집행을 받지 아니하기로 확정되지 아니한 사람
4. 「성폭력범죄의 처벌 등에 관한 특례법」 제2조의 죄 또는 「아동·청소년의 성보호에 관한 법률」 제2조제2호의 죄를 범하여 형 또는 치료감호를 선고받고 그 형 또는 치료감호의 전부 또는 일부의 집행이 종료되거나 집행이 유예·면제된 날부터 10년이 지나지 아니한 사람

② 상담소, 보호시설 및 통합지원센터에서 종사하려는 사람은 전문 지식이나 경력 등 대통령령으로 정하는 자격기준을 갖추어야 한다.

제20조(보수교육의 실시) ① 여성가족부장관 또는 특별시장·광역시장·도지사·특별자치도지사(이하 "시·도지사"라 한다)는 상담소, 보호시설 및 통합지원센터 종사자의 자질을 향상시키기 위하여 보수(補修)교육을 실시하여야 한다.

② 여성가족부장관 또는 시·도지사는 제1항에 따른 교육에 관한 업무를 「고등교육법」 제2조제1호 및 제4호에 따른 대학 및 전문대학 또는 대통령령으로 정하는 전문기관에 위탁할 수 있다.

③ 제1항에 따른 보수교육의 내용·기간 및 방법 등에 필요한 사항은 여성가족부령으로 정한다.

제21조(폐지·휴지 등의 신고) 제10조제2항 또는 제12조제2항에 따라 설치한 상담소 또는 보호시설을 폐지하거나 휴지(休止) 또는 재개(再開)하려는 경우에는 여성가족부령으로 정하는 바에 따라 미리 특별자치도지사 또는 시장·군수·구청장에게 신고하여야 한다.

제22조(시정 명령) 특별자치도지사 또는 시장·군수·구청장은 상담소 또는 보호시설이 다음 각 호의 어느 하나에 해당하는 경우에는 기간을 정하여 시정을 명할 수 있다.

1. 제10조제3항 또는 제12조제3항에 따른 설치·운영 기준 및 종사자의 수에 미달하게 된 경우
2. 상담소 또는 보호시설의 상담원 등이 제19조에 따른 자격기준에 미달하게 된 경우

제23조(인가의 취소 등) ① 특별자치도지사 또는 시장·군수·구청장은 상담소 또는 보호시설이 다음 각 호의 어느 하나에 해당하는 경우에는 그 업무의 폐지 또는 정지를 명하거나 인가를 취소할 수 있다.

1. 제22조에 따른 시정 명령을 위반한 경우
2. 제29조를 위반하여 영리를 목적으로 상담소 또는 보호시설을 설치·운영한 경우
3. 정당한 사유 없이 제32조제1항에 따른 보고를 하지 아니하거나 거짓으로 보고한 경우 또는 조사·검사를 거부하거나 기피한 경우

② 제1항에 따른 업무의 폐지·정지 또는 인가의 취소에 관한 세부 기준은 여성가족부령으로 정한다.

제24조(피해자등의 의사 존중) 상담소, 보호시설 및 통합지원센터의 장과 종사자는 피해자등이 분명히 밝힌 의사에 반하여 제11조 및 제13조제1항에 따른 업무 등을 할 수 없다.

제25조(상담소·보호시설 및 통합지원센터의 평가) ① 여성가족부장관은 상담소·보호시설 및 통합지원센터의 운영실적을 3년마다 평가하고, 시설의 감독 및 지원 등에 그 결과를 고려하여야 한다.

② 제1항에 따른 평가의 기준과 방법 등에 필요한 사항은 여성가족부령으로 정한다.

제26조(경비의 보조) ① 국가 또는 지방자치단체는 상담소, 보호시설 또는 통합지원센터의 설치·운영에 드는 경비를 보조할 수 있다.

② 제1항에 따라 경비를 보조할 때에는 제4조에 따른 성폭력 실태조사와 제25조에 따른 평가 및 제32조에 따른 보고 등의 결과를 고려하여야 한다.

제27조(성폭력 전담의료기관의 지정 등) ① 여성가족부장관, 특별자치도지사 또는 시장·군수·구청장은 국립·공립병원, 보건소 또는 민간의료시설을 피해자등의 치료를 위한 전담의료기관으로 지정할 수 있다. <개정 2011.3.30>

② 제1항에 따라 지정된 전담의료기관은 피해자 본인·가족·친지나 긴급전화센터, 상담소, 보호시설 또는 통합지원센터의 장 등이 요청하면 피해자등에 대하여 다음 각 호의 의료 지원을 하여야 한다. <개정 2011.3.30>

1. 보건 상담 및 지도
2. 치료
3. 그 밖에 대통령령으로 정하는 신체적·정신적 치료

제28조(의료비 지원) ① 국가 또는 지방자치단체는 제27조제2항에 따른 치료 등 의료지원에 필요한 경비의 전부 또는 일부를 지원할 수 있다.

② 제1항에 따른 의료비용의 지원범위 및 절차 등에 필요한 사항은 여성가족부령으로 정한다.

제29조(영리목적 운영의 금지) 누구든지 영

리를 목적으로 상담소 또는 보호시설을 설치·운영하여서는 아니 된다.

제30조(비밀 엄수의 의무) 상담소, 보호시설 또는 통합지원센터의 장이나 그 밖의 종사자 또는 그 직에 있었던 사람은 그 직무상 알게 된 비밀을 누설하여서는 아니 된다.

제3장 보 칙

제31조(경찰관서의 협조) 상담소, 보호시설 또는 통합지원센터의 장은 피해자등을 긴급히 구조할 필요가 있을 때에는 경찰관서(지구대·파출소 및 출장소를 포함한다)의 장에게 그 소속 직원의 동행을 요청할 수 있으며, 요청을 받은 경찰관서의 장은 특별한 사유가 없으면 이에 따라야 한다. <개정 2011.3.30>

제32조(보고 및 검사 등) ① 여성가족부장관, 특별자치도지사 또는 시장·군수·구청장은 상담소, 보호시설 또는 통합지원센터의 장에게 해당 시설에 관하여 필요한 보고를 하게 할 수 있으며, 관계 공무원으로 하여금 그 시설의 운영 상황을 조사하게 하거나 장부 또는 그 밖의 서류를 검사하게 할 수 있다.

② 제1항에 따라 검사를 하는 공무원은 사전에 검사 일시, 검사 목적 등에 관한 사항을 그 시설의 장에게 통보하여야 한다.

③ 제1항에 따라 직무를 수행하는 관계 공무원은 그 권한을 표시하는 증표를 지니고 이를 관계인에게 보여주어야 한다.

제33조(유사명칭 사용 금지) 이 법에 따른 상담소, 보호시설 또는 통합지원센터가 아니면 성폭력피해상담소, 성폭력피해자보호시설, 성폭력피해자통합지원센터 또는 이와 유사한 명칭을 사용하지 못한다.

제34조(청문) 특별자치도지사 또는 시장·군수·구청장은 제23조에 따라 업무의 폐지를 명하거나 인가를 취소하려면 청문을 하여야 한다.

제35조(권한의 위임) 이 법에 따른 여성가족부장관의 권한은 그 일부를 대통령령으로 정하는 바에 따라 시·도지사 또는 시장·군수·구청장에게 위임할 수 있다.

제4장 벌 칙

제36조(벌칙) 다음 각 호의 어느 하나에 해당하는 자는 2년 이하의 징역 또는 500만원 이하의 벌금에 처한다.

1. 제10조제2항에 따른 신고를 하지 아니하거나 제12조제2항에 따른 인가를 받지 아니하고 상담소 또는 보호시설을 설치·운영한 자
2. 제23조에 따른 업무의 폐지 또는 정지 명령이나 인가취소를 받고도 상담소 또는 보호시설을 계속 운영한 자
3. 제29조에 따른 영리목적 운영 금지의무를 위반한 자
4. 제30조에 따른 비밀 엄수의 의무를 위반한 자

제37조(양벌규정) 법인의 대표자나 법인 또는 개인의 대리인, 사용인, 그 밖의 종사자가 그 법인 또는 개인의 업무에 관하여 제36조의 위반행위를 하면 그 행위자를 벌하는 외에 그 법인 또는 개인에게도 해당 조문의 벌금형을 과(科)한다. 다만, 법인 또는 개인이 그 위반행위를 방지하기 위하여 해당 업무에 관하여 상당한 주의와 감독을 게을리하지 아니한 경우에는 그러하지 아니하다.

제38조(과태료) ① 다음 각 호의 어느 하나에 해당하는 자에게는 300만원 이하의 과태료를 부과한다.

1. 정당한 사유 없이 제32조제1항에 따른 보고를 하지 아니하거나 거짓으로 보고한 자 또는 조사·검사를 거부하거나 기피한 자
2. 제33조에 따른 유사명칭 사용 금지의무를 위반한 자

② 제1항에 따른 과태료는 대통령령으로 정하는 바에 따라 여성가족부장관, 특별자치도지사 또는 시장·군수·구청장이 부과·징수한다.

가정폭력방지 및 피해자보호 등에 관한 법률

[시행 2012.5.2] [법률 제11280호, 2012.2.1, 일부개정]
여성가족부(복지지원과), 02-2075-8794

제1조(목적) 이 법은 가정폭력을 예방하고 가정폭력의 피해자를 보호·지원함을 목적으로 한다.
[전문개정 2006.4.28]

제2조(정의) 이 법에서 사용하는 용어의 뜻은 다음과 같다.
1. "가정폭력"이란 「가정폭력범죄의 처벌 등에 관한 특례법」 제2조제1호의 행위를 말한다.
2. "가정폭력행위자"란 「가정폭력범죄의 처벌 등에 관한 특례법」 제2조제4호의 자를 말한다.
3. "피해자"란 가정폭력으로 인하여 직접적으로 피해를 입은 자를 말한다.
4. "아동"이란 18세 미만인 자를 말한다.

[전문개정 2007.10.17]

제3조 삭제 <2006.4.28>

제4조(국가 등의 책무) ① 국가와 지방자치단체는 가정폭력의 예방·방지와 피해자의 보호·지원을 위하여 다음 각 호의 조치를 취하여야 한다. <개정 2009.5.8>
1. 가정폭력 신고체계의 구축 및 운영
2. 가정폭력의 예방과 방지를 위한 조사·연구·교육 및 홍보
3. 피해자를 위한 보호시설의 설치·운영, 임대주택의 우선 입주권 부여와 그 밖에 피해자에 대한 지원 서비스의 제공
4. 피해자의 보호와 지원을 원활히 하기 위한 관련 기관 간의 협력 체계 구축 및 운영
5. 가정폭력의 예방·방지와 피해자의 보호·지원을 위한 관계 법령의 정비와 각종 정책의 수립·시행 및 평가

② 국가와 지방자치단체는 제1항에 따른 책무를 다하기 위하여 이에 따르는 예산상의 조치를 취하여야 한다.
③ 특별시·광역시·도·특별자치도 및 시·군·구(자치구를 말한다. 이하 같다)에 가정폭력의 예방·방지 및 피해자의 보호·지원을 담당할 기구와 공무원을 두어야 한다.
④ 국가와 지방자치단체는 제5조제2항과 제7조제2항에 따라 설치·운영하는 가정폭력 관련 상담소와 가정폭력피해자 보호시설에 대하여 경비(經費)를 보조하는 등 이를 육성·지원하여야 한다.
[전문개정 2007.10.17]

제4조의2(가정폭력 실태조사) ① 여성가족부장관은 3년마다 가정폭력에 대한 실태조사를 실시하여 그 결과를 발표하고, 이를 가정폭력을 예방하기 위한 정책수립의 기초자료로 활용하여야 한다. <개정 2008.2.29, 2010.1.18>
② 제1항에 따른 가정폭력 실태조사의 방법과 내용 등에 필요한 사항은 여성가족부령으로 정한다. <개정 2008.2.29, 2010.1.18>
[전문개정 2007.10.17]

제4조의3(가정폭력 예방교육의 실시) ① 「초·중등교육법」에 따른 각 급 학교의 장은 대통령령으로 정하는 바에 따라 가정폭력의 예방과 방지를 위하여 필요한 교육을 실시하여야 한다. <개정 2010.5.17>
② 제1항에 따른 예방교육을 실시하는 경우 「성폭력방지 및 피해자보호 등에 관한 법률」제5조에 따른 성교육 및 성폭력 예방교육,「여성발전기본법」제17조의2에 따른 성희롱 예방교육 및「성매매방지 및 피해자보호 등에 관한 법률」제4조에 따른 성매매 예방교육 등을 통합하여 실시할 수 있다. <신설 2010.5.17>
[전문개정 2007.10.17]

제4조의4(아동의 취학 지원) ① 국가나 지방자치단체는 피해자나 피해자가 동반한 가정구성원(「가정폭력범죄의 처벌 등에 관한 특례법」 제2조제2호의 자 중 피해자의 보호나 양육을 받고 있는 자를 말한다. 이하 같다)이 아동인 경우 주소지 외의 지역에서 취학(입학·재입학·전학 및 편입학을 포함한다. 이하 같다)할 필요가 있을 때에는 그 취학이 원활히 이루어지도록 지원하여야 한다.
② 제1항에 따른 취학에 필요한 사항은 대통령령으로 정한다.
[전문개정 2007.10.17]

제4조의5(피해자에 대한 불이익처분의 금지) 피해자를 고용하고 있는 자는 누구든지 「가정폭력범죄의 처벌 등에 관한 특례법」에 따른 가정폭력범죄와 관련하여 피해자를 해고(解雇)하거나 그 밖의 불이익을 주어서는 아니 된다.
[전문개정 2007.10.17]

제4조의6(긴급전화센터의 설치 · 운영 등) ① 여성가족부장관 또는 특별시장·광역시장·도지사·특별자치도지사(이하 "시·도지사"라 한다)는 다음 각 호의 업무 등을 수행하기 위하여 긴급전화센터를 설치·운영하여야 한다. 이 경우 외국어 서비스를 제공하는 긴급전화센터를 따로 설치·운영할 수 있다. <개정 2010.1.18>
1. 피해자의 신고접수 및 상담
2. 관련 기관·시설과의 연계
3. 피해자에 대한 긴급한 구조의 지원

② 여성가족부장관 또는 시·도지사는 제1항에 따른 긴급전화센터의 설치·운영을 대통령령으로 정하는 기관 또는 단체에 위탁할 수 있다. <개정 2010.1.18>
③ 여성가족부장관 또는 시·도지사는 제2항에 따라 긴급전화센터의 설치·운영을 위탁할 경우 그에 필요한 경비를 지원하여야 한다. <개정 2010.1.18>
④ 제1항에 따른 긴급전화센터의 설치·운영에 필요한 사항은 여성가족부령으로 정한다. <개정 2010.1.18>
[본조신설 2009.5.8]

제5조(상담소의 설치 · 운영) ① 국가나 지방자치단체는 가정폭력 관련 상담소(이하 "상담소"라 한다)를 설치·운영할 수 있다.
② 국가나 지방자치단체 외의 자가 상담소를 설치·운영하려면 특별자치도지사·시장·군수·구청장(구청장은 자치구의 구청장을 말하며, 이하 "시장·군수·구청장"이라 한다)에게 신고하여야 한다.
③ 상담소의 설치·운영기준, 상담소에 두는 상담원의 수와 신고절차 등에 필요한 사항은 여성가족부령으로 정한다. <개정 2008.2.29, 2010.1.18>
[전문개정 2007.10.17]

제6조(상담소의 업무) 상담소의 업무는 다음 각 호와 같다.
1. 가정폭력을 신고받거나 이에 관한 상담에 응하는 일
2. 가정폭력으로 정상적인 가정생활과 사회생활이 어렵거나 그 밖에 긴급히 보호를 필요로 하는 피해자 및 피해자가 동반한 가정구성원(이하 "피해자등"이라 한다)을 임시로 보호하거나 의료기관 또는 제7조 제1항에 따른 가정폭력피해자 보호시설로 인도(引渡)하는 일
3. 행위자에 대한 고발 등 법률적 사항에 관하여 자문하기 위한 대한변호사협회 또는 지방변호사회 및 「법률구조법」에 따른 법률 구조법인(이하 "법률구조법인"이라 한다) 등에 대한 필요한 협조와 지원의 요청
4. 경찰관서 등으로부터 인도받은 피해자등의 임시 보호
5. 가정폭력의 예방과 방지에 관한 홍보
6. 그 밖에 가정폭력과 그 피해에 관한 조사·연구

[전문개정 2007.10.17]

제7조(보호시설의 설치) ① 국가나 지방자치단체는 가정폭력피해자 보호시설(이하 "보호시설"이라 한다)을 설치·운영할 수 있다.
② 「사회복지사업법」에 따른 사회복지법인(이하 "사회복지법인"이라 한다)과 그 밖의 비영리법인은 시장·군수·구청장의 인가(認可)를 받아 보호시설을 설치·운영할 수 있다.
③ 보호시설에는 상담원을 두어야 하고, 보호시설의 규모에 따라 생활지도원, 취사원, 관리원 등의 종사자를 둘 수 있다.
④ 보호시설의 설치·운영의 기준, 보호시설에 두는 상담원 등 종사자의 직종(職種)과 수(數) 및 인가기준(認可基準)등에 필요한 사항은 여성가족부령으로 정한다. <개정 2008.2.29, 2010.1.18>
[전문개정 2007.10.17]

제7조의2(보호시설의 종류) ① 보호시설의 종류는 다음 각 호와 같다.
1. 단기보호시설 : 피해자등을 6개월의 범위에서 보호하는 시설
2. 장기보호시설 : 피해자등에 대하여 2년의 범위에서 자립을 위한 주거편의(住居便宜) 등을 제공하는 시설

3. 외국인보호시설 : 배우자가 대한민국 국민인 외국인 피해자등을 2년의 범위에서 보호하는 시설
4. 장애인보호시설 : 「장애인복지법」의 적용을 받는 장애인인 피해자등을 2년의 범위에서 보호하는 시설

② 단기보호시설의 장은 그 단기보호시설에 입소한 피해자등에 대한 보호기간을 여성가족부령으로 정하는 바에 따라 3개월의 범위에서 한 차례만 연장할 수 있다. <개정 2008.2.29, 2010.1.18>

[전문개정 2007.10.17]

제7조의3(보호시설의 입소대상 등) ① 보호시설의 입소대상은 피해자등으로서 다음 각 호의 어느 하나에 해당하는 경우로 한다.

1. 본인이 입소를 희망하거나 입소에 동의하는 경우
2. 「장애인복지법」 제2조에 따른 지적장애인이나 정신장애인, 그 밖에 의사능력이 불완전한 자로서 가정폭력행위자가 아닌 보호자가 입소에 동의하는 경우
3. 「장애인복지법」 제2조에 따른 지적장애인이나 정신장애인, 그 밖에 의사능력이 불완전한 자로서 상담원의 상담 결과 입소가 필요하나 보호자의 입소 동의를 받는 것이 적절하지 못하다고 인정되는 경우

② 제7조제2항에 따라 인가받은 보호시설의 장은 제1항에 따라 보호시설에 입소한 입소자의 인적사항 및 입소 사유 등을 시장·군수·구청장에게 지체 없이 보고하여야 하며, 제1항제3호에 해당하는 자를 입소시킨 경우에는 지체 없이 관할 시장·군수·구청장의 승인을 받아야 한다.

[본조신설 2009.5.8]

제7조의4(보호시설의 퇴소) 제7조의3에 따라 보호시설에 입소한 자는 본인의 의사 또는 같은 조 제1항제2호에 따라 입소 동의를 한 보호자의 요청에 따라 보호시설을 퇴소할 수 있으며, 보호시설의 장은 입소한 자가 다음 각 호의 어느 하나에 해당하는 경우에는 퇴소를 명할 수 있다.

1. 보호의 목적이 달성된 경우
2. 보호기간이 끝난 경우
3. 입소자가 거짓이나 그 밖의 부정한 방법으로 입소한 경우
4. 보호시설 안에서 현저한 질서문란 행위를 한 경우

[본조신설 2009.5.8]

제7조의5(보호시설에 대한 보호비용 지원) ① 국가나 지방자치단체는 보호시설에 입소한 피해자나 피해자가 동반한 가정 구성원의 보호를 위하여 필요한 경우 다음 각 호의 보호비용을 보호시설의 장 또는 피해자에게 지원할 수 있다. 다만, 보호시설에 입소한 피해자나 피해자가 동반한 가정 구성원이 「국민기초생활 보장법」 등 다른 법령에 따라 보호를 받고 있는 경우에는 그 범위에서 이 법에 따른 지원을 하지 아니한다.

1. 생계비
2. 아동교육지원비
3. 아동양육비
4. 그 밖에 대통령령으로 정하는 비용

② 제1항에 따른 보호비용의 지원 방법 및 절차 등에 필요한 사항은 여성가족부령으로 정한다.

[본조신설 2010.2.4]

제8조(보호시설의 업무) ① 보호시설은 피해자등에 대하여 다음 각 호의 업무를 행한다. 다만, 피해자가 동반한 가정 구성원에게는 제1호 외의 업무 일부를 하지 아니할 수 있고, 장기보호시설은 피해자등에 대하여 제1호부터 제5호까지에 규정된 업무(주거편의를 제공하는 업무는 제외한다)를 하지 아니할 수 있다.

1. 숙식의 제공
2. 심리적 안정과 사회적응을 위한 상담 및 치료
3. 질병치료와 건강관리를 위한 의료기관에의 인도 등 의료지원
4. 수사기관의 조사와 법원의 증인신문(證人訊問)에의 동행
5. 법률구조기관 등에 필요한 협조와 지원의 요청
6. 자립자활교육의 실시와 취업정보의 제공
7. 다른 법률에 따라 보호시설에 위탁된 사항
8. 그 밖에 피해자등의 보호를 위하여 필요한 일

② 장애인보호시설을 설치·운영하는 자가 제1항 각 호의 업무를 할 때에는 장애인의 특성을 고려하여 적절하게 지원할 수 있도록 하여야 한다.

③ 보호시설의 장은 제1항 각 호로 인한 비용의 전부 또는 일부를 가정폭력행위자로부터 구상(求償)할 수 있다. 이 경우 그 구상절차는 국세 또는 지방세 체납처분절차의 예에 따른다.

[전문개정 2007.10.17]

제8조의2(긴급전화센터, 상담소 및 보호시설 종사자의 자격기준) ① 다음 각 호의 어느 하나에 해당하는 자는 긴급전화센터의 장, 상담소의 장, 보호시설의 장 또는 그 밖에 긴급전화센터·상담소 및 보호시설 종사자가 될 수 없다. <개정 2009.5.8>

1. 미성년자, 금치산자 또는 한정치산자
2. 파산선고를 받은 자로서 복권(復權)되지 아니한 자
3. 금고 이상의 형을 선고받고 그 집행이 끝나지(집행이 끝난 것으로 보는 경우를 포함한다) 아니하거나 집행이 면제되지 아니한 자

② 긴급전화센터, 상담소 및 보호시설에 근무하는 상담원은 여성가족부령으로 정하는 요건에 해당하는 자로서 제8조의3에 따른 가정폭력 관련 상담원 교육훈련시설에서 여성가족부령으로 정하는 상담원 교육훈련과정을 마친 자로 한다. <개정 2008.2.29, 2009.5.8, 2010.1.18>

③ 그 밖에 긴급전화센터, 상담소 및 보호시설에 종사하는 종사자의 자격기준에 필요한 사항은 여성가족부령으로 정한다. <개정 2008.2.29, 2009.5.8, 2010.1.18>

[전문개정 2007.10.17][제목개정 2009.5.8]

제8조의3(가정폭력 관련 상담원 교육훈련시설) ① 국가나 지방자치단체는 상담원(상담원이 되려는 자를 포함한다)에 대하여 교육·훈련을 실시하기 위하여 가정폭력 관련 상담원 교육훈련시설(이하 "교육훈련시설"이라 한다)을 설치·운영할 수 있다.

② 다음 각 호의 자로서 교육훈련시설을 설치하려는 자는 시장·군수·구청장에게 신고하여야 한다.

1. 「고등교육법」에 따른 학교를 설립·운영하는 학교법인
2. 법률구조법인
3. 사회복지법인
4. 그 밖의 비영리법인

③ 교육훈련시설의 설치기준, 교육훈련시설에 두는 강사의 자격과 수, 상담원 교육훈련과정의 운영기준 및 신고절차 등에 필요한 사항은 여성가족부령으로 정한다. <개정 2008.2.29, 2010.1.18>

[전문개정 2007.10.17]

제8조의4(보수교육의 실시) ① 여성가족부장관 또는 시·도지사는 긴급전화센터·상담소 및 보호시설 종사자의 자질을 향상시키기 위하여 보수교육을 실시하여야 한다. <개정 2010.1.18>

② 여성가족부장관 또는 시·도지사는 제1항에 따른 교육에 관한 업무를 「고등교육법」 제2조에 따른 대학, 전문대학 또는 대통령령으로 정하는 전문기관에 위탁할 수 있다. <개정 2010.1.18>

③ 제1항에 따른 보수교육의 기간·방법 및 내용 등에 필요한 세부사항은 여성가족부령으로 정한다. <개정 2010.1.18>

[본조신설 2009.5.8]

제8조의5(임대주택의 우선 입주권 부여) 제4조제1항제3호에서 정하는 임대주택의 우선 입주권 부여의 대상자 선정기준 및 선정방법 등에 필요한 사항은 대통령령으로 정한다.

[본조신설 2009.5.8]

제9조(피해자 의사의 존중 의무) 상담소나 보호시설의 장은 피해자 등의 명시한 의사에 반하여 제8조제1항과 제18조의 보호를 할 수 없다.

[전문개정 2007.10.17]

제9조의2(수사기관의 협조) 긴급전화센터, 상담소 또는 보호시설의 장은 피해자를 긴급히 구조할 필요가 있는 경우 관할 경찰관서의 장에게 그 소속 직원의 동행을 요청할 수 있다. 이 경우 요청을 받은 경찰관서의 장은 특별한 사유가 없으면 이에 따라야 한다.

[본조신설 2010.5.17]

제9조의3(홍보영상의 제작·배포 등) ① 여성가족부장관은 가정폭력의 예방과 계도,

피해자의 보호와 지원 등에 관한 홍보영상을 제작하여 「방송법」 제2조제3호에 따른 방송사업자에게 배포하여야 한다.
② 여성가족부장관은 제1항에 따른 홍보영상이 송출될 수 있도록 방송통신위원회 위원장에게 협조를 요청할 수 있다.
③ 방송사업자는 제1항에 따른 홍보를 위하여 필요한 경우 여성가족부장관에게 지원을 요청할 수 있다.
[본조신설 2010.5.17]

제9조의4(사법경찰관리의 현장조사) ① 가정폭력범죄의 신고에 따라 현장에 출동한 사법경찰관리는 피해자를 보호하기 위하여 신고된 현장에 출입하여 조사를 할 수 있다.
② 제1항에 따라 출입이나 조사를 하는 사법경찰관리는 그 권한을 표시하는 증표를 지니고 이를 관계인에게 내보여야 한다.
[본조신설 2012.2.1]

제10조(상담소 · 보호시설 또는 교육훈련시설의 폐지 등) 제5조제2항, 제7조제2항 또는 제8조의3제2항에 따른 상담소·보호시설 또는 교육훈련시설의 장이 그 시설의 운영을 일시적으로 중단하거나 폐지(廢止)하려면 여성가족부령으로 정하는 바에 따라 시장·군수·구청장에게 신고하여야 한다. <개정 2008.2.29, 2010.1.18>
[전문개정 2007.10.17]

제11조(감독) ① 여성가족부장관 또는 시장·군수·구청장은 상담소·보호시설 또는 교육훈련시설의 장에게 그 시설에 관하여 필요한 보고를 하게 할 수 있으며, 관계 공무원으로 하여금 그 시설의 운영 상황을 조사하게 하거나 장부나 그 밖의 서류를 검사하게 할 수 있다. <개정 2008.2.29, 2010.1.18>
② 제1항에 따라 그 직무를 수행하는 관계 공무원은 그 권한을 표시하는 증표를 지니고 이를 관계인에게 내보여야 한다.
[전문개정 2007.10.17]

제12조(인가의 취소 등) ① 시장·군수·구청장은 상담소·보호시설 또는 교육훈련시설이 다음 각 호의 어느 하나에 해당하면 시설의 폐쇄, 업무의 폐지 또는 6개월의 범위에서 업무의 정지를 명하거나 인가를 취소할 수 있다.
1. 제5조제3항, 제7조제4항 또는 제8조의3 제3항에 따른 설치기준이나 운영기준에 미달하게 된 경우
2. 제5조제3항, 제7조제4항, 제8조의2 또는 제8조의3제3항에 따른 상담원이나 강사의 수가 부족하거나 자격이 없는 자를 채용한 경우
3. 정당한 사유 없이 제11조제1항에 따른 보고를 하지 아니하거나 거짓으로 보고를 한 경우 또는 관계 공무원의 조사·검사를 거부하거나 기피한 경우
4. 제15조를 위반하여 영리를 목적으로 상담소·보호시설 또는 교육 훈련시설을 설치·운영한 경우

② 제1항에 따른 업무의 정지·폐지 또는 시설의 폐쇄명령이나 인가취소에 관한 세부기준은 여성가족부령으로 정한다. <개정 2008.2.29, 2010.1.18>
[전문개정 2007.10.17]

제12조의2(청문) 시장·군수·구청장은 제12조에 따라 업무의 정지·폐지 또는 그 시설의 폐쇄를 명하거나 인가를 취소하려면 청문을 하여야 한다.
[전문개정 2007.10.17]

제13조(경비의 보조) ① 국가나 지방자치단체는 제5조제2항 또는 제7조제2항에 따른 상담소나 보호시설의 설치·운영에 드는 경비의 일부를 보조할 수 있다.
② 국가나 지방자치단체는 장애인보호시설이 여성가족부장관이 정하는 기준에 맞는 시설과 설비를 설치할 수 있도록 그 비용을 지원하여야 한다. <개정 2008.2.29, 2010.1.18>
[전문개정 2007.10.17]

제13조의2(긴급전화센터 등의 평가) ① 여성가족부장관은 3년마다 긴급전화센터, 상담소 및 보호시설의 운영실적을 평가하고, 그 결과를 각 시설의 감독, 지원 등에 반영할 수 있다.
② 제1항에 따른 평가의 기준과 방법 등에 필요한 사항은 여성가족부령으로 정한다.
[본조신설 2010.5.17]

제14조(상담소 또는 보호시설의 통합 설치 및 운영) 국가나 지방자치단체는 이 법에 따라 설치·운영하는 상담소나 보호시설을 대통령령으로 정하는 유사한 성격의 상담소나 보호시설과 통합하여 설치·운영하거나 설치·

운영할 것을 권고할 수 있다. <개정 2009.5.8>
[전문개정 2007.10.17]
[제목개정 2009.5.8]

제15조(영리목적 운영의 금지) 누구든지 영리를 목적으로 상담소·보호시설 또는 교육훈련시설을 설치·운영하여서는 아니된다. 다만, 교육훈련시설의 장은 상담원교육훈련과정을 수강하는 자에게 여성가족부장관이 정하는 바에 따라 수강료를 받을 수 있다. <개정 2008.2.29, 2010.1.18>
[전문개정 2006.4.28]

제16조(비밀 엄수의 의무) 긴급전화센터, 상담소 또는 보호시설의 장이나 이를 보조하는 자 또는 그 직에 있었던 자는 그 직무상 알게 된 비밀을 누설하여서는 아니 된다.
[전문개정 2009.5.8]

제17조(유사 명칭의 사용 금지) 이 법에 따른 긴급전화센터·상담소·보호시설 또는 교육훈련시설이 아니면 가정폭력 관련 긴급전화센터, 상담소, 가정폭력피해자 보호시설 또는 가정폭력 관련 상담원 교육훈련시설이나 그 밖에 이와 유사한 명칭을 사용하지 못한다. <개정 2009.5.8>
[전문개정 2007.10.17]

제18조(치료보호) ① 의료기관은 피해자 본인, 가족, 친지나 긴급전화센터, 상담소 또는 보호시설의 장 등이 요청하면 피해자에 대하여 다음 각 호의 치료보호를 실시하여야 한다. <개정 2009.5.8>
1. 보건에 관한 상담 및 지도
2. 신체적·정신적 피해에 대한 치료
3. 그 밖에 대통령령으로 정하는 의료에 관한 사항

② 제1항의 치료보호에 필요한 일체의 비용은 가정폭력행위자가 부담한다.

③ 제2항에도 불구하고 피해자가 치료보호비를 신청하는 경우에는 국가나 지방자치단체는 가정폭력행위자를 대신하여 제1항의 치료보호에 필요한 비용을 의료기관에 지급하여야 한다.

④ 국가나 지방자치단체가 제3항에 따라 비용을 지급한 경우에는 가정폭력행위자에 대하여 구상권(求償權)을 행사할 수 있다. 다만, 피해자가 보호시설 입소 중에 제1항의 치료보호를 받은 경우나 가정폭력행위자가 다음 각 호의 어느 하나에 해당하는 경우에는 그러하지 아니하다.
1. 「국민기초생활보장법」 제2조에 따른 수급자(受給者)
2. 「장애인복지법」 제32조에 따라 등록된 장애인

⑤ 제3항의 비용을 지급하기 위한 절차, 제4항의 구상권 행사(行使)의 절차 등에 필요한 사항은 여성가족부령으로 정한다. <개정 2008.2.29, 2010.1.18>
[전문개정 2007.10.17]

제19조(권한의 위임) 이 법에 따른 여성가족부장관의 권한은 대통령령으로 정하는 바에 따라 그 일부를 시·도지사 또는 시 장·군수·구청장에게 위임할 수 있다. <개정 2008.2.29, 2009.5.8, 2010.1.18>
[전문개정 2007.10.17]

제20조(벌칙) 다음 각 호의 어느 하나에 해당하는 자는 1년 이하의 징역 또는 500만원 이하의 벌금에 처한다.
1. 제5조제2항·제7조제2항 또는 제8조의3제2항에 따른 신고를 하지 아니하거나 인가를 받지 아니하고 상담소·보호시설 또는 교육훈련시설을 설치·운영한 자
2. 제12조에 따른 업무의 정지·폐지 또는 시설의 폐쇄 명령을 받고도 상담소·보호시설 또는 교육훈련시설을 계속 운영한 자
3. 제16조에 따른 비밀 엄수의 의무를 위반한 자

[전문개정 2007.10.17]

제21조(양벌규정) 법인의 대표자나 법인 또는 개인의 대리인, 사용인, 그 밖의 종업원이 그 법인 또는 개인의 업무에 관하여 제20조의 위반행위를 하면 그 행위자를 벌하는 외에 그 법인 또는 개인에게도 해당 조문의 벌금형을 과(科)한다. 다만, 법인 또는 개인이 그 위반행위를 방지하기 위하여 해당 업무에 관하여 상당한 주의와 감독을 게을리하지 아니한 경우에는 그러하지 아니하다.
[전문개정 2009.5.8]

제22조(과태료) ① 다음 각 호의 어느 하나에 해당하는 자에게는 300만원 이하의 과태

료를 부과한다.

1. 정당한 사유 없이 제11조제1항에 따른 보고를 하지 아니하거나 거짓으로 보고한 자 또는 조사·검사를 거부하거나 기피한 자
2. 제17조에 따른 유사 명칭 사용 금지를 위반한 자

② 제1항에 따른 과태료는 대통령령으로 정하는 바에 따라 여성가족부장관 또는 시장·군수·구청장이 부과·징수한다. <개정 2008.2.29, 2010.1.18>

③ 삭제 <2009.5.8>

④ 삭제 <2009.5.8>

⑤ 삭제 <2009.5.8>

일제하 일본군위안부 피해자에 대한 생활안정지원 및 기념사업 등에 관한 법률

[시행 2010.3.19] [법률 제9932호, 2010.1.18, 타법개정]
여성가족부(권익기획과), 02-2075-8746

제1조(목적) 이 법은 일제에 의하여 강제로 동원되어 위안부로서의 생활을 강요당한 피해자를 보호·지원하고, 일본군위안부 피해자의 명예 회복과 진상 규명을 위한 기념사업을 수행함으로써 이들의 생활 안정과 복지 증진을 꾀하고 국민의 올바른 역사관 정립과 인권 증진에 이바지함을 목적으로 한다.
[전문개정 2008.12.19]

제2조(정의) 이 법에서 사용하는 용어의 뜻은 다음과 같다.
1. "일본군위안부 피해자"란 일제에 의하여 강제로 동원되어 성적(性的) 학대를 받으며 위안부로서의 생활을 강요당한 피해자를 말한다.
2. "생활안정지원대상자"란 일본군위안부 중 생존자로서 제3조에 따라 등록된 사람을 말한다.

[전문개정 2008.12.19]

제2조의2(국가의 의무) ① 국가는 일제하 일본군위안부 피해자의 명예 회복과 인권 증진을 위하여 진상 규명과 올바른 역사교육 등에 대하여 적극적으로 노력하여야 한다.
② 국가는 일본군위안부 피해자를 적극적으로 찾아내고 일본군위안부 피해자가 안정적인 생활을 유지할 수 있도록 필요한 조치를 마련하여야 한다.
[전문개정 2008.12.19]

제3조(결정 및 등록) ① 생활안정지원대상자가 되려는 사람은 대통령령으로 정하는 바에 따라 여성가족부장관에게 등록신청을 하여야 한다. <개정 2010.1.18>
② 여성가족부장관은 제1항에 따른 등록신청을 받으면 제6조에 따른 일본군위안부 피해자 생활안정지원 및 기념사업 심의위원회의 심의를 거쳐 신청인이 생활안정지원대상자인지 여부를 결정하여야 한다. <개정 2010.1.18>
③ 여성가족부장관은 제2항의 결정을 하면 이를 등록하고, 그 결과를 신청인에게 알려야 한다. <개정 2010.1.18>
[전문개정 2008.12.19]

제4조(생활안정지원대상자에 대한 지원의 내용) ① 국가는 생활안정지원대상자에게 다음 각 호의 지원을 한다.
1. 「국민기초생활 보장법」에 따른 생계급여
2. 「의료급여법」에 따른 의료급여
3. 생활안정지원금의 지급
4. 간병인 지원

② 제1항의 지원을 할 때 생활안정지원대상자는 「국민기초생활 보장법」 제5조에 따른 수급권자 및 「의료급여법」 제3조에 따른 수급권자로 보며, 「국민기초생활 보장법」 제3조제2항은 적용하지 아니한다.
③ 제1항제3호 및 제4호에 따른 생활안정지원금의 지급 및 간병인 지원에 드는 비용은 국가가 부담하며, 생활안정지원금의 지급 및 간병인 지원의 기준 및 방법 등에 필요한 사항은 대통령령으로 정한다.
[전문개정 2008.12.19]

제5조(임대주택의 우선 임대) 국가·지방자치단체 또는 「대한주택공사법」에 따른 대한주택공사는 「주택법」에 따라 건설하는 임대주택을 임대하는 경우에는 생활안정지원대상자 중 주택을 소유하지 아니한 사람에 대하여 국토해양부장관이 정하는 바에 따라 우선 임대하여야 한다.
[전문개정 2008.12.19]

제6조(일본군위안부 피해자 생활안정지원 및 기념사업 심의위원회) ① 다음 사항을 심의하기 위하여 여성가족부에 일본군위안부 피해자 생활안정지원 및 기념사업 심의위원회(이하 "심의위원회"라 한다)를 둔다. <개정 2010.1.18>
1. 생활안정지원대상자 등록신청 사항의 사실 여부
2. 생활안정지원대상자의 지원에 관한 사항
3. 제11조에 따른 기념사업 등에 관한 사항
4. 그 밖에 여성가족부장관이 심의위원회의 심의에 부치는 사항

② 심의위원회의 구성 및 운영 등에 필요한 사항은 대통령령으로 정한다.

[전문개정 2008.12.19]

제7조(협조요청) 심의위원회는 생활안정지원대상자 여부를 심의하기 위하여 필요한 경우에는 신청인 본인, 증인 또는 참고인으로부터 증언 또는 진술을 듣거나, 행정기관이나 그 밖의 관계 기관에 대하여 필요한 협조를 요청할 수 있다.

[전문개정 2008.12.19]

제8조(권리의 보호) 이 법에 따른 생활안정지원금을 지급받을 권리는 양도하거나 담보로 제공할 수 없으며, 압류할 수 없다.

[전문개정 2008.12.19]

제9조(생활안정지원금의 환수) ① 여성가족부장관은 이 법에 따라 생활안정지원금을 받은 사람이 다음 각 호의 어느 하나에 해당하는 경우에는 생활안정지원금의 전부 또는 일부를 환수할 수 있다. <개정 2010.1.18>

1. 거짓이나 그 밖의 부정한 방법으로 생활안정지원금을 지급받은 경우
2. 과오급(過誤給)된 경우

② 여성가족부장관은 제1항에 따라 환수하는 경우 생활안정지원금을 반환할 사람이 정하여진 날까지 이를 반환하지 아니하면 국세 체납처분의 예에 따라 징수한다. <개정 2010.1.18>

[전문개정 2008.12.19]

제10조(실태조사) ① 특별시장·광역시장·도지사 또는 특별자치도지사는 매년 생활안정지원대상자의 생활실태를 파악하여 여성가족부장관에게 보고하여야 한다. <개정 2010.1.18>

② 제1항에 따른 실태조사의 시기·내용·방법 등에 필요한 사항은 대통령령으로 정한다.

[전문개정 2008.12.19]

제11조(기념사업 등) ① 국가와 지방자치단체는 일본군위안부와 관련한 다음 각 호의 사업을 수행할 수 있다.

1. 일본군위안부 피해자에 관한 기념사업
2. 일본군위안부 피해자에 관한 역사적 자료의 수집·보존·관리·전시 및 조사·연구
3. 일본군위안부 피해자에 관한 교육·홍보 및 학예활동
4. 일본군위안부 피해자에 관한 국제교류 및 공동조사
5. 제1호부터 제4호까지의 사업에 딸린 사업

② 제1항에 따른 사업을 수행하기 위하여 필요한 사항은 대통령령으로 정한다.

[전문개정 2008.12.19]

제11조의2(국적 회복 등의 지원) ① 국가와 지방자치단체는 일본군위안부 피해자 중 대한민국 국적을 회복하지 못한 채 외국에 거주하는 사람에 대하여 필요한 지원을 하여야 한다.

② 제1항에 따른 지원에 관한 사항은 국적 회복과 고국 방문 등을 포함하여 대통령령으로 정한다.

[전문개정 2008.12.19]

제12조(경비의 보조) ① 국가는 지방자치단체가 제11조제1항 각 호의 사업을 수행하는 경우 예산의 범위에서 사업경비의 일부를 보조할 수 있다.

② 국가와 지방자치단체는 개인·법인 또는 단체가 제11조제1항 각 호의 사업을 수행하는 경우 예산의 범위에서 사업경비의 일부를 보조할 수 있다.

③ 제2항에 따른 경비를 보조받을 수 있는 개인·법인·단체의 요건과 경비보조 절차 등에 필요한 사항은 대통령령으로 정한다.

[전문개정 2008.12.19]

제13조(국공유재산의 무상 대여) ① 국가나 지방자치단체는 「국유재산법」 또는 「공유재산 및 물품 관리법」에도 불구하고 일본군위안부 관련 법인 또는 단체가 제11조제1항제1호에 따른 기념사업을 수행하는 경우에는 국유재산이나 공유재산을 무상으로 대여할 수 있다.

② 제1항에 따른 대여의 대상인 법인 또는 단체의 요건과 대여 절차 등에 필요한 사항은 대통령령으로 정한다.

[전문개정 2008.12.19]

제14조(권한의 위임 · 위탁) 이 법에 따른 여성가족부장관의 권한은 대통령령으로 정하는 바에 따라 그 일부를 외교통상부장관에게 위탁하거나 특별시장·광역시장·도지사 또는 특별자치도지사에게 위임할 수 있다. <개정 2010.1.18>

[전문개정 2008.12.19]

찾아보기

[저자 약력]

• 김귀환
· 고려대학교 사회학과 졸업
· 독일 뷔르츠부르크 대학 사회학 박사과정 수료
· 현) 순천제일대학교 사회복지과 교수

〈논문 및 저서〉
· 복지사회에서 정보화의 의미와 학습적용에 관한 연구(2002)
· 동성애와 성(2003)
· 한국사회에서 흡연에 관한 사회적 정의의 변화(2004)
· 대중사회에서 문화론(2006)
· 고령사회에서 노인케어의 정책들에 대한 비교 연구(2007)
· 장애인 자립과 재활의 측면에서 장애인 운동과 인권에 관한 연구(2009)
· 케어복지론(8인 공저), 나눔의집(2006)
· 사회복지입문, 나눔의집(2008)
· 사회복지정책론((김귀환 · 나직균 공저), 21세기사(2009)
· 사회복지와 정책(4인 공저), 동문사(2009)
· 노인복지론(김귀환 · 나직균 공저), 동문사(2010)
· 사회복지개론(5인 공저), 정민사(2011)
· 현대사회문제의 이해, 청목출판사(2011)

사회복지법제에 대한 새로운 접근

2012년 8월 25일 초판인쇄
2012년 8월 30일 초판발행

저 자 김 귀 환
발행인 유 성 열
발행처 **청목출판사**
서울특별시 영등포구 신길로 40길 20
전화 (02) 849-6157(代) · 2820 / 833~6090~1
FAX (02) 849-0817
등록 제318-1994-000090호

파본은 바꾸어 드립니다. 값 19,000원

http : //www.chongmok.co.kr

ISBN 978-89-5565-486-8

※인지는 생략합니다.